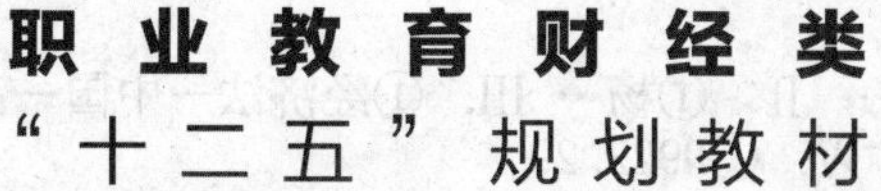
职业教育财经类
“十二五”规划教材

经济法

Economic Law

杨桂琴 主编
舒燕 同利平 秦巧玲 副主编

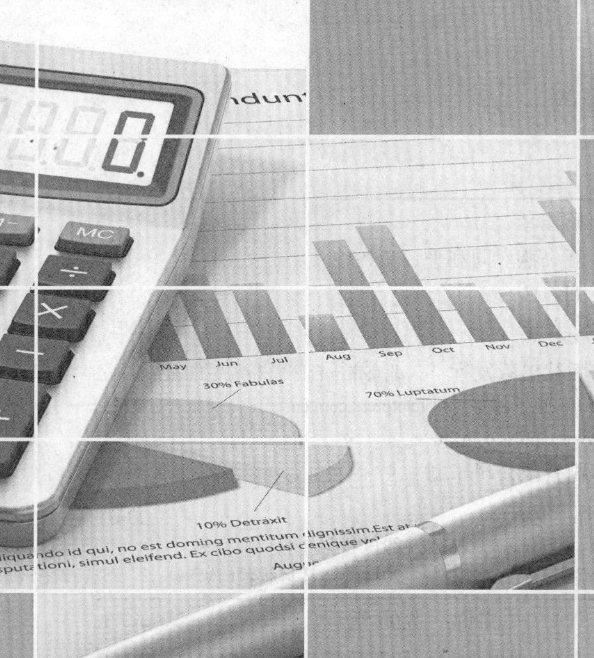

人民邮电出版社
北京

图书在版编目（CIP）数据

经济法 / 杨桂琴主编. -- 北京 : 人民邮电出版社, 2014.2
职业教育财经类“十二五”规划教材
ISBN 978-7-115-33764-1

Ⅰ. ①经… Ⅱ. ①杨… Ⅲ. ①经济法－中国－高等职业教育－教材 Ⅳ. ①D922.29

中国版本图书馆CIP数据核字(2013)第311178号

内 容 提 要

本书共 10 章，主要内容包括经济法基础理论、企业法律制度、公司法律制度、企业破产法律制度、合同法律制度、工业产权法律制度、市场管理法律制度、金融法律制度、劳动法律制度和经济纠纷的解决制度。

本书吸收最新的立法成果，以提高学生经济法律实务的应用能力，适应未来职业的需求为目标。书中明确了学习目标，内容辅之以案例，可以帮助学生更好地理解知识，也便于学生把握学习的重点。教材每章课后都有综合练习题，可以巩固所学知识。

本书内容通俗易懂，案例丰富，不仅可以作为高职院校经济法课程的教材，还可以作为各单位经济法律类课程的培训教材，同时也能满足社会人士自学的需要。

◆ 主　　编　杨桂琴
副 主 编　舒　燕　同利平　秦巧玲
责任编辑　刘　琦
责任印制　杨林杰

◆ 人民邮电出版社出版发行　　北京市丰台区成寿寺路 11 号
邮编　100164　　电子邮件　315@ptpress.com.cn
网址　http://www.ptpress.com.cn
北京艺辉印刷有限公司印刷

◆ 开本：787×1092　1/16
印张：17.25　　2014 年 2 月第 1 版
字数：489 千字　　2014 年 2 月北京第 1 次印刷

定价：36.00 元

读者服务热线：(010)81055256　印装质量热线：(010)81055316
反盗版热线：(010)81055315
广告经营许可证：京崇工商广字第 0021 号

前言

几十年来，在建立和完善社会主义市场经济体制的过程中，“市场经济是法治经济”的理念日益深入人心。这一重要理念对于发展社会主义市场经济，推进依法治国，具有重要意义。十八大报告中也提到了我国的法制建设迈出了新步伐，我国的市场经济法律体系不断完善，有效地规范了市场主体的行为，高效地指导了经济的运行，有力地维护了市场秩序。市场经济需要懂市场经济规律和法律的人来驾驭的观念也得到人们的认同，市场需要越来越多的懂法律、懂经济的人，经济法在社会中的作用也越来越大。一些职业资格认证考试将经济法作为考试内容，如会计职业资格考试、经济师资格考试。

“经济法”课程是高职院校财经类专业和市场营销专业的专业核心课或专业基础课，本书结合“经济法”课程的特点，跟踪最新法律条文的修订和变化，由具有教学一线经验的教师和具有实践经验的律师共同编写完成。

本书的编写具有以下特点。

（1）力求符合高职高专教学的特点，以实用性为指导，强化学生能力目标的培养。本书的编写注重培养学生法律意识，力求提高学生经济法律的应用能力，以适应未来职业的需求。

（2）吸收国内外最新的法律成果，依据最新的经济法律、法规编写，如结合了 2013 年 8 月 30 日修订通过的《中华人民共和国商标法》的内容，2013 年 10 月 25 日修订通过的《中华人民共和国消费者权益保护法》的内容。

（3）本书每章内容都有明确的学习目标，由综合案例引导。为了更好地理解和巩固重点内容，教学内容中间穿插着一些小案例并做了分析。课后有巩固知识的综合练习，能够满足学生课后复习的需要。本书内容通俗易懂，配合一些小知识的介绍和案例分析，不仅适用于高职高专院校“经济法”课程教学，也可用于各类单位员工经济法律类课程的培训，还能满足社会人士自学的需要。

本书由杨桂琴任主编，负责教材大纲和体例的编制，舒燕、同利平、秦巧玲任副主编。本书共分 10 章。各章编写具体分工如下：第 1 章由王爱辉编写，第 2 章由秦巧玲编写，第 3 章、第 4 章、第 5 章、第 7 章由杨桂琴编写，第 6 章由同利平编写，第 8 章第一节、第二节、第三节、第四节和第 9 章由舒燕编写，第 8 章第五节由王华灵编写，第 10 章由李佳编写。

本书在编写的过程中，参考和借鉴了大量的教材和文献，借此向作者表示感谢！

由于编者水平有限，书中难免有欠妥之处，希望读者随时指正和提出批评。

编　者

2013.9

目录

第1章

经济法基础理论

学习目标

【知识目标】

了解经济法的体系

理解经济法的概念、调整对象

掌握经济法的渊源、经济法律关系

掌握法人制度、代理制度和诉讼时效制度

【能力目标】

能够判断经济法律关系

能正确地运用代理制度

能正确地运用诉讼时效制度

案例导入

陈某有房屋一处。2009年5月，陈某儿子拿着陈某的印章、身份证和房屋产权证原件委托一家房产中介公司出售此房屋。中介公司及时找到了买家吴某。2009年6月，陈某儿子拿着陈某印章和吴某签了房屋买卖合同。2009年8月，吴某要求入住房屋时，遭到陈某的拒绝。陈某认为，自己的印章、身份证和房屋产权证是被儿子偷出去的，儿子的所作所为他并不知情。双方在交涉无果的情况下，陈某于2009年8月15日向当地仲裁委员会提起仲裁，要求裁令宣告房屋买卖合同无效。在仲裁过程中，陈某坚持儿子拿自己印章、身份证和房屋产权证签订买卖合同，自己并不知情，均是儿子私自所为，但没有拿出证据予以证明。吴某则认为，在此次房屋买卖中，陈某儿子拿出的陈某印章、身份证和房屋产权证都是真实的，这应视为委托代理关系，而且自己是通过合法途径买的房屋，应当受到法律的保护，所以请求依法驳回陈某的仲裁请求。

问：该房屋买卖合同是否有效？

【案例分析】

房屋买卖合同有效。由于陈某儿子所持的陈某印章、身份证和房屋产权证均是真实的，陈某儿子的售房行为在法律上可以视为表见代理。表见代理是指虽无代理权，但表面上有足以使人相信其有代理权而须由本人承担责任的代理。《合同法》第49条规定，行为人没有代理权、超越代理权或者代理权终止后以被代理人名义订立合同，相对人有理由相信行为人有代理权的，该代理行为有效。

1.1 经济法概述

一、经济法的概念与调整对象

（一）经济法的概念

经济法是调整国家在经济管理和协调经济运行过程中所发生的经济关系的法律规范的总称。经济法只调整一定范围的经济关系，并不是调整所有的经济关系。经济法作为一个独立的法律部门，是我国社会主义法律体系的重要组成部分。

【知识卡片】

“经济法”一词是1755年法国空想社会主义者摩莱里在他出版的《自然法典》一书中首先提出来的，摩莱里所谓的“经济法”仅限于分配领域，但已经含有国家对社会生活进行干预的思想主张。1843年法国空想社会主义者德萨米在其《公有法典》一书中再次提出。“经济法”一词在学术上开始使用是在第一次世界大战后的德国。在我国，自1979年以来，在全国人大的文件和中央、国务院的文件中，开始使用“经济法”这一概念。与此同时，在我国的法学教材、专著、论文、工具书、资料中，也广泛使用“经济法”这一概念。

（二）经济法的调整对象

经济法的调整对象具体包括以下四个方面。

1. 市场主体关系

市场主体关系是指国家在对市场主体的设立和活动进行管理以及市场主体在自身运行过程中所发生的社会关系。市场主体是指在市场上从事商品交易活动的组织和个人。市场主体是市场经济体制的第一要素，是市场经济的根本。要实行社会主义市场经济，必须建立活跃的市场主体体系。在市场主体体系中，企业是最主要的主体。国家为了协调本国经济运行，对于企业的设立、变更和终止、企业内部机构的设置及其职权、企业的财务、会计管理等进行必要的干预，有助于从法律上保证企业成为自主经营、自负盈亏的合格主体，能主动地参与市场活动，改善经营管理，提高经济效益。

2. 市场管理关系

市场管理关系是国家干预和管理市场经济运行过程中发生的经济关系。市场经济是以市场作为对资源配置起基础性作用的商品经济，市场有着及时性、灵活性等特点，能有效地促进市场竞争，促进社会财富的增长。但又有着自身无法克服的缺陷，如自发性、盲目性和滞后性等。市场主体为追求个体利益最大化，会采取不正当的竞争方式，不可避免地造成垄断、贫富悬殊等社会不正义问题，这些是市场自身无法克服的，要实行社会主义市场经济，维护正常的经济秩序，克服市场本身无力消除的垄断和不正当竞争，就需要国家干预和加强市场管理。

3. 宏观调控关系

宏观调控关系是指国家对国民经济总体活动和有关国计民生的重大因素，实行全局性的管理过程中所产生的经济关系。要保证国民经济持续、健康发展，必须建立以间接手段为主的宏观调控体系。西方资本主义国家市场经济发展的实践已充分证明，市场经济不是放任自由主义经济，它内在地要求国家进行宏观调控。国家通过对市场运行进行调控，可以克服市场波动和大起大落，保证经济运行稳定，而市场主体也只有在稳定的市场环境中才能进行公平、自由的市场竞争。

4. 社会保障关系

社会保障关系是国家对作为劳动力资源的劳动者实行社会保障过程中发生的经济关系。社会保障由社会保险、社会救济、社会福利、优抚安置等组成。其中，社会保险是社会保障的核心内容。要实行社会主义市场经济，必须建立多层次的社会保障体系，可是市场本身无法解决这个问题，需要国家出面进行干预，建立强制实施、互济互助、社会化管理的社会保障制度。

二、经济法的体系和渊源

（一）经济法的体系

经济法体系是指由多层次的、门类齐全的经济法部门组成的有机联系的统一体。经济法体系的构成要素是经济法部门。经济法的体系与经济法的调整对象基本是一致的。具体结构如下。

1. 市场主体法

市场经济活动是由市场主体完成的，参与市场交易活动的组织和个人都可以成为市场主体。企业是社会物质财富的直接创造者和供给者，是最重要的市场主体。我国制定和颁布的市场主体的法律主要有:《公司法》、《个人独资企业法》、《合伙企业法》、《中外合资经营企业法》、《中外合作经营企业法》和《外资企业法》等。

2. 市场管理法

为保障市场经济的有序发展，国家对市场秩序进行规范并最终保证良性的市场经济运行秩序。目前，我国已经制定和颁布的相关法律主要有《反不正当竞争法》、《反垄断法》、《消费者权益保护法》、《产品质量法》、《合同法》、《商标法》和《专利法》等。

3. 宏观调控法

宏观调控的法律手段主要有金融、财政税收和计划。我国相应制定的法律有《中国人民银行法》、《票据法》、《保险法》、《证券法》、《税法》、《预算法》、《会计法》、《审计法》和《价格法》等。

4. 社会保障法

社会保障法主要调整劳动关系、社会保障与社会福利。目前，我国已经制定和颁布的相关法律主要有《劳动法》、《劳动合同法》、《社会保障法》和《工会法》等。

（二）经济法的渊源

经济法的渊源又称经济法的形式。经济法的渊源，从形式意义上说，就是指经济法规范的表现形式。经济法的渊源主要有以下几种。

1. 宪法

宪法是国家的根本大法，由全国人民代表大会制定。宪法规定国家生活中最根本最重要的方面。宪法具有最高法律效力，是制定普通法律的依据；宪法是一切国家机关、一切社会组织和一切公民个人都必须遵守的最高的行为规则。它是经济法最重要的渊源，是经济立法的基础。

2. 法律

这里的法律是指狭义的法律，是由全国人民代表大会及其常务委员会制定的规范性文件，其地位和效力仅次于宪法，是经济法的主要渊源。

3. 行政法规

行政法规是国务院为执行法律规定及履行宪法规定的行政管理职权的需要而制定的规范性文件，其效力次于宪法和法律。全国人大常委会有权撤销国务院制定的同宪法、法律相抵触的行政法规、决定和命令。行政法规名称形式一般是《××条例》，也可以称“规定”、“办法”等。如国务院制定的《中华人民共和国个人所得税法实施条例》、《个人存款账户实名制规定》。

4. 地方性法规

省、自治区、直辖市以及省级人民政府所在地的市和经国务院批准的较大的市的人民代表大会及其常委会根据本行政区域的具体情况和实际需要，在不同宪法、法律、行政法规相抵触的前提下制定的规范性文件。地方性法规只在本辖区内有效。如深圳市人民代表大会制定的《深圳经济特区注册会计师条例》。

5. 国务院部门规章和地方政府规章

部门规章是指由国务院组成部门及直属机构在各自职权范围内，根据法律和国务院的行政法规、决定、命令，在本部门的权限范围内制定的规章。如中国人民银行制定的《支付机构预付卡业务管理办法》。

地方政府规章是指省、自治区、直辖市人民政府以及省、自治区人民政府所在地的市和经国务院批准的较大的市的人民政府根据法律、行政法规和本省、自治区、直辖市的地方性法规制定的规章。如北京市人民政府制定的《北京市房屋租赁管理若干规定》。

6. 民族自治地方的自治条例和单行条例

民族自治地方的自治条例和单行条例是指民族自治地方的人民代表大会依照当地民族的政治、经济和文化的特点，依法制定的自治条例和单行条例。自治条例是一种综合性法规，内容较广泛；单行条例是有关某一方面事务的规范性文件。

7. 司法解释

司法解释是指最高人民法院在总结审判实践经验的基础上发布的指导性文件和法律解释。司法解释也是经济法的渊源之一。如《最高人民法院关于适用〈中华人民共和国合同法〉若干问题的解释》。

8. 国际条约

国际条约是指我国作为国际法主体同外国缔结的双边、多边协议和其他具有条约、协定性质的文件。国际条约通过法定程序，可以具有与国内法同样的拘束力，因此也属于我国经济法的渊源之一。

1.2 经济法律关系

一、经济法律关系的概念

法律关系是法律规范在调整人们行为过程中形成的权利义务关系。如企业与职工依法订立劳动合同后，就构成了双方的劳动法律关系；以调整婚姻家庭关系而形成的法律关系，称为婚姻家庭法律关系。经济法律关系是由经济法律规范所调整和规范的具有经济权利和经济义务内容的社会关系。经济法律关系是由经济法调整而形成的社会关系，主要内容是经济法主体之间的经济权利义务关系。

二、经济法律关系的构成要素

经济法律关系由主体、客体和内容三要素构成，三要素相互联系，缺一不可。

（一）经济法律关系的主体

经济法律关系的主体是指参加经济法律关系，依法享有经济权利、承担经济义务的当事人。享有权利的一方称为权利主体，承担义务的一方称为义务主体。作为经济法律关系的主体，必须具备法定的资格，具备经济法的权利能力和行为能力。只有具备经济法律关系主体资格的当事人，才能参与经济法律关系，享有经济权利和承担经济义务。取得经济法主体资格的方式主要有法定取得和授权取得两种。经济法律关系的主体包括以下几个。

1. 国家机关

国家机关是指从事国家管理和行使国家权力的机关。国家机关包括国家权力机关、国家行政机关、审判机关、检察机关和军队等。作为经济法律关系主体的国家机关主要是指国家行政机关中的经济管理机关。经济管理机关可分为部门性的管理机关和职能性的管理机关。

2. 企业和其他社会组织

企业是从事生产、流通、服务等经济活动，以生产或服务满足社会需要，实行自主经营、独立核算、依法设立的一种营利性的经济组织。企业可分为公司和非公司企业，后者如合伙制企业、个人独资企业等。企业是最重要的市场主体。其他社会组织主要是指事业单位和社会团体，这些社会组织在参加经济法律关系时便成为经济法的主体。

3. 企业内部组织和有关人员

企业内部组织虽无独立的法人地位，但其有关人员根据经济法律规定参与企业内部的生产经营管理活动时，如实行内部承包经营责任制、实行内部独立经济核算等情况下，企业的内部组织和有关人员和企业形成相应的经济法律关系，从而具有经济法主体的资格。

4. 个体工商户、农村承包经营户和自然人

个体工商户和农村承包经营户可以对外以自己的名义从事经济活动，成为经济法律关系的主体。自然人参加经济活动，也可成为经济法主体，享有经济权利，承担经济义务。

但对自然人来讲，有权利能力不一定有行为能力，权利能力是权利主体享有权利和承担义务的资格。公民的民事权利能力始于出生，终于死亡，公民的民事权利能力一律平等。而行为能力是权利主体能够通过自己的行为取得权利和承担义务的能力。

根据《中华人民共和国民法通则》（以下简称《民法通则》）的规定，自然人分为完全民事行为能力人、限制民事行为能力人和无民事行为能力人三种。

（1）完全民事行为能力人。18 周岁以上的公民是成年人，具有完全民事行为能力，可以独立进行民事活动，是完全民事行为能力人。16 周岁以上不满 18 周岁的公民，以自己的劳动收入为主要生活来源的，视为完全民事行为能力人。年满 18 周岁的自然人即使没有经济收入的，仍然属于完全民事行为能力人，如在校学习年满 18 周岁的大学生。这些人如果因为违法行为需要承担责任的，首先由本人承担民事责任；本人没有收入的，由抚养人垫付。

（2）限制民事行为能力人。10 周岁以上的未成年人是限制民事行为能力人，可以进行与他的年龄、智力相适应的民事活动；其他民事活动由他的法定代理人代理，或者征得他的法定代理人的同意。不能完全辩认自己行为的精神病人是限制民事行为能力人，可以进行与他的精神健康状况相适应的民事活动；其他民事活动由他的法定代理人代理，或者征得他的法定代理人的同意。

（3）无民事行为能力人。不满 10 周岁的未成年人是无民事行为能力人，由他的法定代理人代理民事活动。不能辨认自己行为的精神病人是无民事行为能力人，由他的法定代理人代理民事活动。

【案例 1.1】

17 岁的兰兰（化名）2005 年 3 月被哈尔滨市一家饭店聘用为服务员，与店方约定在饭店吃住，月工资 300 元。一个多月后的一天晚上，兰兰由于心情不太好，在饭店停业后，她打发同寝室的服务员小红（化名）到前台取了一个沏茶的茶壶，从饭店酒桶内倒出 1 公斤左右散装白酒后拿到楼上寝室。随后，兰兰又让同一寝室的服务员小晴（化名）到楼下前台拿了四个口杯，在没有菜的情况下，三个女孩子开始喝酒。兰兰因饮酒过度引起了严重呕吐，而且还大声哭起来。饭店老板娘王某听到哭声，上楼来到寝室发现她们喝酒，询问了一下情况，让服务员将兰兰的呕吐物进行了清理。然而，第二天早晨 8 时许，大家发现兰兰情况异常，虽然急报了 120，但兰兰终因抢救无效死亡。

经司法鉴定，兰兰系乙醇中毒死亡。事故发生后，饭店老板送给兰兰家属 1 万元。但是兰兰的家属认为，饭店是“封闭式”管理，孩子死亡，饭店应承担监管不力的责任，于是将饭店老板告上法庭。

问：兰兰的死应该由谁来承担责任？

【案例分析】

兰兰的死由自己来承担责任。《民法通则》规定，16 周岁以上不满 18 周岁的公民，以自己的劳动收入为主要生活来源的，视为完全民事行为能力人。17 岁的兰兰以自己的劳动收入为主要生活来源，视为完全民事行为能力人。况且兰兰是在非工作时间、非工作场合（服务员寝室

内），在被告不知情的情况下饮酒，根据法律规定，17 岁的兰兰已是完全民事行为能力人，饭店明令禁止服务员饮酒，而兰兰私自拿饭店的酒喝，且因为自己饮酒过度致乙醇中毒死亡，对死亡的后果应由兰兰本人承担责任，饭店不具有法定监管责任。

同时法律还规定，无民事行为能力人、限制民事行为能力人接受奖励、赠与、报酬，他人不得以行为人无民事行为能力、限制民事行为能力为由，主张以上行为无效。

【案例 1.2】

李某夫妇出国留学，将其子李明明（6 岁）留给姥姥和姥爷照看。李明明的小舅长期在国外工作，从国外回来，见到李明明后，给了李明明 1 万元钱作为见面礼。后因他妻子反对，便以李明明是无行为能力人为由，想要回给李明明的 1 万元钱。

问：李明明的舅舅能否要回 1 万元钱见面礼？

【案例分析】

李明明的舅舅不能要回 1 万元钱见面礼。因为法律规定，无民事行为能力人、限制民事行为能力人接受奖励、赠与、报酬，他人不得以行为人无民事行为、限制民事行为能力为由，主张以上行为无效。尽管李明明是无民事行为能力人，但他享有接受赠与的权利，所以他的舅舅不能要回 1 万元钱见面礼。

（二）经济法律关系的内容

经济法律关系的内容是指经济法律关系主体依法享有的经济权利和承担的经济义务。

1. 经济权利

经济权利是指经济法主体依法能够作为或不作为一定行为，以及要求他人作为或不作为一定行为的资格。经济权利主要有：财产所有权；经营管理权；法人财产权；经济债权和工业产权等。

2. 经济义务

经济义务是指经济法主体根据法律规定或为满足权利主体的要求，必须作为或不作为一定行为的责任。经济义务为法律设定或当事人约定，所以经济义务又包括法定义务和约定义务。法定义务是法律明文规定的义务。约定义务是参加经济法律关系时双方当事人协商议定的义务。这里应当明确，当事人约定的义务，也必须以法律为依据。经济义务是满足权利主体要求的行为，不履行经济义务则应承担责任。

（三）经济法律关系的客体

经济法律关系的客体是指经济法律关系主体权利和义务所指向的对象。客体是确定权利义务关系性质和具体内容的依据，也是确定权利行使和义务履行的客观标准。经济法律关系的客体可以分为以下几类。

1. 物

物是具有一定经济价值，能够为人类控制和支配，并可通过具体物质形态表现而存在的物品。物包括自然存在的物品和人类劳动生产的产品，以及固定充当一般等价物的货币和有价证券等。

2. 经济行为

经济行为是经济法律关系的主体为达到一定的经济目的而进行的经济活动。经济行为具体包括经济管理行为、完成工作的行为和提供劳务的行为。经济管理行为是指经济法主体行使经济管理权或经营管理权所指向的行为，如经济决策行为、经济命令行为、审查批准行为、监督检查行为等。完成工作的行为是指经济法主体的一方利用自己的资金和技术设备为对方完成一定的工作任务，而对方根据完成工作的数量和质量支付一定报酬的行为。提供劳务的行为是指为对方提供一定劳务或服务满足对方的需要而由对方支付一定报酬的行为。

3. 智力成果

智力成果也可称作精神财富，是指经济法主体从事智力劳动创造取得的成果。智力成果本身不直接表现为物质财富，但可以转化为物质财富。智力成果作为经济法律关系的客体，其法律表现形式主要为商标、发明、实用新型、外观设计、专有技术、文学、艺术和科学作品等。

三、经济法律事实

（一）经济法律事实的含义

经济法律关系的产生、变更和消灭要基于一定的经济法律事实。经济法律事实是经济法律规范所规定的，能够引起经济法律关系发生、变更和消灭的客观现象。

（二）经济法律事实的分类

经济法律事实以是否以人的意志为转移，划分为事件和行为两大类。

1. 事件

事件是指不以经济法主体的主观意志为转移的，能引起经济法律关系发生、变更和消灭的现象。事件包括自然现象和社会现象，自然现象称为绝对事件，社会现象称为相对事件。自然现象包括人的死亡、自然灾害和时间的经过等。社会现象包括战争和政府行为。

2. 行为

行为是指以经济法主体的主观意志为转移的，能引起经济法律关系发生、变更和消灭的人的有意识的活动。行为包括合法行为和违法行为。合法行为又可分为经济法律行为、经济司法行为和经济行政行为。违法行为分为一般违法行为和严重违法行为。

1.3　经济法律制度

一、法人制度

（一）法人的概念和设立条件

法人是指具有民事权利能力和民事行为能力，依法独立享有民事权利和承担民事义务的社会组织。根据《民法通则》第 37 条规定，法人必须同时具备四个条件，缺一不可。

（1）依法成立。法人的成立要依据法律规定的条件和程序。对于不同的法人，法律规定了不同的条件，作为法人必须符合法律规定的条件，而且不同的法人有不同的成立程序，必须经法定程序才能成立。

（2）有必要的财产和经费。法人必须拥有自己独立的财产和经费，这是法人以自己的名义进行民事活动并对其行为后果承担责任的物质条件和财产基础，否则，法人就无法进行各种经济活动，也无法履行债务清偿。

（3）有自己的名称、组织机构和场所。法人的名称是其区别于其他社会组织的标志符号，经过登记的名称，法人享有专用权。法人的组织机构是法人对内管理法人事务，对外代表法人进行民事活动的常设机构。法人的场所指法人从事生产经营活动的地点。法人必须有自己的场所，它是法人从事经营以及民事活动的基本条件。法人的场所与法人的住所不同。法人的住所只有一个，而其场所可以有多个，如分支机构的场所也属于法人的场所。我国《民法通则》规定："法人以它的主要办事机构所在地为住所"。

（4）能够独立承担民事责任。法人对自己的民事行为所产生的法律后果承担全部法律责任。除法律有特别规定外，法人的组成人员及其他组织不对法人的债务承担责任。

【知识卡片】

法人制度源于罗马法，因其在社会生活中不可替代的作用而为当代各国法律所广泛继受。大陆法系国家把民事主体分为自然人和法人两大类，但是，对法人的概念，各国法典一般不作界定。英美法系国家虽然采纳了法人制度，但是因为没有成文的法典，从而没有一个统一的法律上的法人概念。但私有制各国学说中则一般认为法人是自然人以外之得为权利义务主体之组织。或认之为团体人格，即有独立民事主体资格的社会组织。我国建立法人制度相对比较晚，法人理论研究工作滞后，直到1987年施行的《民法通则》对法人作了专章规定以后，才开始建立法人制度。

（二）法人的种类

法人包括企业法人、机关法人、事业单位法人和社会团体法人。

1. 企业法人

企业法人是指以营利为目的，从事生产、经营活动，具备法人条件的各类经济组织。《民法通则》规定，全民所有制企业、集体所有制企业有符合国家规定的资金数额，有组织章程、组织机构和场所，能够独立承担民事责任，经主管机关核准登记，取得法人资格。在中华人民共和国领域内设立的中外合资经营企业、中外合作经营企业和外资企业，具备法人条件的，依法经工商行政管理机关核准登记，取得中国法人资格。依照《公司法》成立的有限责任公司和股份有限公司也是企业法人。

2. 机关法人

机关法人是指依法享有国家赋予的权力，以国家预算作为活动经费，因行使职权的需要而享有民事权利能力和民事行为能力的各级国家机关。机关法人主要从事国家行政管理活动，行政机关法人的活动方式是利用国家权力对教育、文化、军事及其他社会事务进行管理。同时，从事司法活动的法院、检察院也属于机关法人的范畴。机关法人的设立取决于宪法和法律的规定，其设立无须经专门机构核准登记，机关法人只进行行政管理，不从事经营活动，即不以营利为目的。机关法人包括立法机关、行政机关、军事机关和司法机关。

3. 事业单位法人

事业单位法人是指从事非营利性的各项社会公益事业，拥有独立财产或经费的各类法人，包括从事文化、教育、卫生、体育、新闻出版等公益事业的单位。事业单位法人按照国家法律、法规、规章的规定设立，具备法人条件，经事业单位登记管理机关核准登记成立的面向社会直接为国民经济和社会提供服务，以社会效益为主要目的的社会组织。

4. 社会团体法人

社会团体法人是指中国公民自愿组成，为实现会员共同意愿，按照其章程开展活动的非营利性法人。具备法人条件的社会团体，依法不需要办理法人登记的，从成立之日起，具有法人资格；依法需要办理法人登记的，经核准登记，取得法人资格。

（三）法人的民事权利能力和民事行为能力

1. 法人的民事权利能力

法人的民事权利能力指法人能够以自己的名义参与民事法律关系，并且取得民事权利和承担民事义务的资格。法人的民事权利能力，从法人成立时产生，到法人终止时消灭。由于法人是自然人为了各种目的而设立的，因此，法人的民事权利能力范围，与自然人不同，即使在各个法人之间，他们的民事权利能力也各有不同，法人民事权利能力的内容由法人成立的宗旨和业务范围等决定。

2. 法人的民事行为能力

法人的民事行为能力是法人通过自己的行为参与民事活动，享有民事权利、承担民事义务的能力。法人的民事行为能力是通过法人的法定代表人、代表机构或者代理人来实现的。法人的民事权利能力和民事行为能力是一致的，从法人成立时产生，到法人终止时消灭。法人的民事权利能力和民事行为能力的范围也是一致的。

二、代理制度

（一）代理的概念和特征

代理是指代理人以被代理人（又称本人）的名义，在代理权限内与第三人（又称相对人）为法律行为，其法律后果直接由被代理人承受的民事法律制度。其中，代为他人实施民事法律行为的人，称为代理人；由他人以自己的名义代为民事法律行为，并承受法律后果的人，称为被代理人。代理有广义与狭义之分。狭义的代理指直接代理，又称显名代理，即以被代理人的名义进行的民事法律行为，后果直接归属于被代理人。广义的代理还包括间接代理（又称隐名代理），是指代理人以自己的名义进行民事法律行为，而使其后果间接地归属于被代理人。代理涉及三方面的法律关系：代理人与被代理人之间的关系，此为代理的基础关系；代理人与相对人之间的关系，此为代理行为；相对人与被代理人之间的关系，此为代理的法律后果。代理的特征主要有以下几点。

（1）代理是代理人以被代理人的名义进行的。代理的法律效果并非归属于行为人自身，而是由被代理人承受。故法律要求行为人必须以被代理人名义实施。《民法通则》只承认以被代理人名义进行的代理，而不包括以代理人名义进行的代理。但是，《合同法》规定了隐名代理制度。

（2）代理行为是具有法律意义的行为。代理人代理被代理人实施的主要是民事法律行为，但不限于民事法律行为，如代办房产登记、代办企业登记等均可。但若代理进行的行为不具有民事法律意义，不能产生法律上的权利义务，则不属于代理，如代人整理资料就不为代理。

（3）代理人在代理权限范围内实施的法律行为。代理人进行代理活动的依据是代理权，因此代理人必须在代理权限内实施代理行为。委托代理的代理人应根据被代理人的授权进行代理，法定代理或指定代理也只能在法律规定或指定的代理权限内进行代理行为。

（4）代理行为的法律后果由被代理人承担。代理人在代理权限范围内所为的民事法律行为，等同于被代理人自己所为民事法律行为。因此，被代理人享有代理行为产生的民事权利，同时应承担代理行为所产生的民事义务和民事责任。

（二）代理的适用范围

代理的适用范围非常广泛。从主体上，公民、法人和其他民事权利主体均可通过代理行为进行民事活动，从代理的内容看，主要适用于以下几个方面。

（1）代理为各种民事法律行为。这是最常见的代理，绝大多数的民事法律行为，可以通过代理来完成，如代签合同、代理履行债务、接受继承等。

（2）代理民事诉讼行为。在民事诉讼中，诉讼当事人可以通过代理人起诉和应诉。《民事诉讼法》规定，当事人、法定代理人可以委托 1～2 人作为诉讼代理人。

（3）代理某些财政行为和行政行为。如代办房屋产权登记、法人登记、商标注册、专利申请等行政行为，代为进行税务登记、交纳税款等财政行为。

但是，并非一切法律行为都可以适用代理，依照法律规定或者双方当事人约定，应当由本人亲自进行的民事法律行为，不得通过代理人进行。具体表现在以下几个方面。

（1）依照法律规定，必须由本人亲自进行的行为，如遗嘱、婚姻登记、收养子女等。

（2）依双方当事人约定应由本人实施的民事行为或具有严格人身性质的行为，不得代理，如约稿、预约绘画、演出等。

（3）违法行为或法律禁止的行为不得代理。

此外，根据法律规定，只有某些民事主体才能代理的行为，他人不得代理，如代理发行证券只能由有证券承销资格的机构进行。

（三）代理的种类

1. 委托代理

委托代理是根据被代理人的委托而产生的代理。委托代理以委托授权为基础，是一种单方法律行为，只需要被代理人一方的意思表示，就能发生授权的效力。

2. 法定代理

法定代理是根据法律的直接规定而发生的代理。它主要适用于被代理人为无民事行为能力人或者限制民事行为能力人的情况。在法定代理中，代理人与被代理人之间一般都存在血缘关系、婚姻关系或组织关系等。如我国《民法通则》规定，无民事行为能力人、限制民事行为能力人的监护人是他的法定代理人。

3. 指定代理

按照人民法院或者有权机关的指定而产生的代理，为指定代理。指定代理是在没有委托代理人和法定代理人的情况下，为无民事行为能力人或限制民事行为能力人设立的代理。

（四）代理权滥用的禁止

代理人在代理权限范围内进行民事法律行为，代理人应积极行使代理权，尽勤勉和谨慎的义务，维护被代理人的利益。委托代理人一般应当亲自完成代理事项。代理人违背了代理权设定宗旨和代理人的职责，损害被代理人利益行使代理权的行为构成滥用代理权。

滥用代理权的行为主要包括以下几点。

（1）自己代理。自己代理是指代理人以被代理人名义与自己实施的民事行为。

（2）双方代理。双方代理又称同时代理，是指一个代理人同时以双方当事人的名义实施同一项民事行为。

（3）代理人和第三人恶意串通。代理人和第三人恶意串通，损害被代理人利益，被代理人的利益的损失，由代理人和第三人负连带责任。

（五）无权代理

1. 无权代理的概念

无权代理是指行为人没有代理权而以他人名义实施的代理行为。无权代理有广义和狭义之分。广义的无权代理包括表见代理，狭义的无权代理仅指表见代理以外的无权代理。这里所说的无权代理是指狭义的无权代理，即没有代理权、超越代理权或者代理权终止后所进行的代理。

2. 无权代理的法律后果

（1）本人的追认权。追认是本人接受无权代理之行为效果的意思表示。《民法通则》第 66 条规定："没有代理权、超越代理权或者代理权终止后的行为，只有经过被代理人的追认，被代理人才承担民事责任"。无权代理不经追认，对被代理人不发生法律效力，但无权代理并非当然无效。根据《合同法》的规定，在无权代理情况下订立的合同，属于效力待定的合同。《合同法》规定："相对人可以催告被代理人在 1 个月内予以追认。被代理人未作表示的，视为拒绝追认"。一旦本人拒绝追认，无权代理行为就转化为无效民事行为。

（2）相对人的催告权和撤销权。催告是相对人请求本人于确定的期限内作出追认或拒绝的意思表示；撤销是相对人确认无权代理为无效的意思表示。催告权和撤销权只需相对人一方意思表示即生效，故属于形成权。《合同法》规定："相对人可以催告被代理人在 1 个月内予以追认。被代理人未作表示的，视为拒绝追认。合同被追认之前，善意相对人有撤销的权利。撤销应当以通知的方式作出"。撤销权旨在保护善意相对人的利益，只有善意相对人才享有该权利。

【案例 1.3】

冯某委托单某以自己的名义将自有的一本集邮册卖出，价格不得低于 1000 元。单某的好友王某欲以 700 元的价格购买。单某遂对王某说，我给冯某卖邮册，你也认识冯某，他说最低要 1000 元，但我想 700 元卖给你，他肯定也会同意的。单某遂以冯某的名义以 700 元将集邮册卖给王某。

问：单某的代理是有权代理还是无权代理？

【案例分析】

单某的代理是无权代理。没有代理权、超越代理权或者代理权终止后所进行的代理是无权代理，冯某有具体的价格授权，单某超越了代理价格，属于超越代理权，故单某的代理是无权代理。《合同法》规定："相对人可以催告被代理人在 1 个月内予以追认。被代理人未作表示的，视为拒绝追认。合同被追认之前，善意相对人有撤销的权利。撤销应当以通知的方式作出"。在这种情况下，被代理人冯某有追认权。王某作为相对人有催告权，由于王某知道冯某对单某的价格授权，不属于善意相对人，不享有撤销权。

（六）表见代理

1. 表见代理的概念

表见代理是指虽无代理权，但表面上有足以使人相信其有代理权而须由本人承担责任的代理。表见代理是一种广义的无权代理。《合同法》第 49 条规定，行为人没有代理权、超越代理权或者代理权终止后以被代理人名义订立合同，相对人有理由相信行为人有代理权的，该代理行为有效。

2. 表见代理的构成要件

（1）须行为人无代理权。成立表见代理的第一要件是行为人无代理权。如果代理人拥有代理权，则属于有代理权，不发生表见代理的问题。

（2）须有使相对人相信行为人具有代理权的事实或理由。这些事实和理由通常表现为：①行为人持有单位的业务介绍信、合同专用章或者盖有公章的空白合同书等，使得第三人相信其有代理权；②无权代理人此前曾被授予代理权，且代理期限尚未结束，但实施代理行为时代理权已经终止；③被代理人对第三人表示已将代理权授予他人，而实际并未授权。

（3）相对人主观上为善意。即相对人不知道行为人所为的行为属于无权代理行为。

（4）无权代理人代理被代理人签订的合同，应具备合同有效的一般条件，本身不具有无效和应被撤销的内容。否则，该合同应按无效和可撤销的规定处理。如果表见代理人与第三人之间的民事行为欠缺成立的有效要件，那么该行为从一开始就不产生法律效力，就不能够转嫁到被代理人身上，也无从谈起被代理人承受该代理行为的法律效果。

3. 表见代理的效力

（1）表见代理的直接法律后果，就在于使无权代理发生如同有权代理一样的法律效力。也就是说表见代理对于本人来说，产生与有权代理一样的效果，即在相对人和被代理人之间发生法律关系。被代理人不得以无权代理作为抗辩事由，主张代理行为无效。

（2）表见代理对于相对人来说，既可以主张其为狭义无权代理，也可以主张其为表见代理。如果主张狭义无权代理，则相对人可以行使善意相对人的撤销权，从而使得整个代理行为归于无效。

【案例 1.4】

甲超市委托业务员杨某到某地采购一批大豆油，杨某到该地后意外发现当地乙公司花生油的促销力度更大，就用盖有甲公司公章的空白介绍信和空白合同书与乙公司签订了购买 1000 桶花生油的合同，并约定货到付款。货到后，甲公司拒绝付款。

问：杨某的代理是什么性质的代理？

【案例分析】

杨某的代理是表见代理。《合同法》第 49 条规定："行为人没有代理权、超越代理权或者代理权终止后以被代理人名义订立合同，相对人有理由相信行为人有代理权的，该代理行为有效”。杨某只有代理采购大豆油的权利，无采购花生油的权利，所以杨某是无代理权，但乙公司有理由相信其有代理权，因为他持有盖有甲公司公章的空白介绍信和空白合同书，所以该代理行为有效。甲超市必须承担杨某代超市购买花生油的后果。

（七）代理权的终止

代理权的终止是指代理人与被代理人之间的代理关系消灭，代理人不再具有以被代理人名义进行民事活动的资格。代理权基于一定的原因而消灭，不同的代理权有着不同的代理权消灭的原因。

1. 委托代理权消灭的原因

有下列情形之一的，委托代理终止：

（1）代理期间届满或者代理事务完成；

（2）被代理人取消委托或者代理人辞去委托；

（3）代理人死亡；

（4）代理人丧失民事行为能力；

（5）作为被代理人或者代理人的法人终止。

【知识卡片】

《关于贯彻执行〈中华人民共和国民法通则〉若干问题的意见（试行）》第 82 条规定，被代理人死亡后有下列情况之一的，委托代理人实施的代理行为有效：①代理人不知道被代理人死亡的；②被代理人的继承人均予承认的；③被代理人与代理人约定到代理事项完成时代理权终止的；④在被代理人死亡前已经进行，而在被代理人死亡后为了被代理人的继承人的利益继续完成的。

【案例 1.5】

李某到美国去旅游，她的朋友王某听说后委托李某代买两套化妆品。李某归来后将所买的价值 3000 多元的化妆品送至王某家中。但王某的丈夫告诉李某，他的妻子王某因车祸不久前去世，这化妆品本来就是王某自用的，现在王某已不在，化妆品也就不要了，请李某自己处理。

问：李某的行为的法律后果由谁承担？

【案例分析】

李某行为的法律后果由王家人承担。代理人在代理权限内，以被代理人的名义进行民事活动，所产生的法律后果归属于被代理人。本案中李某购买化妆品的后果应由王某承担。但本案王某已去世，根据最高人民法院《关于贯彻执行〈中华人民共和国民法通则〉若干问题的意见（试行）》第 82 条的规定，当被代理人死亡后，代理人由于不知道被代理人死亡而为的民事法律行为仍然有效。也就是说，代理人因实施代理行为所取得的后果应由被代理人的继承人受领，由此所产生的债务作为被代理人的债务，以被代理人的遗产或者其继承人或受遗赠人来承担。本案中，王家理当出钱买下此化妆品。

2. 法定代理权和指定代理权消灭的原因

《民法通则》第 70 条规定，有下列情形之一的，法定代理或者指定代理终止：

（1）被代理人取得或者恢复民事行为能力；

（2）被代理人或者代理人死亡；

（3）代理人丧失民事行为能力；

（4）指定代理的人民法院或者指定单位取消指定；

（5）由其他原因引起的被代理人和代理人之间的监护关系消灭。

三、诉讼时效制度

（一）诉讼时效的概念

诉讼时效是指民事权利受到侵害的权利人在法定的时效期间内不行使权利，当时效期间届满时，人民法院对权利人的权利不再进行保护的制度。在法律规定的诉讼时效期间内，权利人提出请求的，合法的权利可以得到保护。而在法定的诉讼时效期间届满之后，权利人行使请求权的，人民法院就不再予以保护。这意味着诉讼时效期间届满消灭的是胜诉权，并不消灭实体权利。诉讼时效具体的含义如下。

（1）诉讼时效期间的经过，不影响债权人提起诉讼，即不丧失起诉权。

（2）债权人起诉后，法院在确认诉讼时效届满的情况下，应驳回其诉讼请求，即债权人丧失胜诉权。

（3）诉讼时效届满后，义务人自愿履行的，权利人仍然可以受领且受法律保护。义务人履行后，不得以自己不知道关于诉讼时效的规定或不知诉讼时效期间已届满为由，向法院起诉要求返还。

（二）诉讼时效的种类

根据《民法通则》的规定，诉讼时效有以下几种。

（1）普通诉讼时效，又称“一般诉讼时效”。根据《民法通则》的规定，普通诉讼时效期间为两年，从当事人知道或者应当知道权利被侵害时起计算。

（2）短期诉讼时效。短期诉讼时效是指诉讼时效不满 2 年的时效。我国《民法通则》规定的 1 年的诉讼时效有：①身体受到伤害要求赔偿的；②出售质量不合格的商品未声明的；③延付或拒付租金的；④寄存财物被丢失或损毁的。

（3）长期诉讼时效。长期诉讼时效是指诉讼时效在 2 年以上 20 年以下的诉讼时效。如《合同法》规定：“因国际货物买卖合同和技术进出口合同争议提起诉讼或者申请仲裁的期限为 4 年，自当事人知道或者应当知道其权利受到侵害之日起计算”。

（4）最长诉讼时效。最长诉讼时效为 20 年。我国《民法通则》规定“诉讼时效期间从知道或应当知道权利被侵害之日起计算，但是从权利被侵害之日起超过 20 年，人民法院不予保护”。权利享有人不知道自己的权利被侵害，时效最长也是 20 年，超过 20 年，人民法院不予保护。

（三）诉讼时效的中止

诉讼时效中止是指在诉讼时效进行中，因一定的法定事由产生而使权利人无法行使请求权，暂停计算诉讼时效期间。

1. 诉讼时效中止的法定事由

诉讼时效的中止必须是因法定事由而发生。这些法定事由包括以下两大类。

（1）不可抗力。不可抗力是当事人无法预见、无法避免和无法克服的客观情况。

（2）其他障碍。具体包括：①权利被侵害的无民事行为能力人、限制民事行为能力人没有法定代理人，或者法定代理人死亡、丧失代理权、丧失行为能力；②继承开始后未确定继承人或者遗产管理人；③权利人被义务人或者其他人控制无法主张权利；④其他导致权利人不能主张权利的客观情形。

2. 诉讼时效中止的时间

《民法通则》规定：“在诉讼时效进行期间的最后 6 个月，因不可抗拒力或其他障碍不能行使请求权的，诉讼时效中止”。法律规定只有在诉讼时效的最后 6 个月内发生中止事由，才能中止诉讼时效的进行。如果在诉讼时效期间的最后 6 个月以前发生权利行使障碍，而到最后 6 个月时该障碍已经消除，则不能发生诉讼时效中止；如果该障碍在最后 6 个月时尚未消除，则应从最后 6 个月开始时起中止时效期间，直至该障碍消除。

3. 诉讼时效中止的法律效力

在诉讼时效中止的情况下，中止事由发生前已经经过的时效期限仍然有效，等到时效中止的原因消除后，前后期间合并计算，而中止的时间则不计入时效期间。

（四）诉讼时效的中断

诉讼时效中断是指在诉讼时效期间进行中，因发生一定的法定事由，致使已经经过的时效期间统归无效，待时效中断的事由消除后，诉讼时效期间重新起算。

1. 诉讼时效中断的法定事由

（1）当事人提起诉讼。起诉即权利人依诉讼程序主张权利，请求人民法院强制义务人履行义务。起诉行为可引起诉讼时效的中断。

（2）当事人一方提出要求。这里指权利人直接向义务人作出请求履行义务的意思表示。这一行为是权利人在诉讼程序外向义务人行使请求权，改变了不行使请求权的状态，故应中断诉讼时效。

（3）义务人同意履行义务。即义务人在诉讼时效进行中直接向权利人作出同意履行义务的意思表示。基于义务人承诺所承担的义务，使双方当事人之间的权利义务关系重新得以明确，诉讼时效自此中断，并重新起算。承诺的方式有多种多样，包括部分清偿、请求延期给付、支付利息、提供履行担保等。

2. 诉讼时效中断的法律效力

诉讼时效中断的法律效力为诉讼时效的重新起算，即已经经过的诉讼时效期间失去意义。诉讼时效的中断可以多次进行，但不得超过20年最长诉讼时效的限制。

在诉讼时效已过的情况下，如果义务人履行了债务的，则履行有效，不得以不当得利要求返还；如果当事人就债务履行达成和解，不应看作诉讼时效的中断，而应视为新的法律关系成立，该法律关系受法律保护。在这种情况下，只有当债务人到期不履行和解协议时，才开始诉讼时效的起算。

【案例 1.6】

甲将自己的一套一室一厅的单元房出租给乙。双方约定从2008年10月开始，乙每年应向甲交租金1.8万元。至2009年10月，乙只向甲交付了1万元。此期间，甲一直在外做生意，未顾及。2010年2月，甲向乙催要租金，乙拖欠至2011年1月。甲欲向法院起诉，有人告诉他诉讼时效已过。

问：本案诉讼时效是否已过?

【案例分析】

诉讼时效没过。法律规定，延付或者拒付租金的诉讼时效期间为1年，诉讼时效从知道或者应当知道权利被侵害之日起起算。同时法律还规定，当事人一方提出要求，诉讼时效可以中断，从中断后诉讼时效应重新起算。2009年10月，乙只向甲交付了1万元，甲的权利从这时受到侵害，诉讼时效截止到2010年10月。但2010年2月，甲向乙催要过租金，属于当事人一方提出要求，诉讼时效中断，从中断起重新起算，新的诉讼时效截止到2011年2月。所以甲于2011年1月欲向法院起诉，还在1年的诉讼时效内。

（五）诉讼时效的延长

诉讼时效延长是指人民法院查明权利人在诉讼时效期间确有法律规定之外的正当理由而未行使请求权的，适当延长已完成的诉讼时效期间。我国《民法通则》对于诉讼时效的延长也有明文规定，诉讼时效延长是发生在诉讼时效届满之后，而不是在诉讼时效过程中，而且能够引起诉讼时效延长的事由，是由人民法院认定的。延长的期间，也是由人民法院依客观情况予以掌握。

【本章小结】

经济法是调整国家在经济管理和协调经济运行过程中所发生的经济关系的法律规范的总称。经济法的体系包括市场主体法、市场管理法、宏观调控法和社会保障法。经济法的渊源，就是指经济法律规范的表现形式。经济法律关系由主体、客体和内容三要素构成，三要素相互联系，缺一不可。经济法律事实是经济法律规范所规定的，能够引起经济法律关系发生、变更和消灭的客观现象，经济法律事实分为事件和行为。

法人制度、代理制度和诉讼时效制度是规范市场经济的重要法律制度。法人是指具有民事权利能力和民事行为能力，依法独立享有民事权利和承担民事义务的社会组织。代理是指代理人以被代理人的名义，在代理权限内与第三人为法律行为，其法律后果直接由被代理人承受的民事法律制度。诉讼时效是指民事权利受到侵害的权利人在法定的时效期间内不行使权利，当时效期间届满时，人民法院对权利人的权利不再进行保护的制度。诉讼时效可以中止、中断和延长。

【综合练习题】

一、单项选择题

1. 下列规范性文件中，属于法律的是（　　）。
   A. 全国人民代表大会常务委员会制定的《环境保护法》
   B. 国务院制定的《城市生活无着的流浪乞讨人员救助管理办法》
   C. 深圳市人民代表大会制定的《深圳经济特区注册会计师条例》
   D. 中国人民银行制定的《支付机构预付卡业务管理办法》
2. 下列各项中，关于法律渊源的表述中，不正确的是（　　）。
   A. 宪法是由全国人民代表大会制定
   B. 地方性法规不得与宪法、法律和行政法规相抵触
   C. 行政法规的效力次于宪法和法律
   D. 司法解释由国家各级司法机关制定
3. 在我国，有权依照法律和行政法规，制定地方性规章的机关是（　　）。
   A. 县人民代表大会
   B. 省、自治区、直辖市人民政府
   C. 省、自治区人民政府所在地的市的人民代表大会
   D. 国务院各部委
4. 下列各项中，不能成为经济法律关系主体的是（　　）。
   A. 某大学的教务处　　B. 某公司分公司
   C. 某公司的子公司　　D. 个体工商户王某
5. 下列各项中，不能成为经济法律关系客体的是（　　）。
   A. 货币　　B. 机器设备
   C. 专利权　　D. 空气
6. 下列关于自然人民事行为能力的表述中，错误的是（　　）。
   A. 16 周岁以上不满 18 周岁的自然人，能够以自己的劳动收入为主要生活来源的，视为完全民事行为能力人
   B. 10 周岁以上的未成年人是限制民事行为能力人
   C. 10 周岁以下的未成年人是无民事行为能力人
   D. 不能完全辨认自己行为的精神病人是限制民事行为能力人

7. 下列行为中属于代理行为的是（　　）。

A. 代人保管物品　　B. 代写发言稿

C. 传达任务　　D. 代理诉讼

8. 下列各项中不能当然引起委托代理关系终止的原因是（　　）。

A. 被代理人取消委托或者代理人辞去委托　　B. 被代理人死亡

C. 代理人丧失民事行为能力　　D. 代理人死亡

9. 下列有关诉讼时效的表述中，正确的是（　　）。

A. 诉讼时效期间从权利人的权利被侵害之日起计算

B. 权利人提起诉讼是诉讼时效中止的法定事由之一

C. 只有在诉讼时效期间的最后6个月内发生诉讼时效中止的法定事由，才能中止时效的进行

D. 诉讼时效中止的法定事由发生之后，已经经过的时效期间统归无效

10. 甲于2010年6月20日将小件包裹寄存乙处保管。6月22日，该包裹被盗。6月27日，甲取包裹时得知包裹被盗。甲要求乙赔偿损失的诉讼时效期间届满日是（　　）。

A. 2012年6月27日　　B. 2012年6月22日

C. 2011年6月27日　　D. 2011年6月22日

二、多项选择题

1. 在下列机构中，具有法人资格的是（　　）。

A. 某公司的全资子公司　　B. 某省政府

C. 某市教育局　　D. 某大学外语学院

2. 下列代理行为中，属于滥用代理权的有（　　）。

A. 超越代理权而进行代理　　B. 代理双方订立合同

C. 没有代理权而进行代理　　D. 代理他人与自己进行民事行为

3. 甲委托乙前往丙粮食批发店采购饺子粉，乙觉得丙粮食批发店的富强粉非常好，价格又便宜，便自作主张以甲的名义向丙签订了购买富强粉的合同。丙未问乙的代理权限。根据相关法律制度的规定，下列选项中，正确的是（　　）。

A. 甲有追认权　　B. 丙有催告权

C. 乙有撤销权　　D. 构成表见代理

4. 根据有关法律规定，下列争议中，诉讼时效期间为1年的是（　　）。

A. 国际技术进出口合同争议　　B. 买卖合同争议

C. 身体受到伤害要求赔偿的　　D. 延付或拒付租金的

5. 根据有关法律规定，下列情形中，引起诉讼时效中断的有（　　）。

A. 当事人提起诉讼

B. 当事人为主张权利而申请宣告义务人失踪或死亡

C. 义务人提出先部分履行

D. 义务人承诺提供履行担保

三、案例分析题

原告杨某和被告王某都是某公司职员，两人住同一个宿舍。因工作需要，公司委派杨某去国外一办事处工作。杨某出于对王某的信任，将自己的一台计算机委托给王某保管和使用。6个月后，杨某告知王某计算机可以适当价格卖掉。王某高中同学张某得知此事，表示想买下这台计算机。张某为了以低价买入，和王某协商，由王某告知杨某计算机出现了问题，问能否以低价出售，杨某答复可以降低价格卖掉。于是王某以1000元的低价将计算机卖给了张某。杨某返回后，知道了买卖计算机的真相，便诉至法院，要求确认张某、王某之间买卖计算机的行为无效，并要求张某返还计算机。

问：杨某的诉讼请求是否有法律依据？

第2章

企业法律制度

学习目标

【知识目标】

了解我国个人独资企业的设立程序
理解个人独资企业和合伙企业的解散和清算
理解合伙企业和第三人的关系
理解外商投资企业的解散和清算
掌握个人独资企业的设立、个人独资企业事务管理
掌握合伙企业的设立、合伙事务执行、入伙和退伙
掌握外商投资企业的设立条件、出资和组织机构

【能力目标】

能够设立个人独资企业和合伙企业
能够解决个人独资企业运营中出现的法律问题
能够解决合伙企业运营中出现的法律问题
能够处理外商投资企业的简单法律事务

案例导入

2010年8月张某、赵某、李某、王某四人协商设立一普通合伙企业，共同拟定的合伙协议约定：张某以劳务出资，而赵某、王某以实物出资，对企业债务承担无限责任；并由张某、赵某负责公司的经营管理事务，合伙企业对两人的权限做了限制，两人对外代表合伙企业签订合同的标的不得超过20万；李某以货币出资，对企业债务以其出资额承担有限责任，但不参与企业的经营管理，普通合伙企业得以成立。

请回答下列问题。

（1）合伙协议约定的出资方式是否合法？

（2）在合伙企业的设立中，请指出不合规定之处？

（3）假如甲公司并不知道合伙协议对张某权限的限制，张某与甲公司签订的合同是否有效？

【案例分析】

（1）合伙协议约定的出资方式合法。《合伙企业法》第16条规定，合伙人可以用货币、实物、知识产权、土地使用权或者其他财产权利出资，也可以用劳务出资，所以四个合伙人的出资方式符合法律规定。

（2）在该合伙企业的设立中，合伙人的责任约定有误。根据我国《合伙企业法》的有关规定，普通合伙企业由普通合伙人组成，合伙人对合伙企业债务承担无限连带责任。因此，合伙协议中约定李某对企业债务承担有限责任是不符合规定的。

（3）张某与甲公司签订的合同有效。《合伙企业法》第37条规定，合伙企业对合伙人执行合伙事务以及对外代表合伙企业权利的限制，不得对抗善意第三人。甲公司不知道张某是权利被限制的合伙人而与之签约，因此该合同是有效的。

2.1 个人独资企业法

一、个人独资企业法概述

（一）个人独资企业的概念和特征

个人独资企业是指依照《个人独资企业法》在中国境内设立的，由一个自然人投资，财产为投资人个人所有，投资人以其个人财产对企业债务承担无限责任的经营实体。个人独资企业具有以下特征。

（1）个人独资企业是仅由一个自然人投资的企业。这是独资企业在投资主体上与合伙企业的区别所在。根据《中华人民共和国个人独资企业法》（以下简称《个人独资企业法》）规定，设立个人独资企业只能是一个自然人。自然人既包括中国公民，也包括外国公民，但是外商投资企业不适用本法，因此，《个人独资企业法》所指的自然人只是中国公民。

（2）个人独资企业的投资人对企业的债务承担无限责任。这是在责任形态方面个人独资企业与公司的本质区别。投资人对企业的债务承担无限责任，是指企业的资产不足以清偿到期债务时，投资人应以自己个人的全部财产用于清偿。

（3）个人独资企业不具有法人资格。尽管个人独资企业可以起字号，并可对外以企业名义从事经营活动和参加诉讼活动，但不具有独立的法人地位。个人独资企业只是自然人进行商业活动的一种特殊形态，属于自然人企业范畴，独资企业本身不是财产所有权的主体，不享有独立的财产权利；独资企业不承担独立责任，而是由投资人承担无限责任。这一特点与合伙企业相同而区别于公司。独资企业不具有法人资格，但属于独立的法律主体，其性质属于非法人组织，享有相应的权利能力和行为能力，能够以自己的名义进行法律行为。

（4）个人独资企业的财产归投资人个人所有。这里的企业财产不仅包括企业成立时投资人投入的初始财产，而且包括企业存续期间积累的财产。投资人是个人独资企业财产的唯一合法所有者，投资人对企业的经营与管理事务享有绝对的控制与支配权，不受任何其他人的干预。

（二）个人独资企业法的概念和基本原则

1. 个人独资企业法的概念

个人独资企业法有广义和狭义之分。广义的个人独资企业法，是指享有立法权的国家机关制定的关于个人独资企业的各种法律规范的总称；狭义的个人独资企业法是指1999年8月30日第九届全国人大常委会第十一次会议通过的《中华人民共和国个人独资企业法》。

2. 个人独资企业法的基本原则

（1）依法保护个人独资企业的财产和其他合法权益。个人独资企业的财产是指个人独资企业的财产所有权，包括对财产的占有、使用、处分和收益的权利；其他合法权益是指财产所有权以外的有关权益，如有关名称权、自主经营权、平等竞争权、拒绝摊派权等。

（2）个人独资企业从事经营活动必须遵守法律、行政法规，遵守诚实信用原则，不得损害社会公共利益。个人独资企业只有依法经营才能最大限度地获取应得利益，并得到法律保护。违法经营，必然要受到法律的追究和制裁。个人独资企业应当遵守诚实信用原则，不得欺骗消费者，不得对社会公众有欺诈行为。个人独资企业要以不损害社会公共利益为前提，社会公共利益高于企业的利益。

（3）个人独资企业应当依法履行纳税义务。一切经济组织和公民都有依法纳税的义务，个人独资企业从事经营活动也应当依法履行纳税义务。

（4）个人独资企业应当依法招用职工。个人独资企业应严格依照劳动法及有关规定招用职工。企业招用职工应当与职工签订劳动合同，劳动合同必须遵循平等自愿、协商一致的原则，且不得违反国家法律、法规和有关政策规定。企业应当遵守劳动保护制度，要依法制定劳动安全技术规程和劳动卫生规程，对女职工要给予特殊的劳动保护；企业应当遵守国家规定的社会保险与福利制度，如养老保险、失业保险、工伤保险等。

（5）个人独资企业职工的合法权益受法律保护。个人独资企业职工享有的自主签订合同权、合理休息权、获取劳动报酬权、接受职业技能培训权、享受保险福利权等《劳动法》和其他有关法律规定的权利不受侵犯。个人独资企业职工依法建立工会，工会依法开展活动。

二、个人独资企业的设立

（一）个人独资企业的设立条件

根据《个人独资企业法》第 8 条规定，设立个人独资企业应当具备下列条件。

（1）投资人为一个自然人，且只能是一个中国公民。自然人之外的法人、其他组织不能投资设立个人独资企业。

（2）有合法的企业名称。个人独资企业的名称应当与其责任形式及从事的营业相符合，企业的名称应遵守企业名称登记管理规定。企业只准使用一个名称，在登记主管机关辖区内不得与已登记注册的同行业企业名称相同或者近似。独资企业名称中不得使用“有限”、“有限责任”或者“公司”字样。个人独资企业的名称可以叫厂、店、部、中心、工作室等。

（3）有投资人申报的出资。《个人独资企业法》不要求个人独资企业有最低注册资本金，仅要求投资人有自己申报的出资即可，但投资人申报的出资额应当与企业的生产经营规模相适应。个人独资企业可以用货币出资，也可以用实物、土地使用权、知识产权或者其他财产权利出资，但不能用劳务出资。采取实物、土地使用权、知识产权或者其他财产权利出资的，应将其折算成货币数额。投资人可以个人财产出资，也可以家庭共有财产作为个人出资。以家庭共有财产作为个人出资的，投资人应当在设立登记申请书中予以注明；未注明的，视为以“个人财产”出资。

（4）有固定的生产经营场所和必要的生产经营条件。生产经营场所包括企业的住所和与生产经营相适应的处所。住所是企业的主要办事机构所在地。

（5）有必要的从业人员。即要有与其生产经营范围、规模相适应的从业人员。

（二）个人独资企业的设立程序

1. 提出申请

申请设立个人独资企业，应当由投资人或者其委托的代理人向个人独资企业所在地的登记机关提交设立申请、投资人身份证明、生产经营场所使用证明等文件；委托代理人申请设立登记时，应当出具投资人的委托书和代理人的合法证明。

2. 工商登记

登记机关应当在收到设立申请文件之日起 15 日内，对符合《个人独资企业法》规定条件的，予以登记，发给营业执照；对不符合《个人独资企业法》规定条件的，不予登记，并应当给予书面答复，说明理由。个人独资企业的营业执照的签发日期，为个人独资企业成立日期。领取个人独资企业营业执照前，投资人不得以个人独资企业名义从事经营活动。

3. 分支机构的登记

（1）提出申请。个人独资企业设立分支机构，应当由投资人或者其委托的代理人向分支机构所在地的登记机关申请登记，领取营业执照。

（2）登记备案。分支机构经核准登记后，应将登记情况报该分支机构隶属的个人独资企业的登记机关备案。

（3）个人独资企业分支机构的民事责任由设立该分支机构的个人独资企业承担。

【案例 2.1】

王某个人出资在 A 市一小区设立一家小超市（简称甲超市），由于经营得当，很快名声远扬，生意兴隆。为扩大规模，王某于半年后在 B 市一小区又设立一家超市分店（简称乙超市）。根据我国个人独资企业法律的规定，回答下列问题：

（1）王某的超市分店（乙超市）是否需要办理手续？

（2）乙超市能否独立承担民事责任？

【案例分析】

（1）王某的超市分店（乙超市）需要办理手续。《个人独资企业法》规定，个人独资企业设立分支机构，应当由投资人或者其委托的代理人向分支机构所在地的登记机关申请登记，领取营业执照。分支机构经核准登记后，应将登记情况报该分支机构隶属的个人独资企业的登记机关备案。所以王某的超市分店（乙超市）需要王某自己或者其委托的代理人向分支机构所在地 B 市的登记机关申请超市分店的登记，并报 A 市登记机关备案。

（2）乙超市不能独立承担民事责任。《个人独资企业法》规定，分支机构的民事责任由设立该分支机构的个人独资企业承担。乙超市不具有相应的民事权利能力，其民事责任由甲超市承担。

（4）个人独资企业的变更。个人独资企业的变更是指个人独资企业存续期间登记事项发生的变更，如企业名称、住所、经营范围、经营期限等方面发生的改变。独资企业应当在作出变更决定之日起的 15 日内，依法向登记机关申请办理变更登记。

三、个人独资企业的投资人

（一）个人独资企业投资人的条件

个人独资企业投资人是指以其财产投资设立独资企业的自然人。投资人只能是一个自然人；投资的财产必须是私人所有的财产。《个人独资企业法》第 16 条规定，法律、行政法规禁止从事营利性活动的人，不得作为投资人申请设立个人独资企业。这一规定表明，除法律、行政法规禁止从事营利性活动的自然人以外，其余自然人均可以作为个人独资企业的投资人。我国现行法律、行政法规所禁止从事营利性活动的人包括公务员、党政机关领导干部、警官、法官、检察官、商业银行工作人员等人员。

（二）个人独资企业投资人的权利

（1）个人独资企业投资人对企业财产享有所有权。独资企业成立时的出资和经营过程中积累的财产都归独资企业的投资人所有。

（2）个人独资企业的投资人的有关权利可以依法进行转让或继承。投资人对于企业财产享有充分和完整的支配权与处置权，他可以将企业财产的某一部分转让给他人，也可以将整个企业转让给他人。同时，当投资人死亡或被宣告死亡时，其继承人可以依继承法的规定对独资企业行使继承权。

（三）个人独资企业投资人的责任

个人独资企业投资人对企业债务承担无限责任。个人独资企业在申请企业设立登记时明确以其家庭共有财产作为个人出资的，应当依法以家庭共有财产对企业债务承担无限责任；以投资人个人财产出资设立的，以投资人的个人财产承担无限责任。

【案例 2.2】

小王与小张系夫妻，妻子小张以个人名义申请登记了个人独资企业“小张快餐店”。该企业刚成立时，生意红火，小张便将盈利用来贴补家用和买了一辆汽车。过了一段时间，由于经营失误，负债 3 万元。债权人几次催要欠款，小张均以无钱为由拒不还债，债权人便起诉到法院，请求法院冻结小张的家庭存款。

问：法院能否依债权人的申请冻结小张的家庭存款？

【案例分析】

法院不可以依债权人的申请冻结小张的家庭存款。依照《个人独资企业法》的规定，个人独资企业以投资人个人财产出资设立的，以投资人的个人财产承担无限责任；以投资人的家庭财产出资设立的，以投资人的家庭财产承担无限责任。小张以个人财产出资设立个人独资企业，对该债务也应该以个人财产承担无限责任，所以法院不可以依债权人的申请冻结小张的家庭存款。

四、个人独资企业事务的管理

（一）个人独资企业事务管理的方式

1. 投资人有权自主选择事务的管理形式

个人独资企业事务管理主要有以下三种形式。

（1）自行管理。个人独资企业投资人本人对本企业的经营事务直接进行管理。

（2）委托管理。个人独资企业投资人委托其他具有民事行为能力的人负责企业的事务管理。

（3）聘用管理。个人独资企业投资人聘用其他具有民事行为能力的人负责企业的事务管理。

2. 委托或聘用管理应签订书面合同

投资人委托或者聘用他人管理个人独资企业事务，应当与受托人或者被聘用的人签订书面合同，明确委托的具体内容和授予的权利范围。受托人或者被聘用的人员应当履行诚信、勤勉义务，按照与投资人签订的合同负责个人独资企业的事务管理。

3. 投资人对受托人或者被聘用人员职权的限制，不得对抗善意第三人

所谓善意第三人是指在有关经济业务事项的交往中，没有与受托人或者被聘用的人员串通，从事故意损害投资人利益的第三人。个人独资企业的投资人与受托人或者被聘用人员之间有关权利义务的限制只对受托人或者被聘用人员有效，对第三人并无约束力，受托人或者被聘用人员超出投资人的限制与善意第三人的有关业务交往应当有效。但是在委托人（投资人）和受托人之间，受托人超越权限给委托人造成损失的，应当承担民事赔偿责任。

【案例 2.3】

甲投资设立乙个人独资企业，委托丙管理企业事务，授权丙可以决定 3 万元以下的交易。丙以乙企业的名义向丁购买 5 万元的商品。丁不知道甲对丙的授权限制，依约供货。乙企业以超过授权为由，拒绝付款，由此发生争议。

问：乙企业是否应承担付款义务？

【案例分析】

乙企业应承担付款义务。根据《个人独资企业法》的规定，个人独资企业的投资人与受托人或者被聘用的人员之间有关权利义务的限制，只对受托人或者被聘用的人员有效，对第三人并无约束力，受托人或者被聘用的人员超出投资人的限制与善意第三人的有关业务交往应当有效，乙企业应承担付款义务。

（二）受托人或者被聘用的管理人的义务

投资人委托或者聘用的管理个人独资企业事务的人员不得有下列行为。

（1）利用职务上的便利，索取或者收受贿赂。

（2）利用职务或者工作上的便利侵占企业财产。

（3）挪用企业的资金归个人使用或者借贷给他人。

（4）擅自将企业资金以个人名义或者以他人名义开立账户储存。

（5）擅自以企业财产提供担保。

（6）未经投资人同意，从事与本企业相竞争的业务。

（7）未经投资人同意，同本企业订立合同或者进行交易。

（8）未经投资人同意，擅自将企业商标或者其他知识产权转让给他人使用。

（9）泄露本企业的商业秘密。

（10）法律、行政法规禁止的其他行为。

投资人委托或者聘用的人员违反上述规定，侵犯个人独资企业财产权益的，责令退还侵占的财产；给企业造成损失的，依法承担赔偿责任；有违法所得的，没收违法所得；构成犯罪的，依法追究刑事责任。个人独资企业应当依法设置会计账簿，进行会计核算。

五、个人独资企业的解散和清算

（一）个人独资企业的解散

个人独资企业有下列情形之一时，应当解散：

（1）投资人决定解散；

（2）投资人死亡或者被宣告死亡，无继承人或者继承人决定放弃继承；

（3）被依法吊销营业执照；

（4）法律、行政法规规定的其他情形。

（二）个人独资企业的清算

个人独资企业解散时，应当进行清算。个人独资企业的清算具体有以下规定。

（1）清算人。清算人是指清算企业中执行清算事务及对外代表者。《个人独资企业法》第 27 条规定，个人独资企业解散，由投资人自行清算或者由债权人申请人民法院指定清算人进行清算。

（2）通知和公告程序。投资人自行清算的，应当在清算前 15 日内书面通知债权人，无法通知的，应当予以公告。债权人应当在接到通知之日起 30 日内，未接到通知的应当在公告之日起 60 日内，向投资人申报其债权。

（3）财产清偿程序。个人独资企业解散的，财产应当按照下列顺序清偿：①所欠职工工资和社会保险费用；②所欠税款；③其他债务。

个人独资企业财产不足以清偿债务的，投资人应当以其个人的其他财产予以清偿。

清算期间，个人独资企业不得开展与清算目的无关的经营活动。在按上述规定清偿债务前，投资人不得转移、隐匿财产。

（4）责任消灭制度。个人独资企业解散后，原投资人对个人独资企业存续期间的债务仍应承担偿还责任，但债权人在 5 年内未向债务人提出偿债请求的，该责任消灭。

（5）注销登记程序。个人独资企业清算结束后，投资人或者人民法院指定的清算人应当编制清算报告，并于 15 日内到登记机关办理注销登记。

根据《个人独资企业法》的规定，个人独资企业及其投资人在清算前或清算期间隐匿或转移财产，逃避债务的，依法追回其财产，并按照有关规定予以处罚；构成犯罪的，依法追究刑事责任。投资人违反规定，应当承担民事赔偿责任和缴纳罚款、罚金时，其财产不足以支付的，或者被判处没收财产的，应当先承担民事赔偿责任。

2.2　合伙企业法

一、合伙企业与合伙企业法

（一）合伙企业

合伙企业是指自然人、法人和其他组织依照《中华人民共和国合伙企业法》（以下简称《合伙企业法》），在中国境内设立的普通合伙企业和有限合伙企业。合伙企业具有以下法律特征。

（1）有合伙人协商一致的合伙协议。合伙协议是设立合伙组织必备的法律文件。合伙协议依法由全体合伙人协商一致、以书面形式订立。

（2）合伙企业必须由全体合伙人共同出资，合伙经营，共享收益、共担风险。出资是每个合伙人的法定义务，也是出资人取得合伙人资格的前提。合伙经营是指各合伙人都要平等地参与企业经营。共享收益和共担风险是指合伙企业盈利就应由各合伙人共同享有，发生亏损也应由各合伙人按协议共同分担。

（3）合伙企业不具有法人资格。合伙企业的非法人性，使得它与具有法人资格的公司相区别。

（4）合伙企业具有营利性。合伙企业的营利性使得它与其他具有合伙形式但不以营利为目的的合伙组织相区别。

（5）合伙企业的生产经营所得和其他所得，按照国家有关税收规定，由合伙人分别缴纳所得税，也就是缴纳个人所得税。

合伙企业分为普通合伙企业和有限合伙企业。普通合伙企业由普通合伙人组成，合伙人对合伙企业债务承担无限连带责任。《合伙企业法》对普通合伙人承担责任的形式有特别规定的，从其规定。有限合伙企业由普通合伙人和有限合伙人组成，普通合伙人对合伙企业债务承担无限连带责任，有限合伙人以其认缴的出资额为限对合伙企业债务承担责任。

（二）合伙企业法

合伙企业法是调整合伙企业的设立、变更、解散及其内外部关系的法律规范的总称。合伙企业法有广义和狭义之分。狭义的合伙企业法即指《中华人民共和国合伙企业法》，该法于1997年2月23日由第八届全国人民代表大会常务委员会第二十四次会议通过，2006年8月27日由第十届全国人民代表大会常务委员会第二十三次会议修订，自2007年6月1日起施行。广义的合伙企业法，除了《合伙企业法》外，国家有关法律、行政法规和规章中关于合伙企业的法律规范，都属于合伙企业法的范畴。

【知识卡片】

合伙企业是一种古老的企业组织形式，一般认为，最早源自于古罗马的家族共有制度，实际上合伙的起源可以追溯到更加遥远的时代。公元前18世纪，《汉谟拉比法典》第一次规定了合伙的原则，后来的《罗马法》对合伙做了详尽的规定。普通法系英国1890年颁布了《合伙法》，1907年又颁布了《有限合伙法》。美国1914年颁布了《统一合伙法》，1916年又颁布了《统一有限合伙法》。大陆法系中1804年的《法国民法典》规定了合伙，包括民事合伙和隐名合伙。在德国，由《德国民法典》和《德国商法典》规范合伙关系。

二、普通合伙企业

（一）普通合伙企业的概念

普通合伙企业是指由普通合伙人组成，合伙人对合伙企业债务承担无限连带责任的一种合伙企业。普通合伙企业具有以下特点。

（1）由普通合伙人组成。所谓普通合伙人，是指在合伙企业中对合伙企业的债务依法承担无限连带责任的自然人、法人和其他组织。《合伙企业法》第3条规定，国有独资公司、国有企业、上市公司，以及公益性的事业单位、社会团体不得成为普通合伙人。

（2）合伙人对合伙企业债务依法承担无限连带责任，法律另有规定的除外。

（二）普通合伙企业的设立条件

根据《合伙企业法》的规定，设立合伙企业，应当具备下列条件。

（1）有两个以上合伙人。合伙人为自然人的，应当具有完全民事行为能力；另外，法律法规禁止从事经营的人，如国家公务员、法官、检察官、警察不能成为合伙人。

（2）有书面合伙协议。合伙企业协议是指由各合伙人通过协商，共同决定相互间的权利义务，达成的具有法律约束力的协议。合伙协议应当依法由全体合伙人协商一致，以书面形式订立。合伙协议经全体合伙人签名、盖章后生效。修改或者补充合伙协议，应当经全体合伙人一致同意；但是，合伙协议另有约定的除外。

（3）有合伙人认缴或者实际缴付的出资。合伙协议生效后，合伙人应当按照合伙协议的规定缴纳出资。合伙人可以用货币、实物、知识产权、土地使用权或者其他财产权利出资，也可以用劳务出资。合伙人以实物、知识产权、土地使用权或者其他财产权利出资，需要评估作价的，可以由全体合伙人协商确定，也可以由全体合伙人委托法定评估机构评估。合伙人以劳务出资的，其评估办法由全体合伙人协商确定，并在合伙协议中载明。

（4）有合伙企业的名称和生产经营场所。合伙企业名称中应当标明“普通合伙”字样。合伙企业的名称应当符合《企业名称登记管理规定》的要求，即法律禁止使用的名称不能作为合伙企业的名称。同时，合伙企业的名称不能有“有限”或“有限责任”字样。

（5）法律、行政法规规定的其他条件。

（三）合伙企业财产

1. 合伙企业财产的构成

《合伙企业法》第20条规定，合伙人的出资、以合伙企业名义取得的收益和依法取得的其他财产，均为合伙企业的财产。从这一规定可以看出，合伙企业的财产由以下三部分构成。

（1）合伙人的出资。出资形成合伙企业的原始财产。

（2）以合伙企业名义取得的收益。以合伙企业名义取得的收益包括合伙企业的公共积累资金、未分配的盈余、合伙企业债权、合伙企业取得的工业产权和非专利技术等财产权利。

（3）依法取得的其他财产。即根据法律、行政法规的规定合法取得的其他财产，如合法接受的赠与财产等。

2. 合伙企业财产的性质

合伙企业的合伙财产具有共有财产的性质，即由合伙人共有。对合伙企业财产的占有、使用、收益和处分，应当依据全体合伙人的共同意志进行。根据《合伙企业法》的规定，合伙人在合伙企业清算前，不得请求分割合伙企业的财产；但是，法律另有规定的除外。合伙人在合伙企业清算前私自转移或者处分合伙企业财产的，合伙企业不得以此对抗善意第三人。

【知识卡片】

善意第三人基于《物权法》中的“善意取得制度”取得该财产的所有权，合伙企业的损失只能向私自转移或者处分合伙企业财产的合伙人进行追索，而不能向善意第三人追索。

3. 合伙人财产份额的转让

合伙人财产份额的转让，是指合伙企业的合伙人向他人转让其在合伙企业中的全部或者部分财产份额的行为。《合伙企业法》第22条规定，除合伙协议另有约定外，合伙人向合伙人以外的人转让其在合伙企业中的全部或者部分财产份额时，须经其他合伙人一致同意。合伙人之间转让在合伙企业中的全部或者部分财产份额时，应当通知其他合伙人。合伙人向合伙人以外的人转让其在合伙企业中的财产份额的，在同等条件下，其他合伙人有优先购买权；但是，合伙协议另有约定的除外。

合伙人以其在合伙企业中的财产份额出质的，须经其他合伙人一致同意；未经其他合伙人一致同意，其行为无效，由此给善意第三人造成损失的，由行为人依法承担赔偿责任。

【案例 2.4】

李某、王某、郭某、朱某共同出资设立一个普通合伙企业，李某以其自有的汽车作为合伙企业的出资。在合伙企业存续期间，李某只征得朱某的同意，以其在合伙企业中的自有汽车向银行出质借款。王某和郭某提出异议。

问：李某的出质行为是否有效？

【案例分析】

李某的出质行为无效。《合伙企业法》规定，合伙人以其在合伙企业中的财产份额出质的，须经其他合伙人一致同意；未经其他合伙人一致同意，其行为无效，由此给善意第三人造成损失的，由行为人依法承担赔偿责任。李某只经过朱某同意，未经王某、郭某同意，其出质行为无效。由此给善意第三人造成损失的，李某还要依法承担赔偿责任。

（四）合伙事务执行

1. 合伙事务的执行形式

合伙人执行合伙企业事务，主要有以下两种形式。

（1）全体合伙人共同执行合伙事务。这是合伙事务执行的基本形式，也是在合伙企业中经常使用的一种形式，尤其是在合伙人较少的情况下更为适宜。

（2）委托一个或者数个合伙人执行合伙事务。《合伙企业法》规定，按照合伙协议的约定或者经全体合伙人决定，可以委托一个或者数个合伙人对外代表合伙企业，执行合伙事务。委托一个或者数个合伙人执行合伙事务的，其他合伙人不再执行合伙事务。

合伙人可以将合伙事务委托一个或者数个合伙人执行，但并非所有的合伙事务都可以委托给部分合伙人决定。根据《合伙企业法》规定，除合伙协议另有约定外，合伙企业的下列事项应当经全体合伙人一致同意：①改变合伙企业的名称；②改变合伙企业的经营范围、主要经营场所的地点；③处分合伙企业的不动产；④转让或者处分合伙企业的知识产权和其他财产权利；⑤以合伙企业名义为他人提供担保；⑥聘任合伙人以外的人担任合伙企业的经营管理人员。

2. 合伙人在执行合伙事务中的权利和义务

（1）合伙人在执行合伙企业事务中的权利。①合伙人对执行合伙事务享有同等的权利；②执行合伙事务的合伙人对外代表合伙企业；③不执行合伙事务的合伙人的监督权利；④合伙人查阅合伙企业会计账簿等财务资料的权利；⑤合伙人有提出异议的权利和撤销委托的权利。

《合伙企业法》规定，由一个或者数个合伙人执行合伙事务的，其执行合伙事务所产生的收益归合伙企业，所产生的费用和亏损由合伙企业承担。合伙人分别执行合伙事务的，执行事务合伙人可以对其他合伙人执行的事务提出异议。提出异议时，应当暂停该项事务的执行。如果发生争议，按照有关规定作出决定。受委托执行合伙事务的合伙人不按照合伙协议或者全体合伙人的决定执行事务的，其他合伙人可以决定撤销该委托。

（2）合伙人在执行合伙事务中的义务。①合伙事务执行人向不参加执行事务的合伙人报告企业经营状况和财务状况；②合伙人不得自营或者同他人合作经营与本合伙企业相竞争的业务；③合伙人不得同本合伙企业进行交易，但合伙协议另有约定或者经全体合伙人一致同意的除外；④合伙人不得从事损害本合伙企业利益的活动。

合伙人违反《合伙企业法》规定或者合伙协议的约定，从事与本合伙企业相竞争的业务或者与本合伙企业交易的，该收益归合伙企业所有；给合伙企业或者其他合伙人造成损失的，依法承担赔偿责任。

3. 合伙事务执行的决议办法

《合伙企业法》规定了合伙事务执行决议的三种法定方法。

（1）合伙人对合伙企业有关事项作出决议，按照合伙协议约定的表决办法办理。

（2）合伙协议未约定或约定不明确的，实行合伙人一人一票并经全体合伙人过半数通过的表决办法。

（3）《合伙企业法》对合伙企业的表决办法另有规定的，从其规定。

4. 合伙企业的损益分配

（1）合伙损益包括两方面的内容：一是合伙利润，二是合伙亏损。

（2）合伙损益分配原则。合伙损益分配包含合伙企业的利润分配与亏损分担两个方面。《合伙企业法》第33条规定了合伙损益分配的原则：合伙企业的利润分配、亏损分担，按照合伙协议的约定办理；合伙协议未约定或者约定不明确的，由合伙人协商决定；协商不成的，由合伙人按照实缴出资比例分配、分担；无法确定出资比例的，由合伙人平均分配、分担。另外法律还规定，合伙协议不得约定将全部利润分配给部分合伙人或者由部分合伙人承担全部亏损。

【案例2.5】

甲、乙、丙、丁拟设立一个普通合伙企业，其书面合伙协议中有以下内容：①合伙企业的事务由甲、丙、丁全权负责；②乙不得过问合伙企业事务，也不承担合伙企业亏损的民事责任。

问：合伙协议的约定是否合法？

【案例分析】

（1）合伙企业的事务由甲、丙、丁全权负责的约定符合法律的规定。因为《合伙企业法》规定，合伙人可以将合伙事务委托一个或者数个合伙人执行。

（2）合伙协议中关于乙不得过问企业事务的约定违反了法律规定。因为《合伙企业法》规定，不执行合伙事务的合伙人有权监督执行事务合伙人执行合伙事务的情况。

（3）合伙协议中乙不承担企业亏损的民事责任的约定违反了法律规定。因为《合伙企业法》规定，合伙协议不得约定将全部利润分配给部分合伙人或者由部分合伙人承担全部亏损。

5. 非合伙人参与经营管理

《合伙企业法》规定，除合伙协议另有约定外，经全体合伙人一致同意，可以聘任合伙人以外的人担任合伙企业的经营管理人员。经营管理人员属于“非合伙人”，无需对企业债务承担无限连带责任。《合伙企业法》规定了被聘任的经营管理人员的职责。

（1）被聘任的合伙企业的经营管理人员应当在合伙企业授权范围内履行职务。

（2）被聘任的合伙企业的经营管理人员，超越合伙企业授权范围履行职务，或者在履行职务过程中因故意或者重大过失给合伙企业造成损失的，依法承担赔偿责任。

（五）合伙企业与第三人关系

合伙企业与第三人关系，实际是指有关合伙企业的对外关系，涉及合伙企业对外代表权的效力、合伙企业和合伙人的债务清偿等问题。

（1）合伙企业内部限制不得对抗善意第三人。合伙企业对合伙人执行合伙事务以及对外代表合伙企业权利的限制，不得对抗善意第三人。

（2）合伙企业的债务清偿。合伙企业对其债务，应先以其全部财产进行清偿。

（3）合伙企业的无限连带责任。合伙企业不能清偿到期债务的，合伙人承担无限连带责任。

（4）合伙人的追偿权。合伙人由于承担无限连带责任，债权人可以根据自己的清偿利益，请求全体合伙人中的一人或数人承担全部清偿责任，也可以按照自己确定的清偿比例向各合伙人分别追偿。如果某一合伙人实际支付的清偿数额超过其依照既定比例所应承担的数额，该合伙人有权就超过部分向其他未支付或者未足额支付应承担数额的合伙人追偿。

（5）合伙人的债务清偿与合伙企业关系。《合伙企业法》规定：①合伙人发生与合伙企业无关的债务，相关债权人不得以其债权抵销其对合伙企业的债务；也不得代位行使合伙人在合伙企业中的权利；②合伙人的自有财产不足清偿其与合伙企业无关的债务的，该合伙人可以以其从合伙企业中分取的收益用于清偿；债权人也可以依法请求人民法院强制执行该合伙人在合伙企业中的财产份额用于清偿；③人民法院强制执行合伙人的财产份额时，应当通知全体合伙人，其他合伙人有优先购买权；其他合伙人未购买，又不同意将该财产份额转让给他人的，依照合伙企业法的规定为该合伙人办理退伙结算，或者办理削减该合伙人相应财产份额的结算。

【案例 2.6】

某普通合伙企业有甲、乙、丙、丁四个合伙人，丁因欠戊的借款无力偿还，戊请求人民法院强制执行丁在该合伙企业中的全部财产份额用于清偿。对此，甲、乙和丙不愿意购买丁的财产份额，又不同意将该财产份额转让给戊。丁认为甲、乙和丙不同意对外转让，就应当购买。

问：丁的说法是否正确？

【案例分析】

丁的说法不正确。《合伙企业法》规定，人民法院强制执行合伙人的财产份额时，应当通知全体合伙人，其他合伙人有优先购买权；其他合伙人未购买，又不同意将该财产份额转让给他人的，依照合伙企业法的规定为该合伙人办理退伙结算，或者办理削减该合伙人相应财产份额的结算。《合伙企业法》并没有规定不同意对外转让，就应当购买，而是只能够依照合伙企业法的规定为该合伙人办理退伙结算，或者办理削减该合伙人相应财产份额的结算。本案既然是戊请求人民法院强制执行丁在该合伙企业中的全部财产份额用于清偿，只能够依照合伙企业法的规定为丁办理退伙结算。

（六）入伙与退伙

1. 入伙

入伙是指在合伙企业存续期间，合伙人以外的第三人加入合伙企业并取得合伙人资格的法律行为。

（1）入伙的条件。《合伙企业法》规定：①新合伙人入伙，除合伙协议另有约定外，应当经全体合伙人一致同意；②原合伙人应当向新合伙人如实告知原合伙企业的经营状况和财务状况；③依法订立书面入伙协议。

（2）入伙的法律后果。入伙的新合伙人与原合伙人享有同等权利，承担同等责任。入伙协议另有约定的，从其约定。新合伙人对入伙前合伙企业的债务承担无限连带责任。

【案例 2.7】

甲、乙、丙、丁四人共同投资设立 A 普通合伙企业。合伙协议的部分内容如下：由甲、乙执行合伙企业事务，丙、丁不执行合伙企业事务；利润和损失由甲、乙、丙、丁平均分配和分担。在执行合伙企业事务过程中，为提高管理水平，甲自行决定聘请王某担任合伙企业经营管理人员。因合伙企业发展良好，乙打算让其朋友郑某入伙。在征得甲的同意后，乙即安排郑某参与合伙事务。根据上述情况和合伙企业法律制度的相关规定，回答下列问题：

（1）甲聘请王某担任经营管理人员是否符合法律规定？简要说明理由。

（2）郑某是否已经成为 A 合伙企业的合伙人？简要说明理由。

【案例分析】

（1）甲聘请王某担任经营管理人员不符合法律规定。《合伙企业法》规定，除合伙协议另有约定外，经全体合伙人一致同意，可以聘任合伙人以外的人担任合伙企业的经营管理人员。本案既然合伙协议没有另外作出约定，就必须经全体合伙人一致同意。

（2）郑某尚不是合伙人。《合伙企业法》规定，新合伙人入伙，除合伙协议另有约定外，应当经全体合伙人一致同意。入伙还必须依法订立书面入伙协议。郑某只经过了甲、乙的同意，也没有依法订立书面入伙协议，还不能成为新合伙人。

2. 退伙

退伙是在合伙企业存续期间，合伙人退出合伙企业并使其合伙人资格归于消灭的法律行为。合伙人退伙一般有两种原因，一是自愿退伙；二是法定退伙。

（1）自愿退伙。自愿退伙是指合伙人基于自愿的意思表示而退伙。自愿退伙可以分为协议退伙和通知退伙。

协议退伙，是指合伙协议约定合伙期限的，在合伙企业存续期间，有下列情形之一的，合伙人可以退伙：①合伙协议约定的退伙事由出现；②经全体合伙人一致同意；③发生合伙人难以继续参加合伙的事由；④其他合伙人严重违反合伙协议约定的义务。

通知退伙，是指《合伙企业法》规定，合伙协议未约定合伙期限的，合伙人在不给合伙企业事务执行造成不利影响的情况下，可以退伙，但应当提前30日通知其他合伙人。合伙人违反上述的规定退伙的，应当赔偿由此给合伙企业造成的损失。

（2）法定退伙。法定退伙是指合伙人因出现法律规定的事由而退伙。法定退伙分为当然退伙和除名两种。

当然退伙是指发生了某种客观情况而导致的退伙。合伙人有下列情形之一的，当然退伙：①作为合伙人的自然人死亡或者被依法宣告死亡；②个人丧失偿债能力；③作为合伙人的法人或者其他组织依法被吊销营业执照，责令关闭、撤销，或者被宣告破产；④法律规定或者合伙协议约定合伙人必须具有相关资格而丧失该资格；⑤合伙人在合伙企业中的全部财产份额被人民法院强制执行。当然退伙以退伙事由实际发生之日为退伙生效日。

除名是指在合伙人出现法定事由的情形下，由其他合伙人决议将该合伙人除名。合伙人有下列情形之一的，经其他合伙人一致同意，可以决议将其除名：①未履行出资义务；②因故意或者重大过失给合伙企业造成损失；③执行合伙事务时有不正当行为；④发生合伙协议约定的事由。

对合伙人的除名决议应当书面通知被除名人。被除名人接到除名通知之日，除名生效，被除名人退伙。被除名人对除名决议有异议的，可以自接到除名通知之日起30日内，向人民法院起诉。

【案例 2.8】

赵某、钱某、孙某和李某共同设立了“博通贸易普通合伙企业”，钱某被委托执行合伙企业事务，赵某、孙某和李某不执行合伙事务。2009年10月钱某私自以合伙企业的名义转让合伙企业的一项专利，钱某的行为给合伙企业造成了一定的损失。为此，赵某、孙某和李某一致同意将钱某除名，并作出除名决议，书面通知钱某本人，钱某提出异议。

问：赵某、孙某和李某一致同意将钱某除名，该决议是否有效？

【案例分析】

赵某、孙某和李某一致同意将钱某除名，该决议有效。因为《合伙企业法》规定，合伙人因故意或者重大过失给合伙企业造成损失或者执行合伙企业事务时有不正当行为的，经其他合伙人一致同意可以决议将其除名。对合伙人的除名决议应当书面通知被除名人。所以赵某、孙某和李某一致同意将钱某除名，该决议有效。如果钱某对除名决议有异议，可以在接到除名通知之日起30日内，向人民法院起诉。

（3）退伙的效果。退伙的效果是指退伙时退伙人在合伙企业中的财产份额和民事责任的归属变动。分为两类情况：一是财产继承；二是退伙结算。

关于财产继承。《合伙企业法》规定，合伙人死亡或者被依法宣告死亡的，对该合伙人在合伙企业中的财产份额享有合法继承权的继承人，按照合伙协议的约定或者经全体合伙人一致同意，从继承开始之日起，取得该合伙企业的合伙人资格。

有下列情形之一的，合伙企业应当向合伙人的继承人退还被继承合伙人的财产份额：①继承人不愿意成为合伙人；②法律规定或者合伙协议约定合伙人必须具有相关资格，而该继承人未取得该资格；③合伙协议约定不能成为合伙人的其他情形。

普通合伙人被依法认定为无民事行为能力人或者限制民事行为能力人的，经其他合伙人一致同意，可以依法转为有限合伙人，普通合伙企业依法转为有限合伙企业。其他合伙人未能一致同意的，该无民事行为能力或者限制民事行为能力的合伙人退伙。

关于退伙结算。除合伙人死亡或者被依法宣告死亡的情形外，《合伙企业法》对退伙结算做了以下规定：①合伙人退伙，其他合伙人应当与该退伙人按照退伙时的合伙企业财产状况进行结算，退还退伙人的财产份额。退伙人对给合伙企业造成的损失负有赔偿责任的，相应扣减其应当赔偿的数额。退伙时有未了结的合伙企业事务的，待该事务了结后进行结算；②退伙人在合伙企业中财产份额的退还办法，由合伙协议约定或者由全体合伙人决定，可以退还货币，也可以退还实物；③合伙人退伙时，合伙企业财产少于合伙企业债务的，退伙人应当依照法律规定分担亏损，即如果合伙协议约定亏损分担比例的，按照合伙协议的约定办理。合伙协议未约定或者约定不明确的，由合伙人协商决定；协商不成的，由合伙人按照实缴出资比例分担；无法确定出资比例的，由合伙人平均分配分担。

根据《合伙企业法》规定，退伙人对基于其退伙前的原因发生的合伙企业债务，承担无限连带责任。

（七）特殊的普通合伙企业

1. 特殊的普通合伙企业的概念

特殊的普通合伙企业是指以专业知识和技能为客户提供有偿服务的专业服务机构。特殊的普通合伙企业名称中应当标明“特殊普通合伙”字样。

2. 特殊的普通合伙企业的责任形式

（1）责任承担。特殊的普通合伙企业的责任形式分为两种。①有限责任与无限连带责任相结合。即一个合伙人或者数个合伙人在执业活动中因故意或者重大过失造成合伙企业债务的，应当承担无限责任或者无限连带责任，其他合伙人以其在合伙企业中的财产份额为限承担责任。②无限连带责任。对合伙人在执业活动中非因故意或者重大过失造成的合伙企业债务以及合伙企业的其他债务，全体合伙人承担无限连带责任。

（2）责任追偿。合伙人执业活动中因故意或者重大过失造成的合伙企业债务，以合伙企业财产对外承担责任后，该合伙人应当按照合伙协议的约定对给合伙企业造成的损失承担赔偿责任。

【案例 2.9】

注册会计师甲、乙、丙投资设立 A 会计师事务所，该会计师事务所的形式为特殊的普通合伙企业。A 会计师事务所为某上市公司财务会计报告进行审计，甲在对某上市公司的年度会计报告进行审计过程中，因重大过失遗漏了一笔销售收入，经人民法院判决由该事务所向某上市公司的相关股东承担赔偿责任。甲认为自己并非故意造成的损失，该赔偿责任应该由全体合伙人共同承担连带责任。

问：甲的说法是否正确？请说明理由。

【案例分析】

甲的说法不正确。《合伙企业法》规定，一个合伙人或者数个合伙人在执业活动中因故意或者重大过失造成合伙企业债务的，应当承担无限责任或者无限连带责任，其他合伙人以其在合伙企业中的财产份额为限承担责任。甲是因重大过失遗漏了一笔销售收入，所以甲自己应当承担无限责任。乙、丙只以他们在合伙企业中的财产份额为限承担责任，而并不是甲认为自己并非故意造成的损失，该赔偿责任应该由全体合伙人共同承担连带责任。

三、有限合伙企业

（一）有限合伙企业的概念及法律适用

1. 有限合伙企业的概念

有限合伙企业是指由普通合伙人和有限合伙人组成，普通合伙人对合伙企业债务承担无限连带责任，有限合伙人以其认缴的出资额为限对合伙企业债务承担责任的合伙组织。

2. 有限合伙企业的法律适用

在法律适用中，凡是《合伙企业法》中对有限合伙企业有特殊规定的，应当适用有关《合伙企业法》中对有限合伙企业的特殊规定。无特殊规定的，适用有关普通合伙企业及其合伙人的一般规定。

（二）有限合伙企业设立的特殊规定

1. 有限合伙企业人数

有限合伙企业由2个以上50个以下合伙人设立；但是，法律另有规定的除外。有限合伙企业至少应当有一个普通合伙人。按照规定，自然人、法人和其他组织可以依照法律规定设立有限合伙企业；但国有独资公司，国有企业，上市公司以及公益性的事业单位，社会团体不得成为有限合伙企业的普通合伙人。有限合伙企业由有限合伙人和普通合伙人组成。

2. 有限合伙企业名称

有限合伙企业名称中应当标明“有限合伙”字样。不能标明“普通合伙”、“特殊普通合伙”、“有限公司”、“有限责任公司”等字样。

3. 有限合伙企业协议

有限合伙企业协议除应符合普通合伙企业合伙协议的规定外，还有自己特殊应当载明事项：①普通合伙人和有限合伙人的姓名或者名称、住所；②执行事务合伙人应具备的条件和选择程序；③执行事务合伙人权限与违约处理办法；④执行事务合伙人的除名条件和更换程序；⑤有限合伙人入伙、退伙的条件、程序以及相关责任；⑥有限合伙人和普通合伙人相互转变程序。

4. 有限合伙人出资形式

有限合伙人可以用货币、实物、知识产权、土地使用权或者其他财产权利作价出资。有限合伙人不得以劳务出资。

5. 有限合伙人的出资义务

有限合伙人应当按照合伙协议的约定按期足额缴纳出资；未按期足额缴纳的，应当承担补缴义务，并对其他合伙人承担违约责任。按期足额出资是有限合伙人必须履行的义务，因此有限合伙人应当按照合伙协议的约定按期足额缴纳出资。

6. 有限合伙企业登记事项

有限合伙企业登记事项中应当载明有限合伙人的姓名或者名称及认缴的出资数额。

（三）有限合伙企业事务执行的特殊规定

1. 有限合伙企业事务执行人

《合伙企业法》规定，有限合伙企业由普通合伙人执行合伙事务。执行事务合伙人可以要求在合伙协议中确定执行事务的报酬及报酬提取方式。

2. 禁止有限合伙人执行合伙事务

有限合伙人不执行合伙事务，不得对外代表有限合伙企业。有限合伙人的下列行为，不视为执行合伙事务：

（1）参与决定普通合伙人入伙，退伙；

（2）对企业的经营管理提出建议；

（3）参与选择承办有限合伙企业审计业务的会计师事务所；

（4）获取经审计的有限合伙企业财务会计报告；

（5）对涉及自身利益的情况，查阅有限合伙企业财务会计账簿等财务资料；

（6）在有限合伙企业中的利益受到侵害时，向有责任的合伙人主张权利或者提起诉讼；

（7）执行事务合伙人怠于行使权利时，督促其行使权利或者为了本企业的利益以自己的名义提起诉讼；

（8）依法为本企业提供担保。

第三人有理由相信有限合伙人为普通合伙人并与其交易的，该有限合伙人对该笔交易承担与普通合伙人同样的责任。有限合伙人未经授权以有限合伙企业名义与他人进行交易，给有限合伙企业或者其他合伙人造成损失的，该有限合伙人应当承担赔偿责任。

【案例 2.10】

甲、乙共同出资设立了一个有限合伙企业 A，甲出资 10 万元，为有限合伙人。乙出资 5 万元，为普通合伙人。丙欲与 A 合伙企业建立业务联系，多次到 A 企业进行洽谈，每次都是甲负责接待并商谈业务细节，乙有时也在场，但是并没有告知丙甲的有限合伙人身份。甲以有限合伙企业 A 的名义与丙签了三次合同，前两次 A 企业均予以付款。丙按照合同约定第三次发货后，A 企业拒付货款，丙遂要求甲和乙共同承担连带清偿责任。

问：甲是否应对合伙企业丙的债务承担责任？

【案例分析】

甲应对合伙企业丙的债务承担责任。《合伙企业法》规定，有限合伙人不执行合伙事务，不得对外代表有限合伙企业。第三人有理由相信有限合伙人为普通合伙人并与其交易的，该有限合伙人对该笔交易承担与普通合伙人同样的责任。本案中，甲虽为有限合伙人，但是由于多次洽谈都由甲进行接待并洽谈业务细节，且乙未告知甲为有限合伙人无权执行合伙事务，所以丙有理由相信甲为普通合伙人与之交易，丙为善意第三人。根据《合伙企业法》的规定，甲应当对丙承担债务责任，并且同普通合伙人一样承担无限连带责任。

3. 有限合伙企业利润分配

有限合伙企业不得将全部利润分配给部分合伙人；但是，合伙协议另有约定的除外。

4. 有限合伙人的权利

（1）有限合伙人可以同本企业进行交易。《合伙企业法》规定，有限合伙人可以同本有限合伙企业进行交易；但是，合伙协议另有约定的除外。普通合伙人如果禁止有限合伙人同本有限合伙企业进行交易，应当在合伙协议中作出约定。

（2）有限合伙人可以经营与本企业相竞争的业务。《合伙企业法》规定，有限合伙人可以自营或者同他人合作经营与本有限合伙企业相竞争的业务；但是，合伙协议另有约定的除外。与普通合伙人不同，有限合伙人一般不承担竞业禁止义务。普通合伙人如果禁止有限合伙人自营或者同他人合作经营与本有限合伙企业相竞争的业务，应当在合伙协议中作出约定。

（四）有限合伙企业财产出质与转让的特殊规定

1. 有限合伙人财产份额出质

有限合伙人可以将其在有限合伙企业中的财产份额出质；但是，合伙协议另有约定的除外。有限合伙企业合伙协议可以对有限合伙人的财产份额出质作出约定，如有特殊约定，应按特殊约定进行。

2. 有限合伙人财产份额转让

有限合伙人可以按照合伙协议的约定向合伙人以外的人转让其在有限合伙企业中的财产份额，但应当提前30日通知其他合伙人。有限合伙人对外转让其在有限合伙企业的财产份额时，有限合伙企业的其他合伙人有优先购买权。

（五）有限合伙人债务清偿的特殊规定

有限合伙人的自有财产不足清偿其与合伙企业无关的债务的，该合伙人可以以其从有限合伙企业中分取的收益用于清偿。债权人也可以依法请求人民法院强制执行该合伙人在有限合伙企业中的财产份额用于清偿。人民法院强制执行有限合伙人的财产份额时，应当通知全体合伙人。在同等条件下，其他合伙人有优先购买权。

（六）有限合伙企业入伙与退伙的特殊规定

1. 入伙

《合伙企业法》规定，新入伙的有限合伙人对入伙前有限合伙企业的债务，以其认缴的出资额为限承担责任。

2. 退伙

（1）有限合伙人当然退伙。有限合伙人出现下列情形，当然退伙：①作为合伙人的自然人死亡或者被依法宣告死亡；②作为合伙人的法人或者其他组织依法被吊销营业执照，责令关闭撤销，或者被宣告破产；③法律规定或者合伙协议约定合伙人必须具有相关资格而丧失该资格；④合伙人在合伙企业中的全部财产份额被人民法院强制执行。

（2）有限合伙人丧失民事行为能力的处理。作为有限合伙人的自然人在有限合伙企业存续期间丧失民事行为能力的，其他合伙人不得因此要求其退伙。

（3）有限合伙人继承人的权利。作为有限合伙人的自然人死亡，被依法宣告死亡或者作为有限合伙人的法人及其他组织终止时，其继承人或者权利承受人可以依法取得该有限合伙人在有限合伙企业中的资格。

（4）有限合伙人退伙后的责任承担。有限合伙人退伙后，对基于其退伙前的原因发生的有限合伙企业债务，以其退伙时从有限合伙企业中取回的财产承担责任。

（七）合伙人性质转变的特殊规定

除合伙协议另有约定外，普通合伙人转变为有限合伙人，或者有限合伙人转变为普通合伙人，应当经全体合伙人一致同意。有限合伙人转变为普通合伙人的，对其作为有限合伙人期间有限合伙企业发生的债务承担无限连带责任。普通合伙人转变为有限合伙人的，对其作为普通合伙人期间合伙企业发生的债务承担无限连带责任。

【案例2.11】

张某、王某、李某、杨某成立一从事商品销售的有限合伙企业，其中张某、王某为普通合伙人，李某、杨某为有限合伙人。在四人合伙经营期间，合伙企业向银行贷款100万元。1年后张某转为有限合伙人，李某转为普通合伙人。此前，合伙企业欠银行100万元，该债务直至合伙企业被宣告破产仍未偿还。

问：关于拖欠银行100万元的贷款，四个合伙人如何承担责任？

【案例分析】

张某、王某、李某承担无限连带责任，杨某以其出资额为限承担责任。根据《合伙企业法》的规定，有限合伙人转变为普通合伙人的，对其作为有限合伙人期间有限合伙企业发生的债务承担无限连带责任。普通合伙人转变为有限合伙人的，对其作为普通合伙人期间合伙企业发生的债务承担无限连带责任。因此张某、王某、李某均要承担无限连带责任，有限合伙人杨某承担有限责任。

四、合伙企业的解散和清算

（一）合伙企业的解散

合伙企业的解散是指基于某种法律事实的发生而使合伙企业消灭的法律行为。《合伙企业法》规定，合伙企业有下列情形之一的，应当解散：

（1）合伙期限届满，合伙人决定不再经营；

（2）合伙协议约定的解散事由出现；

（3）全体合伙人决定解散；

（4）合伙人已不具备法定人数满 30 天；

（5）合伙协议约定的合伙目的已经实现或者无法实现；

（6）依法被吊销营业执照、责令关闭或者被撤销；

（7）法律、行政法规规定的其他原因。

（二）合伙企业清算

合伙企业的清算是指合伙企业解散后，对其债权债务及未了结的事务进行清理、核算、偿还债务、退还出资的法律行为。

1. 确定清算人

合伙企业解散，应当由清算人进行清算。

（1）清算人由全体合伙人担任。

（2）全体合伙人过半数同意，可以自合伙企业解散事由出现后 15 日内指定一个或者数个合伙人，或者委托第三人，担任清算人。

（3）自合伙企业解散事由出现之日起 15 日内未确定清算人的，合伙人或者其他利害关系人可以申请人民法院指定清算人。

2. 清算人的职责

清算人在清算期间执行下列事务：

（1）清理合伙企业财产，分别编制资产负债表和财产清单；

（2）处理与清算有关的合伙企业未了结事务；

（3）清缴所欠税款；

（4）清理债权、债务；

（5）处理合伙企业清偿债务后的剩余财产；

（6）代表合伙企业参加诉讼或者仲裁活动。

3. 清算程序

清算人自被确定之日起 10 日内将合伙企业解散事项通知债权人，并于 60 日内在报纸上公告。债权人应当自接到通知书之日起 30 日内，未接到通知书的自公告之日起 45 日内，向清算人申报债权。

债权人申报债权，应当说明债权的有关事项，并提供证明材料。清算人应当对债权进行登记。清算期间，合伙企业存续，但不得开展与清算无关的经营活动。

4. 财产清偿顺序

合伙企业财产在支付清算费用和职工工资、社会保险费用、法定补偿金以及缴纳所欠税款、清偿债务后的剩余财产，依照下述规定进行分配：由合伙人对合伙企业该事项作出决议，按照合伙协议约定的表决办法办理；合伙协议未约定或者约定不明确的，实行合伙人一人一票并经全体合伙人过半数通过的表决办法。

5. 注销登记

清算结束，清算人应当编制清算报告，经全体合伙人签名、盖章后，在 15 日内向企业登记机关报送清算报告，申请办理合伙企业注销登记。合伙企业注销后，原普通合伙人对合伙企业存续期间的债务仍应承担无限连带责任。

2.3 外商投资企业法

一、外商投资企业法概述

（一）外商投资企业

1. 外商投资企业的概念

外商投资企业是指依照我国法律的规定，在中国境内设立的，由中国投资者和外国投资者共同投资或者仅由外国投资者投资的企业。根据我国《宪法》和有关法律的规定，中国投资者包括中国的企业或者其他经济组织，外国投资者包括外国的企业和其他经济组织或者个人。

2. 外商投资企业的特征

（1）外商投资企业是外商直接投资举办的企业。直接投资是指投资者将资金投入企业，并不同程度地参与企业的经营决策，通过企业盈利分配获取投资收益的投资方法。

（2）外商投资企业是吸引外国私人投资举办的企业。私人投资是指以公司、企业和其他经济组织或者个人的名义进行的投资。它与政府的对外援助不同，具有民间经济技术合作的色彩。

（3）外商投资企业是依照中国的法律和行政法规，经中国政府批准，在中国境内设立的企业。按照我国的法律和行政法规规定，设立外商投资企业必须经中国政府批准，并在中国境内设立。外商投资企业设立后，必须遵守中国的法律；同时，外商投资企业也受中国法律的保护。

根据我国有关法律和行政法规规定，我国目前的外商投资企业主要有中外合资经营企业（以下简称合营企业）、中外合作经营企业（以下简称合作企业）和外资企业。

（二）外商投资企业法

我国的外商投资企业立法是伴随着我国的改革和对外开放政策而逐步建立并不断完善的，至今已经形成较为完备的外商投资企业立法体系。我国相继颁布了一系列有关调整外商投资企业关系的法律、法规及规章，主要包括:《中华人民共和国中外合资经营企业法》(以下简称《中外合资经营企业法》)、《中华人民共和国中外合作经营企业法》(以下简称《中外合作经营企业法》)、《中华人民共和国外资企业法》(以下简称《外资企业法》)、《中华人民共和国中外合资经营企业法实施条例》、《中华人民共和国中外合作经营企业法实施细则》、《中华人民共和国外资企业法实施细则》、《国务院关于鼓励外商投资的规定》、《中外合资经营企业合营各方出资的若干规定》、《指导外商投资方向规定》、《外商投资产业指导目录》、《关于设立外商投资股份有限公司若干问题的暂行规定》等。

二、中外合资经营企业法

（一）中外合资经营企业的概念和特征

中外合资经营企业是指国外公司、企业和其他经济组织或个人，依照中华人民共和国法律和行政法规，经中国政府批准，按照平等互利的原则，在中国境内同中国公司、企业或其他经济组织共同投资、共同经营、共负盈亏的企业法人组织，简称为合营企业。中外合资经营企业具有以下法律特征。

（1）合营企业至少有一方为外国投资者，同样也至少有一方是中国投资者。外国投资者可以是公司、企业、其他经济组织、团体或个人。中国投资者可以是公司、企业或者是其他经济组织，中方的个人不能成为中外合资经营企业中方的当事人。

（2）合营企业是经中国政府批准设立的中国法人，必须遵守中华人民共和国的法律、行政法规，并受中国法律、行政法规的保护。

（3）合营企业是中外双方投资者共同投资、共同经营、共负盈亏。共同投资，即中外双方都要有投资，其中外方投资比例一般不得少于 25%，否则，不享受合营企业的待遇。

（4）合营企业的组织形式为有限责任公司，董事会为最高权力机构。

（二）中外合资经营企业的设立

1. 设立合营企业的条件

在中国境内设立的合营企业，应当能够促进中国经济的发展和科学技术水平的提高，有利于社会主义现代化建设。国家鼓励、允许、限制或者禁止设立合营企业的行业，按照国家指导外商投资方向的规定及外商投资产业指导目录执行。

申请设立合营企业有下列情况之一的，不予批准：

（1）有损中国主权的；

（2）违反中国法律的；

（3）不符合中国国民经济发展要求的；

（4）造成环境污染的；

（5）签订的协议、合同、章程显属不公平，损害合营一方权益的。

2. 设立合营企业的申请

申请设立合营企业，由中外合营者共同向审批机构报送下列文件：

（1）设立合营企业的申请书；

（2）合营各方共同编制的可行性研究报告；

（3）由合营各方授权代表签署的合营企业协议、合同和章程；

（4）由合营各方委派的合营企业董事长、副董事长、董事人选名单；

（5）审批机构规定的其他文件。

合营企业协议是指合营各方对设立合营企业的某些要点和原则达成一致意见而订立的文件。合营企业合同，是指合营各方为设立合营企业就相互权利、义务关系达成一致意见而订立的文件。合营企业章程是按照合营企业规定的原则，经合营各方一致同意，规定合营企业的宗旨、组织原则和经营管理方法等事项的文件。

合营企业协议与合营企业合同有抵触时，以合营企业合同为准。经合营各方同意，也可以不订立合营企业协议而只订立合营企业合同、章程。合营企业合同是最主要的法律文件，有关合营企业合同的订立、效力、解释、执行及其争议的解决，均应适用中国的法律。

3. 设立合营企业的审批

（1）合营企业的审批机关。在中国境内设立合营企业，必须经中华人民共和国对外贸易主管部门审查批准。批准后，由对外贸易主管部门发给批准证书。凡具备下列条件的，国务院授权省、自治区、直辖市人民政府或者国务院有关部门审批，报对外贸易主管部门备案：①投资总额在国务院规定的投资审批权限以内，中国合营者的资金来源已经落实的；②不需要国家增拨原材料，不影响燃料、动力、交通运输、外贸出口配额等方面的全国平衡的。

（2）合营企业的审批期限。审批机构自接到报送的全部文件之日起 3 个月内决定批准或者不批准。

4. 设立合营企业的登记

合营企业办理开业登记，应当自收到批准证书之日起 1 个月内，向工商行政管理机关办理登记手续。合营企业的营业执照签发日期，即为该合营企业的成立日期。

（三）中外合资经营企业的组织形式与注册资本

1. 合营企业的组织形式

合营企业的形式为有限责任公司，合营各方对合营企业的责任以各自认缴的出资额为限。在合营企业中没有股东大会，最高权力机构是合营企业的董事会，合营企业的领导制度是董事会领导下的总经理负责制。

2. 合营企业的注册资本与投资总额

（1）合营企业的注册资本是指为设立合营企业在工商行政管理机关登记注册的资本，应为合营各方认缴的出资额之和。合营企业的注册资本应当符合下列要求。①合营企业在合营期内，不得减少其注册资本。因投资总额和生产经营规模等发生变化，确需减少的，必须经审批机构批准。②在合营企业的注册资本中，外国合营者的出资比例一般不应低于25%。③合营一方向第三者转让其全部或者部分股权的，必须经合营他方同意，并报审批机构批准，向登记管理机构办理变更登记手续。

（2）合营企业的投资总额是指按照合营企业合同、章程规定的生产规模需要投入的基本建设资金和生产流动资金的总和。如果合营各方的出资额之和达不到投资总额，可以以合营企业的名义进行借款。

（四）中外合资经营企业的出资方式与出资期限

1. 合营企业的出资方式

（1）合营各方可以用货币出资，也可以用建筑物、厂房、机器设备或者其他物料、工业产权、专有技术、场地使用权等作价出资。以建筑物、厂房、机器设备或者其他物料、工业产权、专有技术作为出资的，其作价由合营各方按照公平合理的原则协商确定，或者聘请合营各方同意的第三者评定。合营各方都不能以设定担保的财产等作价出资。

（2）外国合营者以货币出资时，只能以外币缴付出资，不能以人民币缴付出资。外国合营者出资的外币，按缴款当日中国人民银行公布的基准汇率折算成人民币；或者套算成约定的外币。中国合营者出资的人民币现金，需要折算成外币的，按缴款当日中国人民银行公布的基准汇率折算。

（3）作为外国合营者出资的机器设备或者其他物料，应当是合营企业生产所必需的。机器设备或者其他物料的作价，不得高于同类机器设备或者其他物料当时的国际市场价格。

（4）作为外国合营者出资的工业产权或者专有技术，必须符合下列条件之一：①能显著改进现有产品的性能、质量，提高生产效率的；②能显著节约原材料、燃料、动力的。

（5）中国合营者可以用为合营企业经营期间提供的场地使用权作为出资，其作价金额应当与取得同类场地使用权所应缴纳的使用费相同。

（6）凡是以建筑物、厂房、机器设备或者其他物料、工业产权、专有技术作价出资的，出资者应当出具拥有所有权和处置权的有效证明。

（7）合营企业任何一方不得用以合营企业名义取得的贷款、租赁的设备或者其他财产以及合营者以外的他人财产作为自己的出资，也不得以合营企业的财产和权益或者合营他方的财产和权益为其出资担保。

2. 合营企业的出资期限

（1）合营合同中规定一次缴清出资的，合营各方应当从营业执照签发之日起6个月内缴清。

（2）合营合同中规定分期缴付出资的，合营各方第一期出资，不得低于各自认缴出资额的15%，并且应当在营业执照签发之日起3个月内缴清。

（3）合营各方未能在合营合同规定的期限内缴付出资的，视同合营企业自动解散，合营企业批准证书自动失效。

（4）合营各方缴付第一期出资后，超过合营合同规定的其他任何一期出资期限3个月，仍未出资或者出资不足时，工商行政管理机关应当会同原审批机关发出通知，要求合营各方在1个月内缴清出资。未按照上述通知期限缴清出资的，原审批机关有权撤销对该合营企业的批准证书。批准证书撤销后，合营企业应当向工商行政管理机关办理注销登记手续，缴销营业执照，并清理债权债务；不办理注销登记手续和缴销营业执照的，工商行政管理机关有权吊销其营业执照，并予以公告。

（五）中外合资经营企业的组织机构

1. 董事会

董事会是合营企业的最高权力机构，决定合营企业的一切重大问题。董事会成员不得少于 3 人。董事名额的分配由合营各方参照出资比例协商确定。董事的任期为 4 年，经合营各方继续委派可以连任。

董事长和副董事长由合营各方协商确定或由董事会选举产生。中外合营者的一方担任董事长的，由他方担任副董事长。董事长是合营企业的法人代表。

董事会会议每年至少召开一次，由董事长负责召集并主持。董事长不能召集时，由董事长委托副董事长或其他董事负责召集并主持董事会会议。经 1/3 以上董事提议，可由董事长召开董事会临时会议。董事会会议应有 2/3 以上董事出席方能举行。董事不能出席，可出具委托书委托他人代表其出席和表决。

下列事项由出席董事会会议的董事一致通过方可作出决议：

（1）合营企业章程的修改；

（2）合营企业的中止、解散；

（3）合营企业注册资本的增加、转让；

（4）合营企业与其他经济组织的合并。

其他事项，可以根据合营企业章程载明的议事规则作出决议。

2. 经营管理机构

合营企业的经营管理机构负责合营企业的日常经营管理工作。经营管理机构设总经理 1 人，副总经理若干人。副总经理协助总经理工作。总经理执行董事会会议的各项决议，组织领导合营企业的日常经营管理工作。在董事会授权范围内，总经理对外代表合营企业，对内任免下属人员，行使董事会授予的其他职权。

总经理、副总经理由合营企业董事会聘请，可以由中国公民担任，也可以由外国公民担任。

【案例 2.12】

甲公司（中方）与某国乙公司（外方）拟在北京共同设立一中外合资经营企业，双方当事人拟定了一份《合资经营合同》。具体内容包括：①任何一方未经对方同意，都不得转让合营合作合同的部分或全部权利、义务；②合资企业的董事长和副董事长由中方担任，总经理必须由外方担任；③合营合同中规定一次缴清出资，合营各方应当从营业执照签发之日起 6 个月内缴清。

问：双方起草的合同条款是否符合我国法律规定？

【案例分析】

第①、③条符合法律的规定。《中外合资经营企业法》规定，合营一方向第三者转让其全部或者部分股权的，须经合营他方同意，并报审批机构批准，向登记管理机构办理变更登记手续，所以第①条规定正确。《中外合资经营企业法》规定，合营合同中规定一次缴清出资的，合营各方应当从营业执照签发之日起 6 个月内缴清，所以第③条正确。第②条违反了我国法律规定。《中外合资经营企业法》规定，董事长和副董事长由合营各方协商确定或由董事会选举产生。中外合营者的一方担任董事长的，由他方担任副董事长，所以合资企业的董事长和副董事长都由中方担任不合法。总经理、副总经理由合营企业董事会聘请，可以由中国公民担任，也可以由外国公民担任。合营企业的总经理不是必须由外方担任，所以第②条违反了我国法律规定。

（六）中外合资经营企业的期限、解散与清算

1. 合营企业的合营期限

合营企业的合营期限，按不同行业、不同情况，作不同的约定。有的行业的合营企业，应当约定合营期限；有的行业的合营企业，可以约定合营期限，也可以不约定合营期限。合营企业约定合营期限的，合营各方同意延长合营期限的，应在距合营期满6个月前向审查批准机关提出申请。审查批准机关应自接到申请之日起1个月内决定批准或不批准。

2. 合营企业的解散

合营企业在下列情况下解散：

（1）合营期限届满；

（2）企业发生严重亏损，无力继续经营；

（3）合营一方不履行合营企业协议、合同、章程规定的义务，致使企业无法继续经营；

（4）因自然灾害、战争等不可抗力遭受严重损失，无法继续经营；

（5）合营企业未达到其经营目的，同时又无发展前途；

（6）合营企业合同、章程所规定的其他解散原因已经出现。

3. 合营企业的清算

合营企业宣告解散时，应当进行清算。合营企业应当按照《外商投资企业清算办法》的规定成立清算委员会，由清算委员会负责清算事宜。

清算委员会的成员一般应当在合营企业的董事中选任。董事不能担任或者不适合担任清算委员会成员时，合营企业可以聘请中国的注册会计师、律师担任。审批机构认为必要时，可以派人进行监督。合营企业以其全部资产对其债务承担责任。合营企业清偿债务后的剩余财产按照合营各方的出资比例进行分配，但合营企业协议、合同、章程另有规定的除外。合营企业的清算工作结束后，由清算委员会提出清算结束报告，提请董事会会议通过后，报告审批机构，并向登记管理机构办理注销登记手续，缴销营业执照。

三、中外合作经营企业法

（一）中外合作经营企业的概念和特征

中外合作经营企业是指中国合作者与外国合作者依照中华人民共和国法律的规定，在中国境内共同举办的，按合作企业合同的约定分配收益或者产品、分担风险和亏损的企业。中外合作经营企业的法律特征如下。

（1）合作企业的一方为外国合作者，另一方为中国合作者。

（2）合作企业属于契约式的合营企业。合作各方的权利义务都取决于合作企业合同的约定。

（3）合作企业的组织形式具有多样化的特点，合作企业既可以是法人企业，也可以是非法人企业。

（4）合作企业中的外方合作者可以先行回收投资。合作期满后，合作企业的全部固定资产一般归中国合作者所有。

（5）合作企业的管理机构具有多样性。既可以是董事会制，也可以是联合管理委员会制，还可以委托第三方管理。

（二）中外合作经营企业的设立

1. 设立合作企业的条件

国家鼓励举办产品出口的或者技术先进的生产型合作企业。产品出口型是指产品主要用于出口，年度外汇总收入额减除年度生产经营外汇支出额和外国投资者汇出分得利润所需外汇额以后，外汇有结余的生产型企业。技术先进型是指外国投资者提供先进技术，从事新产品开发，实现产品升级换代，以增加出口创汇或者替代进口的生产型企业。

2. 设立合作企业的法律程序

申请设立合作企业，应当将中外合作者签订的协议、合同、章程等文件报国务院对外经济贸易主管部门或者国务院授权的部门和地方政府（以下简称审查批准机关）审查批准。审查批准机关应当自接到申请之日起 45 天内决定批准或者不批准。

设立合作企业的申请经批准后,应当自接到批准证书之日起 30 天内向工商行政管理机关申请登记，领取营业执照。合作企业的营业执照签发日期，为该企业的成立日期。合作企业应当自成立之日起 30 内向税务机关办理税务登记。

（三）中外合作经营企业的组织形式与注册资本

1. 合营企业的组织形式

合作企业符合中国法律关于法人条件的规定的，依法取得中国法人资格。具有法人资格的合作企业，其组织形式为有限责任公司。除合作企业合同另有约定外，合作各方对合作企业的责任以各自认缴的出资额或提供的合作条件为限。合作企业以其全部资产对其债务承担责任。

不具有法人资格的合作企业，合作各方的关系是合伙关系。合作各方依照中国民事法律的有关规定，承担民事责任。

2. 合营企业的注册资本

注册资本是指为设立合作企业，在工商行政管理机关登记的合作各方认缴的出资额之和。注册资本可以用人民币表示，也可以用合作各方约定的一种可自由兑换的外币表示。在具有中国法人资格的合作企业中，外国合作者的投资一般不低于合作企业注册资本的 25%。在不具有法人资格的合作企业中，对合作各方向合作企业投资或者提供合作条件的具体要求，由对外贸易主管部门规定。合作企业注册资本在合作期限内不得减少。但是，因投资总额和生产经营规模等变化，确需减少的，须经审查批准机关批准。

中外合作者的一方转让其在合作企业合同中的全部或者部分权利、义务的，必须经他方同意，并报审查批准机关批准。

（四）中外合作经营企业的组织机构和经营管理

1. 合营企业的组织机构

（1）权力机构。合作企业设董事会或者联合管理委员会。董事会或者联合管理委员会是合作企业的权力机构，按照合作企业章程的规定，决定合作企业的重大问题。①董事会或者联合管理委员会成员不得少于 3 人,其名额的分配由中外合作者参照其投资或者提供的合作条件协商确定。②董事会董事或者联合管理委员会委员由合作各方自行委派或者撤换。董事会董事长、副董事长或者联合管理委员会主任、副主任的产生办法由合作企业章程规定；中外合作者的一方担任董事长、主任的，副董事长、副主任由他方担任。董事或者委员的任期由合作企业章程规定；但是，每届任期不得超过 3 年。董事或者委员任期届满，委派方继续委派的，可以连任。③董事会会议或者联合管理委员会会议每年至少召开 1 次，由董事长或者主任召集并主持。董事长或者主任因特殊原因不能履行职务时，由董事长或者主任指定副董事长、副主任或者其他董事、委员召集并主持。1/3 以上董事或者委员可以提议召开董事会会议或者联合管理委员会会议。董事会会议或者联合管理委员会会议应当有 2/3 以上董事或者委员出席方能举行，不能出席董事会会议或者联合管理委员会会议的董事或者委员应当书面委托他人代表其出席和表决。④一般事项，须经全体董事或者委员的过半数通过。特别事项，须经全体董事或者委员一致通过：合作企业章程的修改；合作企业注册资本的增加或者减少；合作企业的解散；合作企业的资产抵押；合作企业合并、分立和变更组织形式；合作各方约定由董事会会议或联合管理委员会会议一致通过方可作出决议的其他事项。⑤召开董事会会议或者联合管理委员会会议，应当在会议召开的 10 天前通知全体董事或者委员。董事会或者联合管理委员会也可以用通讯的方式作出决议。

（2）经营管理机构。经营管理机构设总经理 1 人，由董事会或者联合管理委员会聘任、解聘，负责企业的日常经营管理工作，对董事会或者联合管理委员会负责。

总经理及其他高级管理人员可以由中国公民担任，也可以由外国公民担任。

2. 合作企业的经营管理

合作企业可以在经批准的经营范围内，进口本企业需要的物资，出口本企业生产的产品。合作企业在经批准的经营范围内所需的原材料、燃料等物资，按照公平、合理的原则，可以在国内市场或者在国际市场购买。国家鼓励合作企业向国际市场销售其产品。合作企业可以自行向国际市场销售其产品，也可以委托国外的销售机构或者中国的外贸公司代销或者经销其产品。

（五）中外合作经营企业的收益分配和投资回收

1. 合作企业收益分配

中外合作者可以采用分配利润、分配产品或者合作各方共同商定的其他方式分配收益。采用分配产品或者其他方式分配收益的，应当按照税法的有关规定，计算应纳税额。

2. 外资先行回收投资

中外合作者在合作企业合同中约定合作期限届满时，合作企业的全部固定资产无偿归中国合作者所有的，外国合作者在合作期限内可以申请按照下列方式先行回收其投资：

（1）在按照投资或者提供合作条件进行分配的基础上，在合作企业合同中约定扩大外国合作者的收益分配比例；

（2）经财政税务机关按照国家有关税收的规定审查批准，外国合作者在合作企业缴纳所得税前回收投资；

（3）经财政税务机关和审查批准机关批准的其他回收投资方式。

外国合作者依照前款规定在合作期限内先行回收投资的，中外合作者应当依照有关法律的规定和合作企业合同的约定，对合作企业的债务承担责任。

【案例 2.13】

中国的甲公司与巴西的乙公司拟在中国组建一家中外合作经营企业，甲公司出资占 65%，乙公司出资占 35%。合作合同中约定：合作企业前 5 年的利润分配，中外双方各按 50%的比例进行分配，在合作期满时企业全部固定资产无偿归中方所有。

问：该合作合同的约定是否合法？

【案例分析】

该合作合同的约定符合法律规定。《中外合作经营企业法》规定，中外合作者在合作企业合同中约定合作期限届满时，合作企业的全部固定资产无偿归中国合作者所有的，外国合作者在合作期限内可以申请按照下列方式先行回收其投资，在按照投资或者提供合作条件进行分配的基础上，在合作企业合同中约定扩大外国合作者的收益分配比例。所以合作合同约定符合法律规定。

（六）中外合作经营企业的期限、解散和清算

1. 合作企业的期限

合作企业的期限由中外合作者协商确定，并在合作企业合同中订明。合作企业期限届满，合作各方协商同意要求延长合作期限的，应当在期限届满的 180 日前向审查批准机关提出申请，说明原合作企业合同执行情况，延长合作期限的原因，同时报送合作各方就延长的期限内各方的权利、义务等事项所达成的协议。审查批准机关应当自接到申请之日起 30 日内，决定批准或者不批准。经批准延长合作期限的，合作企业凭批准文件向工商行政管理机关办理变更登记手续，延长的期限从期限届满后的第一天起计算。

合作企业合同约定外国合作者先行回收投资，并且投资已经回收完毕的，合作企业期限届满不再延长。但是，外国合作者增加投资的，经合作各方协商同意，可以向审查批准机关申请延长合作期限。

2. 合作企业的解散

合作企业解散的原因主要有：

（1）合作期限届满；

（2）合作企业发生严重亏损，或者因不可抗力遭受严重损失，无力继续经营；

（3）中外合作者一方或者数方不履行合作企业合同、章程规定的义务，致使合作企业无法继续经营；

（4）合作企业合同、章程中规定的其他解散原因已经出现；

（5）合作企业违反法律、行政法规，被依法责令关闭。

3. 合作企业的清算

《中外合作经营企业法》第 23 条规定："合作企业期满或者提前终止时，应当依照法定程序对资产和债权、债务进行清算。中外合作者应当依照合作企业合同的约定确定合作企业财产的归属"。

四、外资企业法

（一）外资企业的概念和特征

外资企业是指依照中国有关法律在中国境内设立的全部资本由外国投资者投资的企业。不包括外国的企业和其他经济组织在中国境内的分支机构。外资企业的法律特征如下。

（1）它的全部资本是由外国投资者投资的，并且是由外国投资者经营的；企业的全部利润归外国投资者，外国投资者独立承担风险和亏损。

（2）外资企业是外国投资者根据中国法律在中国境内设立的。外资企业根据中国法律在中国境内设立，受中国法律的管辖和保护，是具有中国国籍的企业。

（3）外资企业不包括外国企业和其他经济组织在中国境内的分支机构。

（4）外资企业是一个独立的经济实体，独立核算、自负盈亏，独自承担法律责任。

（二）外资企业的设立

1. 外资企业的设立条件

设立外资企业，必须有利于中国国民经济的发展，能够取得显著的经济效益。国家鼓励外资企业采用先进技术和设备，从事新产品开发，实现产品升级换代，节约能源和原材料，并鼓励举办产品出口的外资企业。

禁止设立外资企业的行业包括：新闻、出版、广播、电视、电影、国内商业、对外贸易、保险、邮电通信；中国政府规定的禁止设立外资企业的其他行业。

限制设立外资企业的行业包括：公用事业、交通运输、房地产、信托投资、租赁。

申请设立外资企业有下列情形之一的，不予批准：

（1）有损中国主权或社会公共利益的；

（2）危及中国国家安全的；

（3）违反中国法律、法规的；

（4）不符合中国国民经济发展要求的；

（5）可能造成环境污染的。

2. 设立外资企业的法律程序

（1）设立外资企业的申请。外国投资者设立外资企业，应当通过拟设立外资企业所在地的县级或者县级以上地方人民政府向审批机关提出申请，并报送相关的文件。

（2）设立外资企业的审批。审批机关应当在收到申请设立外资企业的全部文件之日起 90 天内决定批准或者不批准。审批机关如果发现上述文件不齐备或者有不当之处，可以要求限期补报或者修改。

设立外资企业的申请经审批机关批准后，外国投资者应当在收到批准证书之日起 30 天内向工商行政管理机关申请登记，领取营业执照。外资企业的营业执照签发日期，为该企业成立日期。外国投资者在收到批准证书之日起满 30 天未向工商行政管理机关申请登记的，外资企业批准证书自动失效。外资企业应当在企业成立之日起 30 天内向税务机关办理税务登记。

（三）外资企业的组织形式与注册资本

1. 外资企业的组织形式

外资企业的组织形式为有限责任公司，经批准也可以为其他责任形式。

2. 外资企业的注册资本

外资企业的注册资本是指为设立外资企业在工商行政管理机关登记的资本总额，即外国投资者认缴的全部出资额。外资企业的注册资本要与其经营规模相适应，注册资本与投资总额的比例应当符合中国有关规定。

外资企业在经营期内不得减少其注册资本。但是，因投资总额和生产经营规模等发生变化，确需减少的，须经审批机关批准。外资企业注册资本的增加、转让，须经审批机关批准，并向工商行政管理机关办理变更登记手续。

（四）外资企业的出资方式与出资期限

1. 外资企业的出资方式

外国投资者可以用可自由兑换的外币出资，也可以用机器设备、工业产权、专有技术等作价出资。经审批机关批准，外国投资者也可以用其从中国境内举办的其他外商投资企业获得的人民币利润出资。

外国投资者以机器设备作价出资的，该机器设备应当是外资企业生产所必需的设备。该机器设备的作价不得高于同类机器设备当时的国际市场正常价格。外国投资者以工业产权、专有技术作价出资的，该工业产权、专有技术应当为外国投资者所有。《外资企业法实施细则》第 27 条规定，外国投资者的工业产权、专有技术的出资额，不得超过外资企业注册资本的 20%。

2. 外国投资者的出资期限

外国投资者缴付出资的期限应当在设立外资企业申请书和外资企业章程中载明。外国投资者可以分期缴付出资，但最后一期出资应当在营业执照签发之日起 3 年内缴清。其中第一期出资不得少于外国投资者认缴出资额的 15%，并应当在外资企业营业执照签发之日起 90 天内缴清。

外国投资者未能在前款规定的期限内缴付第一期出资的，外资企业批准证书即自动失效。外资企业应当向工商行政管理机关办理注销登记手续，缴销营业执照；不办理注销登记手续和缴销营业执照的，由工商行政管理机关吊销其营业执照，并予以公告。第一期出资后的其他各期的出资，外国投资者应当如期缴付。无正当理由逾期 30 天不出资的，外资企业批准证书即自动失效。

（五）外资企业的经营管理

1. 外资企业的物资购买

外资企业有权自行决定购买本企业自用的机器设备、原材料、燃料、零部件、配套件、元器件、运输工具和办公用品等。外资企业在中国购买物资，在同等条件下，享受与中国企业同等的待遇。

2. 外资企业的产品销售

外资企业可以在中国市场销售其产品。国家鼓励外资企业出口其生产的产品。外资企业有权自行出口本企业生产的产品，也可以委托中国的外贸公司代销或者委托中国境外的公司代销。外资企业可以自行在中国销售本企业生产的产品，另外也可以委托商业机构代销其产品。

3. 外资企业的财务与会计

外资企业应当依照中国法律、法规和财政机关的规定，建立财务会计制度并报其所在地财政、税务机关备案。

外资企业依照中国税法规定缴纳所得税后的利润，应当提取储备基金和职工奖励及福利基金。储备基金的提取比例不得低于税后利润的 10%，当累计提取金额达到注册资本的 50%时，可以不再提取。职工奖励及福利基金的提取比例由外资企业自行确定。外资企业以往年度的亏损未弥补时，不得分配利润，以往年度的未分配利润，可与本会计年度可供分配的利润一并分配。

4. 外资企业的劳动管理

外资企业在中国境内雇用职工，企业和职工双方应当依照中国的法律、法规签订劳动合同。合同中应当订明雇用、辞退、报酬、福利、劳动保护、劳动保险等事项。外资企业不得雇用童工。

（六）外资企业的经营期限、终止与清算

1. 外资企业的经营期限

外资企业的经营期限，根据不同行业和企业的具体情况，由外国投资者在设立外资企业的申请书中拟订，经审批机关批准。外资企业的经营期限，从其营业执照签发之日起计算。

外资企业经营期满需要延长经营期限的，应当在距经营期满 180 天前向审批机关报送延长经营期限的申请书。审批机关应当在收到申请书之日起 30 天内决定批准或者不批准。外资企业经批准延长经营期限的，应当自收到批准延长期限文件之日起 30 天内，向工商行政管理机关办理变更登记手续。

【案例 2.14】

美国公民约翰拟在中国上海成立一洗涤日用品外资企业，确定该外资企业的组织形式是有限责任公司，该外国投资者确定的最长缴付出资年限为营业执照签发之日起 5 年内。同时明确以自有的商标权、专有技术和人民币出资。

问：美国公民约翰拟设立的外资企业是否符合法律规定？

【案例分析】

确定该外资企业的组织形式是有限责任公司是正确的。外资企业的组织形式为有限责任公司，经批准也可以为其他责任形式。该外国投资者确定的最长缴付出资年限为营业执照签发之日起 5 年内的规定不符合法律的要求，法律规定，外国投资者可以分期缴付出资，但最后一期出资应当在营业执照签发之日起 3 年内缴清。以自有的商标权、专有技术出资符合法律规定，以人民币出资违反了法律的规定。法律规定，外国投资者可以用可自由兑换的外币出资，也可以用机器设备、工业产权、专有技术等作价出资。经审批机关批准，外国投资者也可以用其从中国境内举办的其他外商投资企业获得的人民币利润出资。所以美国公民约翰如果没有经审批机关批准，不是用从中国境内举办的其他外商投资企业获得利润出资的话，就不能用人民币出资，用人民币出资违反了法律的规定。

2. 外资企业的终止

外资企业有下列情形之一的，应予终止：

（1）经营期限届满；

（2）经营不善，严重亏损，外国投资者决定解散；

（3）因自然灾害、战争等不可抗力而遭受严重损失，无法继续经营；

（4）破产；

（5）违反中国法律、法规，危害社会公共利益被依法撤销；

（6）外资企业章程规定的其他解散事由已经出现。

3. 外资企业的清算

外资企业有应予终止的第（1）、（2）、（3）、（6）项的规定的，应当在终止之日起 15 天内对外公告并通知债权人，并在终止公告发出之日起 15 天内，提出清算程序、原则和清算委员会人选，报审批机关审核后进行清算。清算委员会应当由外资企业的法定代表人、债权人代表以及有关主管机关的代表组成，并聘请中国的注册会计师、律师等参加。清算费用从外资企业现存财产中优先支付。

外资企业在清算结束之前，外国投资者不得将该企业的资金汇出或者携出中国境外，不得自行处理企业的财产。外资企业清算结束，其资产净额和剩余财产超过注册资本的部分视同利润，应当依照中国税法缴纳所得税。

外资企业清算结束，应当向工商行政管理机关办理注销登记手续，缴销营业执照。外资企业清算处理财产时，在同等条件下，中国的企业或者其他经济组织有优先购买权。

【本章小结】

个人独资企业是指依照《个人独资企业法》在中国境内设立，由一个自然人投资，财产为投资人个人所有，投资人以其个人财产对企业债务承担无限责任的经营实体。《个人独资企业法》对个人独资企业的设立条件、投资人、事务管理、个人独资企业的解散和清算等内容做了全面的介绍。

合伙企业是指自然人、法人和其他组织依照《合伙企业法》在中国境内设立的普通合伙企业和有限合伙企业。合伙企业包括普通合伙企业和有限合伙企业。《合伙企业法》对普通合伙企业的设立、合伙企业财产、合伙事务执行、合伙企业与第三人关系、入伙、退伙以及特殊的普通合伙企业等内容做了全面的介绍；对有限合伙企业的设立的特殊规定、事务执行的特殊规定、财产出质和转让的特殊规定、入伙、退伙的特殊规定等相关内容作了详解。

外商投资企业法分为《中外合资经营企业法》、《中外合作经营企业法》和《外资企业法》。外商投资企业法介绍了中外合资经营企业、中外合作经营企业、外资企业的概念和特征、设立、组织形式、注册资本、出资方式、组织机构、经营管理、企业经营期限、解散与清算等相关法律规定。

【综合练习题】

一、单项选择题

1. 下列关于个人独资企业的表述中，正确的是（　　）。

A. 个人独资企业不可以设立分支机构

B. 个人独资企业的投资人对企业债务承担无限责任

C. 个人独资企业不能以自己的名义从事民事活动

D. 个人独资企业具有法人资格

2. 以下关于设立个人独资企业条件的说法，哪项是错误的？（　　）

A. 有独资企业的章程　　B. 有投资人申报的出资

C. 有合法的企业名称　　D. 有必要的从业人员

3. 下列关于个人独资企业的说法哪项是错误的？（　　）

A. 个人独资企业投资人可委托和授权他人管理个人独资企业

B. 投资人可依其对受托人职权的限制，对抗善意第三人

C. 个人独资企业投资人对企业财产享有所有权

D. 投资人可自行决定解散个人独资企业

4. 某个人独资企业投资人以家庭共有财产作为出资，下列投资人债务承担的表述中，正确的是（　　）。

A. 投资人以其个人财产承担无限责任　　B. 投资人以其出资额为限承担责任

C. 投资人以家庭共有财产承担无限责任　　D. 投资人以企业财产为限承担责任

5. 按照《合伙企业法》规定，不必经普通合伙企业全体合伙人一致同意的是（　　）。

A. 处分合伙企业的不动产　　B. 改变合伙企业名称

C. 合伙人之间转让在合伙企业中的财产份额　　D. 以合伙企业名义为他人提供担保

6. 王某被吸收为某有限合伙企业的有限合伙人。对王某入伙前该企业既有的债务，下列表述中，符合《合伙企业法》规定的是（　　）。

A. 王某不承担责任　　B. 王某以其认缴的出资额承担责任

C. 王某以其实缴的出资额承担责任　　D. 王某承担无限责任

7. 根据《合伙企业法》的规定，下列选项中，属于普通合伙人当然退伙的情形是（　　）。

A. 未履行出资义务　　B. 个人丧失偿债能力

C. 合伙协议约定的退伙事由出现　　D. 发生合伙人难于继续参加的事由

8. 根据《合伙企业法》的规定，合伙协议未约定合伙利润分配和亏损分担比例的，合伙人协商不成的，合伙人之间分配利润和分担亏损的原则是（　　）。

A. 按各合伙人贡献大小分配和分担

B. 在全体合伙人之间平均分配和分担

C. 由各合伙人协商决定如何分配和分担

D. 按各合伙人的实缴出资比例分配和分担

9. 外国合营者的下列出资方式中，符合中外合资经营企业法律制度规定的是（　　）。

A. 以人民币缴付出资

B. 以工业产权出资

C. 以劳务作价出资

D. 合营企业任何一方可以用合营企业名义取得的贷款作为出资

10. 下列表述中，符合中外合资经营企业法律制度规定的是（　　）。

A. 董事的任期为3年

B. 股东会为最高权力机构

C. 企业总经理必须由中国公民担任

D. 企业设立董事会，决定企业的一切重大问题

二、多项选择题

1. 下列各项关于个人独资企业解散的法定事由，表述正确的是（　　）。

A. 投资人决定解散

B. 投资人死亡，无继承人

C. 投资人被宣告死亡，其继承人决定放弃继承

D. 被依法吊销营业执照

2. 下列关于个人独资企业法表述，其中正确的有（　　）。

A. 个人独资企业可以设立分支机构

B. 个人独资企业财产不足以清偿债务的，投资人应当以其个人的其他财产予以清偿

C. 个人独资企业投资人对本企业的财产依法享有所有权，其有关权利可以依法进行转让和继承

D. 个人独资企业解散清偿债务时，所欠职工工资和社会保险费用应作为第一顺序清偿

3. 甲欲加入乙、丙的合伙企业。以下各项要求中，哪些是甲入伙时满足的条件？（　　）

A. 乙、丙一致同意，并与甲签订书面的入伙协议

B. 乙、丙向甲告知合伙企业的经营状况和财务状况

C. 甲应向乙、丙说明自己的个人负债情况

D. 甲对入伙前的该合伙企业的债务不承担连带责任

4. 有限合伙人的下列行为，不视为执行合伙事务的是（　　）。

A. 参与决定普通合伙人入伙、退伙

B. 对企业的经营管理提出建议

C. 依法为本企业提供担保

D. 获取经审计的有限合伙企业财务会计报告

5. 申请设立合营企业，有下列哪些情形的不予批准？（ ）

A. 造成环境污染

B. 不符合中国国民经济发展要求

C. 合营企业章程显属不公平，损害中方利益的

D. 违反了中国的法律

三、案例分析题

1. 2009 年 1 月 1 日，孙某出资 1 万元成立一个人独资企业，取名为“远大商业零售有限公司”，孙某聘请徐某管理个人独资企业事务。同时规定：凡徐某对外签订标的额超过 1 万元以上的合同，须经孙某同意。同时孙某雇佣了 10 名工作人员。对此孙某认为自己是个人独资企业并不需要为职工办理社会保险，因此没有给职工缴纳社会保险费，也没有与职工签订劳动合同。2009 年 10 月 9 日，徐某未经孙某同意，独自以个人独资企业的名义与善意第三人闫某购买了价值 5 万元的货物，由于货物滞销，造成积压，不能履行交款义务。孙某决定于 2010 年 1 月解散企业。请回答下列问题。

（1）该企业的设立是否合法？

（2）孙某没有给职工缴纳社会保险费，也没有与职工签订劳动合同，他的做法是否合法？

（3）徐某代表个人独资企业签订的合同是否有效？

（4）孙某决定自行解散企业的做法是否合法？

2. 冯某、刘某、郑某、杨某四人拟设一有限合伙企业，取名为“杨氏药业有限公司”。四合伙人在企业合伙协议中约定：冯某为普通合伙人，以机器设备作价出资 5 万元；刘某、郑某、杨某为有限合伙人，刘某以 6 万元现金出资，郑某以医药秘方出资，杨某以 8 万元现金出资。刘某自企业成立之日起 2 年内缴纳出资；冯某执行合伙企业事务，并由合伙企业每月支付报酬 5000 元；合伙企业定期接受由冯某和刘某共同选定承办审计业务的某会计师事务所的审计；合伙企业的盈利在刘某未缴纳 6 万元出资前全部分配给冯某、郑某和杨某。根据上述情况和《合伙企业法》的有关规定，回答下列问题：

（1）合伙企业的名称是否符合法律规定？

（2）合伙企业的出资方式是否符合法律要求？

（3）合伙协议可否约定每月支付冯某 5000 元报酬？简要说明理由。

（4）合伙协议有关刘某参与承办审计的会计师事务所的约定可否被视为刘某在执行合伙企业事务？简要说明理由。

（5）合伙协议可否约定合伙企业的利润全部分配给冯某、郑某和杨某？简要说明理由。

第3章

公司法律制度

学习目标

【知识目标】

了解公司的概念及公司法的概念

理解有限责任公司和股份有限公司的特征

理解公司的分类

掌握有限责任公司的设立条件、有限责任公司的组织机构

掌握一人有限公司和国有独资公司的特殊规定

掌握董事、监事、高级管理人员的资格和义务

掌握有限责任公司股权转让

掌握股份有限公司的设立条件、股份有限公司的组织机构

【能力目标】

能够运用公司法律制度设立有限责任公司和股份有限公司

能够分析有限责任公司和股份有限公司的相关案例

案例导入

甲、乙、丙三人拟设立一贸易有限责任公司，取名为“天天贸易公司”。拟定的注册资本为10万元，甲以劳务出资，乙以2.5万元货币出资，丙以商标7.5万元出资。三个股东甲为公司的总经理，乙为执行董事，丙为财务负责人，其中执行董事乙兼任监事。公司一切准备妥当，向公司登记管理机关办理手续。

分析公司登记机关是否予以登记？

【案例分析】

公司登记机关不会予以登记。因为公司设立过程中存在着以下违法的行为。

（1）首先公司取名为“天天贸易公司”不符合法律规定。《公司法》第8条规定，依照公司法设立的有限责任公司，必须在公司名称中标明有限责任公司或者有限公司字样。本案公司的名称中缺“有限责任”或“有限”的字样。

（2）甲以劳务出资不符合法律规定。《公司法》第27条规定，股东可以用货币出资，也可以用实物、知识产权、土地使用权等可以用货币估价并可以依法转让的非货币财产作价出资；但是，法律、行政法规规定不得作为出资的财产除外。从《公司法》的规定看，公司不允许用劳务出资，所以甲以劳务出资不符合法律规定。

（3）乙以2.5万元货币出资，丙以商标7.5万元出资不符合法律规定。《公司法》第27条规定，全体股东的货币出资金额不得低于有限责任公司注册资本的30%，本案三个股东的货币出资额只有2.5万元，根据法律的规定3个股东的货币出资额至少应该达到3万元。

（4）执行董事乙兼任监事不符合法律的规定。《公司法》第52条规定，董事、高级管理人员不得兼任监事，所以执行董事乙兼任监事不符合法律的规定。

由于公司设立存在着以上违法行为，所以公司登记机关不会予以登记。

3.1 公司法概述

一、公司的概念和分类

（一）公司的概念和特征

公司是依法设立的，以营利为目的的企业法人。公司具有以下法律特征。

（1）公司必须依法设立。公司必须依《公司法》规定的条件和程序设立。

（2）公司以营利为目的。设立公司的目的就是为了获取利润，因此，营利目的不仅要求公司本身为营利而活动，而且要求公司有营利时应当分配给股东。公司只有以营利为目的，实现公司利益最大化，才能让股东收回投资。

（3）公司具有法人资格。公司是具有法人地位的企业组织，能够以自己的名义从事民商事活动，并以自己的财产独立承担民事责任。这是公司与合伙、独资等企业组织形式的重要区别。

（二）公司的分类

公司依据不同的标准，可以做出不同的分类。

（1）无限责任公司、有限责任公司、股份有限公司、两合公司和股份两合公司。这种分类是依据公司股东的责任范围划分的，它仅仅是大陆法系的分类标准。无限责任公司简称无限公司，是指公司的全体股东对公司的债务负连带无限责任的公司。有限责任公司，指股东仅以其出资额为限对公司承担责任，公司以其全部资产对公司债务承担责任的公司。股份有限公司是指公司的全部资本分为等额股份，股东仅以其所持股份对公司承担责任的公司。两合公司是由无限责任股东和有限责任股东共同组成，无限责任股东对公司的债务负无限责任，有限责任股东对公司债务负有限责任的公司。股份两合公司是指部分对公司的债务负连带无限责任的股东和部分仅以所持股份对公司债务承担有限责任的股东共同组建的公司。

（2）母公司与子公司。这是根据一个公司对另一公司的控制和依附关系所做的分类。母公司是指拥有其他公司一定数额的股份或根据协议，实际控制其经营决策的公司。子公司是指一定数额的股份被另一公司控制或依照协议被另一公司实际控制、支配的公司。母子公司之间虽然存在控制与被控制的组织关系，但他们都具有法人资格，在法律上是彼此独立的企业。我国《公司法》规定，公司可以设立子公司，子公司具有法人资格，依法独立承担民事责任。

（3）总公司和分公司。这是根据公司的内部管辖关系所做的分类。总公司又称本公司，是指依法设立并管辖公司全部组织的具有企业法人资格的总机构。分公司是指依法设立的以本公司名义进行经营活动，其法律后果由本公司承受的分支机构。我国《公司法》规定，公司可以设立分公司。设立分公司，应当向公司登记机关申请登记，领取营业执照。分公司不具有法人资格，其民事责任由总公司承担。

（4）本国公司、外国公司、跨国公司。这是根据公司的国籍进行的一种分类。本国公司是指具有本国国籍的公司。外国公司是依照外国法律在中国境外登记成立的公司，而不是依据我国公司法在中国境内登记成立的公司。跨国公司通常是指以一国为基地，在其他国家和地区设有分支机构或子公司，从事国际性生产经营活动的经济组织。

二、公司法概述

（一）公司法的概念

公司法是调整公司在其设立、组织、运营、变更、股东权利、义务和其他公司内部、外部关系的法律规范的总称。公司法有广义和狭义之分。广义的公司法，包括涉及公司的所有法律、法规。狭义的公司法，专指《中华人民共和国公司法》(以下简称《公司法》)。《公司法》制定于1993年12月，1999年12月进行了第一次修订，2005年10月进行了第二次修订。与此相适应，《公司登记管理条例》于2005年12月18日修订颁布，随修订后的《公司法》于2006年1月1日起施行。

【知识卡片】

有关公司的最早立法可以追溯到1673年法王路易十四颁布的世界上第一部商事法律——《商事条例》，1807年9月法国颁布了世界上第一部商法典——《法国商典法》。英国于1856年颁布了世界上第一部单行公司法，即《合众公司法》，1908年则颁布了世界上第一部统一的公司法。

（二）我国公司法的适用范围

我国公司法规范的公司类型只有两种，即有限责任公司和股份有限公司。凡在中国境内设立的有限责任公司和股份有限公司均适用我国《公司法》。《公司法》第218条规定："外商投资的有限责任公司和股份有限公司适用本法；有关外商投资的法律另有规定的，适用其规定"。

3.2　有限责任公司

一、有限责任公司的设立

（一）有限责任公司的概念和特征

有限责任公司是指股东仅以其出资额为限对公司承担责任，公司以其全部资产对公司债务承担责任的公司。有限责任公司具有以下特征。

(1) 股东人数的有限性。有限责任公司股东人数限制在50人以下，最少的可以是一个股东。

(2) 股东责任的有限性。有限责任公司股东以出资额为限对公司承担责任。如果公司的财产不足以清偿全部债务，股东也没有以自己出资以外的个人财产为公司清偿债务的义务。公司以其全部财产对公司债务承担责任。

(3) 设立程序相对简单。有限责任公司的设立手续与股份有限公司的设立手续相比，较为简单。只有发起设立，而无募集设立。一般由全体设立人制定公司章程，各自认缴出资额，即可在公司登记机关登记设立。

(4) 股东对外转让出资受到较为严格的限制。由于有限责任公司是人合兼资合性质的公司，股东之间的相互信任关系非常重要，因此法律对股东转让出资往往作出较严格的限制。

(5) 公司的封闭性。公司的封闭性是有限责任公司与股份有限公司的区别之一。有限责任公司的资本只能由全体股东认缴，而不能向社会公开募集股份，不能发行股票。由于有限责任公司不向社会募集股份，公司的经营状况不向社会公开，其会计账簿亦无须公开。

（二）有限责任公司的设立条件

设立有限责任公司，应当具备下列条件。

(1) 股东符合法定人数。《公司法》规定有限责任公司由50个以下股东出资设立，一个自然人或者一个法人也可以单独设立有限责任公司。

(2) 股东出资达到法定资本最低限额。有限责任公司的注册资本为在公司登记机关登记的全体股东认缴的出资额。公司全体股东的首次出资额不得低于注册资本的20%，也不得低于法定的注册资本最低限额，其余部分由股东自公司成立之日起2年内缴足；其中，投资公司可以在5年内缴足。有限责任公司注册资本的最低限额为人民币3万元。法律、行政法规对有限责任公司注册资本的最低限额有较高规定的，从其规定。

股东可以用货币出资，也可以用实物、知识产权、土地使用权等可以用货币估价并可以依法转让的非货币财产作价出资；但是，法律、行政法规规定不得作为出资的财产除外。对作为出资的非货币财产应当评估作价，核实财产，不得高估或者低估作价。法律、行政法规对评估作价有规定的，从其规定。全体股东的货币出资金额不得低于有限责任公司注册资本的30%。

股东应当按期足额缴纳公司章程中规定的各自所认缴的出资额。股东以货币出资的，应当将货币出资足额存入有限责任公司在银行开设的账户；以非货币财产出资的，应当依法办理其财产权的转移手续。股东不按照前款规定缴纳出资的，除应当向公司足额缴纳外，还应当向已按期足额缴纳出资的股东承担违约责任。

当股东缴纳出资后，必须经法定的验资机构验资并出具证明；公司成立后，发现作为设立公司出资的非货币财产的实际价额显著低于公司章程所定价额的，应当由交付该出资的股东补足其差额；公司设立时的其他股东承担连带责任。

有限责任公司成立后，应当向股东签发出资证明书。出资证明书是确认股东出资的凭证，由公司盖章。

【案例 3.1】

甲、乙、丙三人共同出资设立了一有限责任公司，其中甲以一辆汽车作价出资 20 万元。公司成立 6 个月后，吸收丁入股。1 年后，该公司因拖欠巨额债务被诉至法院。法院查明，甲作为出资的汽车出资时仅值 10 万元，甲现有可执行的个人财产为 8 万元。

问：对于甲出资的汽车的实际价值低于其作价，应如何处理？

【案例分析】

既然甲有可执行的个人财产为 8 万元，首先由甲用 8 万元补交差额，不足的 2 万元由乙和丙补足。《公司法》规定，公司成立后，发现作为设立公司出资的非货币财产的实际价额显著低于公司章程所定价额的，应当由交付该出资的股东补足其差额；公司设立时的其他股东承担连带责任。

（3）股东共同制定公司章程。章程是记载公司组织、活动基本准则的公开性法律文件。设立有限责任公司必须由股东共同依法制定公司章程。股东应该在公司章程上签名、盖章。公司章程对公司、股东、董事、监事、高级管理人员具有约束力。

（4）有公司名称，建立符合有限责任公司要求的组织机构。设立有限责任公司，除其名称应符合企业法人名称的一般性规定外，还必须在公司名称中标明“有限责任公司”或“有限公司”。公司只能使用一个名称。经公司登记机关核准登记的公司名称受法律保护。建立符合有限责任公司要求的组织机构，是指有限责任公司组织机构的组成、产生、职权等符合《公司法》规定的要求。

（5）有公司住所。公司住所是指法律上所确认的公司的主要经营场所。公司以其主要办事机构所在地为住所。

二、有限责任公司的组织机构

有限责任公司的组织机构包括股东会、董事会、监事会及高级管理人员。

（一）股东会

1. 股东会性质和组成

股东会是有限责任公司的权力机构，由全体股东组成。

2. 股东会的职权

股东会作为有限责任公司的权力机构，行使下列职权：

（1）决定公司的经营方针和投资计划；

（2）选举和更换非由职工代表担任的董事、监事，决定有关董事、监事的报酬事项；

（3）审议批准董事会的报告；

（4）审议批准监事会或者监事的报告；

（5）审议批准公司的年度财务预算方案、决算方案；

（6）审议批准公司的利润分配方案和弥补亏损方案；

（7）对公司增加或者减少注册资本作出决议；

（8）对发行公司债券作出决议；

（9）对公司合并、分立、解散、清算或者变更公司形式作出决议；

（10）修改公司章程；

（11）公司章程规定的其他职权。

对上述事项股东以书面形式一致表示同意的，可以不召开股东会会议，直接作出决定，并由全体股东在决定文件上签名、盖章。

3. 股东会的召开

股东会会议分为定期会议和临时会议。定期会议应当依照公司章程的规定按时召开。临时会议可经代表 1/10 以上表决权的股东，1/3 以上的董事，监事会或者不设监事会的公司的监事提议召开。

首次股东会会议由出资最多的股东召集和主持。股东会会议由董事会召集，董事长主持；董事长不能履行职务或者不履行职务的，由副董事长主持；副董事长不能履行职务或者不履行职务的，由半数以上董事共同推举一名董事主持。有限责任公司不设董事会的，股东会会议由执行董事召集和主持。董事会或者执行董事不能履行或者不履行召集股东会会议职责的，由监事会或者不设监事会的公司的监事召集和主持；监事会或者监事不召集和主持的，代表 1/10 以上表决权的股东可以自行召集和主持。召开股东会会议，应当于会议召开 15 日前通知全体股东；但是，公司章程另有规定或者全体股东另有约定的除外。

4. 股东会决议

股东会会议由股东按照出资比例行使表决权；但是，公司章程另有规定的除外。股东会的议事方式和表决程序，除公司法有规定的外，由公司章程规定。股东会会议作出修改公司章程、增加或者减少注册资本的决议，以及公司合并、分立、解散或者变更公司形式的决议，必须经代表 2/3 以上表决权的股东通过。股东会应当对所议事项的决定作成会议记录，出席会议的股东应当在会议记录上签名。

（二）董事会和经理

1. 董事会的性质和组成

董事会是有限责任公司的业务执行机关，享有业务执行权和日常经营的决策权。它是一般有限责任公司的必设机关和常设机关，股东人数较少或公司规模较小的有限责任公司除外，即可以不设董事会，可以设一名执行董事，执行董事可以兼任公司经理。

有限责任公司设董事会，其成员为 3～13 人。董事会设董事长一人，可以设副董事长。董事长、副董事长的产生办法由公司章程规定。董事任期由公司章程规定，但每届任期不得超过 3 年。董事任期届满，连选可以连任。董事任期届满未及时改选，或者董事在任期内辞职导致董事会成员低于法定人数的，在改选出的董事就任前，原董事仍应当依照法律、行政法规和公司章程的规定，履行董事职务。

2. 董事会的职权

董事会对股东会负责，行使下列职权：

（1）召集股东会会议，并向股东会报告工作；

（2）执行股东会的决议；

（3）决定公司的经营计划和投资方案；

（4）制订公司的年度财务预算方案、决算方案；

（5）制订公司的利润分配方案和弥补亏损方案；

（6）制订公司增加或者减少注册资本以及发行公司债券的方案；

（7）制订公司合并、分立、解散或者变更公司形式的方案；

（8）决定公司内部管理机构的设置；

（9）决定聘任或者解聘公司经理及其报酬事项，并根据经理的提名决定聘任或者解聘公司副经理、财务负责人及其报酬事项；

（10）制定公司的基本管理制度；

（11）公司章程规定的其他职权。

3. 董事会的召开

董事会会议由董事长召集和主持；董事长不能履行职务或者不履行职务的，由副董事长召集和主持；副董事长不能履行职务或者不履行职务的，由半数以上董事共同推举一名董事召集和主持。董事会应当对所议事项的决定作成会议记录，出席会议的董事应当在会议记录上签名。董事会决议的表决，实行一人一票。

4. 经理

有限责任公司可以设经理，由董事会决定聘任或者解聘。经理对董事会负责，行使下列职权：

（1）主持公司的生产经营管理工作，组织实施董事会决议；

（2）组织实施公司年度经营计划和投资方案；

（3）拟订公司内部管理机构设置方案；

（4）拟订公司的基本管理制度；

（5）制定公司的具体规章；

（6）提请聘任或者解聘公司副经理、财务负责人；

（7）决定聘任或者解聘除应由董事会决定聘任或者解聘以外的负责管理人员；

（8）董事会授予的其他职权。

公司章程对经理职权另有规定的，从其规定。经理列席董事会会议。

（三）监事会

1. 监事会的组成

有限责任公司设监事会，其成员不得少于3人。股东人数较少或者规模较小的有限责任公司，可以设1至2名监事，不设监事会。监事会应当包括股东代表和适当比例的公司职工代表，其中职工代表的比例不得低于1/3，具体比例由公司章程规定。监事会中的职工代表由公司职工通过职工代表大会、职工大会或者其他形式民主选举产生。监事会设主席一人，由全体监事过半数选举产生。监事会主席召集和主持监事会会议；监事会主席不能履行职务或者不履行职务的，由半数以上监事共同推举一名监事召集和主持监事会会议。董事、高级管理人员不得兼任监事。监事的任期每届为3年。监事任期届满，连选可以连任。

2. 监事会的职权

《公司法》规定，监事会、不设监事会的公司的监事行使下列职权：

（1）检查公司财务；

（2）对董事、高级管理人员执行公司职务的行为进行监督，对违反法律、行政法规、公司章程或者股东会决议的董事、高级管理人员提出罢免的建议；

（3）当董事、高级管理人员的行为损害公司的利益时，要求董事、高级管理人员予以纠正；

（4）提议召开临时股东会会议，在董事会不履行本法规定的召集和主持股东会会议职责时召集和主持股东会会议；

（5）向股东会会议提出提案；

（6）当董事、高级管理人员执行公司职务时违反法律、行政法规或章程的规定，给公司造成损失时，对董事、高级管理人员提起诉讼；

（7）公司章程规定的其他职权。

监事可以列席董事会会议，并对董事会决议事项提出质询或者建议。监事会、不设监事会的公司的监事发现公司经营情况异常，可以进行调查；必要时，可以聘请会计师事务所等协助其工作，费用由公司承担。

3. 监事会的召开

监事会每年度至少召开一次会议，监事可以提议召开临时监事会会议。监事会决议应当经半数以上监事通过。监事会应当对所议事项的决定作成会议记录，出席会议的监事应当在会议记录上签名。

三、公司董事、监事、高级管理人员的资格和义务

（一）公司董事、监事、高级管理人员的资格

《公司法》规定，有下列情形之一的，不得担任公司的董事、监事、高级管理人员：

（1）无民事行为能力或者限制民事行为能力；

（2）因贪污、贿赂、侵占财产、挪用财产或者破坏社会主义市场经济秩序，被判处刑罚，执行期满未逾5年，或者因犯罪被剥夺政治权利，执行期满未逾5年；

（3）担任破产清算的公司、企业的董事或者厂长、经理，对该公司、企业的破产负有个人责任的，自该公司、企业破产清算完结之日起未逾3年；

（4）担任因违法被吊销营业执照、责令关闭的公司、企业的法定代表人，并负有个人责任的，自该公司、企业被吊销营业执照之日起未逾3年；

（5）个人所负数额较大的债务到期未清偿。

公司违反上述规定选举、委派董事、监事或者聘任高级管理人员的，该选举、委派或者聘任无效。董事、监事、高级管理人员在任职期间出现上述所列情形的，公司应当解除其职务。

（二）公司董事、监事、高级管理人员的义务

公司董事、监事、高级管理人员应当遵守法律、行政法规和公司章程，对公司负有忠实义务和勤勉义务。董事、监事、高级管理人员不得利用职权收受贿赂或者其他非法收入，不得侵占公司的财产。

《公司法》规定，董事、高级管理人员不得有下列行为：

（1）挪用公司资金；

（2）将公司资金以其个人名义或者以其他个人名义开立账户存储；

（3）违反公司章程的规定，未经股东会、股东大会或者董事会同意，将公司资金借贷给他人或者以公司财产为他人提供担保；

（4）违反公司章程的规定或者未经股东会、股东大会同意，与本公司订立合同或者进行交易；

（5）未经股东会或者股东大会同意，利用职务便利为自己或者他人谋取属于公司的商业机会，自营或者为他人经营与所任职公司同类的业务；

（6）接受他人与公司交易的佣金归为己有；

（7）擅自披露公司秘密；

（8）违反对公司忠实义务的其他行为。

董事、高级管理人员违反上述规定所得的收入应当归公司所有。董事、监事、高级管理人员执行公司职务时违反法律、行政法规或者公司章程的规定，给公司造成损失的，应当承担赔偿责任。股东会或者股东大会要求董事、监事、高级管理人员列席会议的，董事、监事、高级管理人员应当列席并接受股东的质询。董事、高级管理人员应当如实向监事会或者不设监事会的有限责任公司的监事提供有关情况和资料，不得妨碍监事会或者监事行使职权。

【案例 3.2】

甲、乙分别为某医药有限责任公司的董事和经理。2008 年 10 月，甲、乙又与公司外人员合伙开办了一个药厂，从事西药的生产，其产品与他们所任职公司的产品基本相同。2009 年 2 月，医药公司发现甲、乙的这一行为，经股东大会表决，免去了两人的职务，并要求两人将其经营药厂所得共计 43 万元交给公司。两人当场拒绝，公司遂起诉至法院。根据公司法律制度，回答下列问题：

（1）甲、乙的行为是否违反了法律的规定，为什么？

（2）医药公司免去两人职务是否合法，为什么？

（3）医药公司要求甲、乙两人将其经营药厂所得共计 43 万元交给公司，是否合法？

【案例分析】

（1）甲、乙的行为违反了《公司法》关于董事、高级管理人员竞业禁止的规定。《公司法》规定，董事、高级管理人员不得未经股东会或者股东大会同意，利用职务便利为自己或者他人谋取属于公司的商业机会，自营或者为他人经营与所任职公司同类的业务，甲乙实施了法律所禁止的行为，违反了《公司法》的规定。

（2）医药有限公司免去两人职务合法。根据《公司法》规定，公司股东会有权罢免公司董事职务，所以，公司股东会决议是有效的。

（3）医药有限公司要求甲、乙两人将其经营药厂所得共计 43 万元交给公司是合法的。董事、高级管理人员违反忠实义务，从事违法营业活动的，所得收入应归公司所有。甲、乙应将经营药厂所得 43 万元交给公司。

四、一人有限责任公司

一人有限责任公司是指只有一个自然人股东或者一个法人股东的有限责任公司。

【知识卡片】

实质意义上的“一人公司”在西方国家特别是美国较为普遍，因为美国许多州的公司法律规定董事必须拥有一定数额的公司股份，即资格股，所以许多公司的股份的绝大部分比例由一个股东拥有，另外极小比例的股份由公司董事拥有。此外，家族式的公司亦往往表现为实质意义上的“一人公司”。所谓实质意义上的“一人公司”，其真实股东的最低持股比例不低于 95%。我国《公司法》上的一人有限责任公司是狭义上的概念，即公司的全部股份为一个股东享有。在该股东为公司法人时，其设立的“一人公司”就是通常所称的全资子公司。

（一）股东

一人有限责任公司的股东为一人，可以是自然人，也可以是法人。但是自然人股东只能投资设立一个一人有限责任公司，且该一人有限责任公司不能投资设立新的一人有限责任公司。

（二）注册资本及财产管理

一人有限责任公司的注册资本最低限额为人民币 10 万元。股东应当一次足额缴纳公司章程规定的出资额，并在营业执照上注明是自然人独资或是法人独资。一人有限责任公司应当在每一会计年度终了时编制财务会计报告，并经会计师事务所审计。一人有限责任公司的股东不能证明公司财产独立于股东自己的财产的，应当对公司债务承担连带责任。

（三）组织机构

一人有限责任公司不设股东会。股东作出决定时，应当采用书面形式，并由股东签名后置备于公司。

五、国有独资公司

国有独资公司，是指国家单独出资、由国务院或者地方人民政府授权本级人民政府国有资产监督管理机构履行出资人职责的有限责任公司。国有独资公司章程由国有资产监督管理机构制定，或者由董事会制订报国有资产监督管理机构批准。

【知识卡片】

我国公司法上的国有独资公司，其性质也是“一人公司”，但由于其特殊性，即设立人既非自然人，亦非法人，而是由国家单独出资、由国务院或者地方人民政府委托本级人民政府国有资产监督管理机构履行出资人职责的有限责任公司，所以将其单独作为一种特殊类型的有限责任公司。

（一）国有独资公司的权力机关

国有独资公司不设股东会，由国有资产监督管理机构行使股东会职权。国有资产监督管理机构可以授权公司董事会行使股东会的部分职权，决定公司的重大事项，但公司的合并、分立、解散、增加或者减少注册资本和发行公司债券，必须由国有资产监督管理机构决定；其中，重要的国有独资公司合并、分立、解散、申请破产的，应当由国有资产监督管理机构审核后，报本级人民政府批准。

（二）国有独资公司的董事会

国有独资公司设董事会，董事每届任期不得超过 3 年。董事会成员中应当有公司职工代表。董事会成员由国有资产监督管理机构委派；但是，董事会成员中的职工代表由公司职工代表大会选举产生。董事会设董事长一人，可以设副董事长。董事长、副董事长由国有资产监督管理机构从董事会成员中指定。

国有独资公司设经理，由董事会聘任或者解聘。经国有资产监督管理机构同意，董事会成员可以兼任经理。国有独资公司的董事长、副董事长、董事、高级管理人员，未经国有资产监督管理机构同意，不得在其他有限责任公司、股份有限公司或者其他经济组织兼职。

（三）国有独资公司的监事会

国有独资公司监事会成员不得少于 5 人，其中职工代表的比例不得低于 1/3，具体比例由公司章程规定。监事会成员由国有资产监督管理机构委派；但是，监事会成员中的职工代表由公司职工代表大会选举产生。监事会主席由国有资产监督管理机构从监事会成员中指定。

【案例 3.3】

甲、乙均为国有企业。两企业经多次协商，达成设立国有独资公司的协议。该协议规定：①甲公司出资 200 万元，其中货币 50 万元，注册商标 150 万元，乙公司出资 250 万元，其中货币出资 80 万元，专利权 100 万元，劳务 70 万元；②公司分别在两市设立具有法人资格的分公司，独立进行经营活动。

问：该协议在内容上有哪些违法之处？

【案例分析】

（1）设立的公司形式不符合法律规定。《公司法》规定，只有国家授权投资的机构或国家授权投资的部门可以投资设立国有独资公司。因此，甲乙两企业不能设立国有独资公司。

（2）甲乙两企业的出资方式不符合法律规定。《公司法》规定，股东可以货币、实物、工业产权，非专利技术和土地使用权等出资，因此以劳务出资是不正确的。

（3）货币出资 130 万元不正确，货币出资不能低于注册资本的 30%，不能低于 135 万元。

（4）设立的分公司具有法人资格是不正确的，《公司法》规定，分公司不具有法人资格。

六、有限责任公司股权转让

有限责任公司股权转让分为对内转让和对外转让两种。

（一）对内转让的规则

有限责任公司的股东相互之间可以自由转让股权。可以是转让部分股权，也可以是转让全部股权。在转让部分股权的情况下，转让方仍保留股东身份，只是转让方与受让方各自的股权比例发生变化而已。在全部转让的情况下，转让方退出公司。

（二）对外转让的规则

股东向股东以外的人转让股权，应当经其他股东过半数同意。股东应就其股权转让事项书面通知其他股东征求同意，其他股东自接到书面通知之日起满30日未答复的，视为同意转让。其他股东半数以上不同意转让的，不同意的股东应当购买该转让的股权；不购买的，视为同意转让。经股东同意转让的股权，在同等条件下，其他股东有优先购买权。两个以上股东主张行使优先购买权的，协商确定各自的购买比例；协商不成的，按照转让时各自的出资比例行使优先购买权。

【案例3.4】

某有限责任公司共有股东16人，公司成立的前两年经营状况良好。后来股东张某和其他股东出现经营分歧，张某拟退出公司。公司成立两年后张某拟向黄某转让出资，使黄某成为公司新的股东。股东会表决时，除张某外，7人同意，8人不同意。

问：张某拟转让的股权如何处理？

【案例分析】

不同意的8个股东应该购买该转让的股权，不购买的，视为同意张某转让给黄某。因为《公司法》规定，股东向股东以外的人转让股权，应当经其他股东过半数同意。其他股东半数以上不同意转让的，不同意的股东应当购买该转让的股权；不购买的，视为同意转让。

3.3 股份有限公司

一、股份有限公司的设立

（一）股份有限公司的概念和特征

股份有限公司又称股份公司，是指由符合法定人数的股东组成，全部资本分为等额的股份，股东以其持有的股份对公司承担责任，公司以其全部资产对公司债务承担责任的企业法人。股份有限公司具有如下特征。

（1）公司的全部资本分为等额股份。股份有限公司全部资本分为等额股份，是指公司资本划分为股份，每股金额相等，由发起人或股东认购并持有。股份作为公司资本的基本单位，这是股份有限公司最重要的特征。

（2）股东人数组成的无限性。股份有限公司的发起人为2～200人，而股东的人数没有上限。

（3）开放性与社会性。设立股份有限公司不仅可以采取发起方式设立，还可以采取募集方式设立。其中以募集方式设立股份有限公司的，除由发起人认购公司应发行股份的一部分外，其余股份向社会公开募集或向特定对象募集，社会公众均可通过购买股票而成为公司的股东。任何投资者都可以通过购买股票而成为股份有限公司的股东，从而使股份有限公司具有了最广泛的社会性。股东可以自由转让其持有的公司股份。并且，为了便于投资者的决策及有利于对公司的法律监管，法律规定了股份有限公司的信息披露制度。所以，股份有限公司也被称为开放性公司。

（4）股东责任的有限性。股份有限公司的股东仅以其认购的股份为限对公司负责，对公司债权人不负任何直接的法律责任。公司的债权人既不能向股东主张权利，也不能要求股东以其个人财产清偿公司的债务。股份有限公司股东责任的有限性，对于鼓励投资、促进交易的发展和经济繁荣，无疑具有重要意义。

（二）股份有限公司的设立

1. 股份有限公司的设立条件

设立股份有限公司，应当具备下列条件。

（1）发起人符合法定人数。股份有限公司须有 2 人以上 200 以下的发起人，其中须有半数以上的发起人在中国境内有住所。股份有限公司发起人承担公司筹办事务。发起人应当签订发起人协议，明确各自在公司设立过程中的权利和义务。

（2）发起人认购和募集的股本达到法定资本最低限额。股份有限公司采取发起设立方式设立的，注册资本为在公司登记机关登记的全体发起人认购的股本总额。公司全体发起人的首次出资额不得低于注册资本的 20%，其余部分由发起人自公司成立之日起 2 年内缴足；其中，投资公司可以在 5 年内缴足。在缴足前，不得向他人募集股份。股份有限公司采取募集方式设立的，注册资本为在公司登记机关登记的实收股本总额。股份有限公司注册资本的最低限额为人民币 500 万元。法律、行政法规对股份有限公司注册资本的最低限额有较高规定的，从其规定。

（3）股份发行、筹办事项符合法律规定。

（4）发起人制订公司章程，采用募集方式设立的经创立大会通过。

（5）有公司名称，建立符合股份有限公司要求的组织机构。

（6）有公司住所。

2. 股份有限公司的设立方式

股份有限公司的设立方式有两种：一是发起设立；二是募集设立。

（1）发起设立是指由发起人认购公司应发行的全部股份而设立公司。以发起设立方式设立股份有限公司的，发起人应当书面认足公司章程规定其认购的股份；一次缴纳的，应即缴纳全部出资；分期缴纳的，应即缴纳首期出资。以非货币财产出资的，应当依法办理其财产权的转移手续。发起人不依照上述规定缴纳出资的，应当按照发起人协议承担违约责任。发起人首次缴纳出资后，应当选举董事会和监事会，由董事会向公司登记机关报送公司章程、由依法设立的验资机构出具的验资证明以及法律、行政法规规定的其他文件，申请设立登记。

（2）募集设立是指由发起人认购公司应发行股份的一部分，其余股份向社会公开募集或者向特定对象募集而设立公司。以募集设立方式设立股份有限公司的，发起人认购的股份不得少于公司股份总数的 35%；但是，法律、行政法规另有规定的，从其规定。发起人向社会公开募集股份，必须公告招股说明书，并制作认股书。认股人填写认购股数、金额、住所，并签名、盖章。认股人按照所认购股数缴纳股款。

发起人向社会公开募集股份，应当由依法设立的证券公司承销，签订承销协议。发起人向社会公开募集股份，应当同银行签订代收股款协议。代收股款的银行应当按照协议代收和保存股款，向缴纳股款的认股人出具收款单据，并负有向有关部门出具收款证明的义务。

发行股份的股款缴足后，必须经依法设立的验资机构验资并出具证明。发起人应当自股款缴足之日起 30 日内主持召开公司创立大会。创立大会由发起人、认股人组成。发行的股份超过招股说明书规定的截止期限尚未募足的，或者发行股份的股款缴足后，发起人在 30 日内未召开创立大会的，认股人可以按照所缴股款并加算银行同期存款利息，要求发起人返还。发起人应当在创立大会召开 15 日前将会议日期通知各认股人或者予以公告。创立大会应有代表股份总数过半数的发起人、认股人出席，方可举行。

创立大会行使下列职权：①审议发起人关于公司筹办情况的报告；②通过公司章程；③选举董事会成员；④选举监事会成员；⑤对公司的设立费用进行审核；⑥对发起人用于抵作股款的财产的作价进行审核；⑦发生不可抗力或者经营条件发生重大变化直接影响公司设立的，可以作出不设立公司的决议。创立大会对以上所列事项作出决议，必须经出席会议的认股人所持表决权过半数通过。

发起人、认股人缴纳股款或者交付抵作股款的出资后，除未按期募足股份、发起人未按期召开创立大会或者创立大会决议不设立公司的情形外，不得抽回其股本。董事会应于创立大会结束后 30 日内，向公司登记机关报送下列文件，申请设立登记：①公司登记申请书；②创立大会的会议记录；③公司章程；④验资证明；⑤法定代表人、董事、监事的任职文件及其身份证明；⑥发起人的法人资格证明或者自然人身份证明；⑦公司住所证明。以募集方式设立股份有限公司公开发行股票的，还应当向公司登记机关报送国务院证券监督管理机构的核准文件。

股份有限公司成立后，发起人未按照公司章程的规定缴足出资的，应当补缴；其他发起人承担连带责任。股份有限公司成立后，发现作为设立公司出资的非货币财产的实际价额显著低于公司章程所定价额的，应当由交付该出资的发起人补足其差额；其他发起人承担连带责任。

二、股份有限公司的组织机构

（一）股东大会

1. 股东大会的性质及其组成

股东大会是公司的权力机构，股份有限公司股东大会由全体股东组成。

2. 股东大会的职权

股份有限公司股东大会的职权范围与有限责任公司股东会相同。

3. 股东大会的召开

股东大会分为年会与临时股东大会。股东大会年会应当每年召开一次。有下列情形之一的，应当在 2 个月内召开临时股东大会：

（1）董事人数不足本法规定人数或者公司章程所定人数的 2/3 时；

（2）公司未弥补的亏损达实收股本总额 1/3 时；

（3）单独或者合计持有公司 10%以上股份的股东请求时；

（4）董事会认为必要时；

（5）监事会提议召开时；

（6）公司章程规定的其他情形。

股东大会会议由董事会召集，董事长主持；董事长不能履行职务或者不履行职务的，由副董事长主持；副董事长不能履行职务或者不履行职务的，由半数以上董事共同推举一名董事主持。董事会不能履行或者不履行召集股东大会会议职责的，监事会应当及时召集和主持；监事会不召集和主持的，连续 90 日以上单独或者合计持有公司 10%以上股份的股东可以自行召集和主持。召开股东大会会议，应当将会议召开的时间、地点和审议的事项于会议召开 20 日前通知各股东；临时股东大会应当于会议召开 15 日前通知各股东；发行无记名股票的，应当于会议召开 30 日前公告会议召开的时间、地点和审议事项。

单独或者合计持有公司 3%以上股份的股东，可以在股东大会召开 10 日前提出临时提案并书面提交董事会；董事会应当在收到提案后 2 日内通知其他股东，并将该临时提案提交股东大会审议。临时提案的内容应当属于股东大会职权范围，并有明确议题和具体决议事项。股东大会不得对通知中未列明的事项作出决议。无记名股票持有人出席股东大会会议的，应当于会议召开 5 日前至股东大会闭会时将股票交存于公司。

4. 股东大会的决议

股东出席股东大会会议，所持每一股份有一表决权。但是，公司持有的本公司股份没有表决权。股东大会作出决议，必须经出席会议的股东所持表决权过半数通过。但是，股东大会作出修改公司章程、增加或者减少注册资本的决议，以及公司合并、分立、解散或者变更公司形式的决议，必须经出席会议的股东所持表决权的2/3以上通过。

股东大会选举董事、监事，可以依照公司章程的规定或者股东大会的决议，实行累积投票制。控股股东控股比例在30%以上的上市公司，应当采用累积投票制。累积投票制，是指股东大会选举董事或者监事时，每一股份拥有与应选董事或者监事人数相同的表决权，股东拥有的表决权可以集中使用。股东大会应当对所议事项的决定作成会议记录，主持人、出席会议的董事应当在会议记录上签名。

（二）董事会和经理

1. 董事会的组成

股份有限公司设董事会，其成员为5～19人。董事会成员中可以有公司职工代表。董事会中的职工代表由公司职工通过职工代表大会、职工大会或者其他形式民主选举产生。有限责任公司董事任期的规定，适用于股份有限公司董事。有限责任公司董事会职权的规定，适用于股份有限公司董事会。

董事会设董事长一人，可以设副董事长。董事长和副董事长由董事会以全体董事的过半数选举产生。董事长召集和主持董事会会议，检查董事会决议的实施情况。副董事长协助董事长工作，董事长不能履行职务或者不履行职务的，由副董事长履行职务；副董事长不能履行职务或者不履行职务的，由半数以上董事共同推举一名董事履行职务。

2. 董事会的召开

董事会每年度至少召开两次会议，每次会议应当于会议召开10日前通知全体董事和监事。代表1/10以上表决权的股东、1/3以上董事或者监事会，可以提议召开董事会临时会议。董事长应当自接到提议后10日内，召集和主持董事会会议。董事会会议应有过半数的董事出席方可举行。

3. 董事会的决议

董事会作出决议，必须经全体董事的过半数通过。董事会决议的表决，实行一人一票。董事会会议，应由董事本人出席；董事因故不能出席，可以书面委托其他董事代为出席，委托书中应载明授权范围。董事会应当对会议所议事项的决定作成会议记录，出席会议的董事应当在会议记录上签名。董事应当对董事会的决议承担责任。董事会的决议违反法律、行政法规或者公司章程、股东大会决议，致使公司遭受严重损失的，参与决议的董事对公司负赔偿责任。但经证明在表决时曾表明异议并记载于会议记录的，该董事可以免除责任。

【案例3.5】

某股份有限公司的董事会由11名董事组成，该董事会在一次会议上实施了以下行为并通过了以下决议：①因一名副董事长生病无法出席董事会会议，便出具授权委托书委托其律师代理出席并代为表决；②该次会议通过了增加注册资本的决议；③该次会议的所有决议事项均记载在会议记录中，会后，主持会议的董事长和记录员均签名存档；④该次会议表决时要求董事会作出的决议，必须经全体董事的过半数通过。

问：董事会的决议是否符合《公司法》的规定？

【案例分析】

只有第④项符合《公司法》规定，董事会作出决议，必须经全体董事的过半数通过。其他三项不符合《公司法》的规定。《公司法》规定，董事因故不能出席，可以书面委托其他董事代为出席，委托书中应载明授权范围。第①项中委托其律师代理出席并代为表决不符合法律规定。第②项中会议通过的增加注册资本的决议不合法，增加和减少注册资本的决议，是股东大会的职权，不是董事会的职权。第③项中主持会议的董事长和记录员均签名存档不符合法律的规定。《公司法》规定，董事会应当对会议所议事项的决定作成会议记录，出席会议的董事应当在会议记录上签名。

4. 经理

股份有限公司设经理，由董事会决定聘任或者解聘。其职权与有限责任公司经理相同。公司董事会可以决定由董事会成员兼任经理。

公司不得直接或者通过子公司向董事、监事、高级管理人员提供借款。公司应当定期向股东披露董事、监事、高级管理人员从公司获得报酬的情况。

（三）监事会

1. 监事会的性质和组成

股份有限公司设监事会，其成员不得少于 3 人。监事会应当包括股东代表和适当比例的公司职工代表，其中职工代表的比例不得低于 1/3，具体比例由公司章程规定。监事会中的职工代表由公司职工通过职工代表大会、职工大会或者其他形式民主选举产生。

监事会设主席 1 人，可以设副主席。监事会主席和副主席由全体监事过半数选举产生。董事、高级管理人员不得兼任监事。

2. 监事会的职权

股份有限公司监事会的职权与有限责任公司相同。监事会每 6 个月至少召开一次会议。监事可以提议召开临时监事会会议。监事会决议应当经半数以上监事通过。监事会应当对所议事项的决定作成会议记录，出席会议的监事应当在会议记录上签名。

三、股份有限公司的股份发行和转让

（一）股份的概念与特征

股份是指按相等金额或者相同比例，平均划分公司资本的基本计量单位，它是股份有限公司资本的构成单位，是股东权利与义务的产生依据。股份在形式上表现为股票。股份具有以下基本特征。

（1）股份一律平等。从公司资本基本构成单位的角度，股份所代表的资本额一律平等。

（2）股份不可分割。股份是公司资本的最小计算单位，每股金额相等，不得再予分割。

（3）股份可以转让。除法律有特别规定，如对发起人股份转让的限制、对国有股份转让的限制外，股份有限公司股东可以自由转让其所持股份，公司不得以章程或股东大会决议予以限制。上市公司股份可以通过证券交易所的交易系统自由流通。

（4）股份表现为有价证券，具有流通性。股份采取股票的形式，股东转让股份是通过股票的转让进行的。股票是有价证券，具有流通性。

（二）股份发行

股份的发行，实行公平、公正的原则，同种类的每一股份应当具有同等权利。同次发行的同种类股票，每股的发行条件和价格应当相同；任何单位或者个人所认购的股份，每股应当支付相同价额。股票发行价格可以按票面金额，也可以超过票面金额，但不得低于票面金额。

股票采用纸面形式或者国务院证券监督管理机构规定的其他形式。发起人的股票，应当标明发起人股票字样。公司发行的股票，可以为记名股票，也可以为无记名股票。公司向发起人、法人发行的股票，应当为记名股票，并应当记载该发起人、法人的名称或者姓名，不得另立户名或者以代表人姓名记名。股份有限公司成立后，即向股东正式交付股票。公司成立前不得向股东交付股票。

（三）股份的转让

股东持有的股份可以依法转让。股东转让其股份，应当在依法设立的证券交易场所进行或者按照国务院规定的其他方式进行。记名股票，由股东以背书方式或者法律、行政法规规定的其他方式转让；转让后由公司将受让人的姓名或者名称及住所记载于股东名册。股东大会召开前 20 日内或者公司决定分配股利的基准日前 5 日内，不得进行上述规定的股东名册的变更登记。但是，法律对上市公司股东名册变更登记另有规定的，从其规定。无记名股票的转让，由股东将该股票交付给受让人后即发生转让的效力。

发起人持有的本公司股份，自公司成立之日起1年内不得转让。公司公开发行股份前已发行的股份，自公司股票在证券交易所上市交易之日起1年内不得转让。公司董事、监事、高级管理人员应当向公司申报所持有的本公司的股份及其变动情况，在任职期间每年转让的股份不得超过其所持有本公司股份总数的25%；所持本公司股份自公司股票上市交易之日起1年内不得转让。上述人员离职后半年内，不得转让其所持有的本公司股份。公司章程可以对公司董事、监事、高级管理人员转让其所持有的本公司股份作出其他限制性规定。

3.4　公司财务会计

一、公司的财务会计报告

公司应当依照法律、行政法规和国务院财政部门的规定建立本公司的财务、会计制度。公司应当在每一会计年度终了时编制财务会计报告，并依法经会计师事务所审计。财务会计报告应当依照法律、行政法规和国务院财政部门的规定制作。

有限责任公司应当依照公司章程规定的期限将财务会计报告送交各股东。股份有限公司的财务会计报告应当在召开股东大会年会的20日前置备于本公司，供股东查阅；公开发行股票的股份有限公司必须公告其财务会计报告。

二、公积金

（一）公积金的种类

公积金分为盈余公积金和资本公积金两类。

1. 盈余公积金

盈余公积金是从公司税后利润中提取的公积金，分为法定公积金和任意公积金两种。

（1）法定公积金按照公司税后利润的10%提取，当公司法定公积金累计额为公司注册资本的50%以上时可以不再提取。公司的法定公积金不足以弥补以前年度亏损的，在依照规定提取法定公积金之前，应当先用当年利润弥补亏损。

（2）任意公积金按照公司股东会或者股东大会决议，从公司税后利润中提取。

2. 资本公积金

股份有限公司以超过股票票面金额的发行价格发行股份所得的溢价款以及国务院财政部门规定列入资本公积金的其他收入，应当列为公司资本公积金。公司的公积金用于弥补公司的亏损、扩大公司生产经营或者转为增加公司资本。

公司除法定的会计账簿外，不得另立会计账簿。对公司资产，不得以任何个人名义开立账户存储。

（二）公积金的用途

公积金应当按照规定的用途使用，其主要用途如下。

（1）弥补公司亏损。公司的亏损按照国家税法规定可以用缴纳所得税前的利润弥补，超过用所得税前利润弥补期限仍未补足的亏损，可以用公司税后利润弥补；发生特大亏损，税后利润仍不足弥补的，可以用公司的公积金弥补。但是，资本公积金不得用于弥补公司的亏损。

（2）扩大公司生产经营。公司可以根据生产经营的需要，用公司的公积金来扩大公司的生产经营规模。

（3）转增公司资本。对用任意公积金转增资本的，法律没有限制，但用法定公积金转增资本时，转增后所留存的该项公积金不得少于转增前公司注册资本的25%。

【案例3.6】

某公司注册资本为200万元。2010年，该公司提取的法定公积金累计额为120万元，提取的任意公积金累计额为80万元。当年，该公司拟用公积金转增公司资本100万元。有关公司拟用公积金转增资本的方案有四个：①用法定公积金20万元、任意公积金80万元转增资本；②用法定公积金40万元、任意公积金60万元转增资本；③用法定公积金60万元、任意公积金40万元转增资本；④用法定公积金80万元、任意公积金20万元转增资本。

问：上述四个方案中，符合公司法律制度规定的有哪些？

【案例分析】

上述四种转增方案中，第①、②、③种转增方案符合法律规定，第④种转增方案不符合法律规定。因为对用任意公积金转增资本的，法律没有限制，但用法定公积金转增资本时，转增后所留存的该项公积金不得少于转增前公司注册资本的25%。本题中，法定公积金是120万元，注册资本是200万元，则转增后法定公积金不得少于50万元，即最多转增70万元，因此第④种转增方案不符合法律规定。

三、利润分配

（1）公司应当按照如下顺序进行利润分配。①弥补以前年度的亏损，但不得超过税法规定的弥补期限；②缴纳所得税；③弥补在税前利润弥补亏损之后仍存在的亏损；④提取法定公积金；⑤提取任意公积金；⑥向股东分配利润。

（2）公司弥补亏损和提取公积金后所余税后利润，有限责任公司按照股东实缴的出资比例分配，但全体股东约定不按照出资比例分配的除外；股份有限公司按照股东持有的股份比例分配，但股份有限公司章程规定不按持股比例分配的除外。

（3）公司股东会、股东大会或者董事会违反规定，在公司弥补亏损和提取法定公积金之前向股东分配利润的，股东必须将违反规定分配的利润退还公司。公司持有的本公司股份不得分配利润。

3.5 公司的变更和终止

一、公司的合并和分立

（一）公司的合并

公司合并是指两个以上的公司依照法定程序变为一个公司的行为。公司合并有两种：一是吸收合并；二是新设合并。吸收合并是指一个公司吸收其他公司加入本公司，被吸收的公司解散。新设合并是指两个以上公司合并设立一个新的公司，合并各方解散。

1. 公司合并的程序

（1）签订合并协议。《公司法》规定，公司合并，应当由合并各方签订合并协议。

（2）编制资产负债表及财产清单。

（3）作出合并决议。公司在签订合并协议并编制资产负债表及财产清单后，应当就公司合并的有关事项作出合并决议。

（4）通知债权人。公司应当自作出合并决议之日起10日内通知债权人，并于30日内在报纸上公告。债权人自接到通知书之日起30日内，未接到通知书的自公告之日起45日内，可以要求公司清偿债务或者提供相应的担保。

（5）依法进行登记。公司合并时，合并各方的债权、债务，应当由合并后存续的公司或者新设的公司承继。

2. 公司合并的法律后果

（1）一个公司吸收其他公司为吸收合并，被吸收的公司解散。两个以上公司合并设立一个新的公司为新设合并，合并各方解散。

（2）公司合并时，合并各方的债权、债务，应当由合并后存续的公司或者新设的公司承继。

（二）公司分立

公司分立是指一个公司依法分为两个以上的公司。公司分立有两种：一是派生分立，是指公司以其部分资产另设一个或数个新的公司，原公司存续；二是新设分立，是指公司全部资产分别划归两个或两个以上的新公司，原公司解散。

公司分立的法律后果如下。

（1）公司主体的变化。在新设分立形式中，原公司解散，新公司设立。在派生分立形式中，原公司存续，但主体因股东、注册资本等发生变化而必须进行变更，新公司设立。

（2）债权债务的变化。公司分立前的债务由分立后的公司承担连带责任。但是，公司在分立前与债权人就债务清偿达成的书面协议另有约定的除外。

二、公司的增资和减资

（一）公司增资

有限责任公司增加注册资本时，股东认缴新增资本的出资，依照《公司法》设立有限责任公司缴纳出资的有关规定执行。股份有限公司为增加注册资本发行新股时，股东认购新股，依照《公司法》设立股份有限公司缴纳股款的有关规定执行。

公司增加或者减少注册资本，应当依法向公司登记机关办理变更登记。

（二）公司减资

公司需要减少注册资本时，必须编制资产负债表及财产清单。公司应当自作出减少注册资本决议之日起 10 日内通知债权人，并于 30 日内在报纸上公告。债权人自接到通知书之日起 30 日内，未接到通知书的自公告之日起 45 日内，有权要求公司清偿债务或者提供相应的担保。公司减资后的注册资本不得低于法定的最低限额。

三、公司的解散和清算

（一）公司解散

公司解散是指已成立的公司基于一定的合法事由而使公司消灭的法律行为。《公司法》规定公司解散的原因有以下五种情形：

（1）公司章程规定的营业期限届满或者公司章程规定的其他解散事由出现；

（2）股东会或者股东大会决议解散；

（3）因公司合并或者分立需要解散；

（4）依法被吊销营业执照、责令关闭或者被撤销；

（5）人民法院依法予以解散。

公司章程规定的营业期限届满或者公司章程规定的其他解散事由出现，可以通过修改公司章程而存续。公司依照规定修改公司章程，有限责任公司须经持有 2/3 以上表决权的股东通过，股份有限公司须经出席股东大会会议的股东所持表决权的 2/3 以上通过。

公司经营管理发生严重困难，继续存续会使股东利益受到重大损失，通过其他途径不能解决的，持有公司全部股东表决权 10%以上的股东，可以请求人民法院解散公司。

（二）公司清算

1. 成立清算组

公司解散时，除因合并或者分立者外，应当依法进行清算。根据《公司法》的规定，公司应当在解散事由出现之日起 15 日内成立清算组，开始清算。有限责任公司的清算组由股东组成，股份有限公司的清算组由董事或者股东大会确定的人员组成。逾期不成立清算组进行清算的，债权人可以申请人民法院指定有关人员组成清算组进行清算。人民法院应当受理该申请，并及时组织清算组进行清算。

2. 清算组的职权

清算组在清算期间行使下列职权：

（1）清理公司财产，分别编制资产负债表和财产清单；

（2）通知、公告债权人；

（3）处理与清算有关的公司未了结的业务；

（4）清缴所欠税款以及清算过程中产生的税款；

（5）清理债权、债务；

（6）处理公司清偿债务后的剩余财产；

（7）代表公司参与民事诉讼活动。

3. 清算工作程序

（1）登记债权。清算组应当自成立之日起 10 日内通知债权人，并于 60 日内在报纸上公告。债权人应当自接到通知书之日起 30 日内，未接到通知书的自公告之日起 45 日内，向清算组申报其债权。债权人申报债权，应当说明债权的有关事项，并提供证明材料。清算组应当对债权进行登记。在申报债权期间，清算组不得对债权人进行清偿。

（2）清理公司财产，制定清算方案。清算组在清理公司财产、编制资产负债表和财产清单后，应当制定清算方案，并报股东会、股东大会或者人民法院确认。

（3）清偿债务。公司财产在分别支付清算费用、职工的工资、社会保险费用和法定补偿金，缴纳所欠税款，清偿公司债务后的剩余财产，有限责任公司按照股东的出资比例分配，股份有限公司按照股东持有的股份比例分配。

（4）公告公司终止。公司清算结束后，清算组应当制作清算报告，报股东会、股东大会或者人民法院确认，并报送公司登记机关，申请注销公司登记，公告公司终止。

【本章小结】

公司是依法设立的，以营利为目的的企业法人。公司依据不同的标准可作不同的分类。我国《公司法》只规范有限责任公司和股份有限公司。有限责任公司是指股东仅以其出资额为限对公司承担责任，公司以其全部资产对公司债务承担责任的公司。股份有限公司是指由符合法定人数的股东组成，全部资本分为等额的股份，股东以其持有的股份对公司承担责任，公司以其全部资产对公司债务承担责任的企业法人。本章对两类公司的设立，组织机构，公司董事、监事、高级管理人员的资格和义务，公司财务、会计，公司合并、分立、增资、减资，公司的解散和清算等作了全面的介绍。

【综合练习题】

一、单项选择题

1. 依照《公司法》，以下不属于有限责任公司法定设立条件的是（　　）。

A. 股东符合法定人数　　B. 股东共同制定公司章程

C. 有固定的生产经营场所　　D. 股东出资达到法定资本最低限额

2. 下列事项不属于必须经有限责任公司股东会会议代表 2/3 以上表决权的股东通过的是（　　）。

A. 修改公司章程　　B. 发行公司债券

C. 变更公司形式　　D. 公司合并、分立和解散

3. 下列哪项不属于有限责任公司监事会行使的职权？（　）

A. 检查公司财务　　B. 对违反法律的董事提出罢免建议

C. 向股东会会议提出提案　　D. 解聘公司财务负责人

4. 一人有限责任公司有下列哪项特别限制？（　）

A. 应当编制中期和年度财务会计报告并经会计师事务所审计

B. 一个法人只能投资设立一个一人有限责任公司

C. 所有一人有限责任公司均能投资设立新的一人有限责任公司

D. 一人有限责任公司章程由股东制定

5. 下列有关国有独资公司的说法，错误的是（　）。

A. 国有独资公司监事会成员不得少于 5 人　　B. 国有独资公司不设股东会

C. 董事会成员中应当有公司职工代表　　D. 应当设立董事长和副董事长

6. 下列哪项不属于股份有限公司召开临时股东大会的法定情形？（　）

A. 1/3 以上的董事提议召开

B. 单独或合计持有公司 10%以上股份的股东请求时

C. 公司未弥补的亏损达实收股本总额 1/3 时

D. 董事人数不足公司章程规定人数的 2/3 时

7. 关于有限责任公司股东向股东以外的人转让股权，下列说法错误的是（　）。

A. 经其他股东 2/3 以上同意

B. 书面通知其他股东征求同意

C. 其他股东半数以上不同意转让的，不同意的股东应当购买该转让的股权；不购买的，视为同意转让

D. 经股东同意转让的股权，其他股东在同等条件下有优先购买权

8. 某电器制造有限责任公司是由四位股东共同出资成立的，其注册资本为 12 万元。根据规定，全体股东的首次出资额至少为（　）。

A. 2 万元　　B. 2.4 万元　　C. 3 万元　　D. 3.6 万元

9. 下列关于分公司法律地位的表述中，正确的是（　）。

A. 分公司具有独立的法人资格

B. 分公司独立承担民事责任

C. 分公司不可以依法独立从事生产经营活动

D. 分公司从事经营活动的民事责任由其总公司承担

10. 国有独资公司董事长的产生方式是（　）。

A. 由董事会选举　　B. 由监事会选举

C. 由国有资产监督管理机构指定　　D. 由公司职工代表大会选举

二、多项选择题

1. 下列哪些人员不得兼任监事？（　）

A. 董事　　B. 经理　　C. 股东　　D. 高级管理人员

2. 有限责任公司在下列哪些情况下，可以提议召开临时股东会会议？（　）

A. 代表 1/10 以上表决权的股东　　B. 1/3 以上的董事

C. 监事会　　D. 不设监事会的公司的监事

3. 下列关于有限责任公司的说法正确的有（　）。

A. 股东之间可以相互转让其全部出资或者部分出资

B. 修改公司章程的决议，必须经代表 1/2 以上表决权的股东通过

C. 有限责任公司不设董事会的，执行董事为公司的法定代表人

D. 股东人数较少和规模较小的，可以设 1～2 名监事

4. 下列有关股份有限公司经理的说法正确的是（　　）。

A. 经理由董事会决定聘任或解聘　　B. 董事会成员可以兼任经理

C. 公司可以通过子公司向经理提供借款　　D. 经理负责拟定公司的基本管理制度

5. 下列选项中，在 2010 年不得担任公司董事、监事、经理的有（　　）。

A. 王某个人对外欠债 100 万元到期未偿还

B. 刘某因犯罪被剥夺政治权利期满未逾 5 年

C. 叶厂长经营的工厂，2005 年 10 月因经营管理不善，发生严重亏损，法院依法宣告破产

D. 严某因挪用资金罪被判有期徒刑 5 年，执行期满已逾 5 年

三、案例分析题

甲、乙、丙、丁等 20 人拟共同出资设立一有限责任公司。股东共同制定了公司章程。在公司章程中，对董事任期、监事会组成、股权转让规则等事项作了如下规定：

（1）公司董事任期为 4 年；

（2）公司设立监事会，监事会成员为 7 人，其中包括 2 名职工代表；

（3）股东向股东以外的人转让股权，必须经其他股东 2/3 以上同意。

要求：根据上述情况与《公司法》的有关规定，回答下列问题：

（1）公司章程中关于董事任期的规定是否合法？简要说明理由。

（2）公司章程中关于监事会职工代表人数的规定是否合法？简要说明理由。

（3）公司章程中关于股权转让的规定是否合法？简要说明理由。

第4章

企业破产法律制度

学习目标

【知识目标】

理解破产的概念和破产法的适用范围

掌握破产的原因，破产的申请和受理

掌握债务人财产的范围、撤销权和抵销权

掌握破产费用和共益债务的范围

掌握重整与和解制度

【能力目标】

能够正确运用破产程序

能够正确分配破产财产

案例导入

2009年6月20日，甲、乙公司签订100万元的买卖合同。7月1日，人民法院受理了甲公司的破产申请。同时指定丙会计师事务所为破产管理人。该买卖合同甲乙公司均未履行。根据破产法的规定回答下列问题:

（1）对于甲乙均未履行完毕的合同，管理人应当如何处理?

（2）该买卖合同在什么情况下视为解除?

（3）如果管理人决定解除合同，给乙公司造成10万元的经济损失，该损失应当如何处理?

（4）如果管理人决定继续履行合同，乙公司按照合同约定发货后，100万元的货款应当如何支付?

（5）在第一次债权人会议召开之前，管理人是否可以自行决定继续履行该合同？并说明理由。

【案例分析】

（1）管理人有权决定解除或者继续履行，并通知对方当事人。

（2）管理人自破产申请受理之日起2个月内未通知对方当事人，或者自收到对方当事人催告之日起30日内未答复的，视为解除合同。管理人决定继续履行合同的，对方当事人应当履行；但是，对方当事人有权要求管理人提供担保。管理人不提供担保的，视为解除合同。

（3）乙公司可以申报债权。根据规定，管理人依照《企业破产法》规定解除合同的，对方当事人以因合同解除产生的损害赔偿请求权申报债权。

（4）因管理人请求对方当事人履行双方均未履行完毕的合同所产生的债务，属于共益债务。100万元的货款属于共益债务，由债务人财产随时清偿。

（5）管理人不能自行决定继续履行该合同。根据规定，在第一次债权人会议召开前，管理人履行债务人和对方当事人均未履行完毕的合同，应当征得人民法院的许可。

4.1 破产法概述

一、破产

破产是指企业法人不能清偿到期债务，并且资产不足以清偿全部债务或者明显缺乏清偿能力的，由法院依照《中华人民共和国破产法》的规定，强制取得债务人的财产，公平清偿全体债权人的法律制度。破产法律制度不仅包括对债务人的破产清算，而且包括挽救债务人、避免其破产的重整与和解等法律制度。破产具有以下法律特征。

（1）破产是债务人不能清偿到期债务，并且资产不足以清偿全部债务或者明显缺乏清偿能力的。

（2）破产制度的目的是为了使债务得到公平的偿还。

（3）破产是对债务人全部法律关系的彻底清算，并且可能直接导致债务人民事主体资格消灭的法律后果。

（4）破产是一种执行程序，即为全体债权人的利益而对债务人的全部财产进行的执行程序。

二、破产法

（一）破产法的概念

破产法是调整企业破产而发生的债权债务关系的法律规范的总称。破产法有广义和狭义之分。狭义的破产法特指破产法典，如我国于 2006 年 8 月 27 日通过的《中华人民共和国企业破产法》（以下简称《破产法》）；广义的破产法则还包括其他有关破产的法律、法规、行政规章、司法解释及散见于其他立法中的调整破产关系的法律规范，如《商业银行法》、《保险法》、《公司法》、《合伙企业法》等立法中有关破产的规定。

【知识卡片】

现代破产法的渊源可以追溯到 13 世纪的地中海沿岸，当时地中海沿岸商业比较发达，产生了大量的商业借贷关系和债权债务关系。调整债权债务关系的破产制度也应运而生。最早的破产制度源于罗马法中的债务执行制度。随后，在意大利，1244 年的《威尼斯条例》、1341 年的《米兰条例》和 1415 年的《佛罗伦萨条例》之中，都比较详细地规定了对商人破产问题的处理。1542 年，英国国王亨利八世颁布了英国最早的破产法，凡不能清偿债务而有欺诈行为者，无论是否商人皆适用该法。

（二）破产法的适用范围

（1）企业破产法适用于所有的企业法人，包括国有企业法人、法人型私营企业、合资企业、合作企业，在中国境内的外资企业，有限责任公司与股份有限公司，上市公司与非上市公司，甚至还包括商业银行、证券公司、保险公司等金融机构。

（2）企业破产法对商业银行、保险公司、证券公司等金融机构的破产作了特别规定。商业银行、证券公司、保险公司等金融机构有破产原因的，国务院金融监督管理机构可以向人民法院提出对该金融机构进行重整或者破产清算的申请。国务院金融监督管理机构依法对出现重大经营风险的金融机构采取接管、托管等措施的，可以向人民法院申请终止以该金融机构为被告或者被执行人的民事诉讼程序或者执行程序。金融机构实施破产的，国务院可以依据破产法和其他有关法律的规定制定实施办法。

（3）非法人型企业和社会组织（合伙企业、个人独资企业、学校、医院等）的清算，属于破产清算的，参照适用破产法规定的程序。

4.2 破产的申请与受理

一、破产原因

破产原因，也称破产界限，是指认定债务人丧失清偿能力，当事人得以提出破产申请，法院据以启动破产程序的法律事实。

根据《破产法》规定，破产原因分为两种情况。

（1）债务人不能清偿到期债务，并且资产不足以清偿全部债务。主要适用于债务人提出破产申请且其资不抵债情况通过形式审查即可判断的案件。

（2）债务人不能清偿到期债务，并且明显缺乏清偿能力。主要适用于债权人提出破产申请和债务人提出破产申请但其资不抵债状况通过形式审查不易判断的案件。

二、破产申请的提出

（一）提出破产申请的主体

（1）债务人提出申请。根据法律规定，债务人发生破产原因，可以向人民法院提出重整、和解或者破产清算申请。

（2）债权人提出申请。债务人不能清偿到期债务，债权人可以向人民法院提出对债务人进行重整或者破产清算的申请。

（3）清算人提出申请。企业法人已解散但未清算或者未清算完毕，资产不足以清偿债务的，依法负有清算责任的人应当向人民法院申请破产清算。

【案例 4.1】

2013 年 3 月 20 日，因某太阳能电力有限公司拖欠银行债务 71 亿元人民币已陆续到期且无偿还能力，该市中级人民法院正式裁定对该公司实施破产重整。

3 月 18 日，该太阳能电力有限公司债权银行联合向该市中级人民法院递交该公司破产重整申请。经法院审查，鉴于债务方该公司无法偿还到期债务，该公司市中级人民法院依据《破产法》相关规定，于 3 月 20 日正式裁定对该公司实施破产重整。

受欧美等国对中国光伏产品实施“双反”、国内行业产能严重过剩等不利因素影响，中国光伏行业受到沉重打击并陷入低谷。该公司近年来饱受成本费用高、产能利用不足、负债率大幅攀升等困扰，生产经营和财务状况持续恶化，公司经营严重亏损，大量债务到期不能有效偿还，陷入资不抵债的困境。

问：人民法院受理破产重整的法律依据是什么？

【案例分析】

这起破产案件是由债权人提出的。《破产法》规定，债务人不能清偿到期债务，并且明显缺乏清偿能力，债权人可以向人民法院提出对债务人进行重整或者破产清算的申请。债务方某公司无法偿还到期债务，债权银行联合向该市中级人民法院递交该公司破产重整申请符合法律规定，所以该市中级人民法院裁定对该公司实施破产重整。

（二）破产案件的管辖

1. 地域管辖

《破产法》第 3 条规定，企业破产案件由债务人住所地人民法院管辖。所谓债务人住所地，根据司法解释，指企业主要办事机构所在地。当企业的注册地与主要办事机构所在地不一致时，应当以后者为准。债务人无办事机构的，由其注册地人民法院管辖。

2. 级别管辖

破产法未规定破产案件的级别管辖。根据司法解释，破产案件的级别管辖，按如下原则确定。

（1）基层人民法院一般管辖县、县级市或者区的工商行政管理机关核准登记企业的破产案件。

（2）中级人民法院一般管辖地区、地级市（含本级）以上的工商行政管理机关核准登记企业的破产案件。

（3）纳入国家计划调整的企业破产案件，由中级人民法院管辖。

3. 移送管辖

上级人民法院审理下级人民法院管辖的企业破产案件，或者将本院管辖的企业破产案件移交下级人民法院审理，以及下级人民法院需要将自己管辖的企业破产案件交由上级人民法院审理的，依照《民事诉讼法》的规定办理；省、自治区、直辖市范围内因特殊情况需对个别企业破产案件的地域管辖作调整的，须经共同上级人民法院批准。

三、破产受理

（一）破产申请受理的期限

（1）债权人提出破产申请的，人民法院应当自收到申请之日起5日内通知债务人。债务人对申请有异议的，应当自收到人民法院的通知之日起7日内向人民法院提出。人民法院应当自异议期满之日起10日内裁定是否受理。除上述情形外，人民法院应当自收到破产申请之日起15日内裁定是否受理。有特殊情况需要延长受理案件期限的，经上一级人民法院批准，可以延长15日。

（2）人民法院裁定受理破产申请的，应当将裁定自作出之日起5日内送达申请人。债权人提出申请的，人民法院应当自裁定作出之日起5日内送达债务人。债务人应当自裁定送达之日起15日内，向人民法院提交财产状况说明、债务清册、债权清册、有关财务会计报告以及职工工资的支付和社会保险费用的缴纳情况。

（3）人民法院裁定不受理破产申请的，应当自裁定作出之日起5日内送达申请人并说明理由。申请人对裁定不服的，可以自裁定送达之日起10日内向上一级人民法院提起上诉。人民法院受理破产申请后至破产宣告前，经审查发现债务人不符合企业法人不能清偿到期债务，并且资产不足以清偿全部债务或者明显缺乏清偿能力规定情形的，可以裁定驳回申请。申请人对裁定不服的，可以自裁定送达之日起10日内向上一级人民法院提起上诉。

（二）破产申请受理的效力

（1）人民法院受理破产申请后，债务人对个别债权人的债务清偿无效。

（2）人民法院受理破产申请后，债务人的债务人或者财产持有人应当向管理人清偿债务或者交付财产。债务人的债务人或者财产持有人故意违反规定向债务人清偿债务或者交付财产，使债权人受到损失的，不免除其清偿债务或者交付财产的义务。

（3）人民法院受理破产申请后，管理人对破产申请受理前成立而债务人和对方当事人均未履行完毕的合同有权决定解除或者继续履行，并通知对方当事人。管理人自破产申请受理之日起2个月内未通知对方当事人，或者自收到对方当事人催告之日起30日内未答复的，视为解除合同。管理人决定继续履行合同的，对方当事人应当履行；但是，对方当事人有权要求管理人提供担保。管理人不提供担保的，视为解除合同。

（4）人民法院受理破产申请后，有关债务人财产的保全措施应当解除，执行程序应当中止。

（5）人民法院受理破产申请后，已经开始而尚未终结的有关债务人的民事诉讼或者仲裁应当中止；在管理人接管债务人的财产后，该诉讼或者仲裁继续进行。

（6）人民法院受理破产申请后，有关债务人的民事诉讼，只能向受理破产申请的人民法院提起。

【案例 4.2】

2010 年 8 月，甲、乙两公司签订一份买卖合同。按照合同约定，双方分两次交货和付款，双方已于 2010 年 9 月底前各自履行了第一次交货和付款义务，约定的第二次交货和付款时间是 2010 年年底。2010 年 10 月 9 日，人民法院受理了债务人甲公司的破产申请。2010 年 11 月 20 日，甲公司管理人收到了乙公司关于是否继续履行该买卖合同的催告，但直至 2010 年 12 月 29 日，管理人尚未对乙公司的催告做出答复。

问：乙公司是否应当继续履行合同？

【案例分析】

乙公司无需继续履行合同。《破产法》规定，人民法院受理破产申请后，管理人对破产申请受理前成立而债务人和对方当事人均未履行完毕的合同有权决定解除或者继续履行，并通知对方当事人。管理人自破产申请受理之日起 2 个月内未通知对方当事人，或者自收到对方当事人催告之日起 30 日内未答复的，视为解除合同。2010 年 11 月 20 日，甲公司管理人收到了乙公司关于是否继续履行该买卖合同的催告，但直至 2010 年 12 月 29 日，管理人尚未对乙公司的催告做出答复，管理人自收到对方当事人催告之日起超过 30 日未答复，视为解除合同。

4.3 管理人制度

一、管理人概述

（一）管理人的概念

管理人也称破产管理人，是人民法院依法受理破产申请的同时指定的全面接管破产企业并负责破产财产的保管、清理、估价、处理和分配的专门机构。

【知识卡片】

破产管理人最早可以追溯到古罗马帝国时期。破产管理人制度是西方发达国家破产法中最成熟的，也是非常重要的一项制度，但称谓各有不同。英美法一般称之为“破产信托人”，大陆法一般称之为“破产管理人”，日本法则称之为“破产管财人”。我国旧破产法称之为“破产清算组”，现行《企业破产法》则以“破产管理人”取代了“破产清算组”的称谓。

（二）管理人的产生和报酬

1. 管理人的产生

管理人由人民法院指定。债权人会议认为管理人不能依法、公正执行职务或者有其他不能胜任职务情形的，可以申请人民法院予以更换。

2. 管理人的报酬

管理人的报酬属于破产费用，标准由人民法院确定。债权人会议对管理人的报酬有异议的，有权向人民法院提出，由人民法院决定是否需要对管理人的报酬进行调整。

二、管理人的资格

管理人可以由有关部门、机构的人员组成的清算组或者依法设立的律师事务所、会计师事务所、破产清算事务所等社会中介机构担任。人民法院根据债务人的实际情况，可以在征询有关社会中介机构的意见后，指定该机构具备相关专业知识并取得执业资格的人员担任管理人。有下列情形之一的，不得担任管理人：

（1）因故意犯罪受过刑事处罚；

（2）曾被吊销相关专业执业证书；

（3）与本案有利害关系；
（4）人民法院认为不宜担任管理人的其他情形。

三、管理人的职责

管理人履行下列职责：

（1）接管债务人的财产、印章和账簿、文书等资料；
（2）调查债务人财产状况，制作财产状况报告；
（3）决定债务人的内部管理事务；
（4）决定债务人的日常开支和其他必要开支；
（5）在第一次债权人会议召开之前，决定继续或者停止债务人的营业；
（6）管理和处分债务人的财产；
（7）代表债务人参加诉讼、仲裁或者其他法律程序；
（8）提议召开债权人会议；
（9）人民法院认为管理人应当履行的其他职责。

在第一次债权人会议召开之前，管理人决定继续或者停止债务人的营业的，应当经人民法院许可。管理人没有正当理由不得辞去职务。管理人辞去职务应当经人民法院许可。

4.4 债务人财产

一、债务人财产的范围

破产申请受理时属于债务人的全部财产，以及破产申请受理后至破产程序终结前债务人取得的财产，为债务人财产。债务人财产包括以下两大类。

（1）破产案件受理时属于债务人的全部财产。破产案件受理时属于债务人的全部财产是指债务人在破产宣告时所有的或者经营管理的全部财产，包括应当由债务人行使的相关财产权利。

（2）在破产宣告后至破产程序终结前债务人所取得的财产。在破产宣告后至破产程序终结前，债务人仍然可以从事某些必要的民事活动，比如决定继续履行破产企业尚未履行的合同等，这就存在着取得财产的可能。在破产案件受理时的债务人财产也存在产生收益的可能，这部分财产应属于债务人财产。在这一时段内取得的财产，既包括实物财产也包括财产权利。

二、撤销权

人民法院受理破产申请前1年内，涉及债务人财产的下列行为，管理人有权请求人民法院予以撤销：

（1）无偿转让财产的；
（2）以明显不合理的价格进行交易的；
（3）对没有财产担保的债务提供财产担保的；
（4）对未到期的债务提前清偿的；
（5）放弃债权的。

人民法院受理破产申请前6个月内，债务人不能清偿到期债务，并且资产不足以清偿全部债务或者明显缺乏清偿能力的，仍对个别债权人进行清偿的，管理人有权请求人民法院予以撤销。但是，个别清偿使债务人财产受益的除外。

【案例4.3】

2011年6月25日，甲公司由于经营不善，向人民法院申请破产，人民法院裁定受理债务人甲公司的破产申请，并指定某律师事务所担任破产管理人，管理人接管甲公司后，发现以下事实：甲公司欠乙企业 320 万元的货款，2010 年 5 月 28 日，应债权人乙企业的要求，甲公司以自己 350 万元的设备设定抵押；2010 年 11 月 11 日，甲公司主动放弃对丙企业 150 万元的债权。请回答下列问题：

（1）2010 年 5 月 28 日，应债权人乙企业的要求，甲公司以自己 350 万元的设备设定抵押，管理人能否申请人民法院撤销该抵押？

（2）2010 年 11 月 11 日，甲公司主动放弃对丙企业 150 万元的债权，管理人能否申请人民法院予以撤销？

【案例分析】

（1）管理人不能申请人民法院撤销该抵押。根据《破产法》31 条的规定，人民法院受理破产申请前 1 年内，债务人对没有财产担保的债务提供财产担保的，管理人有权请求人民法院予以撤销。在本题中，甲公司设定抵押的时间距人民法院受理破产申请已经超过了 1 年，因此，管理人不能申请人民法院撤销该抵押。

（2）管理人可以申请人民法院予以撤销。根据《破产法》31 条规定，人民法院受理破产申请前 1 年内，债务人放弃债权的，管理人有权请求人民法院予以撤销。

三、债务人的无效行为

涉及债务人财产的下列行为无效：

（1）为逃避债务而隐匿、转移财产的；

（2）虚构债务或者承认不真实的债务的。

【知识卡片】

根据《刑法修正案（六）》，公司、企业通过隐匿财产、承担虚构的债务或者以其他方式转移财产、处分财产，实施虚假破产，严重损害债权人或者其他人利益的，对直接负责的主管人员和其他直接责任人员，处 5 年以下有期徒刑或者拘役，并处或者单处 2 万元以上 20 万元以下的罚金。

四、抵销权

债权人在破产申请受理前对债务人负有债务的，可以向管理人主张抵销。但是，有下列情形之一的，不得抵销：

（1）债务人的债务人在破产申请受理后取得他人对债务人的债权的；

（2）债权人已知债务人有不能清偿到期债务或者破产申请的事实，对债务人负担债务的，但是，债权人因为法律规定或者有破产申请 1 年前所发生的原因而负担债务的除外；

（3）债务人的债务人已知债务人有不能清偿到期债务或者破产申请的事实，对债务人取得债权的，但是，债务人的债务人因为法律规定或者有破产申请 1 年前所发生的原因而取得债权的除外。

五、取回权

取回权是指财产的权利人可以不依照破产程序，从由管理人管理、控制的债务人财产中，取回原本不属于债务人财产的权利。《企业破产法》第 38 条规定，人民法院受理破产申请后，债务人占有的不属于债务人的财产，该财产的权利人可以通过管理人取回。该条中规定的就是一般取回权。

人民法院受理破产申请时，出卖人已将买卖标的物向作为买受人的债务人发运，债务人尚未收到且未付清全部价款的，出卖人可以取回在运途中的标的物。但是，管理人可以支付全部价款，请求出卖人交付标的物。出卖人取回权是一种特殊的取回权。

【案例 4.4】

2012 年 5 月甲乙公司签订了一份买卖电脑的合同。2012 年 6 月 10 日人民法院受理债务人甲公司破产申请，2012 年 6 月 20 日乙公司依照其与甲公司之间的买卖合同向买受人甲公司发运了电脑，但甲公司尚未付价款。乙公司得知甲公司破产申请被受理后，立即通过传真向甲公司的管理人要求取回在运途中的电脑。管理人收到乙公司传真后不久，即收到了乙公司发运来的电脑。

问：管理人已经收到乙公司发运的电脑，乙公司是否有权取回呢？

【案例分析】

乙公司有权取回该批电脑。《破产法》规定，人民法院受理破产申请时，出卖人已将买卖标的物向作为买受人的债务人发运，债务人尚未收到且未付清全部价款的，出卖人可以取回在运途中的标的物。但是，管理人可以支付全部价款，请求出卖人交付标的物。只要货物尚在运途中，出卖人向管理人表示行使取回权，即发生取回法律效力；即使管理人其后收到货物，也仅处于保管人的地位。所以尽管管理人已经收到乙公司发运的电脑，乙公司也有权取回。

六、其他由管理人依法处理的债务人财产

（1）人民法院受理破产申请后，债务人的出资人尚未完全履行出资义务的，管理人应当要求该出资人缴纳所认缴的出资，而不受出资期限的限制。

（2）债务人的董事、监事和高级管理人员利用职权从企业获取的非正常收入和侵占的企业财产，管理人应当追回。

（3）人民法院受理破产申请后，管理人可以通过清偿债务或者提供为债权人接受的担保，取回质物、留置物。

4.5 破产债权

一、破产债权申报的一般规则

破产债权是人民法院受理破产申请时对债务人享有的债权。破产案件受理后，债权人只有在依法申报债权并得到确认后，才能行使破产参与、受偿等权利。债权人行使各项权利，应当依照破产法规定的程序进行。

（1）人民法院受理破产申请后，应当确定债权人申报债权的期限。债权申报期限自人民法院发布受理破产申请公告之日起计算，最短不得少于 30 日，最长不得超过 3 个月。在法律规定的期间内，人民法院可以根据案件具体情况确定申报债权的期限。

（2）未到期的债权，在破产申请受理时视为到期。附利息的债权自破产申请受理时起停止计息。

（3）附条件、附期限的债权和诉讼、仲裁未决的债权，债权人可以申报。

（4）债权人应当在人民法院确定的债权申报期限内向管理人申报债权。债务人所欠职工的工资和医疗、伤残补助、抚恤费用，所欠的应当划入职工个人账户的基本养老保险、基本医疗保险费用，以及法律、行政法规规定应当支付给职工的补偿金，不必申报，由管理人调查后列出清单并予以公示。职工对清单记载有异议的，可以要求管理人更正；管理人不予更正的，职工可以向人民法院提起诉讼。

（5）债权人申报债权时，应当书面说明债权的数额和有无财产担保，并提交有关证据。申报的债权是连带债权的，应当说明。连带债权人可以由其中一人代表全体连带债权人申报债权，也可以共同申报债权。

（6）在人民法院确定的债权申报期限内，债权人未申报债权的，可以在破产财产最后分配前补充申报；但是，此前已进行的分配，不再对其补充分配。为审查和确认补充申报债权的费用，由补充申报人承担。

二、破产债权申报的特别规定

（1）债务人的保证人或者其他连带债务人已经代替债务人清偿债务的，以其对债务人的求偿权申报债权。债务人的保证人或者其他连带债务人尚未代替债务人清偿债务的，以其对债务人的将来求偿权申报债权。但是，债权人已经向管理人申报全部债权的除外。

（2）连带债务人数人被裁定适用《企业破产法》规定的程序的，其债权人有权就全部债权分别在各破产案件中申报债权。

（3）管理人或者债务人依照《企业破产法》规定解除合同的，对方当事人以因合同解除所产生的损害赔偿请求权申报债权。

（4）人民法院受理破产案件后，对于负连带责任的保证人，债权人有权直接要求其清偿保证债务，也可以先向进入破产程序的债务人追偿，然后再以未受清偿的余额向保证人追偿。

（5）人民法院受理保证人破产案件的，保证人的保证责任不得因此而免除。保证债务已经到期的，债权人可依照保证合同的约定向保证人申报债权追偿。保证债务尚未到期的，将其未到期之保证责任视为已到期，在减去未到期的利息后予以提前清偿。

（6）债务人是委托合同的委托人，被裁定适用《企业破产法》规定的程序，受托人不知该事实，继续处理委托事务的，受托人以由此产生的请求权申报债权。

（7）债务人是票据的出票人，被裁定适用《企业破产法》规定的程序，该票据的付款人继续付款或者承兑的，付款人以由此产生的请求权申报债权。

三、破产债权的确认

管理人收到债权申报材料后，应当登记造册，对申报的债权进行审查，并编制债权表。债权表和债权申报材料由管理人保存，供利害关系人查阅。依法编制的债权表，应当提交第一次债权人会议核查。债务人、债权人对债权表记载的债权无异议的，由人民法院裁定确认。债务人、债权人对债权表记载的债权有异议的，可以向受理破产申请的人民法院提起诉讼。

4.6 债权人会议

一、债权人会议的组成

依法申报债权的债权人为债权人会议的成员，有权参加债权人会议，享有表决权。债权尚未确定的债权人，除人民法院能够为其行使表决权而临时确定债权额的外，不得行使表决权。

对债务人的特定财产享有担保权的债权人，未放弃优先受偿权利的，其对通过和解协议和破产财产的分配方案的事项不享有表决权。债权人会议设主席一人，由人民法院从有表决权的债权人中指定。债权人会议主席主持债权人会议。

二、债权人会议的召集和职权

（一）债权人会议的召集

第一次债权人会议由人民法院召集，自债权申报期限届满之日起 15 日内召开。以后的债权人会议，在人民法院认为必要时，或者管理人、债权人委员会、占债权总额 1/4 以上的债权人向债权人会议主席提议时召开。召开债权人会议，管理人应当提前 15 日通知已知的债权人。

（二）债权人会议的职权

债权人会议行使下列职权：

（1）核查债权；

（2）申请人民法院更换管理人，审查管理人的费用和报酬；

（3）监督管理人；

（4）选任和更换债权人委员会成员；
（5）决定继续或者停止债务人的营业；
（6）通过重整计划；
（7）通过和解协议；
（8）通过债务人财产的管理方案；
（9）通过破产财产的变价方案；
（10）通过破产财产的分配方案；
（11）人民法院认为应当由债权人会议行使的其他职权。

债权人会议应当对所议事项的决议作成会议记录。

（三）债权人会议的决议

1. 一般决议

债权人会议的决议，由出席会议的有表决权的债权人过半数通过，并且其所代表的债权额占无财产担保债权总额的1/2以上。但是，破产法另有规定的除外。

2. 特别决议

（1）通过和解协议草案的决议，由出席会议的有表决权的债权人过半数通过，并且其所代表的债权额占无财产担保债权总额的2/3以上。

（2）通过重整计划草案的决议，按债权类型分组进行表决，由出席会议同一表决组的债权人过半数同意，并且其所代表的债权额占该组债权总额的2/3以上的，为该组通过。各表决组均通过时，重整计划即为通过。

三、债权人委员会

（一）债权人委员会的组成

债权人委员会是遵循债权人的共同意志，代表债权人会议监督管理人行为以及破产程序的合法、公正进行，处理破产程序中的有关事项的常设监督机构。

债权人委员会为破产程序中的选任机关，由债权人会议根据案件具体情况决定是否设置。债权人委员会中还应当有一名债务人企业的职工代表或者工会代表。债权人委员会的成员人数原则上应为奇数，最多不得超过9人。出任债权人委员会成员应当经人民法院书面认可。

（二）债权人委员会的职权

债权人委员会行使下列职权：
（1）监督债务人财产的管理和处分；
（2）监督破产财产分配；
（3）提议召开债权人会议；
（4）债权人会议委托的其他职权。

债权人委员会执行职务时，有权要求管理人、债务人的有关人员对其职权范围内的事务作出说明或者提供有关文件。管理人、债务人的有关人员违反破产法规定拒绝接受监督的，债权人委员会有权就监督事项请求人民法院作出决定；人民法院应当在5日内作出决定。

4.7 重整与和解

一、重整

（一）重整的概念

重整是指不对无偿付能力债务人的财产立即进行清算，而是在法院的主持下由债务人与债权人达成协议，制定重整计划，规定在一定期限内，债务人按一定的方式清偿债务，同时债务人可以继续经营其业务的制度。有了重整制度，意味着破产法并不是单纯的死亡法，还是一个拯救法。在提出破产申请后，陷入困境的企业依然有可能通过有效的重整避免破产。

（二）重整申请和重整期间

1. 重整申请

（1）债务人或者债权人可以依法直接向人民法院申请对债务人进行重整。

（2）债权人申请对债务人进行破产清算的，在人民法院受理破产申请后、宣告债务人破产前，债务人或者出资额占债务人注册资本 1/10 以上的出资人，可以向人民法院申请重整。

2. 重整期间

自人民法院裁定债务人重整之日起至重整程序终止，为重整期间。在重整期间，经债务人申请，人民法院批准，债务人可以在管理人的监督下自行管理财产和营业事务。管理人负责管理财产和营业事务的，可以聘任债务人的经营管理人员负责营业事务。

（1）在重整期间，对债务人的特定财产享有的担保权暂停行使。但是，担保物有损坏或者价值明显减少的可能，足以危害担保权人权利的，担保权人可以向人民法院请求恢复行使担保权。在重整期间，债务人或者管理人为继续营业而借款的，可以为该借款设定担保。

（2）债务人合法占有的他人财产，该财产的权利人在重整期间要求取回的，应当符合事先约定的条件。

（3）在重整期间，债务人的出资人不得请求投资收益分配。在重整期间，债务人的董事、监事、高级管理人员不得向第三人转让其持有的债务人的股权，但经人民法院同意的除外。

（4）在重整期间，有下列情形之一的，经管理人或者利害关系人请求，人民法院应当裁定终止重整程序，并宣告债务人破产：①债务人的经营状况和财产状况继续恶化，缺乏挽救的可能性；②债务人有欺诈、恶意减少债务人财产或者其他显著不利于债权人的行为；③由于债务人的行为致使管理人无法执行职务。

【案例 4.5】

人民法院受理了飞亚公司重整的申请，在重整期间，飞亚公司实施了下列行为：①飞亚公司欠风驰汽车修理厂修理费 10 万元，风驰厂留置了飞亚公司的汽车一辆，重整计划批准后，风驰厂将汽车拍卖，清偿了自己的债权；②飞亚公司向 A 市城市信用合作社借款，并以厂房作为抵押；③董事王某将自己持有的飞亚公司股份转让给张某；④飞亚公司向美澳公司等股东支付红利共计 10 万元。

问：飞亚公司实施的上述行为中哪些不符合《破产法》的规定？

【案例分析】

第①、③、④条不符合法律规定，第②条符合法律规定。《破产法》规定，在重整期间，对债务人的特定财产享有的担保权暂停行使，所以第①条中风驰厂将汽车拍卖，清偿了自己的债权不符合法律规定。在重整期间，债务人的董事、监事、高级管理人员不得向第三人转让其持有的债务人的股权，但经人民法院同意的除外，所以第③条中董事王某将自己持有的飞亚公司股份转让给张某不符合法律规定。在重整期间，债务人的出资人不得请求投资收益分配，所以第④条中飞亚公司向美澳公司等股东支付红利共计 10 万元违反了《破产法》的规定。在重整期间，债务人或者管理人为继续营业而借款的，可以为该借款设定担保，所以第②条中飞亚公司向 A 市城市信用合作社借款，并以厂房作为抵押符合法律规定。

（三）重整计划的制定与批准

1. 重整计划的制定

（1）债务人或者管理人应当自人民法院裁定债务人重整之日起 6 个月内，同时向人民法院和债权人会议提交重整计划草案。债权人、股东、战略投资人等利害关系人也可以制作重整计划草案，提交给债务人或管理人。期限届满，经债务人或者管理人请求，有正当理由的，人民法院可以裁定延期3个月。债务人自行管理财产和营业事务的，由债务人制作重整计划草案。管理人负责管理财产和营业事务的，由管理人制作重整计划草案。

（2）债务人或者管理人未按期提出重整计划草案的，人民法院应当裁定终止重整程序，并宣告债务人破产。

（3）重整计划草案应当包括下列内容：①债务人的经营方案；②债权分类；③债权调整方案；④债权受偿方案；⑤重整计划的执行期限；⑥重整计划执行的监督期限；⑦有利于债务人重整的其他方案。

2. 重整计划的表决与批准

（1）下列各类债权的债权人参加讨论重整计划草案的债权人会议，依照下列债权分类，分组对重整计划草案进行表决：①对债务人的特定财产享有担保权的债权；②债务人所欠职工的工资和医疗、伤残补助、抚恤费用，所欠的应当划入职工个人账户的基本养老保险、基本医疗保险费用，以及法律、行政法规规定应当支付给职工的补偿金；③债务人所欠税款；④普通债权。人民法院在必要时可以决定在普通债权组中设小额债权组对重整计划草案进行表决。

（2）人民法院应当自收到重整计划草案之日起30日内召开债权人会议，对重整计划草案进行表决。出席会议的同一表决组的债权人过半数同意重整计划草案，并且其所代表的债权额占该组债权总额的2/3以上的，即为该组通过重整计划草案。债务人或者管理人应当向债权人会议就重整计划草案作出说明，并回答询问。

（3）债务人的出资人代表可以列席讨论重整计划草案的债权人会议。重整计划草案涉及出资人权益调整事项的，应当设出资人组，对该事项进行表决。各表决组均通过重整计划草案时，重整计划即为通过。自重整计划通过之日起10日内，债务人或者管理人应当向人民法院提出批准重整计划的申请。人民法院经审查认为符合《破产法》规定的，应当自收到申请之日起30日内裁定批准，终止重整程序，并予以公告。

（4）部分表决组未通过重整计划草案的，债务人或者管理人可以同未通过重整计划草案的表决组协商。该表决组可以在协商后再表决一次。双方协商的结果不得损害其他表决组的利益。

（5）未通过重整计划草案的表决组拒绝再次表决或者再次表决仍未通过重整计划草案，但重整计划草案符合法定条件的，债务人或者管理人可以申请人民法院批准重整计划草案。强制批准重整计划草案的基本原则是，所有未通过重整计划草案的表决组以及通过重整计划草案的表决组中的反对者的既得利益不得受到损害。

（6）重整计划草案未获得通过且未依照《破产法》的规定获得批准，或者已通过的重整计划未获得批准的，人民法院应当裁定终止重整程序，并宣告债务人破产。

（四）重整计划的执行、监督与效力

1. 重整计划的执行

根据《企业破产法》规定，重整计划由债务人负责执行。人民法院裁定批准重整计划后，已接管财产和营业事务的管理人应当向债务人移交财产和营业事务。

2. 重整计划的监督

自人民法院裁定批准重整计划之日起，在重整计划规定的监督期内，由管理人监督重整计划的执行。在监督期内，债务人应当向管理人报告重整计划执行情况和债务人财务状况。监督期届满时，管理人应当向人民法院提交监督报告。自监督报告提交之日起，管理人的监督职责终止。管理人向人民法院提交的监督报告，重整计划的利害关系人有权查阅。经管理人申请，人民法院可以裁定延长重整计划执行的监督期限。

3. 重整计划的效力

（1）经人民法院裁定批准的重整计划，对债务人和全体债权人均有约束力，包括对债务人的特定财产享有担保权的债权人。债权人对债务人的保证人和其他连带债务人所享有的权利，不受重整计划的影响，可以依据原合同约定行使权利。

（2）债权人未依法申报债权的，在重整计划执行期间不得行使权利；在重整计划执行完毕后，可以按照重整计划规定的同类债权的清偿条件行使权利。

（3）债务人不能执行或者不执行重整计划的，人民法院经管理人或者利害关系人请求，应当裁定终止重整计划的执行，并宣告债务人破产。

（4）人民法院裁定终止重整计划执行的，债权人在重整计划中作出的债权调整的承诺失去效力，但为重整计划的执行提供的担保继续有效。债权人因执行重整计划所受的清偿仍然有效，债权未受清偿的部分作为破产债权。在重整计划执行中已经接受清偿的债权人，只有在其他同顺位债权人同自己所受的清偿达到同一比例时，才能继续接受破产分配。

（5）按照重整计划减免的债务，自重整计划执行完毕时起，债务人不再承担清偿责任。

二、和解

（一）和解的概念

和解是具备破产原因的债务人，为了避免破产清算，而与债权人会议达成协商解决债务的协议的制度。在发生破产原因时，债务人可以提出和解申请及和解协议草案，由债权人会议表决，如能获得通过，再经法院裁定认可后生效执行，可以避免被宣告破产。

（二）和解程序

（1）和解申请只能由债务人一方提出，债务人可以依法直接向人民法院申请和解，也可以在人民法院受理破产申请后、宣告破产前，向人民法院申请和解。申请和解的原因是债务人发生破产原因。债务人申请和解，应当提出和解协议草案。

（2）人民法院经审查认为和解申请符合法律规定的，应当受理其申请，裁定和解，予以公告，并召集债权人会议讨论和解协议草案。和解程序对就债务人特定财产享有担保权的权利人无约束力，该权利人自人民法院裁定和解之日起可以对担保物行使权利。

（3）债权人会议通过和解协议的决议，由出席会议的有表决权的债权人过半数同意，并且其所代表的债权额占无财产担保债权总额的 2/3 以上。对债务人的特定财产享有担保权的债权人，对此事项无表决权。

（4）债权人会议通过和解协议的，由人民法院裁定认可，终止和解程序，并予以公告。管理人应当向债务人移交财产和营业事务，并向人民法院提交执行职务的报告。和解协议草案经债权人会议表决未获得通过，或者已经债权人会议通过的和解协议未获得人民法院认可的，人民法院应当裁定终止和解程序，并宣告债务人破产。

（三）和解协议的效力

1. 和解协议对债务人与和解债权人的效力

（1）经人民法院裁定认可的和解协议，对债务人和全体和解债权人均有约束力。和解债权人是指人民法院受理破产申请时对债务人享有无财产担保债权的人。债务人应当按照和解协议规定的条件清偿债务。按照和解协议减免的债务，自和解协议执行完毕时起，债务人不再承担清偿责任。

（2）和解债权人未依照法律规定申报债权的，在和解协议执行期间不得行使权利；在和解协议执行完毕后，可以按照和解协议规定的清偿条件行使权利。

2. 和解协议对债务人的保证人和其他连带债务人的效力

和解债权人对债务人的保证人和其他连带债务人所享有的权利，不受和解协议的影响。

也就是说，和解协议对债务人的保证人或连带债务人无效，和解债权人对债务人所作的债务减免清偿或延期偿还的让步，效力不及于债务人的保证人或连带债务人，他们仍应按原来债的约定或法定责任承担保证或连带责任。在破产和解问题上，不适用主债务减少从债务随之减少的原则。

3. 和解协议的终止

（1）因债务人的欺诈或者其他违法行为而成立的和解协议，人民法院应当裁定无效，并宣告债务人破产。有上述情形的，和解债权人因执行和解协议所受的清偿，在其他债权人所受清偿同等比例的范围内，不予返还，这是与一般合同无效时应双方完全返回财产不同的。

（2）债务人不能执行或者不执行和解协议的，人民法院经和解债权人请求，应当裁定终止和解协议的执行，并宣告债务人破产。破产法上的和解协议只具有程序法上的意义，没有强制执行的效力。债务人不履行和解协议时，债权人只能向法院申请终止和解协议，宣告其破产，而不能提起对和解协议的强制执行程序。

（3）人民法院裁定终止和解协议执行的，和解债权人在和解协议中作出的债权调整的承诺失去效力，但债务人方面为和解协议的执行提供的担保继续有效。和解债权人因执行和解协议所受的清偿仍然有效，不予退回，和解债权未受清偿的部分作为破产债权。上述债权人只有在其他债权人同自己所受的清偿达到同一比例时，才能继续接受破产分配。

4.8 破产清算

一、破产宣告

破产宣告是法院依据当事人的申请或法定职权裁定宣布债务人破产以清偿债务的活动。根据我国《破产法》第23条的规定，在以下三种情况下，人民法院应当以书面裁定宣告债务人企业破产：

（1）企业不能清偿到期债务，又不具备法律规定的不予宣告破产条件的；

（2）企业被依法终结整顿的；

（3）整顿期满，不能按照和解协议清偿债务的。

人民法院依法宣告债务人破产，应当自裁定作出之日起5日内送达债务人和管理人，自裁定作出之日起10日内通知已知债权人，并予以公告。债务人被宣告破产后，在破产程序中的有关称谓也发生相应变化，债务人称为破产人，债务人财产称为破产财产，人民法院受理破产申请时对债务人享有的债权称为破产债权。

破产宣告前，有下列情形之一的，人民法院应当裁定终结破产程序，并予以公告：

（1）第三人为债务人提供足额担保或者为债务人清偿全部到期债务的；

（2）债务人已清偿全部到期债务的。

二、别除权

别除权是指债权人因其债权设有物权担保或享有法定特别优先权，而在破产程序中就债务人（即破产人）特定财产享有的优先受偿权利。破产法规定，对破产人的特定财产享有担保权的权利人，对该特定财产享有优先受偿的权利。别除权是基于担保物权及特别优先权产生的，其优先受偿权的行使不受破产清算与和解程序的限制，但在重整程序中受到限制。因此，对破产企业的特定财产享有担保权的债权人，未放弃优先受偿权利的，对通过“和解协议和破产财产的分配方案”不享有表决权。

（1）破产企业以自己的设备为自己的债务提供抵押担保。

① 如果有财产担保的债权人放弃优先受偿权利的，其债权作为普通债权。

② 如果有财产担保的债权人不放弃优先受偿权利，债权人行使优先受偿权利未能完全受偿的，其未受偿的债权作为普通债权。

（2）破产企业以自己的设备为他人债务提供抵押担保。

① 如破产企业仅作为担保人为他人债务提供物权担保，担保债权人的债权虽然在破产程序中可以构成别除权，但因破产企业不是主债务人，在担保物价款不足以清偿担保债额时，余债不得作为破产债权向破产企业要求清偿，只能向原主债务人求偿。

【案例 4.6】

2009 年 7 月 30 日，人民法院受理了甲公司的破产申请，并同时指定了管理人。管理人接管甲公司后，在清理其债权债务过程中，发现 2006 年 6 月，丙公司向 A 银行借款 120 万元，借款期限为 1 年。甲公司以所属部分设备为丙公司提供抵押担保，并办理了抵押登记。借款到期后，丙公司未能偿还 A 银行贷款本息。经甲公司、丙公司和 A 银行协商，甲公司用于抵押的设备被依法变现，所得价款全部用于偿还 A 银行，但尚有 20 万元借款本息未能得到清偿。

问：A 银行能否将尚未得到清偿的 20 万元欠款向管理人申报普通债权，由甲公司继续偿还？并说明理由。

【案例分析】

A 银行不能将尚未得到清偿的 20 万元欠款向管理人申报普通债权。根据规定，如破产人仅作为担保人为他人债务提供物权担保，担保债权人的债权虽然在破产程序中可以构成别除权，但因破产人不是主债务人，在担保物价款不足以清偿担保债额时，余债不得作为破产债权向破产人要求清偿，只能向原主债务人求偿。

② 别除权人如放弃优先受偿权利，其债权也不能转为对破产企业的破产债权，因二人之间只有担保关系，无基础债务关系。

（3）第三人以其机器设备为破产企业的债务提供抵押担保，不构成别除权。别除权以破产人的特定财产为标的物。

三、破产财产的变价和分配

（一）破产财产的变价

（1）在破产宣告后，管理人应当及时拟订破产财产变价方案，提交债权人会议讨论。

（2）变价出售破产财产应当通过拍卖方式进行，但债权人会议另有决议的除外。破产企业可以全部或者部分变价出售。企业变价出售时，可以将其中的无形资产和其他财产单独变价出售。按照国家规定不能拍卖或者限制转让的财产，应当按照国家规定的方式处理。

（二）破产财产的分配

（1）破产财产在优先清偿破产费用和共益债务后，依照下列顺序清偿：①破产人所欠职工的工资和医疗、伤残补助、抚恤费用，所欠的应当划入职工个人账户的基本养老保险、基本医疗保险费用，以及法律、行政法规规定应当支付给职工的补偿金；②破产人欠缴的除前项规定以外的社会保险费用和破产人所欠税款；③普通破产债权。

破产财产不足以清偿同一顺序的清偿要求的，按照比例分配。

破产企业的董事、监事和高级管理人员的工资按照该企业职工的平均工资计算。破产财产的分配应当以货币分配方式进行。但是，债权人会议另有决议的除外。

（2）其他立法对破产分配顺序有特别规定的，依其规定执行。如《商业银行法》规定："商业银行破产清算时，在支付清算费用、所欠职工工资和劳动保险费用后，应当优先支付个人储蓄存款的本金和利息"。

（3）管理人应当及时拟订破产财产分配方案，提交债权人会议讨论。破产财产分配方案应当载明下列事项：①参加破产财产分配的债权人名称或者姓名、住所；②参加破产财产分配的债权额；③可供分配的破产财产数额；④破产财产分配的顺序、比例及数额；⑤实施破产财产分配的方法。债权人会议通过破产财产分配方案后，由管理人将该方案提请人民法院裁定认可。

（4）破产财产分配方案经人民法院裁定认可后，由管理人执行。管理人按照破产财产分配方案实施多次分配的，应当公告本次分配的财产额和债权额。管理人实施最后分配的，应当在公告中指明，并载明法律规定的事项。

（5）对附生效条件或者解除条件的债权，管理人应当将其分配额提存。在最后分配公告日，生效条件未成就或者解除条件成就的，提存的分配额应当分配给其他债权人；在最后分配公告日，生效条件成就或者解除条件未成就的，提存的分配额应当交付给债权人。

（6）债权人未受领的破产财产分配额，管理人应当提存。债权人自最后分配公告之日起满 2 个月仍不领取的，视为放弃受领分配的权利，管理人或者人民法院应当将提存的分配额分配给其他债权人。

（7）破产财产分配时，对于诉讼或者仲裁未决的债权，管理人应当将其分配额提存。自破产程序终结之日起满 2 年仍不能受领分配的，人民法院应当将提存的分配额分配给其他债权人。

四、破产费用和共益债务

（一）破产费用

人民法院受理破产申请后发生的破产案件的诉讼费用、管理、变价和分配债务人财产的费用和管理人执行职务的费用、报酬和聘用工作人员的费用为破产费用。破产费用具体包括：

（1）破产案件的诉讼费用；

（2）管理、变价和分配债务人财产费用；

（3）管理人执行职务的费用、报酬和聘用工作人员的费用。

（二）共益债务

共益债务是指人民法院受理破产申请后，管理人为全体债权人的共同利益而负担的债务。人民法院受理破产申请后发生的下列债务，为共益债务：

（1）因管理人或者债务人请求对方当事人履行双方均未履行完毕的合同所产生的债务；

（2）债务人财产受无因管理所产生的债务；

（3）因债务人不当得利所产生的债务；

（4）为债务人继续营业而应支付的劳动报酬和社会保险费用以及由此产生的其他债务；

（5）管理人或者相关人员执行职务致人损害所产生的债务；

（6）债务人财产致人损害所产生的债务。

（三）破产费用与和共益债务的清偿

（1）破产费用和共益债务由债务人财产随时清偿；

（2）债务人财产不足以清偿所有破产费用和共益债务的，先行清偿破产费用；

（3）债务人财产不足以清偿所有破产费用或者共益债务的，按照比例清偿；

（4）债务人财产不足以清偿破产费用的，管理人应当提请人民法院终结破产程序，人民法院应当自收到请求之日起 15 日内裁定终结破产程序，并予以公告。

五、破产程序的终结

（一）破产程序终结的原因

1. 和解、重整程序顺利完成而终结破产程序

人民法院受理破产申请后，债务人与全体债权人就债权债务的处理自行达成协议的，可以请

求人民法院裁定认可，并终结破产程序。

2. 破产财产不足以支付破产费用而终结破产程序

根据我国《破产法》的规定，破产财产不足以支付破产费用时，人民法院应当宣告破产程序终结。破产费用应当在破产分配实施之前从破产财产中优先拨付。如果破产财产的数额不足以支付破产费用，破产债权人的债权就根本不可能再从破产财产中得到任何分配。此时破产程序的进行毫无意义，法院理当裁定终结破产程序。

3. 破产财产分配完毕而终结破产程序

我国《破产法》第 38 条规定，破产财产分配完毕，由清算组提请人民法院终结破产程序。破产程序通常以破产财产被分配完毕而结束，这是破产程序终结中最常见、最基本的方式。在破产财产最后分配完结后，清算组应当申请人民法院裁定终结破产程序，破产程序随人民法院的裁定而终结。

（二）破产程序终结的裁定

破产程序的终结必须由人民法院依法作出裁定。管理人在最后分配完结后，应当及时向人民法院提交破产财产分配报告，并提请人民法院裁定终结破产程序。人民法院应当自收到管理人终结破产程序的请求之日起 15 日内作出是否终结破产程序的裁定。裁定终结的，应当予以公告。管理人应当自破产程序终结之日起 10 日内，持人民法院终结破产程序的裁定，向破产人的原登记机关办理注销登记。

（三）破产财产的追加分配

（1）在破产程序因债务人财产不足以支付破产费用而终结，或者因破产人无财产可供分配或破产财产分配完毕而终结时，自终结之日起 2 年内，有下列情形之一的，债权人可以请求人民法院按照破产财产分配方案进行追加分配：①发现在破产案件中有可撤销行为、无效行为或者债务人的董事、监事和高级管理人员利用职权从企业获取非正常收入和侵占企业财产的情况，应当追回财产的；②发现破产人有应当供分配的其他财产的。

有上述情形，但财产数量不足以支付分配费用的，不再进行追加分配，由人民法院将其上交国库。

（2）破产人的保证人和其他连带债务人，在破产程序终结后，对债权人依照破产清算程序未受清偿的债权，依法继续承担清偿责任。但这并不是说，债权人要追究保证人和其他连带债务人的清偿责任必须等到破产程序终结后。在破产程序中，债权人就可以依法追究他们的责任，也可以抵销。

【本章小结】

破产是企业法人不能清偿到期债务，并且资产不足以清偿全部债务或者明显缺乏清偿能力的，由法院依照《破产法》的规定，强制取得债务人的财产，并且按照债权受偿的先后顺序、按比例公平分配给全体债权人的一种执行程序。本章主要介绍了破产法的适用范围、破产的申请与受理、管理人制度、债务人财产、破产债权、债权人会议、重整与和解制度、破产清算制度。

【综合练习题】

一、单项选择题

1. 根据企业破产法律制度的规定，下列各项中，对企业破产有管辖权的是（ ）。

A. 债务人住所地人民法院　　B. 债权人所在地人民法院

C. 破产财产所在地人民法院　　D. 债务合同履行地人民法院

2. 根据企业破产法律制度的规定，管理人的报酬由（ ）确定。

A. 债仅人会议　　B. 人民法院

C. 债权人委员会　　D. 债权人会议主席

3. 人民法院受理破产申请后，管理人对破产申请受理前成立而债务人和对方当事人均未履行完毕的合同，有权决定（　　）。

A. 一律解除合同　　B. 一律继续履行合同

C. 解除或者继续履行合同　　D. 变更合同

4. 根据企业破产法律制度的规定，下列各项中，属于破产费用的是（　　）。

A. 债务人财产受无因管理所产生的债务　　B. 为债务人继续营业而应支付的劳动报酬

C. 管理人聘用工作人员发生的费用　　D. 因债务人不当得利所产生的债务

5. 根据企业破产法律制度的规定，下列各项中，不属于管理人职责的是（　　）。

A. 决定债务人的内部管理事务　　B. 拟订破产财产的分配方案

C. 提议召开债权人会议　　D. 管理和处分债务人的财产

二、多项选择题

1. 根据《破产法》的规定，有下列哪些情形的，不得担任管理人？（　　）

A. 因故意犯罪受过刑事处罚　　B. 曾被吊销相关专业执业证书

C. 与本案有利害关系　　D. 律师事务所的执业律师

2. 人民法院受理破产申请前 1 年内，下列涉及债务人财产的行为中，属于破产管理人有权请求人民法院予以撤销的有（　　）。

A. 债务人无偿转让财产的行为

B. 债务人以明显不合理的价格进行交易的行为

C. 债务人对未到期的债务提前清偿的行为

D. 债务人为逃避债务隐匿财产的行为

3. 根据企业破产法律制度的规定，下列各项中，属于共益债务的有（　　）。

A. 管理人执行职务的费用

B. 因债务人不当得利所产生的债务

C. 为债务人继续营业而应支付的劳动报酬和社会保险费用

D. 管理、变价和分配债务人财产的费用

4. 下列各项中，属于第一次债权人会议后应当召开债权人会议的情形有（　　）。

A. 人民法院认为必要时

B. 破产管理人提议时

C. 债权人委员会提议时

D. 占担保债权总额 1/4 以上的债权人提议时

5. 在人民法院受理破产申请后、宣告债务人破产前，可以向人民法院申请重整的有（　　）。

A. 债务人

B. 占债权总额 1/4 以上的债权人

C. 占无财产担保债权总额 2/3 以上的债权人

D. 出资额占债务人注册资本 10%以上的出资人

三、案例分析题

甲企业因不能清偿到期债务，向法院申请破产，法院受理了该破产案件。甲企业是乙企业向银行借款的保证人，银行在得知甲企业破产情况后，决定将其债权作为破产债权申报受偿。丙企业是甲企业的债权人，丙企业由于担心自己的债权得不到全额清偿，一再要求甲企业以部分财产偿还所欠丙企业的未到期债务，甲企业同意了丙企业的要求，并进行了清偿。

根据上述情况和企业破产法律制度的有关规定，回答下列问题：

（1）银行能否将其担保债权作为破产债权申请受偿，为什么？

（2）甲企业提前偿还丙企业未到期债务的行为是否符合法律规定，为什么？

第5章

合同法律制度

学习目标

【知识目标】

了解合同法的概念和基本原则
了解合同的种类
了解融资租赁合同、建设工程合同
理解合同的生效和合同的成立的区别
理解保管合同、承揽合同、技术合同、运输合同
掌握合同的内容和格式条款
掌握合同订立的程序
掌握合同的效力
掌握合同履行中的抗辩权，合同履行的保全措施
掌握合同的担保
掌握合同的解除
掌握违约责任的承担方式
掌握买卖合同、借款合同、租赁合同、赠与合同

【能力目标】

学会订立合同
能够正确地判断各种合同的效力
能够正确地履行合同
在订立合同中学会运用担保
学会处理合同纠纷

案例导入

甲公司因转产致使一台价值1000万元的精密机床闲置。甲公司董事长与乙公司签订了一份机床转让合同。合同约定，精密机床作价950万元，甲公司于10月31日前交货，乙公司在交货后10天内付清款项。在交货日前，甲公司发现乙公司的经营状况恶化并被其他单位起诉追索货款，于是通知乙公司中止交货，并要求乙公司提供担保，乙公司予以拒绝。

又过了一个月，乙公司经营状况进一步恶化，于是甲公司提出解除合同。乙公司遂向法院起诉。法院查明，甲公司股东会决议规定，对精密机床的处置应经股东会特别决议。请根据合同法律制度的规定，回答下列问题：

（1）甲公司与乙公司转让机床的合同是否有效，为什么？

（2）甲公司中止履行的理由能否成立，为什么？

（3）甲公司能否解除合同，为什么？

【案例分析】

（1）有效。《合同法》规定："法人或者其他组织的法定代表人、负责人超越权限订立的合同，除相对人知道或者应当知道其超越权限的以外，该代表行为有效"。作为甲公司法定代表人的董事长虽超越权限订立机床买卖合同，但相对人若为善意，该行为有效。

（2）成立。根据《合同法》规定，先履行义务一方若有证据证明对方经营状况恶化，可行使不安抗辩权而中止履行合同。

（3）可以。因为乙公司在合理期间内未恢复履行能力且未提供适当担保，根据《合同法》规定，此时不安抗辩权人可以解除合同。

5.1 合同法概述

一、合同

（一）合同的概念和特征

合同有广义和狭义之分。广义的合同，泛指一切确立权利义务关系的协议。广义的合同除了民法中债权合同之外，还包括物权合同、身份合同、行政合同和劳动合同。狭义的合同则仅指债权合同。合同是指具有平等民事主体资格的当事人，为了达到一定目的，经过自愿、平等、协商一致设立、变更、终止民事权利义务关系达成的协议。我国合同法规定："合同是平等主体的自然人、法人、其他组织之间设立、变更、终止民事权利义务关系的协议"。

【知识卡片】

不同国家对合同的理解不同，大陆法系关于合同的经典定义是《法国民法典》第1101条规定的，合同为一种合意，依此合意，一人或数人对于其他一人或数人负担给付某物、作为或不作为的债务。《德国民法典》第305条规定，以法律行为发生债的关系或改变债的关系的内容者除法律另有规定者，必须有当事人双方之间的合同。美国《法律重述：合同》（第2版），合同是一个允诺或一系列允诺，违反该允诺将由法律给予救济；履行该允诺是法律所确认的义务。

合同具有以下法律特征。

（1）合同是一种民事法律行为，民事法律行为是指公民或法人以设立、变更、终止民事权利和民事义务为目的的具有法律约束力的合法民事行为。合同作为民事法律行为，在本质上属于合法行为。这就是说，只有在合同当事人所作的意思表示是合法的、符合法律要求的情况下，合同才具有法律约束力，并应受到国家法律的保护。而如果当事人作出了违法的意思表示，即使达成协议，也不能产生合同的效力。另外《民法通则》中关于民事法律行为的规定除合同法另有规定外均适用于合同。

（2）合同以设立、变更、终止民事权利义务关系为目的。这就是说，一方面，尽管合同主要是债权债务关系协议，但也不完全限于债权债务关系，而要涉及整个民事关系。另一方面，合同不仅导致民事法律关系的产生，而且可以成为民事法律关系变更和终止的原因。

（3）合同是双方或多方当事人意思表示一致的协议。合同需有双方或多方当事人参与，还需要当事人达成合意。如果合同当事人的意思表示不一致，就不会形成合同。

（4）合同当事人之间的法律地位平等。合同法律关系主体间的法律地位是完全平等的。合同的当事人是平等主体的自然人、法人、其他组织，当事人之间没有高低、从属之分，不存在命令者与被命令者、管理者与被管理者。这意味着不论所有制性质，也不论单位大小和经济实力的强弱，其地位都是平等的，即使是政府和相对人发生合同关系，其法律地位也一律平等。

（二）合同的分类

合同的分类是指按照一定的标准划分出合同的各种类型。从不同的角度可以对合同作出不同的分类。

（1）根据当事人双方权利义务的分担方式，可把合同分为双务合同与单务合同。双务合同是指当事人双方相互享有权利、承担义务的合同，如买卖、租赁、承揽等合同为双务合同。单务合同是指当事人一方只享有权利，另一方只承担义务的合同。如赠与合同就是单务合同。

（2）根据法律是否明文规定了合同的名称，可以将合同分为有名合同与无名合同。有名合同是立法上规定了一定的名称与规则的合同，又称典型合同。《合同法》中所规定的 15 类合同，都属于有名合同，如买卖合同、赠与合同、借款合同、租赁合同、建设工程合同等各类合同。无名合同是立法上尚未规定一定名称与规则的合同，又称非典型合同。无名合同首先应当适用《合同法》的一般规则，然后可比照最相类似的有名合同的规则，确定合同效力、当事人权利义务等。

（3）根据合同的成立是否需要交付标的物，可以将合同分为诺成合同和实践合同。诺成合同是指当事人意思表示一致即可认定合同成立的合同。实践合同是指除当事人双方意思表示一致以外，尚须交付标的物才能成立的合同，如保管合同、自然人之间的借贷合同。

（4）根据当事人取得权利是否需要给付对价，可以将合同分为有偿合同与无偿合同。无偿合同是指当事人一方只享有合同权利而不偿付任何代价的合同。有些合同只能是有偿的，如买卖、租赁等合同；有些合同只能是无偿的，如赠与等合同；有些合同既可以是有偿的也可以是无偿的，由当事人协商确定，如委托、保管等合同。

（5）根据合同的成立是否需要特定的形式，可将合同分为要式合同与不要式合同。要式合同是指根据法律规定必须采取特定形式的合同，如建设工程合同应当采用书面形式。不要式合同是指法律不要求必须具备一定形式和手续的合同。不要式合同当事人订立的合同依法并不需要采取特定的形式，当事人可以采取口头方式，也可以采取书面形式或其他形式。

（6）根据合同间是否有主从关系，可将合同分为主合同与从合同。主合同是指不依赖其他合同而能够独立存在的合同。从合同是指须以其他合同的存在为前提而存在的合同，如为借款而订立的抵押合同，借款合同为主合同，抵押合同为从合同。

我国合同法按照合同的内容，将其分为买卖合同，供用电、水、气、热力合同，赠与合同，借款合同，租赁合同，融资租赁合同，承揽合同，建设工程合同，运输合同，技术合同，保管合同，仓储合同，委托合同，行纪合同，居间合同共 15 大类，并分别做出了规定。

二、合同法

（一）合同法的概念

合同法是民事法律制度的重要组成部分。广义的合同法是调整民事合同关系的法律规范的总称。狭义合同法专指 1999 年 3 月 15 日由第九届全国人民代表大会第二次会议通过的《中华人民共和国合同法》（以下简称《合同法》）。合同法由总则、分则和附则三部分组成。

（二）合同法的基本原则

（1）平等原则。《合同法》第 3 条规定："合同当事人的法律地位平等，一方不得将自己的意志强加给另一方"。这一原则包括三方面内容：①合同当事人的法律地位一律平等；②合同中的权利义务对等；③合同当事人必须就合同条款充分协商，取得一致，合同才能成立。

（2）合同自愿原则。《合同法》第 4 条规定："当事人依法享有自愿订立合同的权利，任何单位和个人不得非法干预"。自愿原则贯穿合同活动的全过程。双方可以自愿订立合同，双方协商一致可以变更和解除合同，双方可以选择处理合同争议的方法。

（3）公平原则。《合同法》第 5 条规定："当事人应当遵循公平原则确定各方的权利和义务"。具体包括：①在订立合同时，要根据公平原则确定双方的权利和义务；②根据公平原则确定风险的合理分配；③根据公平原则确定违约责任。

（4）诚实信用原则。《合同法》第 6 条规定："当事人行使权利、履行义务应当遵循诚实信用原则”。诚实信用原则要求当事人在订立、履行合同，以及合同终止后的全过程中，都要诚实，讲信用，相互协作。诚实信用原则具体包括：①在订立合同时，不得有欺诈或其他违背诚实信用的行为；②在履行合同义务时，当事人应当遵循诚实信用的原则，根据合同的性质、目的和交易习惯履行及时通知、协助、提供必要的条件、防止损失扩大、保密等义务；③合同终止后，当事人也应当遵循诚实信用的原则，根据交易习惯履行通知、协助、保密等义务。

（三）合同法的适用范围

《合同法》第2条规定：“本法所称合同是平等主体的自然人、法人、其他组织之间设立、变更、终止民事权利义务关系的协议。婚姻、收养、监护等有关身份关系的协议，适用其他法律的规定”。

原则上涉外合同的当事人可以选择处理合同争议所适用的法律，但法律另有规定的除外。涉外合同的当事人对此没有选择的，适用与合同有最密切联系的国家的法律。但在中华人民共和国境内履行的中外合资经营企业合同、中外合作经营企业合同、中外合作勘探开发自然资源合同，只能适用中华人民共和国法律。

5.2 合同的订立

一、合同的内容与形式

（一）合同的内容

合同的内容由当事人约定，一般包括以下条款。

（1）当事人的名称或者姓名和住所。当事人是合同的主体，是合同权利的享有者和义务的承担者。当事人的住所是决定合同的成立地点、纠纷诉讼管辖地的重要依据。公民以他的户籍所在地的居住地为住所，经常居住地与住所不一致的，经常居住地视为住所。

（2）标的。合同的标的是合同当事人双方权利和义务所共同指向的对象。标的是合同的必备条款。合同中的标的必须是明确的，它可以是物，可以是行为，也可以是智力成果等。

（3）数量。数量是指以数字和计量单位来衡量合同标的的尺度。数量是合同标的的具体化，反映的是合同当事人权利义务的大小和多少。因此，合同应当明确规定标的的数量，并且使用国家法定计量单位。

（4）质量。质量是指合同标的的内在素质和外观形态的综合。它包括标的物的品种、规格、型号、款式、标准、性能等。合同中应当对标的质量加以明确规定。国家有强制性标准的，必须按照规定的标准执行。

（5）价款或者报酬。价款是指当事人一方为取得对方出让标的物，而支付给对方一定数额的货币；报酬是指当事人一方为对方提供劳务、服务等，从而向对方收取一定数额的货币。价款或者报酬是有偿合同的主要条款，合同当事人应就标的的价款或者报酬的数额、计算标准等作出明确的约定。

（6）履行期限、地点和方式。履行期限是当事人行使权利和履行义务的时间。在订立合同时，应当对履行期限作出明确的约定。当事人应该写明具体的履行起止日期，避免因履行期限不明确而产生纠纷。履行地点是指当事人交付标的和支付价款或报酬的地点。合同当事人双方签订合同时，必须将履行地点写明，并且要写得具体、准确，以免发生差错而引起纠纷。履行方式是指合同当事人双方约定以哪种方式转移标的物和结算价款。履行方式应视所签订合同的类别而定。

（7）违约责任。违约责任是合同当事人违反合同约定的义务所应当承担的责任。违约责任可以约定一定数额的违约金，也可以约定因违约产生的损失赔偿额的计算方法。

（8）解决争议的方法。解决争议的方法是指合同当事人对合同的履行发生争议时解决的途径和方式。当事人可以在合同中约定解决合同争议的方法，解决争议的方法具体包括和解、调解、仲裁和诉讼。

以上是合同的一般条款，另外，当事人可以参照各类合同的示范文本订立合同。

（二）合同订立的形式

《合同法》第10条规定："当事人订立合同，有书面形式、口头形式和其他形式。法律、行政法规规定采用书面形式的，应当采用书面形式。当事人约定采用书面形式的，应当采用书面形式"。

（1）书面形式是指合同书、信件和数据电文（包括电报、电传、电子数据交换和电子邮件）等可以有形地表现所载内容的形式。采用书面形式可以将合同内容明确地记载下来，有利于保证合同的安全。一旦发生纠纷，便于当事人举证和分清责任。

（2）口头形式是指合同当事人只用语言为意思表示订立合同而不用文字表达协议内容的形式。以口头形式订立合同的特点是直接、简便、快速，数额较小或者现款交易通常采用口头形式。口头形式的合同广泛地存在于自然人日常生活的交易中。口头形式订立合同，一旦发生争议，难以举证。因此，为了保证交易的安全，对于不能即时清结的合同和标的数额较大的合同一般不宜采用这种合同形式。

（3）其他形式是指除书面形式、口头形式之外表达合同内容的形式。法律没有列举具体的"其他形式"。一般认为其他形式主要指推定和默示。推定形式是指对方未用语言或者文字明确表示意思，但其行为表明已经接受的。如在超市购物，向售货员交付货币的行为就可推定为行为人购买物品的意思。默示形式是指行为人不用行为表示，而是以消极的不作为进行意思表示的形式。如《继承法》规定："继承开始后，继承人放弃继承的，应当在遗产处理前，作出放弃继承的表示。没有表示的，视为接受继承。"需要指出的是，只有法律有明文规定或当事人双方有约定时，才可以将行为人的默示作为意思表示的一种形式，产生相应的法律后果。

二、合同订立的程序

当事人订立合同，采取要约、承诺方式。

（一）要约

1. 要约的概念

要约是希望和他人订立合同的意思表示。要约的内容应当符合下列规定：

（1）内容具体确定；

（2）表明经受要约人承诺，要约人即受该意思表示约束。

【知识卡片】

按照大陆法系，合同被定义为当事人的"合意"，要约则一般被定义为："以一定契约之成立为目的之确定的意思表示"或者"是当事人一方向另一方提出合同条件，希望另一方接受的意思表示"。大陆法系的民法理论认为，要约仅仅是一个希望订立合同的意思表示，还不能算是法律行为。在英美法系，合同则被定义为"许诺"或者一系列的"许诺"，要约也被视为或者被定义为当事人所作的一种允诺。如"要约，实际上是要约人做什么事或不做什么事的一种许诺"。英美法系合同理论上还有一个重要的概念："对价"，要约是否有效以及合同是否有效取决于有无对价。美国《合同法重述》第24条规定："要约是对即时进行交易的愿望的表达。这一表达能使一个通情达理处于受要约人地位的人相信，他或她只要对该要约表示同意，即接受该要约，就可以进行交易"。

2. 要约邀请

要约邀请是希望他人向自己发出要约的意思表示。寄送的价目表、拍卖公告、招标公告、招股说明书、商业广告等为要约邀请。商业广告的内容符合要约规定的，视为要约，如悬赏广告，则视为要约。

3. 要约的法律效力

要约的法律效力是指要约产生法律拘束力。从要约生效时起到承诺期限内要约人受要约的约束，不得随意变更和撤销要约。受要约人如按期承诺，必须与对方订立合同；以特定物为标的的要约，不得以此标的物再向第三人发出要约。

要约生效的时间依要约的形式不同而有所不同：口头要约一般自受要约人了解时发生法律效力；非口头要约一般自要约送达受要约人时发生法律效力。《合同法》第16条规定："要约到达受要约人时生效。用数据电文形式订立合同，收件人指定特定系统接收数据电文的，该数据电文进入该特定系统的时间，视为到达时间；未指定特定系统的，该数据电文进入收件人的任何系统的首次时间，视为到达时间"。

要约到达受要约人时生效，并不是指一定实际送达到受要约人或者其代理人手中，要约只要送达到受要约人通常的地址、住所或者能够控制的地方（如信箱等）即为送达。

【知识卡片】

大陆法系和英美法系对要约生效采用了不同的规则。英美法系采用的是发信主义，即要约人发出要约以后，原则上对要约人无拘束力，要约送达受要约人时并不发生法律效力，在受要约人做出承诺时，要约才产生效力。《美国统一商法典》对此还有所变通，该法典规定在货物买卖合同中，商人已经签字发出的要约，要约人仍须受其要约的约束：大陆法系采用的是到达主义，又称为受信主义，是指要约必须到达受要约人之时才能产生效力。大陆法系大都采纳第二种观点。《联合国国际货物销售公约》第15条规定："（1）发价于送达被发价人生效。（2）一项发价，即使是不可撤销的，得予撤回，如果撤回通知于发价送达被发价人之前或同时到达被发价人"，可见，该公约采纳了到达主义。我国民法主要继受大陆法系，在要约生效的时间方面，采纳了到达主义。

4. 要约的撤回和撤销

要约的撤回是指在要约人发出要约后，到达受要约人之前，要约人取消其要约的效力。要约可以撤回，但撤回要约的通知应当在要约到达受要约人之前或者与要约同时到达受要约人。

要约的撤销是指要约生效后使要约归于消灭的行为。要约可以撤销，但撤销要约的通知在受要约人发出承诺通知之前到达受要约人。

《合同法》同时规定了不得撤销的两种要约：

（1）要约中确定了承诺期限或者以其他形式明示要约不可撤销；

（2）受要约人有理由认为要约是不可撤销的，并已经为履行合同作了准备工作。

5. 要约的失效

要约的失效是指要约丧失法律拘束力。合同法规定了要约失效的几种情况：

（1）拒绝要约的通知到达要约人；

（2）要约人依法撤销要约；

（3）承诺期限届满，受要约人未作出承诺；

（4）受要约人对要约的内容作出实质性变更。

（二）承诺

1. 承诺的概念和有效条件

承诺是受要约人同意要约的意思表示。一个有效的承诺必须符合下列条件。

（1）承诺必须由受要约人或者代理人作出。如果要约是向特定人发出的，承诺须由该特定人作出；如果是向不特定人发出的，不特定人具有承诺的资格。受要约人以外的人不具有承诺的资格。另外承诺可以由受要约人本人作出，也可以由其代理人作出。

（2）承诺应当在要约确定的期限内作出。承诺应当在要约确定的期限内到达要约人。承诺没有确定承诺期限的，承诺应当依照下列规定到达：①要约以对话方式作出的，应当即时作出承诺，但当事人另有约定的除外；②要约以非对话方式作出的，承诺应当在合理期限内到达。要约以信件或者电报作出的，承诺期限自信件载明的日期或者电报交发之日开始计算。信件未载明日期的，自投寄该信件的邮戳日期开始计算。要约以电话、传真等快速通信方式作出的，承诺期限自要约到达受要约人时开始计算。

（3）承诺的内容应当与要约的内容一致。内容一致，并不是说承诺的内容与要约的内容完全一致。只要对要约的内容没有做出实质性的变更，且要约人未及时表示反对，则承诺有效。《合同法》第30条规定，承诺的内容应当与要约的内容一致。受要约人对要约的内容作出实质性变更的，为新要约。有关合同标的、数量、质量、价款或者报酬、履行期限、履行地点和方式、违约责任和解决争议方法等的变更，是对要约内容的实质性变更。《合同法》第31条规定，承诺对要约的内容作出非实质性变更的，除要约人及时表示反对或者要约表明承诺不得对要约的内容作出任何变更的以外，该承诺有效，合同的内容以承诺的内容为准。

承诺应当以通知的方式作出，但根据交易的习惯或者要约表明可以通过行为作出承诺的除外。

2. 承诺的生效

承诺通知到达要约人时生效，并不是指一定实际送达到要约人或者其代理人手中，承诺只要送达到要约人通常的地址、住所或者能够控制的地方（如信箱等）即为送达。承诺不需要通知的，根据交易习惯或者要约的要求作出承诺的行为时生效。采用数据电文形式订立合同的，承诺应以该数据电文进入要约人的系统的时间为承诺到达时间。要约一经承诺，合同即为成立。

【案例5.1】

甲商场向乙企业发出采购200台彩电的要约，乙企业于7月5日寄出承诺快件，7月7日快件寄至甲商场，甲商场的总经理在国外考察。7月12日总经理知悉了该信内容，遂于7月13日电话告知乙收到承诺。

问：该承诺的生效时间？

【案例分析】

该承诺的生效时间是7月7日。《合同法》规定，承诺通知到达要约人时生效，并不是指一定实际送达到要约人或者其代理人手中，承诺只要送达到要约人通常的地址、住所或者能够控制的地方（如信箱等）即为送达。

3. 承诺的撤回

承诺的撤回，是指受要约人在其作出的承诺生效之前，取消其承诺的行为。承诺可以撤回，但撤回承诺的通知应当在承诺生效之前或者与承诺通知同时到达要约人。承诺一经撤回，即不发生承诺的效力，也就阻止了合同的成立。

【知识卡片】

在英美法系中，采取投递生效，承诺人发出通知就不能再撤回。而德国、日本、意大利等大陆法系国家采取到达生效，只要承诺人的撤回通知于承诺通知之前或同时到达要约人，撤回就予以认可。《国际货物销售合同公约》规定承诺可以撤回，其第22条规定，接受得予撤回，如果撤回通知于接受原应生效之前或同时送达发盘人。

4. 承诺的迟到与迟延

（1）迟延承诺。迟延承诺是指受要约人超过承诺期限发出承诺。受要约人超过承诺期限发出承诺的，除要约人及时通知受要约人该承诺有效的以外，为新要约。

（2）迟到承诺。受要约人在承诺期限内发出承诺，按照通常情形能够及时到达要约人，但因其他原因承诺到达要约人时超过承诺期限的，为迟到承诺。除要约人及时通知受要约人因承诺超过期限不接受该承诺以外，该承诺有效。

三、合同成立的时间与地点

（一）合同成立的时间

（1）一般规定。合同于承诺生效时成立。这是大部分合同成立的时间标准。

（2）合同书形式合同成立的时间。当事人采用合同书形式订立合同的，自双方当事人签字或者盖章时合同成立。双方当事人签字或者盖章不在同一时间的，最后签字或者盖章时合同成立。

（3）确认书形式的合同成立时间。当事人采用信件、数据电文形式订立合同的，可以在合同成立之前要求签订确认书。签订确认书时合同成立。

（4）合同的实际成立。法律、行政法规规定或者当事人约定采用书面形式订立合同，当事人未采用书面形式但一方已经履行主要义务，对方接受的，该合同成立。采用合同书形式订立合同，在签字或者盖章之前，当事人一方已经履行主要义务，对方接受的，该合同成立。

【案例 5.2】

甲学校与乙公司拟签订一份书面买卖文具的合同，双方约定采用书面形式。8 月 1 日甲学校签字盖章后尚未将书面合同邮寄给乙公司时，即于 8 月 2 日接到乙公司按照合同约定发来的文具，甲学校经清点后将该批文具入库。8 月 3 日甲学校将签字盖章后的书面合同发给乙公司。乙公司收到的当天 8 月 5 日在合同上签字盖章。

问：根据《合同法》的规定，该买卖合同的成立时间？

【案例分析】

买卖合同成立的时间是 8 月 2 日。《合同法》规定，法律、行政法规规定或者当事人约定采用书面形式订立合同，当事人未采用书面形式但一方已经履行主要义务，对方接受的，该合同成立。甲学校 8 月 2 日接到乙公司按照合同约定发来的文具，清点后将该批文具入库，意味着乙公司履行了交货义务，甲学校接受了货物，此时合同已经成立。

（二）合同成立的地点

（1）一般规定。承诺生效的地点为合同成立的地点。采用数据电文形式订立合同的，收件人的主营业地为合同成立的地点；没有主营业地的，其经常居住地为合同成立的地点。

（2）书面合同的成立地点。当事人采用书面合同书形式订立合同的，双方当事人签字或者盖章的地点为合同成立的地点。

四、格式条款

（一）格式条款的概念和特征

格式条款是当事人为了重复使用而预先拟定，并在订立合同时未与对方协商的条款。格式条款具有以下特征。

（1）由一方当事人预先拟定。格式条款是由一方当事人事先拟定的，在拟定之时并未征求对方当事人的意见。

（2）重复使用。重复使用包括适用对象的广泛性和适用时间的持久性。一般而言，格式条款的拟定是为了重复使用。

（3）在订立合同时未与对方协商，格式条款的相对方只能接受或拒绝。

在当今社会经济生活中，格式合同已经十分普遍。比如保险合同、航空或旅客运输合同、供电、供水、供热合同和邮政电信服务合同等。格式合同一方面可以简化缔约手续，减少缔约时间，从而降低交易成本，提高工作效率。另一方面，由于格式条款提供者处于垄断地位，而对方当事人处于别无选择的境地，因而格式合同提供者一方可以把不公平条款强加于对方当事人，如不合理地扩大自己的免责范围，规定对方必须放弃某些权利等。所以《合同法》对格式条款作出了限制。

（二）格式条款的订立规则

采用格式条款订立合同的，提供格式条款的一方应当遵循公平原则确定当事人之间的权利和义务，并采取合理的方式提请对方注意免除或者限制其责任的条款，按照对方的要求，对该条款予以说明。

（三）格式条款的无效

格式条款具有《合同法》规定合同无效的情形和无效的免责条款的，或者提供格式条款一方免除其责任、加重对方责任、排除对方主要权利的，该条款无效。

（四）格式条款的解释

对格式条款的理解发生争议的，应当按照通常理解予以解释。对格式条款有两种以上解释的，应当作出不利于提供格式条款一方的解释。格式条款和非格式条款不一致的，应当采用非格式条款。

五、缔约过失责任

缔约过失责任是指当事人在订立合同过程中，因过错违反依诚实信用原则负有的先合同义务，导致合同不成立，或者合同虽然成立，但不符合法定的生效条件而被确认无效、被变更或被撤销，给对方造成损失时所应承担的民事责任。先合同义务是指合同有效成立之前，双方当事人依诚实信用原则负有协助、通知、告知、保护、照管、保密、忠实等义务。

当事人在订立合同过程中有下列情形之一，给对方造成损失的，应当承担损害赔偿责任。

（1）假借订立合同，恶意进行磋商。

（2）故意隐瞒与订立合同有关的重要事实或者提供虚假情况。

（3）当事人在订立合同过程中知悉的商业秘密，无论合同是否成立，不得泄露或者不正当地使用。泄露或者不正当地使用该商业秘密给对方造成损失的，应当承担损害赔偿责任。

（4）有其他违背诚实信用原则的行为。在缔约过程中常表现为，一方当事人未尽到通知、协助、告知、照顾等义务而造成对方当事人人身或财产的损失的情形。

【案例5.3】

75岁的刘大娘是汪清县大兴沟镇人，她每月都要去银行领退休工资。2013年4月20日，刘大娘到银行领工资时，因前来领工资的老人太多，她在排队时不慎被人挤倒，造成身体骨折。出院后，刘大娘将银行告上法庭，要求银行赔偿损失6.7万余元。汪清县法院在庭审中了解到，当时一群人蜂拥挤进银行门内，无法确定是何人使刘大娘摔倒，属于致害人不确定的情形。而银行知道每次一到工资进账日，银行都会出现一群人前来取钱的情况，在当时发生拥挤时却没有尽到维持秩序的义务。

法院认定，被告银行在营业场所人员激增的情况下，未采取安全防范措施，导致拥挤事件发生，故被告银行应承担责任。同时，原告刘大娘为完全民事行为能力人，其自身应承担相应的责任。最终判令刘大娘承担30%的责任，银行承担70%的责任，赔偿刘大娘3.6万元损失。

请分析法院判决的法律依据。

【案例分析】

法院判决的依据是缔约过失责任。缔约过失责任是指当事人在订立合同过程中，因过错违反依诚实信用原则负有的先合同义务，导致合同不成立，或者合同虽然成立，但不符合法定的生效条件而被确认无效、被变更或被撤销，给对方造成损失时所应承担的民事责任。先合同义务是指合同有效成立之前，双方当事人依诚实信用原则负有协助、通知、告知、保护、照管、保密、忠实等义务。银行作为服务行业，根据其行业特点，其对前来的储户有按照常识进行照顾、提醒及采取必要的安全措施保护储户人身、财产安全等先合同义务。本案中，银行对每月一到工资进账日营业大厅拥挤应该是明知的，却没有采取安全防范措施，没有尽到维持秩序的义务，主观上有过错，违反了先合同义务，同时刘大娘所受到的损害与银行的过错有直接的因果关系，符合缔约过失责任的构成要件，因此必须承担损害赔偿责任。

5.3 合同的效力

一、合同的生效

（一）合同的生效和合同的成立

合同的成立是指订约当事人经由要约、承诺，就合同的主要条款达成合意，即双方当事人意思表示一致而建立了合同关系，表明合同订立过程的完结。合同的生效是指已经成立的合同因符合法律规定的生效要件，在当事人之间产生了一定的法律约束力，也就是通常所说的法律效力。只有依法成立的合同才能产生法律上的约束力。法律、行政法规规定应当办理批准、登记等手续生效的，在依照其规定办理批准、登记等手续后生效。法律、行政法规规定合同应当办理登记手续，但未规定登记后生效的，当事人未办理登记手续不影响合同的效力，但合同标的所有权及其他物权不能转移。根据《物权法》的规定，需要办理登记的抵押合同及商品房买卖合同均属于这类合同，即未登记不影响合同的生效，只影响物权的设立或者转移。

当事人对合同的效力可以约定附条件。附生效条件的合同，自条件成就时生效。附解除条件的合同，自条件成就时失效。当事人为自己的利益不正当地阻止条件成就的，视为条件已成就；不正当地促成条件成就的，视为条件不成就。

当事人对合同的效力可以约定附期限。附生效期限的合同，自期限届至时生效。附终止期限的合同，自期限届满时失效。

（二）合同的生效要件

已经成立的合同，必须具备一定的生效要件，才能产生法律拘束力。合同生效应当具备下列条件。

（1）合同当事人具有相应的民事行为能力。当事人订立合同，应当具有相应的民事权利能力和民事行为能力。法人的民事行为能力只能限制在其核准登记的生产经营和业务范围内，因此，法人具有就其生产经营和业务范围内的缔约行为能力。不过，为了维护相对人的利益，《最高人民法院关于适用<中华人民共和国合同法>若干问题的解释(一)》第10条规定“当事人超越经营范围订立合同，人民法院不因此认定合同无效。但违反国家限制、特许经营以及法律、行政法规规定禁止经营的除外”。法人或其他经济组织的法定代表人、负责人超越权限订立合同的，除相对人知道或应当知道其超越权限的以外，该行为有效。

（2）意思表示真实。意思表示真实指表意人表示于外部的意思与其内心真实意思相一致。它作为合同的有效要件，是意思自治原则的当然要求。

（3）不违反法律或社会公共利益。这里的法律既包括全国人民代表大会及其常务委员会通过的法律，又包括国务院颁发的行政法规。不得违反法律是指不得违反法律中的强行性和禁止性规定。

（4）合同的形式合法。形式合法是指合同的形式应当符合法律规定。在特定情形下，形式可以成为合同是否生效的必备条件。如法律、行政法规规定应当办理批准、登记等手续才生效的，合同必须办理批准、登记手续。

二、无效合同

无效合同是指合同虽然已经成立，但因其不符合法律要求，国家不予承认和保护，没有法律效力的合同。无效合同有以下几种：

（1）一方以欺诈、胁迫手段订立合同，损害国家利益；

（2）恶意串通损害国家、集体或第三人利益；

（3）以合法形式掩盖非法目的；

（4）损害社会公共利益；

（5）违反法律、行政法规的强制性规定。

《合同法》还规定，合同部分无效，不影响其他部分效力的，其他部分仍然有效。

【案例 5.4】

公民甲与房地产开发商乙签订了一份商品房买卖合同。乙提出，为少交契税建议将部分购房款算作装修费，甲未表示反对。后发生纠纷，甲以所付装修费用远远高于标准为由，请求法院对装修费用予以变更。

问：装修费用条款的效力应如何认定？

【案例分析】

装修费用条款属于无效条款，此条款属于以合法形式掩盖非法目的，所以属于无效条款。

三、可撤销合同

（一）可撤销合同的概念和种类

可撤销合同是指当事人在订立合同时，因意思表示不真实，可由当事人请求人民法院或者仲裁机构予以变更和撤销的合同。可撤销的合同当事人也可以不行使撤销权，而选择履行。当事人请求变更的，人民法院或者仲裁机构不得撤销。

下列合同，当事人一方有权请求人民法院或者仲裁机构变更或者撤销。

（1）因重大误解订立的合同。重大误解是指合同当事人对合同行为的内容有重大误解，使行为的后果与自己的意思相悖，并造成较大损失。对合同行为的内容有重大误解主要是指对行为的性质，对方当事人，标的物的品种、质量、规格和数量等的错误认识。

（2）在订立合同时显失公平的合同。显失公平的合同是指一方当事人利用优势或利用对方缺乏经验，致使合同双方主要权利义务明显违反公平原则。

（3）一方以欺诈、胁迫的手段或者乘人之危，使对方在违背真实意思的情况下订立的合同。《民法通则若干问题的意见》对欺诈、胁迫和乘人之危作了规定。欺诈是指一方当事人故意告知对方虚假情况，或者故意隐瞒真实情况，诱使对方当事人作出错误的意思表示。胁迫是以给公民及其亲友的生命健康、荣誉、名誉、财产等造成损害或者以给法人的荣誉、名誉、财产等造成损害为要挟，迫使相对方作出违背真实意思表示的行为。乘人之危是指一方当事人乘对方于危难之机，为牟取不正当利益，迫使对方作出不真实的意思表示，严重损害对方当事人利益的行为。

具有撤销权的当事人自知道或者应当知道撤销事由之日起 1 年内行使。《合同法》规定了撤销权消灭的两种情形：①具有撤销权的当事人自知道或者应当知道撤销事由之日起 1 年内没有行使撤销权；②具有撤销权的当事人知道撤销事由后明确表示或者以自己的行为放弃撤销权。

（二）可撤销合同的法律后果

无效的合同或者被撤销的合同自始没有法律约束力。合同部分无效，不影响其他部分效力的，其他部分仍然有效。无效合同的法律后果如下。

（1）返还财产。合同无效或者被撤销后，因该合同取得的财产，应当予以返还；不能返还或者没有必要返还的，应当折价补偿。

（2）赔偿损失。合同无效或者被撤销后，有过错的一方应当赔偿对方因此所受到的损失，双方都有过错的，应当各自承担相应的责任。

（3）收缴财产。当事人恶意串通，损害国家、集体或者第三人利益的，因此取得的财产收归国家所有或者返还集体、第三人。

四、效力待定的合同

效力待定的合同是指合同虽然已经成立，但因其不完全符合生效要件的规定，其效力能否发生，尚未确定的合同。效力待定的合同具体包括以下几种。

（1）限制民事行为能力人订立的合同。限制民事行为能力人订立的合同，必须经法定代理人追认后，该合同方为有效，但纯获利益的合同或者与其年龄、智力、精神健康状况相适应而订立的合同，不必经法定代理人追认。相对人可以催告法定代理人在1个月内予以追认。法定代理人未作表示的，视为拒绝追认。合同被追认之前，善意相对人有撤销的权利。撤销应当以通知的方式作出。

（2）无权代理人订立的合同。行为人没有代理权、超越代理权或者代理权终止后以被代理人名义订立的合同，未经被代理人追认，对被代理人不发生效力，由行为人承担责任。

（3）无处分权人订立的合同。无处分权的人处分他人财产，经权利人追认或者无处分权的人订立合同后取得处分权的，该合同有效。

5.4 合同的履行

一、合同履行的规则

（一）合同内容约定不明确时的履行规则

合同生效后，当事人就质量、价款或者报酬、履行地点等内容没有约定或者约定不明确的，可以协议补充；不能达成补充协议的，按照合同有关条款或者交易习惯确定。如果仍然不能确定的，则按照以下规定履行。

（1）质量要求不明确的，按照国家标准、行业标准履行；没有国家标准、行业标准的，按照通常标准或者符合合同目的的特定标准履行。

（2）价款或者报酬不明确的，按照订立合同时履行地的市场价格履行；依法应当执行政府定价或者政府指导价的，按照规定履行。

（3）履行地点不明确，给付货币的，在接受货币一方所在地履行；交付不动产的，在不动产所在地履行；其他标的，在履行义务一方所在地履行。

（4）履行期限不明确的，债务人可以随时履行，债权人也可以随时要求履行，但应当给对方必要的准备时间。

（5）履行方式不明确的，按照有利于实现合同目的的方式履行。

（6）履行费用的负担不明确的，由履行义务一方负担。

（二）执行政府定价或者政府指导价的合同的履行规则

《合同法》第63条的规定，执行政府定价或者政府指导价的合同在履行时，应遵守以下规则。执行政府定价或者政府指导价的，在合同约定的交付期限内政府价格调整时，按照交付时的价格计价。逾期交付标的物的，遇价格上涨时，按照原价格执行；价格下降时，按照新价格执行。逾期提取标的物或者逾期付款的，遇价格上涨时，按照新价格执行；价格下降时，按照原价格执行。

（三）涉及第三人的合同履行

《合同法》第64条规定，当事人约定由债务人向第三人履行债务的，债务人未向第三人履行债务或者履行债务不符合约定，应当向债权人承担违约责任。《合同法》第65条规定，当事人约定由第三人向债权人履行债务的，第三人不履行债务或者履行债务不符合约定，债务人应当向债权人承担违约责任。

【案例5.5】

甲县面粉厂与乙市食品公司签订了一份面粉买卖合同。合同约定由面粉厂直接送货到乙市食品公司，但对运费由谁承担未作约定。合同生效后，双方约定该批面粉由面粉厂送给乙市蛋糕店。但是，面粉厂向蛋糕店提供的面粉不符合约定。蛋糕店以此向面粉厂要求承担违约责任。请根据合同法律制度，回答下列问题。

（1）面粉的运输费用如何确定？

（2）蛋糕店是否有权要求面粉厂承担违约责任？

【案例分析】

（1）费用由甲县面粉厂承担。《合同法》规定，履行的费用的负担不明确的，由履行义务的一方负担。合同约定由甲县面粉厂送货，所以费用由甲县面粉厂承担。

（2）蛋糕店无权要求面粉厂承担违约责任。当事人约定由债务人向第三人履行债务的，债务人未向第三人履行债务或者履行债务不符合约定，应当向债权人承担违约责任。

（四）中止履行、提前履行与部分履行

（1）中止履行。债权人分立、合并或者变更住所没有通知债务人，致使履行债务发生困难的，债务人可以中止履行或者将标的物提存。

（2）提前履行。债权人可以拒绝债务人提前履行债务，但提前履行不损害债权人利益的除外。债务人提前履行债务给债权人增加的费用，由债务人负担。

（3）部分履行。债权人可以拒绝债务人部分履行债务，但部分履行不损害债权人利益的除外。债务人部分履行债务给债权人增加的费用，由债务人负担。

二、合同履行中的抗辩权

抗辩权是指在双务合同中，一方当事人有依法对抗对方要求或者否认对方权利主张的权利。我国合同法规定了同时履行抗辩权、先履行抗辩权和不安抗辩权三种情况。

（一）同时履行抗辩权

同时履行抗辩权是指当事人互负债务，没有先后履行顺序的，应当同时履行。一方在对方履行之前有权拒绝其履行要求。一方在对方履行债务不符合约定时，有权拒绝其相应的履行要求。

同时履行抗辩权成立的要件有：

（1）双方之债务基于同一双务合同而发生；

（2）须双方互负的债务均已届清偿期；

（3）同时履行抗辩权的行使须对方未履行债务或履行债务不符合约定的行为；

（4）同时履行抗辩权的行使应以对方的债务可能履行为条件。

（二）先履行抗辩权

先履行抗辩权是指当事人互负债务，有先后履行顺序，先履行一方未履行的，后履行一方有权拒绝其履行要求。先履行一方履行债务不符合约定的，后履行一方有权拒绝其相应的履行要求。

先履行抗辩权成立的要件有：

（1）双方当事人互负债务；

（2）两个债务之间有先后履行顺序；

（3）先履行债务方的债务已届清偿期；

（4）先履行一方未履行或其履行不符合法律规定和合同的约定，并已提出履行要求。

【案例5.6】

甲公司与乙日化批发公司订立的买卖合同约定，甲公司向乙日化批发公司购买价款总值为10.2万元的洗化用品作为职工的劳保。甲公司于7月30日前向乙日化批发公司预先支付货款5

万元，余款于8月15日在乙日化批发公司交付货物时一次付清。甲公司以资金周转困难为由未按合同约定预先支付货款5万元。8月15日，甲公司要求乙日化公司交付洗化用品，遭到对方的拒绝。

问：乙日化批发公司能否拒绝交货？

【案例分析】

乙日化批发公司可以拒绝交货，它行使的是先履行抗辩权。《合同法》规定，当事人互负债务，有先后履行顺序，先履行一方未履行的，后履行一方有权拒绝其履行要求。先履行一方履行债务不符合约定的，后履行一方有权拒绝其相应的履行要求。甲公司未预先支付预付款，也就无权要求对方交付货物。

（三）不安抗辩权

不安抗辩权是指当事人互负债务，有先后履行顺序的，先履行的一方有确切证据表明另一方丧失履行债务能力时，在对方没有履行或者没有提供担保之前，有权中止合同履行的权利。

不安抗辩权成立的要件有：

（1）双方当事人互负债务；

（2）后给付义务人的履行能力明显降低，有不能给付的危险；

（3）后给付义务人未提供适当担保，如果后给付义务人提供适当担保，不得行使不安抗辩权。

应当先履行债务的一方当事人，有确切证据证明对方有下列情形之一的，可以中止履行：

（1）经营状况严重恶化；

（2）转移财产、抽逃资金，以逃避债务；

（3）丧失商业信誉；

（4）有丧失或者可能丧失履行债务能力的其他情形。

当事人行使抗辩权中止履行的，应当及时通知对方。对方提供适当担保时，应当恢复履行。中止履行后，对方在合理期限内未恢复履行能力并且未提供适当担保的，中止履行的一方可以解除合同。当事人没有确切证据中止履行的，应当承担违约责任。

【案例 5.7】

2009年7月2日，甲方与乙方签订了一份买卖西服的合同。合同规定，由甲方供给乙方某品牌高档西服500套，每套售价2200元，共计110万元。甲方于2009年9月25日履行交货义务，乙方应于2009年10月10日交付货款。合同订立后，甲方偶然得到确切消息，乙方已濒临破产。甲方考虑到如果履行交货义务，必然会造成一定的经济损失，9月15日，甲方向乙方发出拒绝交货的通知，要求乙方提供担保后再履行于9月25日的交货义务。

问：甲方的做法是否有法律依据？

【案例分析】

甲方的做法有法律依据，是行使不安抗辩权。当事人互负债务，有先后履行顺序的，先履行的一方有确切证据表明另一方丧失履行债务能力时，在对方没有履行或者没有提供担保之前，有权中止合同履行的权利。当事人行使该抗辩权中止履行的，应当及时通知对方。甲方有确切的证据证明乙方濒临破产，自己先履行交货义务，对方有可能不能履行付款义务，所以可以中止履行，行使不安抗辩权。

三、合同的保全

合同的保全是指法律为防止因债务人的财产不当减少或不增加而给债权人的债权带来损害，允许债权人行使撤销权或代位权以保护其债权。合同的保全措施有代位权和撤销权两种。

（一）代位权

代位权因债务人怠于行使其到期债权，对债权人造成损害的，债权人可以向人民法院请求以自己的名义代为行使债务人的债权，但该债权专属于债务人自身的除外。债权人代位权的行使应当符合以下条件。

（1）债权人对债务人的债权合法。债权人对债务人的债权合法，是行使代位权的首要条件。如果债权人与债务人之间的合同不成立、因违法合同被认定无效、合同被撤销、已过诉讼时效等，债权人就不能行使代位权。

（2）债务人怠于行使其到期债权，对债权人造成损害。债务人怠于行使其到期债权，对债权人造成损害的，是指债务人不履行其对债权人的到期债务，又不以诉讼方式或者仲裁方式向次债务人主张享有的具有金钱给付内容的到期债权，致使债权人的到期债权未能实现。

（3）债务人的债权已到期。债务人的债权已经到期，这是行使代位权的时间界限。一般认为，债权人行使代位权，必须两个债权均已到期，即债权人享有的债权和债务人享有的债权均已到期，不可或缺。

（4）债务人的债权不是专属于债务人自身的债权。《关于适用〈中华人民共和国合同法〉若干问题的解释（一）》第 12 条规定了基于扶养、抚养、赡养、继承关系产生的给付请求权和劳动报酬、退休金、养老金、抚恤金、人身伤害赔偿、安置费等权利，这些都不属于代位权的标的。

债权人代位权的行使以债权人的债权为限，债权人行使代位权的费用，由债务人负担。

【知识卡片】

根据《关于适用〈中华人民共和国合同法〉若干问题的解释（一）》，债权人向次债务人提起的代位权诉讼经人民法院审理后认定代位权成立的，由次债务人向债权人履行清偿义务，债权人与债务人、债务人与次债务人之间相应的债权债务关系即予消灭。在代位权诉讼中，次债务人对抗债务人的抗辩，可以向债权人主张。

（二）撤销权

撤销权是指因债务人放弃其到期债权或者低价、无偿转让财产，对债权人造成损害的，债权人可以请求人民法院撤销债务人的行为的权利。债权人行使撤销权有以下两种情况：

（1）债务人放弃到期债权或者无偿转让财产，对债权人造成损害的，债权人可以请求人民法院撤销债务人的行为；

（2）债务人以明显不合理的低价转让财产，对债权人造成损害，并且受让人知道该情形的，债权人也可以请求人民法院撤销债务人的行为。

债权人撤销权的行使范围以债权人的债权为限，债权人行使撤销权的必要费用，由债务人负担。撤销权自债权人知道或者应当知道撤销事由之日起 1 年内行使，自债务人的行为发生之日起 5 年内没有行使撤销权的，该撤销权消灭。

5.5 合同的担保

一、合同担保概述

（一）合同担保的概念

合同担保是指法律规定或当事人约定，为促使合同债务人履行其债务，保障债权人的债权实现的法律措施。

1995 年 6 月 30 日第八届全国人民代表大会常务委员会第十四次会议通过的《中华人民共和国担保法》（以下简称《担保法》），是为促进资金融通和商品流通，保障债权的实现，发展社会主义市场经济而制定的。2007 年颁布并施行的《中华人民共和国物权法》（以下简称《物权法》）规定了抵押权、质权、留置权三种担保物权，同时规定，《担保法》的规定与《物权法》的规定不一致时，优先适用《物权法》。

（二）担保的一般规定

《担保法》规定了保证、抵押、质押、留置和定金五种担保方式。其中，保证方式属于人的担保，其他几种方式属于物的担保。

在借贷、买卖、货物运输、加工承揽等经济活动中，债权人需要以担保方式保障其债权实现的，可以依照《担保法》规定设定担保。担保活动应当遵循平等、自愿、公平、诚实信用的原则。

《担保法》规定，第三人为债务人向债权人提供担保时，可以要求债务人提供反担保。反担保适用担保法担保的规定。《物权法》第172条第1款规定："设立担保物权，应当依照本法和其他法律的规定订立担保合同。担保合同是主债权债务合同的从合同。主债权债务合同无效，担保合同无效，但法律另有规定的除外。担保合同被确认无效后，债务人、担保人、债权人有过错的，应当根据其过错各自承担相应的民事责任。"

【知识卡片】

《担保法》规定，担保合同是主合同的从合同，主合同无效，担保合同无效。担保合同另有约定的，按照约定。《物权法》实施后，除非法律对独立担保另有规定，法规、规章、规范性文件，包括当事人的约定中有关担保合同的效力独立于主合同的条款均属无效，而不是《担保法》规定的只要担保合同另有约定的，按照约定。

二、保证

（一）保证与保证人

保证是指保证人和债权人约定，当债务人不履行债务时，保证人按照约定履行债务或者承担责任的行为。

具有代为清偿债务能力的法人、其他组织或者公民，可以作保证人。国家机关不得为保证人，但经国务院批准为使用外国政府或者国际经济组织贷款进行转贷的除外。学校、幼儿园、医院等以公益为目的的事业单位、社会团体不得为保证人。从事经营活动的事业单位、社会团体为保证人的，如无其他导致无效的情况，其所签订的保证合同应当认定为有效。企业法人的分支机构、职能部门不得为保证人。企业法人的分支机构有法人书面授权的，可以在授权范围内提供保证。

同一债务有两个以上保证人的，保证人应当按照保证合同约定的保证份额，承担保证责任。没有约定保证份额的，保证人承担连带责任，债权人可以要求任何一个保证人承担全部保证责任，保证人都负有担保全部债权实现的义务。已经承担保证责任的保证人，有权向债务人追偿，或者要求承担连带责任的其他保证人清偿其应当承担的份额。

（二）保证合同和保证的方式

1. 保证合同

保证合同是保证人和债权人达成的明确相互权利义务，当债务人不履行债务时，由保证人承担保证债务的协议。保证人与债权人应当以书面形式订立保证合同。

保证合同应当包括以下内容：

（1）被保证的主债权种类、数额；

（2）债务人履行债务的期限；

（3）保证的方式；

（4）保证担保的范围；

（5）保证的期间；

（6）双方认为需要约定的其他事项，保证合同不完全具备前款规定内容的，可以补正。

2. 保证的方式

保证的方式有一般保证和连带责任保证。

（1）一般保证。当事人在保证合同中约定，债务人不能履行债务时，由保证人承担保证责任的，为一般保证。一般保证的保证人在主合同纠纷未经审判或者仲裁，并就债务人财产依法强制执行仍不能履行债务前，对债权人可以拒绝承担保证责任。

有下列情形之一的，保证人不得拒绝承担保证责任：①债务人住所变更，致使债权人要求其履行债务发生重大困难的；②人民法院受理债务人破产案件，中止执行程序的；③保证人以书面形式放弃先诉抗辩权的。

（2）连带责任保证。当事人在保证合同中约定保证人与债务人对债务承担连带责任的，为连带责任保证。连带责任保证的债务人在主合同规定的债务履行期届满没有履行债务的，债权人可以要求债务人履行债务，也可以要求保证人在其保证范围内承担保证责任。

（三）保证责任

1. 保证担保的范围

保证担保的范围包括主债权及利息、违约金、损害赔偿金和实现债权的费用。保证合同另有约定的，按照约定。当事人对保证担保的范围没有约定或者约定不明确的，保证人应当对全部债务承担责任。

2. 保证期间

一般保证的保证人与债权人未约定保证期间的，保证期间为主债务履行期届满之日起6个月。在合同约定的保证期间和前款规定的保证期间，债权人未对债务人提起诉讼或者申请仲裁的，保证人免除保证责任；债权人已提起诉讼或者申请仲裁的，保证期间适用诉讼时效中断的规定。

连带责任保证的保证人与债权人未约定保证期间的，债权人有权自主债务履行期届满之日起6个月内要求保证人承担保证责任。在合同约定的保证期间和前款规定的保证期间，债权人未要求保证人承担保证责任的，保证人免除保证责任。

3. 保证责任的免除

有下列情形之一的，保证人不承担民事责任：

（1）主合同当事人双方串通，骗取保证人提供保证的；

（2）主合同债权人采取欺诈、胁迫等手段，使保证人在违背真实意思的情况下提供保证的。

同一债权既有保证又有物的担保的，保证人对物的担保以外的债权承担保证责任。债权人放弃物的担保的，保证人在债权人放弃权利的范围内免除保证责任。

4. 主合同的转让和变更

保证期间，债权人依法将主债权转让给第三人的，保证人在原保证担保的范围内继续承担保证责任。保证合同另有约定的，按照约定。

保证期间，债权人许可债务人转让债务的，应当取得保证人书面同意，保证人对未经其同意转让的债务，不再承担保证责任。

债权人与债务人协议变更主合同的，应当取得保证人书面同意，未经保证人书面同意的，保证人不再承担保证责任。保证合同另有约定的，按照约定。保证人承担保证责任后，有权向债务人追偿。

三、抵押

（一）抵押的概念

抵押是指债务人或者第三人不转移对财产的占有，将该财产作为债权的担保。债务人不履行债务时，债权人有权依照规定以该财产折价或者以拍卖、变卖该财产的价款优先受偿。债务人或者第三人为抵押人，债权人为抵押权人，提供担保的财产为抵押财产。 设立抵押权，当事人应当采取书面形式订立抵押合同。

（二）抵押物

1. 可以作为抵押物的财产

《物权法》规定，债务人或者第三人有权处分的下列财产可以抵押：

（1）建筑物和其他土地附着物；

（2）建设用地使用权；

（3）以招标、拍卖、公开协商等方式取得的荒地等土地承包经营权；

（4）生产设备、原材料、半成品、产品；

（5）正在建造的建筑物、船舶、航空器；

（6）交通运输工具；

（7）法律、行政法规未禁止抵押的其他财产。

抵押人可以将前款所列财产一并抵押。

2. 不可以作为抵押物的财产

《物权法》规定，下列财产不得抵押：

（1）土地所有权；

（2）耕地、宅基地、自留地、自留山等集体所有的土地使用权，但法律规定可以抵押的除外；

（3）学校、幼儿园、医院等以公益为目的的事业单位、社会团体的教育设施、医疗卫生设施和其他社会公益设施；

（4）所有权、使用权不明或者有争议的财产；

（5）依法被查封、扣押、监管的财产；

（6）法律、行政法规规定不得抵押的其他财产。

（三）抵押物的登记

1. 法定登记

当事人以下列财产抵押的，应当办理抵押登记，且抵押权自登记时设立：

（1）建筑物和其他土地附着物；

（2）建设用地使用权；

（3）以招标、拍卖、公开协商等方式取得的荒地等土地承包经营权；

（4）正在建造的建筑物。

2. 自愿登记

当事人以《物权法》规定的下列财产抵押的，抵押权自抵押合同生效时设立。未经登记，不得对抗善意第三人：

（1）生产设备、原材料、半成品、产品；

（2）正在建造的船舶、航空器；

（3）交通运输工具。

【知识卡片】

《物权法》规定，当事人以正在建造的船舶、航空器，交通运输工具设定抵押，抵押权自抵押合同生效时设立。未经登记，不得对抗善意第三人。这是《物权法》规定与《担保法》规定不同的地方。《担保法》规定，当事人以航空器、船舶、车辆抵押的，抵押合同自登记之日起生效。

（四）抵押的效力

1. 抵押权的担保范围

担保物权的担保范围包括主债权及其利息、违约金、损害赔偿金、保管担保财产和实现担保物权的费用。当事人另有约定的，按照约定。

2. 抵押物的效力范围

抵押设定以后，除法律和合同另有约定以外，抵押人有权继续占有抵押物，并有权取得抵押物的孳息。因此，原则上抵押权的效力不及于抵押物的孳息。但是，根据《物权法》的规定，债务人不履行到期债务或者发生当事人约定的实现抵押权的情形，致使抵押财产被人民法院依法扣押的，自扣押之日起抵押权人有权收取该抵押财产的天然孳息或者法定孳息，但抵押权人未通知应当清偿法定孳息的义务人的除外。

3. 抵押权对抵押物转让的效力

抵押设定以后，抵押人并不丧失对抵押物的所有权，抵押人有权将抵押物转让给他人，但抵押人处分财产的权利受到一定的限制。根据《物权法》规定，抵押期间，抵押人经抵押权人同意转让抵押财产的，应当将转让所得的价款向抵押权人提前清偿债务或者提存。转让的价款超过债权数额的部分归抵押人所有，不足部分由债务人清偿。抵押期间，抵押人未经抵押权人同意，不得转让抵押财产，但受让人代为清偿债务消灭抵押权的除外。因此，转让抵押财产是以抵押权人的同意为条件的。

（五）抵押权的实现

如果债务人不履行到期债务或者发生当事人约定的实现抵押权的情形，抵押权人可以与抵押人协议以抵押财产折价或者以拍卖、变卖该抵押财产所得的价款优先受偿。协议损害其他债权人利益的，其他债权人可以在知道或者应当知道撤销事由之日起1年内请求人民法院撤销该协议。

抵押物折价或者拍卖、变卖所得的价款，当事人没有约定的，清偿顺序如下：

（1）实现抵押权的费用；

（2）主债权的利息；

（3）主债权。

抵押物不足以清偿的债权由债务人清偿。在抵押物灭失、毁损或者被征用的情况下，抵押权人可以就该抵押物的保险金、赔偿金或者补偿金优先受偿；如抵押权所担保的债权未届清偿期，抵押权人可以请求人民法院对其采取保全措施。

同一财产向两个以上债权人抵押的，拍卖、变卖抵押财产所得的价款依照下列规定清偿。

（1）抵押权已登记的，按照登记的先后顺序清偿；顺序相同的，按照债权比例清偿。

（2）抵押权已登记的先于未登记的受偿。

（3）抵押权未登记的，按照债权比例清偿。

四、质押

（一）动产质押

1. 动产质押的概念

动产质押是指债务人或者第三人将其动产移交债权人占有，将该动产作为债权的担保。债务人不履行债务时，债权人有权依照法律规定以该动产折价或者以拍卖、变卖该动产的价款优先受偿。

设定动产质押，出质人和质权人应当以书面形式订立质押合同。根据《物权法》的规定，质押合同是诺成合同，并不以质物占有的移转作为合同的生效要件，但是质物占有的移转是质权设立的条件，即质权自质物移交给质权人占有时设立。

【知识卡片】

《担保法》第64条规定："出质人和质权人应当以书面形式订立质押合同。质押合同自质物移交于质权人占有时生效"。《担保法》的规定意味着质押合同在当事人意思表示真实一致，并订立了书面质押合同后，该合同并不当然生效，而必须由出质人将质物移交给质权人占有时合同才能生效。《物权法》却规定，质押合同是诺成合同，并不以质物占有的移转作为合同的生效要件。

【案例 5.8】

苏某有一幅书法作品，至少值 3 万元。苏某最近炒股赔钱，手头拮据，10 月 3 日苏某找朋友田某借钱，田某要求设定质押物，最后商定以苏某的书法作品作为质押物。10 月 10 日双方签订了质押合同，约定 10 月 15 日将书法作品作为质物交付给田某，田某交付 2 万元借款。10 月 15 日苏某到田某处取钱时，以忘带书法作品为由未交给田某，但从田某处拿走了 2 万元借款。后来，在田某的一再督促下，直至 11 月 2 日苏某才将书法作品交给田某。请回答下列问题：

（1）苏某和田某签订的质押合同什么时候生效？

（2）质权什么时候设立？

【案例分析】

（1）苏某和田某之间的质押合同于 10 月 10 日生效。根据《物权法》的规定，质押合同是诺成合同，并不以质物占有的移转作为合同的生效要件。

（2）质权 11 月 2 日设立。质权自质物移交给质权人占有时设立，只有田某将书法作品移交给苏某占有，苏某才能取得质权。

2. 动产质押权的实现

（1）债务人履行债务或者出质人提前清偿所担保的债权的，质权人应当返还质押财产。债务人不履行到期债务或者发生当事人约定的实现质权的情形，质权人可以与出质人协议以质押财产折价，也可以就拍卖、变卖质押财产所得的价款优先受偿。质押财产折价或者变卖的，应当参照市场价格。

（2）出质人可以请求质权人在债务履行期届满后及时行使质权；质权人不行使的，出质人可以请求人民法院拍卖、变卖质押财产。出质人请求质权人及时行使质权，因质权人怠于行使权利造成损害的，由质权人承担赔偿责任。

（3）质押财产折价或者拍卖、变卖后，其价款超过债权人数额的部分归出质人所有，不足部分由债务人清偿。此时，未清偿的债权成为普通债权。

（二）权利质押

《物权法》第 223 条规定，债务人或者第三人有权处分的下列权利可以出质：

（1）汇票、支票、本票；

（2）债券、存款单；

（3）仓单、提单；

（4）可以转让的基金份额、股权；

（5）可以转让的注册商标专用权、专利权、著作权等知识产权中的财产权；

（6）应收账款；

（7）法律、行政法规规定可以出质的其他财产权利。

以汇票、支票、本票、债券、存款单、仓单、提单出质的，当事人应当订立书面合同。质权自权利凭证交付质权人时设立；没有权利凭证的，质权自有关部门办理出质登记时设立。

五、留置权

（一）留置权的概念

留置权是指债务人不履行到期债务，债权人可以留置已经合法占有的债务人的动产，并有权就该动产优先受偿。债权人为留置权人，占有的动产为留置财产。债权人留置的动产，应当与债权属于同一法律关系，但企业之间留置的除外。

依照《合同法》的规定，承揽合同的承揽人，运输合同的承运人，保管合同、仓储合同的保管人，行纪合同的行纪人依法可以拥有留置权。法律规定或者当事人约定不得留置的动产，不得留置。留置的财产为可分物的，留置物的价值应当相当于债务的金额。

（二）留置权人的权利与义务

留置权人有权收取留置财产的孳息。留置权人负有妥善保管留置物的义务；因保管不善致使留置物灭失或者毁损的，应当承担民事责任。

（三）留置权的实现

留置权人与债务人应当约定留置财产后的债务履行期间；没有约定或者约定不明确的，留置权人应当给债务人两个月以上履行债务的期间，但鲜活易腐等不易保管的动产除外。债务人逾期未履行的，留置权人可以与债务人协议以留置财产折价，也可以就拍卖、变卖留置财产所得的价款优先受偿。留置财产折价或者变卖的，应当参照市场价格。

债务人可以请求留置权人在债务履行期届满后行使留置权；留置权人不行使的，债务人可以请求人民法院拍卖、变卖留置财产。留置财产折价或者拍卖、变卖后，其价款超过债权数额的部分归债务人所有，不足部分由债务人清偿。

同一动产上已设立抵押权或者质权，该动产又被留置的，留置权人优先受偿。

（四）留置权的消灭

留置权因下列原因消灭：

（1）留置权人对留置财产丧失占有；

（2）留置权人接受债务人另行提供担保的。

六、定金

当事人可以约定一方向对方给付定金作为债权的担保。债务人履行债务后，定金应当抵作价款或者收回。给付定金的一方不履行约定的债务的，无权要求返还定金；收受定金的一方不履行约定的债务的，应当双倍返还定金。定金应当以书面形式约定。

当事人在定金合同中应当约定交付定金的期限，定金合同从实际交付定金之日起生效。定金的数额由当事人约定，但不得超过主合同标的额的 20%。

5.6　合同的变更、转让和终止

一、合同的变更

合同变更是指合同依法成立后尚未履行或者尚未完全履行，合同当事人依法对原合同内容进行修改和补充。

当事人双方协商一致，可以变更合同。法律、行政法规规定变更合同应当办理批准、登记手续的，应当依照其规定。当事人对合同变更的内容约定不明确的，推定为未变更。

二、合同的转让

合同的转让是指不变更内容的前提下，将合同的权利、合同义务或者权利义务，全部或者部分转让给第三人，由受让人承担合同的权利义务。

（一）合同权利的转让

合同权利的转让是指债权人将合同的权利全部或者部分转让给第三人。

债权人可以将合同的权利全部或者部分转让给第三人，但有下列情形之一的除外：

（1）根据合同性质不得转让；

（2）按照当事人约定不得转让；

（3）依照法律规定不得转让。

（二）合同义务的转让

合同义务的转让是指债务人将合同义务的全部或者部分转移给第三人。债务人将合同的义务全部或者部分转移给第三人的，应当经债权人同意。债务人转移义务的，新债务人可以主张原债务人对债权人的抗辩。债务人转移义务的，新债务人应当承担与主债务有关的从债务，但该从债务专属于原债务人自身的除外。

（三）合同权利义务的概括转让

合同权利义务的概括转让是指合同当事人一方在不改变合同内容的前提下将其全部的合同权利义务一并转让给第三人。合同权利义务的概括转让分为两种：一是合同承受；二是企业合并、分立。

1. 合同承受

合同承受是指一方当事人与他人订立合同后，依照其与第三人的约定，并经过对方当事人的同意，将合同上的权利义务一并移转给第三人，由第三人承受自己在合同上的地位，享受权利并负担义务。

2. 企业合并、分立

当事人订立合同后合并的，由合并后的法人或者其他组织行使合同权利，履行合同义务。当事人订立合同后分立的，除债权人和债务人另有约定的以外，由分立的法人或者其他组织对合同的权利和义务享有连带债权，承担连带债务。

三、合同的终止

合同终止是指因发生法律规定或当事人约定的情况，使当事人之间的权利义务关系消灭。根据合同法的规定，合同终止主要有以下几种情形。

（一）债务已经按照约定履行

债务已经按照约定履行是指债务人按照合同约定的标的、质量、数量、价款或者报酬、履行期限、履行地点和方式等全面履行债务。这是合同终止最常见、最理想的方式，大多数合同都是因履行而终止的。

（二）合同解除

合同解除是合同有效成立后，因当事人一方或双方的意思表示，使合同关系归于消灭的行为。合同解除分为约定解除和法定解除。

1. 约定解除

《合同法》第93条规定：“当事人协商一致，可以解除合同。当事人可以约定解除合同的条件。解除合同的条件成就时，解除权人可以解除合同”。这一条是关于约定解除合同的规定。合同既然是当事人通过相互协商而订立，也可以通过协商而解除。合同的解除应发生在合同有效成立之后、履行完毕之前。解除的方式包括在合同生效以后协商解除，也可以事先在合同中约定解除合同的条件，当条件成就时，合同即可解除。

2. 法定解除

法定解除的情形有：

（1）因不可抗力不能实现合同目的；

（2）在履行期限届满之前，当事人一方明确表示或者以自己的行为表明不履行主要债务；

（3）当事人一方迟延履行主要债务，经催告后在合理期限内仍未履行；

（4）当事人一方迟延履行债务或者其他违约行为致使不能实现合同目的；

（5）法律规定的其他情形。

3. 合同解除的效力

法律规定或者当事人约定解除权行使期限，期限届满当事人不行使的，该权利消灭。法律没有规定或者当事人没有约定解除权行使期限，经对方催告后在合理期限内不行使的，该权利消灭。主张解除合同的，应当通知对方。合同自通知到达对方时解除。对方有异议的，可以请求人民法院或者仲裁机构确认解除合同的效力。

合同解除后，尚未履行的，终止履行；已经履行的，根据履行情况和合同性质，当事人可以要求恢复原状、采取其他补救措施，并有权要求赔偿损失。

【案例5.9】

甲市灯具公司与乙市五金批发公司签订了买卖4000套灯笼的合同，等待年前大卖。按合同约定，灯具公司应于1月4日前在当地的码头装货。由于灯具公司过失，1月25日才从码头发运。到乙市五金批发公司收货时，已经耽误了许多生意，而且已临近过年，再收货，造成货物积压也难免。于是乙市五金批发公司拒收货物，要求解除与甲市灯具公司的合同，双方发生纠纷。

问：乙市五金批发公司是否有权解除合同？

【案例分析】

乙市五金批发公司有权解除合同。《合同法》规定，当事人一方有迟延履行债务或者其他违约行为致使不能实现合同目的，可以解除合同。由于甲市灯具公司过失，到乙市五金批发公司收货时，已错过了年前的生意，不能达到签订合同的目的，乙市五金批发公司有权解除合同，保护自身的利益。

（三）债务相互抵销

当事人互负到期债务，该债务的标的物种类、品质相同的，任何一方可以将自己的债务与对方的债务抵销，但依照法律规定或者按照合同性质不得抵销的除外。当事人主张抵销的，应当通知对方。通知自到达对方时生效。抵销不得附条件或者附期限。当事人互负债务，标的物种类、品质不相同的，经双方协商一致，也可以抵销。

（四）债务人依法将标的物提存

有下列情形之一，难以履行债务的，债务人可以将标的物提存：

（1）债权人无正当理由拒绝受领；

（2）债权人下落不明；

（3）债权人死亡未确定继承人或者丧失民事行为能力未确定监护人；

（4）法律规定的其他情形。

标的物不适于提存或者提存费用过高的，债务人依法可以拍卖或者变卖标的物，提存所得的价款。标的物提存后，除债权人下落不明的以外，债务人应当及时通知债权人或者债权人的继承人、监护人。标的物提存后，毁损、灭失的风险由债权人承担。提存期间，标的物的孳息归债权人所有。提存费用由债权人负担。债权人可以随时领取提存物，但债权人对债务人负有到期债务的，在债权人未履行债务或者提供担保之前，提存部门根据债务人的要求应当拒绝其领取提存物。

债权人领取提存物的权利，自提存之日起5年内不行使而消灭，提存物扣除提存费用后归国家所有。

（五）债权人免除债务

免除是处分债权的行为，作为免除意思表示的债权人必须具有完全民事行为能力，无民事行为能力或者限制民事行为能力人的免除行为除非由法定代理人代理或经法定代理人同意，否则不发生法律效力。债权人免除债务人部分或者全部债务的，合同的权利义务部分或者全部终止。

（六）债权债务同归于一人

当债权与债务同归于一人，不存在债权人和债务人，由此导致权利义务关系终止时，称为混同。《合同法》第106条规定："债权和债务同归于一人的，合同的权利义务终止，但涉及第三人利益的除外"。

（七）法律规定或者当事人约定终止的其他情形。

5.7 违约责任

一、违约责任概述

（一）违约责任的概念

违约责任是指合同当事人违反合同约定应当承担的责任。违约责任具有以下特点。

（1）违约责任以合同的有效存在为前提。

（2）违约责任是合同当事人不履行合同义务所产生的责任。如果当事人违反的不是合同义务，而是法律规定的其他义务，则应负其他责任。

（3）违约责任具有相对性。由于合同关系具有相对性，因此违约责任也具有相对性，即违约责任只能在特定的当事人之间即合同关系的当事人之间发生。当事人一方因第三人的原因造成违约的，应当向对方承担违约责任。当事人一方和第三人之间的纠纷，依照法律规定或者按照约定解决。

（二）违约责任的种类

违约行为可分为预期违约和届期违约两种类型。

1. 预期违约

《合同法》规定，在合同履行期限届满之前，当事人一方明确表示或者以自己的行为表明不履行合同义务的，对方可以在履行期限届满之前要求其承担违约责任。

2. 实际违约

在履行期限到来以后，当事人不履行或不完全履行合同义务的，将构成实际违约。实际违约可以分为不履行、迟延履行和不适当履行三类。

（1）不履行。包括履行不能和拒绝履行。履行不能是指债务人在客观上已经没有履行能力。如在提供劳务的合同中，债务人丧失了劳动能力；在以特定物为标的的合同中，该特定物灭失。拒绝履行是指合同履行期到来后，一方当事人能够履行而故意不履行合同规定的全部义务。

（2）迟延履行。迟延履行是指合同债务已经到期，债务人能够履行而未履行。

（3）不适当履行。不适当履行是指债务人虽然履行了债务，但其履行不符合合同的约定。

【案例 5.10】

甲公司 6 月 15 日通过报纸发布广告，称其有某型号的电脑出售，每台售价 4500 元，随到随购，数量不限，广告有效期至 7 月 15 日。乙公司委托王某携带金额 22.5 万元的支票于 7 月 2 日到甲公司准备购买 50 台电脑，但甲公司称广告所述电脑已全部售完。乙公司为此受到一定的经济损失。

问：甲公司是否应承担违约责任？

【案例分析】

甲公司应当承担违约责任。因为甲公司的广告内容具体、确定，构成了要约，约定了有效期，乙公司在广告的有效期内到甲公司处购买电脑，乙公司的行为构成承诺，意味着双方当事人的合同已经成立，甲公司不能履行合同义务，就要承担违约责任。

（三）违约责任与侵权责任的竞合

《合同法》122 条规定，因当事人一方的违约行为，侵害对方人身、财产权益的，受损害方有权选择依照《合同法》规定要求其承担违约责任或者依照其他法律要求其承担侵权责任。

【知识卡片】

《合同法》122 条规定，受损害方有权选择要求对方承担违约责任或者依照其他法律要求其承担侵权责任。根据《合同法解释（一）》的规定，债权人向人民法院起诉时作出选择后，在一审开庭以前又变更诉讼请求的，人民法院应当准许。但如对方当事人对变更后的诉讼请求提出管辖权异议，经审查异议成立的，人民法院应当驳回起诉。

【案例 5.11】

2009 年 7 月，李女士从某商场购买了一台电吹风机。同年 10 月，李女士在使用该吹风机时，因质量问题给李女士造成了人身伤害。2010 年 10 月，李女士向商场提出交涉。双方协商未果，李女士于同年 12 月向人民法院提起诉讼。

问：李女士有权请求商场承担何种责任？

【案例分析】

李女士可以向法院提起诉讼，只能在请求承担侵权责任或违约责任中选择其一。《合同法》122 条规定，因当事人一方的违约行为，侵害对方人身、财产权益的，受损害方有权选择依照《合同法》规定要求其承担违约责任或者依照其他法律要求其承担侵权责任。

二、违约责任的承担方式

承担违约责任的具体方式包括：

（一）继续履行

继续履行也称实际履行，是指违约方根据对方当事人的请求，继续履行合同规定的义务的违约责任形式。

当事人一方未支付价款或者报酬的，对方可以要求其支付价款或者报酬。

当事人一方不履行非金钱债务或者履行非金钱债务不符合约定的，对方可以要求履行，但有下列情形之一的除外：

（1）法律上或者事实上不能履行；

（2）债务的标的不适于强制履行或者履行费用过高；

（3）债权人在合理期限内未要求履行。

（二）采取补救措施

补救措施是指当事人一方履行合同义务不符合约定时，受损害的一方有权要求违约方采取合理的补救措施。质量不符合约定的，应当按照当事人的约定承担违约责任。对违约责任没有约定或者约定不明确，依照合同法的规定仍不能确定的，受损害方根据标的的性质以及损失的大小，可以合理选择要求对方承担修理、更换、重作、退货、减少价款或者报酬等违约责任。

（三）赔偿损失

赔偿损失是指合同当事人不履行合同义务或者履行合同义务不符合约定所应承担的民事责任。当事人一方不履行合同义务或者履行合同义务不符合约定的，在履行义务或者采取补救措施后，对方还有其他损失的，应当赔偿损失。当事人一方不履行合同义务或者履行合同义务不符合约定，给对方造成损失的，损失赔偿额应当相当于因违约所造成的损失，包括合同履行后可以获得的利益，但不得超过违反合同一方订立合同时预见到或者应当预见到的因违反合同可能造成的损失。

经营者对消费者提供商品或者服务有欺诈行为的，依照《中华人民共和国消费者权益保护法》的规定承担损害赔偿责任。

（四）违约金

违约金是指当事人在合同中预先约定的，一方违反合同时应当向对方支付的一定数量的金钱。

当事人可以约定一方违约时应当根据违约情况向对方支付一定数额的违约金，也可以约定因违约产生的损失赔偿额的计算方法。约定的违约金低于造成的损失的，当事人可以请求人民法院或者仲裁机构予以增加；约定的违约金过分高于造成的损失的，当事人可以请求人民法院或者仲裁机构予以适当减少。

当事人就迟延履行约定违约金的，违约方支付违约金后，还应当履行债务。

（五）定金

定金是指合同当事人为了确保合同的履行，根据双方约定，由一方按合同标的额的一定比例预先给付对方的金钱。《合同法》第 115 条规定，当事人可以依照《担保法》约定一方向对方给付定金作为债权的担保。债务人履行债务后，定金应当抵作价款或者收回。给付定金的一方不履行约定的债务的，无权要求返还定金；收受定金的一方不履行约定的债务的，应当双倍返还定金。在迟延履行或者有其他违约行为时，并不能当然适用定金罚则。只有因当事人一方迟延履行或者其他违约行为，致使合同目的不能实现，才可以适用定金罚则。当然法律另有规定或者当事人另有约定的除外。因不可抗力、意外事件致使主合同不能履行的，不适用定金罚则。因合同关系以外第三人的过错，致使主合同不能履行的，适用定金罚则。受定金处罚的一方当事人，可以依法向第三人追偿。

当事人既约定违约金，又约定定金的，一方违约时，对方可以选择适用违约金或者定金条款。

三、违约责任的免责事由

违约责任的免除是指当事人对其违约行为免于承担违约责任。合同法上的免责事由可分为两大类，即法定免责事由和约定免责事由。法定免责事由是指由法律直接规定、不需要当事人约定即可援用的免责事由，主要指不可抗力；约定免责事由是指当事人约定的免责条款。

（一）不可抗力的概念和范围

不可抗力，是指不能预见、不能避免并不能克服的客观情况。

不可抗力主要包括以下几种情形：

（1）自然灾害，如台风、洪水、冰雹；

（2）政府行为，如征收、征用；

（3）社会异常事件，如罢工、骚乱。

（二）不可抗力的免责效力

因不可抗力不能履行合同的，根据不可抗力的影响，违约方可部分或全部免除责任。但有以下例外：

（1）金钱债务的迟延责任不得因不可抗力而免除；

（2）迟延履行期间发生的不可抗力不具有免责效力。

合同中的下列免责条款无效：

（1）造成对方人身伤害的；

（2）因故意或者重大过失造成对方财产损失的。

5.8 具体合同

一、买卖合同

（一）买卖合同概述

买卖合同是出卖人转移标的物的所有权于买受人，买受人支付价款的合同。买卖合同是双务、有偿的合同，除法律另有规定外一般为诺成合同、非要式合同。买卖合同是最基本、最典型的有偿合同。《合同法》规定，其他有偿合同，法律有规定的，依照其规定；没有规定的，则参照买卖合同的有关规定执行。

（二）双方当事人的义务

1. 出卖人的义务

（1）交付标的物。交付标的物是出卖人的首要义务，也是买卖合同最重要的合同目的。①出卖人应当按照约定的地点交付标的物。当事人没有约定交付地点或者约定不明确，依照《合同法》有关规定仍不能确定的，适用下列规定：标的物需要运输的，出卖人应当将标的物交付给第一承运人以运交给买受人；标的物不需要运输，出卖人和买受人订立合同时知道标的物在某一地点的，出卖人应当在该地点交付标的物；不知道标的物在某一地点的，应当在出卖人订立合同时的营业地交付标的物。②出卖人应当按照约定的期限交付标的物。约定交付期间的，出卖人可以在该交付期间内的任何时间交付。当事人没有约定标的物的交付期限或者约定不明确的，可以协议补充，不能达成补充协议的，出卖人可以随时交付标的物，买受人也可以随时要求出卖人交付标的物，但应当给对方必要的时间。标的物在订立合同之前已为买受人占有的，合同生效的时间为交付时间。③出卖人应当按照约定的包装方式交付标的物。对包装方式没有约定或者约定不明确，可以协议补充，不能达成补充协议的，应当按照通用的方式包装，没有通用方式的，应当采取足以保护标的物的包装方式。④出卖人应当按照约定或者交易习惯向买受人交付提取标的物单证以外的有关单证和资料。

【案例5.12】

林某（男）和孙某（女）为了2010年10月1日的新婚庆典，于9月28日向电视台租借一台高档摄像机。庆典之日，帮忙的林某的同学杨某不慎摔坏摄像机，林某决定按原价买下，以抵偿电视台的损失。遂于10月8日去电视台协商摄像机的事儿，林某向电视台负责人表示按原价购买摄像机，电视台欣然同意。10月12日，林某按照约定向电视台支付了价款。

问：摄像机所有权的转移时间是什么时候？

【案例分析】

摄像机所有权的转移时间是10月8日。买卖合同是诺成合同，买卖合同自双方当事人意思表示一致就可以成立。《合同法》规定，依法成立的合同，自成立时生效。标的物在出卖前就已经被买受人占有的，合同生效的时间即为交付的时间。买卖合同的标的物，除法律另有规定或当事人另有约定外，自交付时起发生所有权转移，合同生效的时间（10月8日）为交付时间，也就是所有权转移的时间。

（2）转移标的物的所有权。标的物的所有权自标的物交付时起转移，但法律另有规定或者当事人另有约定的除外。当事人可以在买卖合同中约定买受人未履行支付价款或者其他义务的，标的物的所有权属于出卖人，即订立所有权保留条款。

（3）瑕疵担保义务。出卖人对其所转让的财产及其转移的所有权上不存在未告知的瑕疵。若存在未告知的瑕疵，出卖人应承担瑕疵担保责任。出卖人对其所转让的财产负权利瑕疵和物的瑕疵的担保义务。

权利瑕疵担保义务是指出卖人应担保第三人不能对买卖的标的物主张任何权利。《合同法》第150条规定：“出卖人就交付的标的物，负有保证第三人不得向买受人主张任何权利，但法律另有规定的除外”。《合同法》第151条规定：“买受人订立合同时知道或者应当知道第三人对买卖的标的物享有权利的，出卖人不承担《合同法》第150条规定的义务”。《合同法》第152条规定“买受人有确切证据证明第三人可能就标的物主张权利的，可以中止支付相应的价款，但出卖人提供适当的担保的除外”。

物的瑕疵的担保义务是指出卖人就其所交付的标的物具备约定或法定品质所负的担保义务。《合同法》第153条规定，出卖人应当按照约定的质量要求交付标的物。出卖人提供有关标的物质量说明的，交付的标的物应当符合该说明的质量要求。《合同法》第 154 条规定："当事人对标的物的质量要求没有约定或者约定不明确，可以协议补充，不能达成补充协议的，按照国家标准、行业标准履行；没有国家标准、行业标准的，按照通常标准或者符合合同目的的特定标准履行"。

2. 买受人的义务

（1）支付价款的义务。买受人应当按照约定的数额支付价款。对价款没有约定或者约定不明确的，可以协议补充；不能达成补充协议的，按照合同有关条款或者交易习惯确定。如果仍然不能确定的，则根据《合同法》的规定予以确定，价款或者报酬不明确的，按照订立合同时履行地的市场价格履行；依法应当执行政府定价或者政府指导价的，按照规定履行。买受人应当按照约定的地点支付价款。对支付地点没有约定或者约定不明确的，可以协议补充；不能达成补充协议的，按照合同有关条款或者交易习惯确定。如果仍然不能确定的，买受人应当在出卖人的营业地支付，但约定支付价款以交付标的物或者交付提取标的物单证为条件的，在交付标的物或者交付提取标的物单证的所在地支付。买受人应当按照约定的时间支付价款。对支付时间没有约定或者约定不明确，可以协议补充；不能达成补充协议的，按照合同有关条款或者交易习惯确定。如果仍然不能确定的，买受人应当在收到标的物或者提取标的物单证的同时支付。

（2）受领标的物的义务。出卖人按照合同的约定向买受人交付标的物时，买受人负有接受标的物的义务。出卖人多交标的物的，买受人可以接收或者拒绝接收多交的部分。买受人接收多交部分的，按照合同的价格支付价款；买受人拒绝接收多交部分的，应当及时通知出卖人。

（3）检验标的物的义务。买受人收到标的物时应当在约定的检验期间内检验。没有约定检验期间的，应当及时检验。当事人约定检验期间的，买受人应当在检验期间内将标的物的数量或者质量不符合约定的情形通知出卖人。买受人怠于通知的，视为标的物的数量或者质量符合约定。当事人没有约定检验期间的，买受人应当在发现或者应当发现标的物的数量或者质量不符合约定的合理期间内通知出卖人。买受人在合理期间内未通知或者自标的物收到之日起 2 年内未通知出卖人的，视为标的物的数量或者质量符合约定，但对标的物有质量保证期的，适用质量保证期，不适用该 2 年的规定。出卖人知道或者应当知道提供的标的物不符合约定的，买受人不受上述通知时间的限制。

（三）标的物所有权转移及风险责任负担

1. 标的物所有权的转移

标的物的所有权自标的物交付时起转移，但法律另有规定或者当事人另有约定的除外。标的物在交付之前产生的孳息，归出卖人所有，交付之后产生的孳息，归买受人所有。

2. 标的物的风险责任承担

标的物风险责任承担是指买卖合同履行过程中发生的标的物毁损灭失的风险由哪一方当事人负担。标的物毁损、灭失的风险，在标的物交付之前由出卖人承担，交付之后由买受人承担，但法律另有规定或者当事人另有约定的除外。因买受人的原因致使标的物不能按照约定的期限交付的，买受人应当自违反约定之日起承担标的物毁损、灭失的风险。出卖人出卖交由承运人运输的在途标的物，除当事人另有约定的以外，毁损、灭失的风险自合同成立时起由买受人承担。当事人没有约定交付地点或者约定不明确，可以协议补充；不能达成补充协议的，按照合同有关条款或者交易习惯确定。如果仍然不能确定的，标的物需要运输的，出卖人将标的物交付给第一承运人后，标的物毁损、灭失的风险由买受人承担。出卖人按照约定或者依照《合同法》的规定将标的物置于交付地点，买受人违反约定没有收取的，标的物毁损、灭失的风险自违反约定之日起由买受人承担。出卖人按照约定未交付有关标的物的单证和资料的，不影响标的物毁损、灭失风险的转移。因标的物质量不符合质量要求，致使不能实现合同目的的，买受人可以拒绝接受标的物或者解除合同。买受人拒绝接受标的物或者解除合同的，标的物毁损、灭失的风险由出卖人承担。标的物毁损、灭失的风险由买受人承担的，不影响因出卖人履行债务不符合约定，买受人要求其承担违约责任的权利。

【案例 5.13】

石家庄市甲医院与四川省乙药厂于2009年8月25日签订一份买卖药品的合同，约定乙药厂于9月10日交付药品，9月20日甲医院付清全部价款时该药品的所有权转移给甲医院。后药厂按照甲医院的要求，办理了代办托运手续，委托一运输公司运输药品，货物在运输途中，遇泥石流灾害全部灭失。

问：根据合同法律制度的规定，该药材毁损、灭失的风险转移的时间？

【案例分析】

该药材毁损、灭失的风险自2009年9月10日起转移。《合同法》规定，标的物毁损、灭失的风险，在标的物交付之前由出卖人承担，交付之后由买受人承担，但法律另有规定或者当事人另有约定的除外。

（四）特种买卖合同

1. 分期付款买卖合同

分期付款的买受人未支付到期价款的金额达到全部价款的1/5的，出卖人可以要求买受人支付全部价款或者解除合同。出卖人解除合同的，可以向买受人要求支付该标的物的使用费。

2. 凭样品买卖合同

凭样品买卖的当事人应当封存样品，并可以对样品质量予以说明。出卖人交付的标的物应当与样品及其说明的质量相同。凭样品买卖的买受人不知道样品有隐蔽瑕疵的，即使交付的标的物与样品相同，出卖人交付的标的物的质量仍然应当符合同种物品的通常标准。

3. 试用买卖合同

试用买卖的买受人在试用期内可以购买标的物，也可以拒绝购买。试用期间届满，买受人对是否购买标的物未作表示的，视为购买。

二、赠与合同

（一）赠与合同概述

赠与合同是赠与人将自己的财产无偿给予受赠人，受赠人表示接受赠与的合同。赠与合同是无偿、单务、诺成合同。赠与的财产依法需要办理登记等手续的，应当办理有关手续。

（二）赠与合同当事人的权利与义务

1. 赠与人的义务

（1）移转赠与标的物的义务。赠与人应当按照合同约定的期限、地点、方式、标准将标的物转移给受赠人。赠与的财产需要办理登记等手续的，应当办理有关手续。赠与合同系无偿合同，因此，依照《合同法》第189条，赠与人只在因故意和重大过失致使赠与的财产毁损、灭失时，赠与人才承担损害赔偿责任。

（2）瑕疵担保义务。赠与合同中，一般不要求赠与人承担瑕疵担保义务。但有如下两种例外。一种情况是在附义务赠与中，赠与的财产有瑕疵的，赠与人在附义务的限度内承担与出卖人相同的违约责任。另一种情况是赠与人故意不告知赠与财产的瑕疵或保证赠与的财产无瑕疵，造成受赠人损失的，应当承担损害赔偿责任。

2. 受赠人的权利与义务

（1）有无偿取得赠与物的权利，但赠与合同约定负担义务的，受赠人须按约定履行义务。对于具有救灾、扶贫等社会公益、道德义务性质的赠与合同，以及经过公证的赠与合同，赠与人不交付赠与物的，受赠人可以请求交付。

（2）在赠与属于附义务赠与时，受赠人应在赠与物的价值限度内履行所负义务，受赠人不履行其义务时，赠与人有权请求受赠人履行其义务或撤销其赠与。

（三）赠与合同的撤销

赠与合同的撤销分为任意撤销和法定撤销两种。

1. 任意撤销

赠与合同的任意撤销是指在赠与财产的权利转移之前，由赠与人依其意思任意撤销赠与合同。但在具有救灾、扶贫等社会公益、道德义务性质的赠与合同和经过公证的赠与合同中，赠与人不得任意撤销赠与合同。

2. 法定撤销

赠与合同的法定撤销是指赠与合同中，赠与财产的权利转移之后，基于一定的法定事由而撤销的赠与。《合同法》规定，受赠人有下列情形之一的，赠与人可以撤销赠与：

（1）受赠人严重侵害赠与人或者赠与人的近亲属的；

（2）受赠人对赠与人有扶养义务而不履行的；

（3）受赠人不履行赠与合同约定的义务的。

【案例 5.14】

甲乙是老朋友，乙家庭生活比较拮据，甲经常接济乙。甲曾表示将赠与乙 2 万元，且已实际交付乙 1 万元，后甲在与乙之子丙的一次纠纷中，甲被丙殴成重伤。

问：根据合同法律制度的规定，赠与合同如何处理？

【案例分析】

甲可以撤销对乙的赠与，还有权要求乙返还已赠与的 1 万元。《合同法》规定，受赠人严重侵害赠与人或者赠与人的近亲属的，赠与人有权撤销赠与；撤销权人撤销赠与的，可以向受赠人要求返还赠与的财产。

赠与人的撤销权，自知道或者应当知道撤销原因之日起 1 年内行使，超过这一期间，赠与人不得再行使撤销权。因受赠人的违法行为致使赠与人死亡或者丧失民事行为能力的，其继承人或其法定代理人可以撤销赠与。赠与人的继承人或者法定代理人的撤销权，自知道或者应当知道撤销原因之日起 6 个月内行使。赠与人的经济状况显著恶化，严重影响其生产经营或者家庭生活的，可以解除赠与合同，不再履行赠与义务。该合同解除不发生溯及既往的效力，赠与人就原已履行的赠与，无权要求受赠人返还。

三、借款合同

（一）借款合同概述

借款合同是借款人向贷款人借款，到期返还借款并支付利息的合同。

借款合同采用书面形式，但自然人之间借款另有约定的除外。借款合同的内容包括借款种类、币种、用途、数额、利率、期限和还款方式等条款。

订立借款合同，贷款人可以要求借款人提供担保。担保依照《担保法》的规定。

（二）当事人的权利与义务

1. 贷款人的权利与义务

（1）贷款人的权利。①有权请求返还本金和利息。②对借款使用情况的监督检查权。贷款人可以按照约定监督检查贷款的使用情况。③停止发放借款、提前收回借款和解除合同权。借款人未按照约定的借款用途使用借款的，贷款人可以停止发放借款、提前收回借款或者解除合同。

（2）贷款人的义务。①贷款人应按贷款合同约定的日期、数额向借款人提供借款，造成借款人损失的应当赔偿损失。②借款的利息不得预先在本金中扣除。利息预先在本金中扣除的，按照实际借款数额返还借款并计算利息。③贷款人未按照约定的日期、数额提供借款的，应当按照约定支付违约金。没有约定违约金的，或造成借款人损失的应当赔偿损失。④办理贷款业务的金融机构贷款的利率，应当按照中国人民银行规定的贷款利率上下限确定。

【案例5.15】

甲乙是生意上的合作伙伴，甲由于生意不佳，向乙借款10万元，双方约定年利率为10%，借款期限为1年，乙预先扣下1万元利息。

问：借款期满后，甲应返还乙多少钱？

【案例分析】

甲应返还乙9.9万元。法律规定，借款的利息不得预先在本金中扣除，利息预先在本金中扣除的，应当按照实际借款数额返还借款并计算利息。本题中，实际借款额为9万元，利息为0.9万元，因此甲应返还乙9.9万元。

2. 借款人的义务

（1）提供真实情况。订立借款合同，借款人应当按照贷款人的要求提供与借款有关的业务活动和财务状况的真实情况。

（2）按照约定用途使用借款。借款人未按照约定的借款用途使用借款的，贷款人可以停止发放借款、提前收回借款或者解除合同。

（3）按期归还借款本金和利息。当借款为无偿时，借款人须按期归还借款本金；当借款为有偿时，借款人除须归还借款本金外，还必须按约定支付利息。

（三）自然人之间的借款合同

根据《合同法》的规定，自然人之间的借款合同有如下特殊规定。

（1）借款合同的生效时间。自然人之间的借款合同，自贷款人提供借款时生效。

（2）自然人之间的借款合同是不要式合同。借款合同的形式可由当事人约定。

（3）借款利息。自然人之间的借款合同对支付利息没有约定或者约定不明确的，视为不支付利息。

（4）借款利率。自然人之间的借款合同约定支付利息的，借款的利率不得违反国家规定的有关限制。最高人民法院发布的《关于人民法院审理借贷案件的若干意见》规定，民间借贷的利率可以适当高于银行的利率，但最高不得超过银行同类贷款利率的4倍；不允许计收复利。

四、租赁合同

（一）租赁合同概述

租赁合同是出租人将租赁物交付承租人使用、收益，承租人支付租金的合同。租赁合同是有偿、双务、诺成合同，是转移财产使用权的合同。

租赁合同的内容包括租赁物的名称、数量、用途、租赁期限、租金及其支付期限和方式、租赁物维修等条款。

租赁期限6个月以上的，应当采用书面形式。租赁期限6个月以下的，当事人可以自由选择合同的形式。租赁期限不得超过20年。超过20年的，超过部分无效。

根据租赁合同是否确定期限，可以划分为定期租赁和不定期租赁。当事人可以在租赁合同中约定租赁期间，没有约定租赁期间的则为不定期租赁。对于不定期租赁，任何一方当事人都有权依自己的意愿随时解除合同，但在解除合同之前，应预先通知对方。

法定视为不定期租赁的情形有以下几种。

（1）租赁期限6个月以上的，合同应当采用书面形式。当事人未采用书面形式的，视为不定期租赁。

（2）当事人对租赁期限没有约定或者约定不明确，依照《合同法》有关规定仍不能确定的，视为不定期租赁。

（3）租赁期届满，承租人继续使用租赁物，出租人没有提出异议的，原租赁合同继续有效，但租赁期限为不定期。

（二）当事人的权利与义务

1. 出租人的权利与义务

（1）出租人的权利。①按照合同的规定收取租金。如果承租人在无正当理由的情况下迟付或不支付租金，出租人可以依《合同法》的规定，要求承租人在合理的期限内支付并承担由此而产生的损失。②使用监督权。出租人要求承租人按合同约定的方式使用出租物，并可对承租人使用租赁物进行监督和检查，承租人未按照约定的方法或者租赁物的性质使用租赁物，致使租赁物受到损失的，出租人可以解除合同并要求赔偿损失。③收回租赁物的权利。在合同约定的租赁期限届满时，对出租物按合同约定的内容检查验收，符合规定的条件，按时收回租赁物。

（2）出租人的义务。①出租人应当按照约定将租赁物交付承租人。《合同法》第216条规定，出租人应当按照约定将租赁物交付承租人，并在租赁期间保持租赁物符合约定的用途。②出租人应当履行租赁物的维修义务，但当事人另有约定的除外。承租人在租赁物需要维修时可以要求出租人在合理期限内维修。出租人未履行维修义务的，承租人可以自行维修，维修费用由出租人负担。因维修租赁物影响承租人使用的，应当相应减少租金或者延长租期。③担保租赁物无权利瑕疵的义务。出租人应当保证租赁物无权利瑕疵，即不因第三人对租赁物主张权利而使承租人对租赁物的使用收益受到损害。如果由于第三人主张权利，致使承租人不能对租赁物使用收益，承租人可以要求出租人减少租金或者不支付租金。

2. 承租人的权利与义务

（1）承租人的权利。①使用、收益租赁物的权利。要求出租人按时提供合同约定的出租物，并占有、使用出租物，获取通过出租物取得的效益。②承租人经出租人同意，可在租赁物上改善或增设某些附属物。承租人未经出租人同意，对租赁物进行改善或者增设他物的，出租人可以要求承租人恢复原状或者赔偿损失。③按照合同约定的方式使用承租物造成承租物的损失，不承担修复责任。④租赁物在租赁期间发生所有权变动的，不影响租赁合同的效力。

另外房屋租赁合同承租人享有优先购买的权利。出租人出卖租赁房屋的，应当在出卖之前的合理期限内通知承租人，承租人享有以同等条件优先购买的权利。

【案例5.16】

鲍某有一套300m^{2}商业用房。朋友刘某想租作服装店。两人在2010年4月1日签订房屋租赁协议：每年租金12万元，租期从2010年7月1日至2013年6月30日。2010年6月2日鲍某的妻子将该房以1500万元卖给林某并登记过户。刘某以“买卖不破租赁原则”要求林某履行前述租赁合同，林某一口拒绝。

问：该案适用“买卖不破租赁原则”吗？

【案例分析】

不能适用“买卖不破租赁原则”。因为“买卖不破租赁”原则的成立条件，必须是“租赁期间”发生的所有权变动。而本案的房屋买卖并不发生在租赁期间。所以不适用该原则。

（2）承租人的义务。①交付租金的义务。这是承租人的主要义务。承租人应当按照合同约定的金额和期限向出租人支付租金，不得拖欠。《合同法》第226条规定：“承租人应当按照约定的期限支付租金。对支付期限没有约定或者约定不明确，依照《合同法》第61条的规定仍不能确定，租赁期间不满1年的，应当在租赁期间届满时支付；租赁期间1年以上的，应当在每届满1年时支付，剩余期间不满1年的，应当在租赁期间届满时支付”。根据最高人民法院的有关司法解释的规定，如果无正当理由不支付或者延迟支付的，出租人可要求承租人在合理的期间内支付，逾期仍不支付的，或者拖欠租金达6个月，出租人有权解除合同。但承租人在下列情况下，可以请求减少或者不支付租金：由于房屋的瑕疵致使承租人不能对房屋使用和收益的；不可归责于承租人的事由，致使房屋部分或者全部毁损、灭失的。②按照约定的方法或者租赁物的性质使用租赁物。承租人应当按照约定的方法使用租赁物。对租赁物的使用方法没有约定或者约定不明确，依照《合同法》第61条的规定仍不能确定的，应当按照租赁物的性质使用。承租人按照约定的方法或者租赁物的性质使用租赁物，致使租赁物受到损耗的，不承担损害赔偿责任。承租人未按照约定的方法或者租赁物的性质使用租赁物，致使租赁物受到损失的，出租人可以解除合同并要求赔偿损失。③妥善保管租赁物的义务。承租人应当妥善保管租赁物。未经出租人同意，不得擅自对租赁物进行改善或者增设他物。④返还租赁物的义务。租赁期限届满，承租人应当返还租赁物。返还的租赁物应当符合按照约定或者租赁物的性质使用后的状态。

五、融资租赁合同

（一）融资租赁合同概述

融资租赁合同是出租人根据承租人对出卖人、租赁物的选择，向出卖人购买租赁物，提供给承租人使用，承租人支付租金的合同。融资租赁合同有三方当事人，即出租人、承租人、出卖人；包括两个合同，融资租赁合同、买卖合同。

融资租赁合同的内容包括租赁物名称、数量、规格、技术性能、检验方法、租赁期限、租金构成及其支付期限和方式、币种、租赁期间届满租赁物的归属等条款。融资租赁合同应当采用书面形式。

（二）合同当事人的权利与义务

1. 出卖人的义务

（1）向承租人交付租赁物。《合同法》第239条规定，出租人根据承租人对出卖人、租赁物的选择订立的买卖合同，出卖人应当按照约定向承租人交付标的物，承租人享有与受领标的物有关的买受人的权利。

（2）承担承租标的物之瑕疵担保义务。

2. 出租人的义务

（1）向出卖人支付标的物的价金。该义务是出租人的主要义务。

（2）在承租人向出卖人行使索赔权时，负有协助义务。出租人、出卖人、承租人可以约定，出卖人不履行买卖合同义务的，由承租人行使索赔的权利。承租人行使索赔权利的，出租人应当协助。

（3）不得变更买卖合同中与承租人有关的内容。《合同法》第241条规定，出租人根据承租人对出卖人、租赁物的选择订立的买卖合同，未经承租人同意，出租人不得变更与承租人有关的合同内容。

（4）权利瑕疵担保责任。《合同法》第245条规定，出租人应当保证承租人对租赁物的占有和使用。这是关于权利瑕疵担保责任的规定，即出租人担保标的物不被第三人（出卖人等）所追夺，不被第三人所主张任何权利（包括不被第三人主张知识产权）。

3. 承租人的义务

（1）向出租人支付租金。这是承租人最主要的义务。

（2）妥善保管和使用租赁物并担负租赁物的维修义务。

（3）依约定支付租金，并于租赁期间届满时返还租赁物。

出租人和承租人可以约定租赁期间届满租赁物的归属。对租赁物的归属没有约定或者约定不明确，依照《合同法》有关规定仍不能确定的，租赁物的所有权归出租人。

六、承揽合同

（一）承揽合同概述

承揽合同是承揽人按照定作人的要求完成工作，交付工作成果，定作人给付报酬的合同。在承揽合同中，完成工作并交付成果的一方称为承揽人，接受承揽人的工作成果并支付报酬的一方称为定作人，承揽人完成的工作成果称为定作物。承揽合同是双务、有偿、诺成合同。承揽包括加工、定作、修理、复制、测试、检验等工作。

承揽合同的内容包括承揽的标的、数量、质量、报酬、承揽方式、材料的提供、履行期限、验收标准和方法等条款。

（二）合同当事人的权利与义务

1. 承揽人的义务

（1）亲自完成约定工作的义务，但当事人另有约定的除外。承揽人应当以自己的设备、技术和劳力，完成主要工作。承揽人将其承揽的主要工作交由第三人完成的，应当就该第三人完成的工作成果向定作人负责；未经定作人同意的，定作人也可以解除合同。承揽人可以将其承揽的辅助工作交由第三人完成。承揽人将其承揽的辅助工作交由第三人完成的，应当就该第三人完成的工作成果向定作人负责。

（2）由承揽人提供材料的，承揽人应按合同约定选用材料，并接受定作方的检验。如因提供的原材料不合格而影响定作物质量，定作人有权拒收、退货或要求重作、修理、减少价款等。

（3）按约定完成工作、交付工作成果。承揽人完成工作的，应当向定作人交付工作成果，并提交必要的技术资料和有关质量证明。承揽人应按合同约定的时间、方式、数量、质量、品种等交付标的物。承揽人交付的工作成果不符合质量要求的，定作人可以要求承揽人承担修理、重作、减少报酬、赔偿损失等违约责任。

（4）检验、妥善保管、正当使用定作人提供的材料或物品。承揽人对定作人提供的材料，应当及时检验，发现不符合约定时，应当及时通知定作人更换、补齐或者采取其他补救措施。承揽人不得擅自更换定作人提供的材料，不得更换不需要修理的零部件。承揽人应当妥善保管定作人提供的材料以及完成的工作成果，因保管不善造成毁损、灭失的，承揽人应承担赔偿责任。

（5）接受监督义务。承揽人在工作期间，应当接受定作人必要的监督检验。定作人不得因监督检验妨碍承揽人的正常工作。

（6）发现定作人提供的图纸或者技术要求不合理，应及时通知定作人。

（7）对承揽的工作保密。承揽人应当按照定作人的要求保守秘密，未经定作人许可，不得留存复制品或者技术资料。

（8）保证工作成果无瑕疵，并按合同约定的期限保证修复、退换有瑕疵的工作成果，但因定作人使用、保管不当造成的质量问题除外。

2. 定作人的义务

（1）提供材料。承揽人发现定作人提供的图纸或者技术要求不合理的，应当及时通知定作人。因定作人怠于答复等原因造成承揽人损失的，应当赔偿损失。

（2）验收、接受工作成果。定作人应当按照约定及时验收承揽人交付的工作成果，发现工作成果有瑕疵的，应及时通知承揽人。定作人应当按约定的地点、方式接受承揽人的交付。定作人要求变更交付地点、方式的，应承担由此多支付的费用。迟延接受或无故拒收定作物时，定作物因不可抗力而毁损灭失的，定作人应承担由此造成的损失。

（3）支付酬金。定作人应当按照约定的期限支付报酬。对支付报酬的期限没有约定或者约定不明确，合同当事人可以协议补充，不能达成补充协议的，按合同的有关条款或者交易习惯确定。仍不能确定的，定作人应当在承揽人交付工作成果时支付；工作成果部分交付的，定作人应当相应支付。定作人未向承揽人支付报酬或者材料费等价款的，承揽人对完成的工作成果享有留置权，但当事人另有约定的除外。

（4）协助义务。承揽工作需要定作人协助的，定作人有协助的义务。定作人不履行协助义务致使承揽工作不能完成的，承揽人可以催告定作人在合理期限内履行义务，并可以顺延履行期限；定作人逾期不履行的，承揽人可以解除合同。

（5）提供技术资料。定作人应当按约定提供有关技术资料、图纸、数据等。提供的资料不符合约定标准或确不合理、无法使用时，应及时解决，否则承揽人有权停止工作，并要求定作人承担损失。

（6）承担擅自解除合同，造成承揽人损失的赔偿责任。定作人可以随时解除承揽合同，造成承揽人损失的，应当赔偿损失。

七、建设工程合同

（一）建设工程合同概述

1. 建设工程合同的概念

建设工程合同是承包人进行工程建设，发包人支付价款的合同。建设工程合同属于承揽合同的特殊类型，因此，法律对建设工程合同没有特别规定的，适用法律对承揽合同的相关规定。建设工程合同应当采用书面形式，应以招标的方式订立。建设工程合同是双务、有偿、诺成合同。

2. 建设工程合同的主要内容

勘察、设计合同的内容包括提交有关基础资料和文件（包括概预算）的期限、质量要求、费用以及其他协作条件等条款。施工合同的内容包括工程范围、建设工期、中间交工工程的开工和竣工时间、工程质量、工程造价、技术资料交付时间、材料和设备供应责任、拨款和结算、竣工验收、质量保修范围和质量保证期、双方相互协作等条款。

3. 建设工程合同的种类

建设工程合同包括三种：建设工程勘察合同、建设工程设计合同、建设工程施工合同。

（1）建设工程勘察合同是承包方进行工程勘察，发包人支付价款的合同。建设工程勘察单位称为承包方，建设单位或者有关单位称为发包方（也称为委托方）。

（2）建设工程设计合同是承包方进行工程设计，委托方支付价款的合同。建设单位或有关单位为委托方，建设工程设计单位为承包方。建设工程设计合同是为建设工程需要而作的设计成果。

（3）建设工程施工合同是工程建设单位与施工单位，也就是发包方与承包方以完成商定的建设工程为目的，明确双方相互权利义务的协议。建设工程施工合同的发包方可以是法人，也可以是依法成立的其他组织或公民，而承包方必须是法人。

4. 建设工程合同的分包

发包人可以与总承包人订立建设工程合同，也可以分别与勘察人、设计人、施工人订立勘察、设计、施工承包合同。发包人不得将应当由一个承包人完成的建设工程肢解成若干部分发包给几个承包人。

总承包人或者勘察、设计、施工承包人经发包人同意，可以将自己承包的部分工作交由第三人完成。第三人就其完成的工作成果与总承包人或者勘察、设计、施工承包人向发包人承担连带责任。承包人不得将其承包的全部建设工程转包给第三人或者将其承包的全部建设工程肢解以后以分包的名义分别转包给第三人。禁止承包人将工程分包给不具备相应资质条件的单位。禁止分包单位将其承包的工程再分包。建设工程主体结构的施工必须由承包人自行完成。

5. 委托监理合同

建设工程监理，是指由发包人委托具有法定资格的工程监理人，依据法律，法规、建设工程合同及设计文件，代表发包人对承包人的工程建设情况进行监督的活动。建设工程实行监理的，发包人应当与监理人采用书面形式订立委托监理合同。发包人与监理人的权利和义务以及法律责任，应当依照《合同法》关于委托合同的规定以及其他有关法律、行政法规的规定执行。

（二）双方当事人的义务

1. 发包人的义务

（1）发包方为按期施工做好必要的准备工作，发包人除按规定向对方交付施工图和有关施工的技术资料外，要做好土地征用、房屋拆迁、障碍物拆除和领取建筑许可证等工作。

（2）按双方商定的分工，按时按质按量供应建筑材料和设备。发包人未按照约定的时间和要求提供原材料、设备、场地、资金、技术资料的，承包人可以顺延工程日期，并有权要求赔偿停工、窝工等损失。

（3）及时进行单项工作和全部工程的验收工作。建设工程竣工后，发包人应当根据施工图纸及说明书、国家颁发的施工验收规范和质量检验标准及时进行验收。验收合格的，发包人应当按照约定支付价款，并接收该建设工程。建设工程竣工经验收合格后，方可交付使用；未经验收或者验收不合格的，不得交付使用。

2. 承包方的义务

（1）按双方商定的分工，做好建筑材料、设备和构件的采购、供应和保管工作。

（2）严格按照施工图纸和操作规程进行施工，保证工程质量。因施工人的原因致使建设工程质量不符合约定的，发包人有权要求施工人在合理期限内无偿修理或者返工、改建。经过修理或者返工、改建后，造成逾期交付的，施工人应当承担违约责任。

（3）接受对方对工程进度、工程质量的监督。发包人在不妨碍承包人正常作业的情况下，可以随时对作业进度、质量进行检查。

（4）按期完成建设工程，提出竣工验收资料及竣工图，及时向对方交付。

（5）依据合同在一定期限内负责保修。

八、运输合同

（一）运输合同概述

运输合同是承运人将旅客或者货物从起运地点运输到约定地点，旅客、托运人或者收货人支付票款或者运输费用的合同。将旅客或货物从起运地点运输到约定地点的一方称为承运人，支付票款或者运输费用的一方为旅客、托运人或收货人。运输合同分为客运合同、货运合同和多式联运合同。运输合同具有以下几个特征。

（1）运输合同属于提供劳务的合同，合同标的为运送行为。运输合同的核心内容是承运人为旅客或者托运人提供的运输劳务，而不是被运送的货物或旅客本身。

（2）运输合同是双务、有偿合同。在运输合同中，因当事人一方负运送义务，他方负支付报酬的义务，当事人双方的权利义务具有对待给付关系。

（3）运输合同一般为诺成合同。客运合同自承运人向旅客交付客票时成立。货运合同一般是以托运人交付货物作为承运人履行合同义务的条件而非合同成立的条件，所以运输合同一般为诺成合同，但当事人可另行约定或根据交易习惯，运输合同可为实践合同。

（4）运输合同多为格式合同。一般地，运输合同的条件是由承运人预先明确的，作为运输合同具体表现形式的客票、货运单或者提单也都是统一印制的，符合格式合同的特点。

以运输对象为标准，运输合同可分为旅客运输合同和货物运输合同。

（二）客运合同

客运合同即旅客运输合同，是承运人与旅客关于承运人将旅客及其行李安全运输到目的地，旅客支付运费的协议。客运合同自承运人向旅客交付客票时成立，但当事人另有约定或者另有交易习惯的除外。

1. 旅客的权利义务

（1）旅客有持有效客票乘运的义务。旅客应当持有效客票乘运。旅客无票乘运、超程乘运、越级乘运或者持失效客票乘运的，应当补交票款，承运人可以按照规定加收票款。旅客不交付票款的，承运人可以拒绝运输。

（2）旅客有限量携带行李的义务。旅客在运输中应当按照约定限量携带行李，超过限量的应当办理托运手续。旅客不得随身携带或者在行李中夹带危险物品或者其他违禁物品。旅客违反规定携带或者夹带违禁物品的，承运人可以将违禁物品卸下、销毁或者送交有关部门。旅客坚持携带或者夹带违禁物品的，承运人应当拒绝运输。

（3）旅客可以自行决定解除客运合同。旅客因自己的原因不能按照客票记载的时间乘坐的，应当在约定的时间内办理退票或者变更手续。逾期办理的，承运人可以不退票款，并不再承担运输义务。

2. 承运人的义务

（1）承运人的告知义务。承运人应当向旅客及时告知有关不能正常运输的重要事由和安全运输应当注意的事项。

（2）承运人有按照客票载明的时间和班次运输旅客的义务。承运人迟延运输的，应当根据旅客的要求安排改乘其他班次或者退票。

（3）承运人在运输过程中的救助义务。承运人在运输过程中，应当尽力救助患有急病、分娩、遇险的旅客。

（4）承运人的安全运送义务。承运人应当对运输过程中旅客，包括按照规定免票、持优待票或者经承运人许可搭乘的无票旅客的伤亡，承担损害赔偿责任，但伤亡是旅客自身健康原因造成的或者承运人证明伤亡是旅客故意、重大过失造成的除外。在运输过程中旅客自带物品毁损、灭失，承运人有过错的，应当承担损害赔偿责任。旅客托运的行李毁损、灭失的，适用货物运输的有关规定。

（5）不得擅自变更运输路线的义务。承运人擅自变更运输工具而降低服务标准的，应当根据旅客的要求退票或者减收票款；提高服务标准的，不应当加收票款。

3. 客运合同的变更和解除

（1）因旅客自身原因导致的变更或解除。旅客运输合同成立后，在合同履行之前，旅客一方因自己的原因不能按照客票记载的时间乘坐的，可以在法定或约定的时间内变更或解除合同，即变更客票记载或办理退票手续。此种变更或解除被称为自愿变更或解除。旅客因自己的原因不能按照客票记载的时间乘坐的，应当在约定的时间内办理退票或者变更手续。逾期办理的，承运人可以不退票款，并不再承担运输义务。

（2）因承运人的原因导致的变更或解除。因承运人的原因导致的客运合同变更或解除，称为非自愿的变更或解除，主要包括两种情况。一是因承运人的迟延运输导致的变更或解除。承运人应当按照客票载明的时间和班次运输旅客。承运人迟延运输的，应当根据旅客的要求安排改乘其他班次、变更运输路线以到达目的地或者退票。二是承运人擅自变更运输工具引起的合同变更在客运合同订立后，承运人单方变更运输工具的，应视为一种违约行为。承运人擅自变更运输工具而降低服务标准的，旅客有权要求退票或者减收票款。承运人变更运输工具，提高服务标准的，无权向旅客加收票款。

（三）货运合同

货运合同是指承运人将托运人交付的货物运输到指定的地点，而由托运人支付运费的合同。

根据运输工具的不同，货物运输合同分为公路货运合同、铁路货运合同和航空货运合同等。

1. 托运人的义务

（1）如实申报的义务。托运人办理货物运输，应当向承运人准确表明收货人的名称或者姓名或者凭指示的收货人，货物的名称、性质、重量、数量，收货地点等有关货物运输的必要情况。因托运人申报不实或者遗漏重要情况，造成承运人损失的，托运人应当承担损害赔偿责任。

（2）托运人的包装义务。托运人应当按照约定的方式包装货物。对包装方式没有约定或者约定不明确的，可以协议补充，不能达成补充协议的，按照合同有关条款或者交易习惯确定。仍不能确定的，应当按照通用的方式包装，没有通用方式的，应当采取足以保护标的物的包装方式。

（3）托运人托运危险物品时的义务。托运人托运易燃、易爆、有毒、有腐蚀性、有放射性等危险物品的，应当按照国家有关危险物品运输的规定对危险物品妥善包装，作出危险物标志和标签，并将有关危险物品的名称、性质和防范措施的书面材料提交承运人。托运人违反规定的，承运人可以拒绝运输，也可以采取相应措施以避免损失的发生，因此产生的费用由托运人承担。

（4）支付运费、保管费以及其他运输费用的义务。在承运人全部、正确履行运输义务的情况下，托运人或者收货人有按照规定支付运费、保管费以及其他运输费用的义务。这是托运人应负担的主要合同义务。托运人或者收货人不支付运费、保管费以及其他运输费用的，承运人对相应的运输货物享有留置权，但当事人另有约定的除外。货物在运输过程中因不可抗力灭失，未收取运费的，承运人不得要求支付运费；已收取运费的，托运人可以要求返还。

2. 承运人的义务

（1）安全运输义务。承运人应依照合同约定，将托运人交付的货物安全运输至约定地点。

（2）承运人的通知义务。货物运输到达后，承运人负有及时通知收货人的义务。当然，承运人只有在知道或应当知道收货人的通讯地址或联系方法的情况下，负有上述通知义务。如果因为托运人或收货人的原因，如托运人在运单上填写的收货人名称、地址不准确，或者收货人更换了填写地址或联系方式而未告知承运人的，承运人免除上述通知义务。

（3）货物毁损、灭失的赔偿责任。运输过程中，货物毁损、灭失的，承运人应承担损害赔偿责任。货物的毁损、灭失的赔偿额，当事人有约定的，按照其约定；没有约定或者约定不明确，当事人可以协议补充，不能达成补充协议的，按照合同有关条款或者交易习惯确定。仍不能确定的，按照交付或者应当交付时货物到达地的市场价格计算。法律、行政法规对赔偿额的计算方法和赔偿限额另有规定的，依照其规定。如果承运人证明货物的毁损、灭失是因不可抗力、货物本身的自然性质或者合理损耗以及托运人、收货人的过错造成的，不承担损害赔偿责任。

（4）多个运送人的连带责任。两个以上承运人以同一运输方式联运的，与托运人订立合同的承运人应当对全程运输承担责任。损失发生在某一运输区段的，与托运人订立合同的承运人和该区段的承运人承担连带责任。

3. 收货人的义务

（1）及时提货的义务。货物运输到达后，承运人知道收货人的，应当及时通知收货人，收货人应当及时提货。收货人逾期提货的，应当向承运人支付保管费等费用。收货人不及时提货的，承运人有提存货物的权利。

根据《合同法》第316条的规定，在货物运输合同履行中，承运人提存货物的法定事由有两项。①收货人不明。这主要包括无人主张自己是收货人，通过现有证据，主要是货物运输合同也无法确认谁是收货人，以及虽有人主张自己是收货人，但根据现有证据，包括货物运输合同及主张人提供的证据，无法认定其是收货人等情形。②收货人无正当理由拒绝受领货物，主要是指虽有明确的收货人，但其没有正当理由而拒绝受领货物。承运人提存运输的货物后，运输合同关系即告消灭，该货物毁损、灭失的风险由收货人承担。提存期间，货物的孳息归收货人所有，提存所生费用也均由收货人承担。

（2）支付托运人未付或者少付的运费以及其他费用。一般情况下，运费由托运人在发站向承运人支付，但如果合同约定由收货人在到站支付或者托运人未支付的，收货人应支付。在运输中发生的其他费用，应由收货人支付的，收货人也必须支付。

（3）收货人有在一定期限内检验货物的义务。货物运交收货人后，收货人负有对货物及时进行验收的义务。收货人应当按照约定的期限检验货物。对检验货物的期限没有约定或者约定不明确的，当事人可以协议补充，不能达成补充协议的，按照合同有关条款或者交易习惯确定。仍不能确定的，应当在合理期限内检验货物。收货人在约定的期限或者合理期限内对货物的数量、毁损等未提出异议的，视为承运人已经按照运输单证的记载交付的初步证据。

（四）多式联运合同

1. 多式联运合同概述

多式联运合同是指多式联运经营人以两种以上的不同运输方式，其中一种是海上运输方式，负责将货物从接收地运至目的地交付收货人，并收取全程运费的合同。多式联运合同具有以下特点。

（1）它必须包括两种以上的运输方式，而且其中必须有海上运输方式。在我国由于国际海上运输与沿海运输、内河运输分别适用不同的法律，所以国际海上运输与国内沿海、内河运输可以视为不同的运输方式。

（2）多式联运虽涉及到两种以上不同的运输方式，但托运人只和多式联运经营人订立一份合同，只从多式联运经营人处取得一种多式联运单证，只向多式联运经营人按一种费率交纳运费。

2. 多式联运经营人的权利和义务

（1）多式联运经营人负责履行或者组织履行多式联运合同，对全程运输享有承运人的权利并承担其义务。多式联运经营人可以与参加多式联运的各区段承运人就多式联运合同的各区段运输约定相互之间的责任，但该约定不影响多式联运经营人对全程运输承担的义务。

（2）多式联运经营人收到托运人交付的货物时，应当签发多式联运单据。按照托运人的要求，多式联运单据可以是可转让单据，也可以是不可转让单据。

（3）因托运人托运货物时的过错造成多式联运经营人损失的，即使托运人已经转让多式联运单据，托运人仍然应当承担损害赔偿责任。货物的毁损、灭失发生于多式联运的某一运输区段的，多式联运经营人的赔偿责任和责任限额，适用调整该区段运输方式的有关法律规定。货物毁损、灭失发生的运输区段不能确定的，依照《合同法》有关运输合同的规定承担损害赔偿责任。

九、保管合同

（一）保管合同概述

保管合同是保管人保管寄存人交付的保管物，并返还该物的合同。在保管合同中，对他人物品进行保管的人称为保管人，将自己的物品交托保管人的人称寄存人。保管合同有如下特征。

（1）保管合同为实践合同。《合同法》第367条规定：保管合同自保管物交付时成立，但当事人另有约定的除外。据此规定，保管合同除当事人另有约定外，为实践合同，其成立以交付保管物为要件。

（2）保管合同可以为无偿合同，也可以为有偿合同。当事人对保管费没有约定或者约定不明确，依照《合同法》第61条的规定仍不能确定的，视为无偿保管。

（3）保管合同以物品的保管为目的。保管合同的标的是保管行为，尽管物应处于保管人的占有或控制之下，但保管只是对物的保存行为。

（二）当事人的权利与义务

1. 保管人的义务

（1）交付保管凭证的义务。《合同法》第368条规定，寄存入向保管人交付保管物的，保管人应当给付保管凭证，但另有交易习惯的除外。

（2）妥善保管义务。《合同法》第369条规定，保管人应当妥善保管保管物。当事人可以约定保管场所或者方法。除紧急情况或者为了维护寄存人利益的以外，不得擅自改变保管场所或者方法。保管期间，因保管人保管不善造成保管物毁损、灭失的，保管人应当承担损害赔偿责任。但当保管是无偿时，保管人证明自己没有重大过失的，不承担损害赔偿责任。保管人不得将保管物转交第三人保管，但当事人另有约定的除外。保管人违反规定，将保管物转交第三人保管，对保管物造成损失的，应当承担损害赔偿责任。

（3）不得使用保管物的义务。《合同法》第372条规定，保管人不得使用或者许可第三人使用保管物，但当事人另有约定的除外。

（4）返还保管物的义务。寄存人可以随时领取保管物。当事人对保管期间没有约定或者约定不明确的，保管人可以随时要求寄存人领取保管物；约定保管期间的，保管人无特别事由，不得要求寄存人提前领取保管物。保管期间届满或者寄存人提前领取保管物的，保管人应当将原物及其孳息归还寄存人。

2. 寄存人的义务

（1）告知义务。寄存人交付的保管物有瑕疵或者按照保管物的性质需要采取特殊保管措施的，寄存人应当将有关情况告知保管人。寄存人未告知，致使保管物受损失的，保管人不承担损害赔偿责任；保管人因此受损失的，除保管人知道或者应当知道上述情况并且未采取补救措施的以外，寄存人应当承担损害赔偿责任。

（2）支付保管费义务。寄存人应当按照约定向保管人支付保管费。当事人对保管费没有约定或者约定不明确，依照《合同法》有关规定仍不能确定的，保管是无偿的。有偿的保管合同，寄存人应当按照约定的期限向保管人支付保管费。当事人对支付期限没有约定或者约定不明确，依照《合同法》有关规定仍不能确定的，应当在领取保管物的同时支付。寄存人未按照约定支付保管费以及其他费用的，保管人对保管物享有留置权，但当事人另有约定的除外。

（3）声明义务。寄存人寄存货币、有价证券或者其他贵重物品的，应当向保管人声明，由保管人验收或者封存。寄存人未声明的，该物品毁损、灭失后，保管人可以按照一般物品予以赔偿。

十、仓储合同

（一）仓储合同概述

仓储合同是保管人储存存货人交付的仓储物，存货人支付仓储费的合同。提供仓储保管服务的一方为仓储保管人，将仓储物交由保管人仓储保管的一方为存货人。《合同法》对仓储合同没有规定的，适用其有关保管合同的规定。仓储合同具有以下特征。

（1）仓储的货物所有权不发生转移，只是货物的占有权暂时转移，而货物的所有权或其他权利仍属于存货人所有。

（2）仓储保管的对象必须是动产，不动产不能作为仓储合同的保管对象。这也是仓储合同区别于保管合同的显著特征。

（3）仓储合同的保管人，必须具有依法取得从事仓储保管业务的经营资格。

（4）仓储合同是双务、有偿、诺成合同。仓储合同的双方当事人互负给付义务，保管人提供仓储服务，存货人给付报酬和其他费用。这与保管合同不同，保管既有有偿保管也有无偿保管。

（5）仓单是仓储合同关系中必不可少的法律文件。存货人交付仓储物的，保管人应当给付仓单，并在仓单上签字或者盖章。仓单是存货人交付仓储物后，保管人向其出具的提取仓储物的凭证。存货人或者仓单持有人在仓单上背书并经保管人签字或者盖章的，可以转让提取仓储物的权利。

（二）当事人的权利与义务

1. 保管人的权利与义务

（1）保管人的权利。①收取仓储费的权利。仓储费是保管人订立合同的目的，是对仓储物进行保管所获得的报酬，是保管人的合同权利。保管人有权按照合同约定收取仓储费或在存货人提货时收取仓储费。②保管人的提存权。储存期间届满，存货人或者仓单持有人不提取货物的，保管人可以催告其在合理期限内提取，逾期不提取的，保管人可以提存仓储物。③验收货物的权利。验收货物不仅是保管人的义务，也是保管人的一项权利。保管人有权对货物进行验收，在验收中发现货物溢短，对溢出部分可以拒收，对于短少的有权向存货人主张违约责任。对于货物存在的不良状况，有权要求存货人更换、修理或拒绝接受，否则需如实编制纪录，以明确责任。

（2）保管人的义务。①验收和接受仓储物的义务。仓储保管人应当按照约定对仓储物进行验收，如验收发现入库仓储物与约定不符的，应当及时通知存货人。验收合格的，仓储保管人应当对存货人交付的仓储物予以接受。②给付仓单的义务。存货人交付仓储物的，仓储保管人应当给付仓单。③妥善保管的义务。仓储保管人应按合同约定的保管条件和方式妥善保管货物，不得擅自改变保管条件和方式。对于易燃、易爆、有毒、有腐蚀性、有放射性等危险物品的保管，仓储保管人应当具备相应的资格和保管条件，并应依照法定或者约定的要求进行储存操作。④危险通知的义务。仓储保管人发现仓储物有变质或其他损坏的危险的，应当及时通知存货人或仓单持有人，此危险危及其他仓储物的安全和正常保管的，仓储保管人应当催告存货人或仓单持有人作出必要的处置，情况紧急的，仓储保管人可自行作出必要处置，但应当将该情况及时通知存货人或仓单持有人。⑤接受检查的义务。在仓储期间，存货人和仓单持有人要求检查仓储物或者提取样品的，仓储保管人应当允许。⑥返还仓储物的义务。仓储期间届满，保管人应当将仓储物返还给存货人或交付给仓单持有人，如仓储合同未约定储存期间，则存货人或仓单持有人有权随时提取仓储物，仓储保管人也有权随时要求存货人或仓单持有人提货，但应给予必要的准备时间。

2. 存货人的权利与义务

（1）存货人的权利。①有权要求仓管方妥善管理货物。②有权要求仓管方亲自看守管理仓储货物。③有权要求仓管方及时验收货物。④合同约定由仓管方运送货物或代办托运的，存货人有权要求对方将货物送至指定的地点或办理托运手续。⑤有权检查仓储物。

（2）存货人的义务。①按照合同约定交付仓储物入库。存货人应按照合同约定的品名、数量、时间将货物交付保管人入库，并在验收期间向保管人提供验收资料。②支付仓储费的义务。存货人应按合同约定支付仓储费，逾期提货的，应加付仓储费，提前提取的，不减收仓储费。③提取仓储物的义务。储存期间届满时存货人应提取仓储物，逾期不提取的，保管人可提存仓储物。④说明义务。储存易燃、易爆、有毒、有腐蚀性、有放射性等危险物品或者易变质物品，存货人应当说明该物品的性质，提供有关资料。违反此项义务的，仓储保管人可拒收仓储物，也可采取相应措施以避免损失，由此而产生的费用由存货人承担。

十一、委托合同

（一）委托合同概述

委托合同是委托人和受托人约定，由受托人处理委托人事务的合同。其中，委托他人为自己处理事务的人称委托人，接受他人委托的人称受托人。委托合同有以下特征。

（1）委托合同是基于双方当事人的信任而产生的。委托他人代为处理事务，必须是以委托方对受托方的办事能力和信誉有所了解，并相信他能办好为基础的。因此，受托方负有忠诚、勤勉地为委托方处理事务的义务。任何一方对对方的不信任，都会导致委托合同的终止。

（2）委托合同为诺成合同。只要双方当事人就委托事务达成一致，即成立委托合同关系，而不以当事人的实际履行作为合同成立的条件。

（3）委托合同既可为有偿合同，也可为无偿合同。委托合同是否有偿，由当事人双方约定。如约定收取报酬，则为有偿合同。如法律没有另外规定，当事人双方又没有约定给付受托人报酬的，则为无偿合同。

委托与代理关系有所不同。委托关系的存在是办理委托事项的前提，办理委托事项的形式有多种，代理只是其一，行纪、居间等也都是由委托关系产生的。委托只涉及委托人和受托人之间的关系，而代理则涉及与第三人的关系。

（二）当事人的权利与义务

1. 受托人的义务

（1）处理委托事务的义务。受托人应当在委托的权限范围内处理事务。委托人可以特别委托受托人处理一项或者数项事务，也可以概括委托受托人处理一切事务。不论是委托人特别委托还是概括委托，受托人处理委托事务均不能超出受委托的事务范围。

受托人应当按照委托人的指示处理委托事务。需要变更委托人指示的，应当经委托人同意；因情况紧急，难以和委托人取得联系的，受托人应当妥善处理委托事务，但事后应当将该情况及时报告委托人。

受托人应当亲自处理委托事务。经委托人同意，受托人可以转委托。转委托经同意的，委托人可以就委托事务直接指示转委托的第三人，受托人仅就第三人的选任及其对第三人的指示承担责任。委托未经同意的，受托人应当对转委托的第三人的行为承担责任，但在紧急情况下，受托人为维护委托人的利益需要转委托的除外。

（2）报告的义务。受托人应当按照委托人的要求，报告委托事务的处理情况。委托合同终止时，受托人应当报告委托事务的结果。

（3）交付财产的义务。受托人处理委托事务取得财物或权利的，应当转交给委托人。当事人未约定转交时间的，经委托人催告仍未在合理期限内交付的，受托人应负给付迟延的责任。受托人擅自使用属于委托人财物的，应当自使用时起支付使用费。

（4）忠诚和勤勉义务。有偿的委托合同，因受托人的过错给委托人造成损失的，委托人可以要求赔偿损失。无偿的委托合同，因受托人的故意或者重大过失给委托人造成损失的，委托人可以要求赔偿损失。但是，受托人超越权限给委托人造成损失的，应当赔偿损失。

2. 委托人的义务

（1）支付偿还费用的义务。无论委托合同是否有偿，委托人应当支付受托人处理委托事务所支出的必要费用。委托人没有预先支付费用，如果受托人垫付费用，则委托人有义务偿还受托人为处理委托事务而支付的必要费用，并应支付该费用的利息，利息从垫付之日算起。

（2）支付报酬的义务。有偿的委托合同，在受托人完成受托事务后，委托人理所应当按约定履行支付报酬的义务。《合同法》第405条规定，受托人完成委托事务的，委托人应当向其支付报酬。因不可归责于受托人的事由，委托合同解除或者委托事务不能完成的，委托人应当向受托人支付相应的报酬。当事人另有约定的，按照其约定。

（3）赔偿义务。《合同法》第407条规定，受托人处理委托事务时，因不可归责于自己的事由受到损失的，可以向委托人要求赔偿损失。《合同法》第408条规定，委托人经受托人同意，可以在受托人之外委托第三人处理委托事务，因此给受托人造成损失的，受托人可以向委托人要求赔偿损失。

十二、行纪合同

（一）行纪合同概述

行纪合同，是行纪人以自己的名义为委托人从事贸易活动，委托人支付报酬的合同。以自己的名义为他人从事贸易活动的一方为行纪人，委托行纪人为自己从事贸易活动并支付报酬的一方为委托人。行纪合同有以下法律特征。

（1）行纪合同的标的是行纪人为委托人进行贸易活动，通常表现为为委托人买入或卖出特定物品或财产权利。

（2）行纪人以自己的名义为委托人从事贸易活动。行纪人为了委托人的利益，以自己的名义与第三人为交易活动，由此产生的权利义务由行纪人自己承担。

（3）行纪合同属于双务、有偿、诺成合同。行纪人负有为委托人从事贸易活动和有价证券买卖的义务，委托人负有支付报酬的义务，双方的利益具有对价关系，因而为双务有偿合同。行纪合同的成立只要双方的意思表示一致，而不需实际履行，因此，行纪合同又是诺成合同。

行纪合同与委托合同有许多共同之处，广义上讲，属于委托合同的一种。所以《合同法》规定，对行纪合同没有规定的部分，适用其有关委托合同的规定。

（二）当事人的权利与义务

1. 行纪人的权利

（1）请求报酬权。行纪人完成或者部分完成委托事务的，委托人应当向其支付相应的报酬。委托人逾期不支付报酬的，行纪人对委托物享有留置权，但当事人另有约定的除外。

（2）介入权。行纪人卖出或者买入具有市场定价的商品，除委托人有相反的意思表示的以外，行纪人自己可以作为买受人或者出卖人。行纪人有上述规定情形的，仍然可以要求委托人支付报酬。

（3）提存权。行纪人按照约定买入委托物，委托人应当及时受领。经行纪人催告，委托人无正当理由拒绝受领的，行纪人可提存委托物。委托物不能卖出或者委托人撤回出卖，经行纪人催告，委托人不取回或者不处分该物的，行纪人可提存委托物。

2. 行纪人的义务

（1）为委托人从事贸易活动的义务。行纪人应按照委托人的指示完成行纪行为，并应当尽注意义务，以使委托人的利益不受损失或少受损失。

（2）依委托人指示处理事务的义务。行纪人低于委托人指定的价格卖出或者高于委托人指定的价格买入的，应当经委托人同意。未经委托人同意，行纪人补偿其差额的，该买卖对委托人发生效力。行纪人高于委托人指定的价格卖出或者低于委托人指定的价格买入的，可以按照约定增加报酬。委托人对价格有特别指示的，行纪人不得违背该指示卖出或者买入。

（3）妥善保管的义务。《合同法》第416条规定，行纪人占有委托物的，应当妥善保管委托物。

（4）委托物处置的义务。委托物交付给行纪人时有瑕疵或者容易腐烂、变质的，经委托人同意，行纪人可以处分该物；与委托人不能及时取得联系的，行纪人可以合理处分。

（5）负担行纪费用的义务。《合同法》第415条规定，行纪人处理委托事务支出的费用，由行纪人负担，但当事人另有约定的除外。

十三、居间合同

（一）居间合同概述

居间合同是居间人向委托人报告订立合同的机会或者提供订立合同的媒介服务，委托人支付报酬的合同。向他方报告订立合同的机会或者提供订立合同的媒介服务的一方为居间人，接受他方所提供订约机会并支付报酬的一方为委托人。居间合同具有以下法律特征。

（1）居间合同是由居间人向委托人提供居间服务的合同。居间人向委托人报告订立合同的机会或者提供订立合同的媒介服务，委托人是否与第三人订立合同，与居间人无关，居间人不是委托人与第三人之间的合同的当事人。

（2）居间人对委托人与第三人之间的合同没有介入权。居间人只负责向委托人报告订立合同的机会或者为委托人与第三人订约居中斡旋，传达双方意思，起牵线搭桥的作用，对合同没有实质的介入权。

（3）居间合同是双务、有偿、诺成合同。居间人有义务为委托人提供媒介服务或报告机会，委托人应当按照合同约定或行业惯例向居间人支付费用与报酬，所以居间合同是双务合同。居间人从事居间业务的目的就是获取经济利益，居间合同是有偿合同。居间合同只要双方当事人的意思表示一致即可成立生效，居间合同是诺成合同。

（二）当事人的权利与义务

1. 居间人的权利与义务

（1）居间人的权利。居间合同中居间人的权利实际上就是委托人的义务。居间人的权利有以下两个方面。①报酬请求权。《合同法》第427条规定，居间人未促成合同成立的，不得要求支付报酬，但可以要求委托人支付从事居间活动支出的必要费用。从合同法的规定可以看出，居间人的行使报酬请求权的前提条件是促使合同成立。《合同法》第426条规定，居间人促成合同成立的，委托人应当按照约定支付报酬。②费用偿还请求权。居间人所需费用，通常包括在报酬内，居间活动的费用一般由居间人负担，非经特别约定，居间人不得请求偿还费用。但当事人在居间合同中约定由委托人承担费用的，居间人对其已付的费用有偿还请求权。

（2）居间人的义务。①报告的义务。居间人有报告订约机会或者提供订立合同媒介的义务。②忠实义务。居间人应当就有关订立合同的事项向委托人如实报告。居间人故意隐瞒与订立合同有关的重要事实或者提供虚假情况，损害委托人利益的，不得要求支付报酬并应当承担损害赔偿责任。③负担居间费用的义务。居间人促成合同成立的，居间活动的费用，由居间人负担。

【案例5.17】

丽华公司欲购买一批仪器，委托郭某提供媒介服务。丽华公司和有关当事人对郭某提供媒介服务的费用承担问题没有约定，后又不能协商确定。

问：在此情况下，郭某提供媒介服务的费用应由哪一方承担？

【案例分析】

在郭某促成合同成立时，应当由郭某自己承担提供媒介服务的费用。法律规定，居间人促成合同成立的，居间活动的费用，由居间人负担。

2. 委托人的义务

（1）支付居间报酬的义务。居间人促成合同成立的，委托人应当按照约定支付报酬。未订立合同的，委托人可以拒绝支付报酬。因居间人提供订立合同的媒介服务而促成合同成立的，由该合同的当事人平均负担居间人的报酬。

（2）偿付费用的义务。居间人未促成合同成立的，不得要求支付报酬，但可以要求委托人支付从事居间活动支出的费用。

十四、技术合同概述

（一）技术合同的概念和特征

技术合同是当事人就技术开发、转让、咨询或者服务订立的确立相互之间权利和义务的合同。技术合同包括技术开发合同、技术转让合同、技术咨询合同和技术服务合同四种。技术合同除受《合同法》的调整之外，还受其他有关知识产权法律规定的调整，如《专利法》、《著作权法》等。《技术合同解释》也对技术合同进行了具体规范。技术合同具有以下特征。

（1）技术合同的标的是提供技术成果。即利用科学技术知识、信息和技艺作出的产品、工艺、材料及其技术改进等技术方案，包括如技术开发、转让、咨询和服务成果。

（2）技术合同的履行具有特殊性。技术合同履行因常涉及与技术有关的其他权利归属而具有与一般合同履行不同的特性，如发明权、科技成果权、转让权等，故技术合同既受债权法的约束又受知识产权制度的规范。技术合同的履行由于其标的涉及对象为“技术”的特征，形成了其履行的特殊性。

（3）技术合同是双务、有偿合同。技术合同的当事人一方应进行开发、转让、咨询或服务，另一方应支付价款或报酬。

（4）技术合同当事人具有广泛性和特定性。在技术合同的主体范围上，法律上没有限制，无论自然人、法人、其他组织，还是企业、事业单位，社会团体，机关法人等，均有主体资格。但通常至少一方是能够利用自己的技术力量从事技术开发、技术转让、技术服务或技术咨询的组织或个人，因此，技术合同的当事人有一定的限定性。

（二）技术合同的主要内容

1. 技术合同的一般条款

技术合同的内容由当事人约定，一般包括以下条款：

（1）项目名称；

（2）标的的内容、范围和要求；

（3）履行的计划、进度、期限、地点、地域和方式；

（4）技术情报和资料的保密；

（5）风险责任的承担；

（6）技术成果的归属和收益的分成办法；

（7）验收标准和方法；

（8）价款、报酬或者使用费及其支付方式；

（9）违约金或者损失赔偿的计算方法；

（10）解决争议的方法；

（11）名词和术语的解释。

2. 技术合同的特殊性条款

体现技术合同特殊性的条款主要有以下一些。

（1）保密条款。保守技术秘密是技术合同中的一个重要问题。在订立合同之前，当事人应当就保密问题达成订约前的保密协议，在合同的具体内容中更要对保密事项、保密范围、保密期限及保密责任等问题作出约定。当事人不能就订立合同达成一致的，不影响保密协议的效力。技术合同履行完毕以后，保密条款也可以继续发生效力。

（2）技术成果归属条款。技术合同订立时应写明合同履行中产生的技术成果归谁所有，如何使用、分享、对收益分成的比例或具体办法。对于后续改进技术的分享办法，当事人可以按照互利的原则在技术转让合同中明确约定。没有约定或约定不明确的，可以达成补充协议。不能达成补充协议的，参考合同相关条款及交易习惯确定。仍不能确定的，一方后续改进的技术成果，他方无权分享。

（3）价款、报酬或者使用费及其支付方式条款。技术合同价款、报酬或者使用费的支付方式由当事人约定，可以采取一次总算、一次总付或者一次总算、分期支付，也可以采取提成支付或者提成支付附加预付入门费的方式。约定提成支付的，可以按照产品价格、实施专利和使用技术秘密后新增的产值、利润或者产品销售额的一定比例提成，也可以按照约定的其他方式计算。提成支付的比例可以采取固定比例、逐年递增比例或者逐年递减比例。约定提成支付的，当事人应当在合同中约定查阅有关会计帐目的办法。

（4）名词和术语的解释条款。当事人应对合同中出现的关键性名词，或双方当事人认为有必要明确其范围、意义的术语，以及因在合同文本中重复出现而被简化了的略语作出解释，避免因理解发生分歧而产生纠纷。

（三）技术合同的无效

除了《合同法》总则规定的无效理由以外，技术合同有自己独特的无效事由。非法垄断技术，妨碍技术进步或者侵害他人技术成果的技术合同无效。

非法垄断技术，妨碍技术进步，是指合同的一方当事人通过合同条款限制另一方在合同标的技术的基础上进行新的研究开发，限制另一方从其他渠道吸收技术，或者阻碍另一方根据市场的需求，按照合理的方式充分实施专利和使用非专利技术。侵害他人技术成果是指侵害另一方或者第三方的专利权、专利申请权、专利实施权、技术秘密使用权和转让权或者发明权、发现权以及其他科技成果权。

（四）职务技术成果和非职务技术成果

（1）职务技术成果是执行法人或者其他组织的工作任务，或者主要是利用法人或者其他组织的物质技术条件所完成的技术成果。职务技术成果的使用权、转让权属于法人或者其他组织的，法人或者其他组织可以就该项职务技术成果订立技术合同。法人或者其他组织应当从使用和转让该项职务技术成果所取得的收益中提取一定比例，对完成该项职务技术成果的个人给予奖励或者报酬。法人或者其他组织订立技术合同转让职务技术成果时，职务技术成果的完成人享有以同等条件优先受让的权利。完成技术成果的个人有在有关技术成果文件上写明自己是技术成果完成者的权利和取得荣誉证书、奖励的权利。

（2）非职务技术成果是职务技术成果以外的技术成果。非职务技术成果的使用权、转让权属于完成技术成果的个人，完成技术成果的个人可以就该项非职务技术成果订立技术合同。

十五、技术开发合同

（一）技术开发合同的概念

技术开发合同是指当事人之间就新技术、新产品、新工艺或者新材料及其系统的研究开发所订立的合同。技术开发合同包括委托开发合同和合作开发合同。技术开发合同应当采用书面形式。

（二）合同当事人的权利与义务

1. 委托人的义务

（1）委托开发合同的委托人应当按照约定支付研究开发经费和报酬，提供技术资料、原始数据，完成协作事项，接受研究开发成果。

（2）按期接受研究开发成果。由于委托方无故拒绝或迟延接受成果，造成该研究开发成果被合同外第三人以合法形式善意获取时，或者该成果丧失其应有的新颖性时，或该成果遭到意外毁损或灭失时，委托方应承担责任。

（3）委托人违反约定造成研究开发工作停滞、延误或者失败的，应当承担违约责任。研究开发人违反约定造成研究开发工作停滞、延误或者失败的，应当承担违约责任。

2. 研发人的义务

（1）制定和实施研究开发计划。研究开发计划是指导研究开发方实现委托开发合同的预期目的的指导性文件，是技术开发合同的组成部分。

（2）合理地使用研究开发经费。研究开发人员必须按照合同约定的研究开发经费的使用范围使用研究开发经费，精打细算，并应注意及时向委托方通报经费支出情况，接受委托方监督。

（3）按期完成研究开发工作，交付研究开发成果。研究开发方提交的成果，必须真实、正确、充分、完整，以保证委托方实际应用该成果。

（4）为委托方提供技术资料和具体技术指导，帮助委托方掌握应用研究开发成果。

（三）技术开发合同的解除与风险承担

在技术开发合同签订后，因作为技术开发合同标的的技术已经由他人公开，致使技术开发合同的履行没有意义的，当事人可以解除合同。在技术开发合同履行过程中，因出现无法克服的技术困难，致使研究开发失败或者部分失败的，该风险责任由当事人约定。没有约定或者约定不明确，依照《合同法》有关规定仍不能确定的，风险责任由当事人合理分担。

当事人一方发现出现无法克服的技术困难，可能致使研究开发失败或者部分失败的情形时，应当及时通知另一方并采取适当措施减少损失。没有及时通知并采取适当措施致使损失扩大的，应当就扩大的损失承担责任。

（四）技术成果的权利归属和分享

委托开发完成的发明创造，除当事人另有约定的以外，申请专利的权利属于研究开发人。研究开发人取得专利权的，委托人可以免费实施该专利。研究开发人转让专利申请权的，委托人享有以同等条件优先受让的权利。

合作开发完成的发明创造，除当事人另有约定的以外，申请专利的权利属于合作开发的当事人共有。当事人一方转让其共有的专利申请权的，其他各方享有以同等条件优先受让的权利。

合作开发的当事人一方声明放弃其共有的专利申请权的，可以由另一方单独申请或者由其他各方共同申请。申请人取得专利权的，放弃专利申请权的一方可以免费实施该专利。合作开发的当事人一方不同意申请专利的，另一方或者其他各方不得申请专利。

委托开发或者合作开发完成的技术秘密成果的使用权、转让权以及利益的分配办法，由当事人约定。没有约定或者约定不明确，依照《合同法》有关规定仍不能确定的，当事人均有使用和转让的权利，包括当事人均有不经对方同意而自己使用或者以普通使用许可的方式许可他人使用技术秘密，并独占由此所获利益的权利。当事人一方将技术秘密成果的转让权让与他人，或者以独占或者排他使用许可的方式许可他人使用技术秘密，未经对方当事人同意或者追认的，应当认定该让与或者许可行为无效。但委托开发的研究开发人不得在向委托人交付研究开发成果之前，将研究开发成果转让给第三人。

十六、技术转让合同

（一）技术转让合同概念

技术转让合同，是指合法拥有技术的权利人，包括其他有权对外转让技术的人，将现有特定的专利、专利申请、技术秘密的相关权利让与他人，或者许可他人实施、使用所订立的合同。技术转让合同应当采用书面形式。

（二）合同当事人的权利与义务

1. 专利权转让合同中当事人的义务

（1）让与人的义务。①按合同约定的时间将专利权移交给受让人。当然，专利权中的人身权并不因此专利权的转让而转让。②保证自己是转让专利权的合法拥有者，并保证专利权的真实、有效。③按合同约定交付与转让的专利权有关的技术资料，并向受让人提供必要的技术指导。④保密义务。

（2）受让人的主要义务。①向让与人支付合同约定的价款。②按合同的约定承担保密义务。

2. 专利申请权转让合同中当事人的义务

（1）让与人的义务。①将合同约定的专利申请权移交受让人，并提供申请专利和实施发明创造所需要的技术情报和资料。②保证作为申请权标的的发明创造为让与人自己或自己与他人合作通过创造性劳动合法获得，或者通过委托开发合同获得，即保证自己是所提供的技术的合法拥有者。③按合同的约定承担保密义务。

（2）受让人的义务。①向让与人支付合同约定的价款。②按合同约定承担保密义务。

3. 专利实施许可合同中当事人的义务

（1）让与人的义务。①保证自己是所提供的专利技术的合法拥有者，即是自己提出专利申请、经专利机关审查后授予了专利权的技术，或者是让与人通过合法的转让合同获得。②提供的专利技术完整、无误，能够达到约定的目的，并许可受让人在合同约定的范围内实施专利技术。③交付与实施该项专利技术有关的资料，并按约定提供技术指导。

（2）受让人的义务。①在合同约定的范围内实施专利技术，并不得违反许可合同约定以外的第三人实施该项专利。②支付合同约定的价款。

4. 技术秘密转让合同中当事人的义务

（1）让与人的义务。①让与人应是该技术秘密成果签订合同的合法拥有者，保证在订立合同时该项技术秘密未被他人申请获得专利。②按约定提供技术资料、进行技术指导。③保证此项技术的实用性、可靠性。④承担合同约定的保密义务。

（2）受让人的义务。①在合同约定的范围内使用技术。②按合同约定支付使用费。③承担合同约定的保密义务。

（三）专利实施许可的种类

专利实施许可主要有以下几种类型。

1. 普通实施许可

普通实施许可是许可方（专利权人）可以将专利技术多次许可他人使用的许可贸易方式。根据这种许可方式，专利权人除了允许被许可人实施其专利外，还可以允许第三方使用其专利，专利权人自己仍然保留其专利的使用权。

2. 独占实施许可

独占实施许可是指被许可人在一定的时间和地域限制范围内，对许可人的专利技术享有独占使用权，并且被许可人是该专利技术的唯一使用人，许可人（专利权人）和任何第三方都不得在相同的时间和地域范围内实施专利。

3. 排他实施许可

按照这种非独占许可方式，许可人与被许可人分享专利技术的使用权，许可人不得再允许第三者实施其专利。

4. 分实施许可

分实施许可是指专利权人作为许可人允许被许可人使用其专利，按照合同的约定，被许可人还可以将专利许可给第三方使用。相对于原实施许可合同，这就是分实施许可合同。在这种许可方式下，专利权人可以从分实施许可合同中收取部分提成。

5. 交叉实施许可

交叉实施许可是指在两项专利同时存在的情况下，专利权人相互许可对方实施自己的专利。具体利益如何分享，由双方用合同的形式作出约定。

十七、技术咨询合同和技术服务合同

（一）技术咨询合同和技术服务合同概念

技术咨询合同是指科技人员作为受托人就特定技术项目向委托人提供可行性论证、技术预测、专题技术调查、分析评价报告等工作成果的合同。

技术服务合同，是指当事人一方以技术知识为另一方解决特定技术问题所订立的合同，不包括建设工程合同和承揽合同。

根据《合同法》的规定，技术中介合同、技术培训合同具有技术咨询或服务合同内容的，也可适用相应的法律规定，但法律、行政法规另有规定的，依照其规定。

（二）技术咨询合同当事人的权利义务

1. 委托人的义务

（1）委托人应当按照约定阐明咨询的问题，提供技术背景材料及有关技术资料、数据。

（2）接受受托人的工作成果，支付报酬。

（3）技术服务合同的委托人不履行合同义务或者履行合同义务不符合约定，影响工作进度和质量，不接受或者逾期接受工作成果的，支付的报酬不得追回，未支付的报酬应当支付。

2. 受托人的义务

（1）按照合同约定的期限完成咨询报告或者解答问题。

（2）提出的咨询报告应当达到合同约定的要求。技术咨询合同的受托人未按期提出咨询报告或者提出的咨询报告不符合约定的，应当承担减收或者免收报酬等违约责任。技术咨询合同的委托人按照受托人符合约定要求的咨询报告和意见作出决策所造成的损失，由委托人承担，但当事人另有约定的除外。

（三）技术服务合同当事人的权利义务

1. 委托人的义务

技术服务合同的委托人应当按照约定提供工作条件，完成配合事项；接受工作成果并支付报酬。技术服务合同的委托人不履行合同义务或者履行合同义务不符合约定，影响工作进度和质量，不接受或者逾期接受工作成果的，支付的报酬不得追回，未支付的报酬应当支付。

2. 受托人的义务

技术服务合同的受托人应当按照约定完成服务项目，解决技术问题，保证工作质量，并传授解决技术问题的知识。技术服务合同的受托人未按照合同约定完成服务工作的，应当承担免收报酬等违约责任。

【本章小结】

合同是平等主体的自然人、法人和其他组织之间设立、变更、终止民事权利义务关系的协议。合同是商品经济的产物，是商品交换的法律表现形式。企业的经济往来，主要是通过合同方式进行的。合同的订立要经过要约和承诺两个阶段。合同包括有效合同、无效合同、可撤销合同和效力待定合同。有效的合同当事人双方应该全面履行。合同成立以后可以依法变更和转让，也可以解除，合同的解除包括约定解除和法定解除。为了保证合同的履行，双方当事人也可以签订担保合同，任何一方当事人履行合同不符合约定，都应当承担违约责任，除非法律有特别的规定。

具体合同主要介绍了买卖合同、赠与合同、借款合同、租赁合同、融资租赁合同、承揽合同、建设工程合同、运输合同、保管合同、仓储合同、委托合同、行纪合同、居间合同和技术合同。这部分具体合同的重点是双方当事人的权利与义务，本书也主要围绕着合同双方当事人的权利和义务阐述。

【综合练习题】

一、单项选择题

1. 下列措施不属于违约责任中的补救措施的是（　　）。

A. 退货　　B. 修理　　C. 继续履行　　D. 更换

2. 因债务人怠于行使其到期债权，对债权人造成损害的，债权人可以向人民法院请求（　　）。

A. 撤销债务人的行为

B. 将标的物提存

C. 以自己的名义代位行使债务人的债权

D. 责令债务人赔偿损失

3. 合同中的价格条款采用政府指导价的，在合同规定的交付期限内政府价格调整时，按照什么价格计价？（　　）

A. 合同订立时的价格　　B. 交付时的价格

C. 双方协商的价格　　D. 市场价格

4. 根据合同法的规定，订立的合同有下列哪种情形的无效？（　　）

A. 无处分权人处分他人财产而订立的合同，未经本人追认的
B. 相对人不知道法定代表人越权订立的合同
C. 因重大误解而订立的合同
D. 限制民事行为能力人订立的纯获利益的合同

5. 合同履行地点不明确时，给付货币的，在哪一所在地履行？（　　）

A. 履行义务一方　　B. 接受货币一方
C. 合同订立　　D. 合同管理机关

6. 甲乙双方订立买卖合同，约定收货后一周内付款。甲方在交货前发现乙方经营状况严重恶化，根据《合同法》的规定，甲方（　　）。

A. 可行使同时履行抗辩权　　B. 可行使先履行抗辩权
C. 可行使不安抗辩权　　D. 可解除合同

7. 根据合同法律制度的规定，下列各项中，不属于无效格式条款的有（　　）。

A. 有两种以上解释的格式条款　　B. 恶意串通损害国家利益的格式条款
C. 损害社会公共利益的格式条款　　D. 违反法律强制性规定的格式条款

8. 下列各项中，可以为合同债务人的债务履行作保证人的是（　　）。

A. 学校　　B. 医院　　C. 有限责任公司　　D. 法学会

9. 根据《合同法》的规定，在标的物提存后，标的物毁损、灭失风险责任的承担者是（　　）。

A. 债权人　　B. 债务人　　C. 债权人和债务人　　D. 提存部门

10. 下列协议中，可以适用《合同法》的是（　　）。

A. 张某与王某的收养合同　　B. 李某与孙某的婚约
C. 杜某与丁某的专利权许可使用协议　　D. 赵某与钱某签订的遗赠扶养协议

11. 根据《合同法》的规定，下列各项中，不属于《合同法》调整范围的是（　　）。

A. 借款合同　　B. 委托合同　　C. 租赁合同　　D. 收养合同

12. 委托开发完成的发明创造，除当事人另有约定的以外，申请专利的权利属于（　　）。

A. 研究开发人所有　　B. 委托开发人所有
C. 研究开发人与委托开发人共同所有　　D. 国家所有

13. 根据《合同法》的规定，在买卖合同中，除法律另有规定或当事人另有约定外，标的物的所有权转移时间为（　　）。

A. 买卖合同成立时　　B. 买卖合同生效时
C. 标的物交付时　　D. 买方付清标的物价款时

14. 根据《合同法》的规定，借款人提前偿还贷款的，除当事人另有约定外，计算利息的方法是（　　）。

A. 按照借款合同约定的期间计算
B. 按照借款合同约定的期间计算，实际借款期间小于 1 年的，按 1 年计算
C. 按照实际借款的期间计算
D. 按照实际借款的期间计算，但是借款人应当承担相应的违约责任

15. 甲将自己的房屋租与乙，双方就使用期间的维修费用和风险责任未作约定，为此，引起纠纷。下列表述正确的是（　　）。

A. 租赁期间房屋的维修费用应由甲承担
B. 租赁期间房屋的维修费用应由乙承担
C. 租赁期间房屋的维修费用应由双方平均分担
D. 租赁期间的风险责任应由双方平均分担

二、多项选择题

1. 合同有下列哪些情形的，权利义务终止？（　　）

A. 合同解除　　B. 债务相互抵销

C. 债务人依法将标的物提存　　D. 债权人免除债务

2. 根据《合同法》规定，在下列哪些情况下，合同可以解除？（　　）

A. 因不可抗力致使合同不能实现合同目的

B. 当事人一方经营状况严重恶化

C. 当事人一方迟延履行债务致使不能实现合同目的

D. 当事人协商一致

3. 根据《合同法》的规定，要约失效的情形包括（　　）。

A. 拒绝要约的通知到达要约人

B. 要约人依法撤回要约

C. 承诺期限届满，要约人未作出承诺

D. 受要约人对要约的内容作出实质性变更

4. 因债务人的下列哪些行为，对债权人造成损害的，债权人可以请求法院撤销？（　　）

A. 怠于行使其到期债权　　B. 放弃其到期债权

C. 无偿转让财产　　D. 以明显不合理的低价转让财产

5. 应当先履行债务的当事人有确切证据证明对方当事人有下列哪些情形的，可以中止履行合同？（　　）

A. 经营状况严重恶化

B. 丧失商业信誉

C. 转移财产、抽逃资金以逃避债务

D. 有丧失或者可能丧失履行债务能力的其他情形

6. 根据《合同法》的规定，下列要约中，不得撤销的有（　　）。

A. 要约人确定了承诺期限的要约

B. 要约人明示不可撤销的要约

C. 已经到达受要约人但受约人尚未承诺的要约

D. 受要约人有理由认为不可撤销，且已为履约做了准备的要约

7. 根据《合同法》的规定，下列合同中，属于无效合同的有（　　）。

A. 一方以欺诈手段使对方在违背真实意思情况下订立的合同

B. 损害社会公共利益的合同

C. 以合法形式掩盖非法目的的合同

D. 显失公平的合同

8. 甲、乙签订的买卖合同约定了定金和违约金条款。甲违约，造成乙经济损失。下列选项中，乙可选择追究甲违约责任的方式有（　　）。

A. 要求单独适用定金条款

B. 要求单独适用违约金条款

C. 要求同时适用定金和违约金条款

D. 要求同时适用定金、违约金条款，并另行赔偿损失

9. 根据合同法律制度的规定，下列各项中，属于要约邀请的有（　　）。

A. 寄送的价目表　　B. 招标公告

C. 悬赏广告　　D. 招股说明书

10. 在合同无效或被撤销后，因合同取得的财产的处理方式是（　　）。

A. 能够返还的，应当予以返还

B. 不能返还或者没有必要返还的，应当折价补偿

C. 有过错的一方，应当赔偿对方因此所受到的损失，双方都有过错的，应当各自承担相应的责任

D. 当事人恶意串通，损害国家、集体或者第三人利益的，因此取得的财产收归国有或者返还集体、第三人

11. 关于保管合同，下列说法正确的是（　　）。

A. 保管合同为实践合同

B. 保管合同可以为无偿合同，也可以为有偿合同

C. 保管人应当妥善保管保管物

D. 寄存人可以随时领取保管物

12. 在委托技术开发合同中，对于完成的发明创造的权利归属没有约定的（　　）。

A. 申请专利的权利属于委托人

B. 申请专利的权利属于受托人

C. 申请专利的权利属于委托人和受托人共同享有

D. 委托人可以免费实施该项发明创造

13. 甲与乙订有房屋租赁合同，在租赁期间，房主甲在征得乙同意后，将房屋卖给丙，并转移了所有权。下列有关该租赁合同效力的表述中，错误的是（　　）。

A. 租赁合同在乙和丙之间继续有效

B. 租赁合同自动解除

C. 租赁合同自动解除，但是甲应当对乙承担违约责任

D. 租赁合同自动解除，但是丙应当另行与乙订立租赁合同

14. 甲公司向乙银行借款，甲公司未按约定的借款用途使用借款。根据《合同法》的规定，乙银行可以采取的措施有（　　）。

A. 停止发放借款

B. 提前收回借款

C. 解除借款合同

D. 按已确定的借款利息双倍收取罚息

15. 下列合同中，既可以是有偿合同也可以是无偿合同的有哪些？（　　）

A. 保管合同

B. 委托合同

C. 借款合同

D. 租赁合同

三、案例分析题

1. 甲企业（本题下称“甲”）向乙企业（本题下称“乙”）发出传真订货，该传真列明了货物的种类、数量、质量、供货时间、交货方式等，并要求乙在10日内报价。乙接受甲发出传真列明的条件并按期报价，亦要求甲在10日内回复。甲按期复电同意其价格，并要求签订书面合同。乙在未签订书面合同的情况下按甲提出的条件发货，甲收货后未提出异议，亦未付货款。后因市场发生变化，该货物价格下降。甲遂向乙提出，由于双方未签订书面合同，买卖关系不能成立，故乙应尽快取回货物。乙不同意甲的意见，要求其偿付货款。随后，乙发现甲放弃其对关联企业的到期债权，并向其关联企业无偿转让财产，从而可能使自己的货款无法得到清偿，遂向人民法院提起诉讼。问题如下。

（1）试述甲传真订货、乙报价、甲回复报价行为的法律性质。

（2）买卖合同是否成立？并说明理由。

（3）对甲放弃到期债权、无偿转让财产的行为，乙可向人民法院提出何种权利请求，以保护其利益不受侵害？对乙行使该权利的期限，法律有何规定？

2. 程某与谢某签订一份房屋租赁合同，程某将一套单元房出租给谢某，租赁期限为3年，自

2008 年 6 月 1 日到 2011 年 5 月 31 日，租金是每月 3000 元，若有一方违约，应支付违约金 5000 元，谢某不得转租。2009 年 9 月程某准备将出租的房屋卖给张某，程某将卖房的事情通知了谢某，谢某未作任何表示。2010 年 2 月程某和张某办理了房屋过户手续。2010 年 5 月谢某将租赁的房屋转租给了马某，每月向马某收取租金 4000 元。

请根据相关的合同立法规定回答下列问题。

（1）该案中存在哪几种法律关系？

（2）张某在办理房屋过户手续后，能否要求谢某迁出，为什么？

（3）谢某违反了合同不得转租的约定，张某可以采取什么措施保护自己的权益？

3. 甲与乙订立了一份卖牛的合同，合同约定甲向乙交付 2 头牛，一头为公牛，一头为母牛，总价款为 4000 元；乙向甲交付定金 1000 元，余下款项由乙在半年内付清。双方还约定，在乙向甲付清钱款之前，甲保留该 2 头牛的所有权。之后，甲向乙交付了该 2 头牛。根据合同法及相关法律回答下列问题。

（1）设在牛款付清之前，公牛被雷电击死，该损失由谁承担，为什么？

（2）设在牛款付清之前，母牛生下一头小牛，该小牛由谁享有所有权，为什么？

（3）合同中的定金条款效力如何，为什么？

第6章

工业产权法律制度

学习目标

【知识目标】

了解工业产权法的立法概况

了解专利实施的强制许可

理解专利的申请、审查和批准的程序

理解商标的申请、审查和核准的程序

掌握专利权的主体、客体和内容

掌握授予专利权的条件

掌握专利权的保护

掌握注册商标专用权的保护

【能力目标】

能办理专利和商标的申请事宜

能处理专利权争议案件

能处理商标权争议案件

案例导入

北京华旗资讯科技发展有限公司是一家1993年创立于北京中关村的高新技术企业，主要产品涵盖数码存储、数码视音频、数码相机等高科技领域，在国内市场享有盛誉，并远销北美、欧洲、东南亚等地区。华旗资讯在1998年注册了“爱国者”商标，注册类别为第9类“移动硬盘和闪存盘（计算机周边设备）”。目前，“爱国者”已经成为高科技领域中知名的民族品牌。2006年10月16日，“爱国者”商标还被国家工商行政管理总局认定为“中国驰名商标”。

2006年以来，华旗公司发现北京海尔集成电路设计有限公司制造、销售了称为“爱国者”的系列解码芯片，而且在宣传中大量突出使用“爱国者”标识。2008年7月，商标权人华旗公司将该公司诉至法院，请求判令后者停止侵权、消除影响，并赔偿经济损失及诉讼支出共计3400余万元。

针对华旗资讯的说法，海尔电路称，使用“爱国者”是做“说明性使用”，含义是“爱国的人”，而不是作为商标使用的。使用的“海尔爱国者”商标，是在个别场合对其“HiPatriot”英文商标的汉译；“海尔爱国者”以“海尔”两字为开头，且海尔作为中国驰名商标，拥有更早更高的知名度，较“爱国者”更具有显著性、突出性，其商标的主要部分是“海尔”，而不是“爱国者”。

法院认为，华旗公司对“爱国者”注册商标享有专用权，他人未经许可，不得在同一种商品或者类似商品上使用与该商标相同或者近似的标志作为商品名称。本案中，北京海尔公司在其解码芯片的商业宣传中大量使用含有“爱国者”字样的商品名称，属于对“爱国者”进行商标意义上的使用。由于华旗公司的数码视听及存储产品与北京海尔公司的解码芯片同属于第9类商品，且华旗公司的MP4等产品与北京海尔公司的解码芯片也都属于与视频有关的数码产品，故双方的产品应属类似商品。尽管华旗公司与北京海尔公司的产品在功能、用途、销售渠道、消费对象等方面有所区别，但北京海尔公司这种将“爱国者”用于类似商品的名称并在宣传中突出或单独进行使用的行为，容易导致相关公众产生双方之间存在产品提供、技术支持等方面的误认，或者产生双方存在有企业合作、关联关系等与事实不符的认识，同时还可能弱化“爱国者”商标在同一种或类似商品上所具有的较高识别力，从而损害华旗公司的合法利益。因此，北京海尔公司的行为构成侵权。

最终海淀法院判令北京海尔公司停止侵权，并在该公司网站首页刊登声明，为华旗公司消除影响。但对于华旗公司要求赔偿3400余万元的诉讼请求，海淀法院认为缺乏足够的证据和充分的理由，未予全部支持。依据《商标法》的有关规定，结合北京海尔公司的侵权方式、期间、程度、后果以及主观过错、影响范围等因素，海淀法院最终酌情判令北京海尔公司赔偿华旗公司经济损失及合理诉讼支出共计50万元。

请用商标法律制度分析法院的判决。

【案例分析】

法院判决的依据是根据《商标法》规定的商标侵权行为中给他人的注册商标专用权造成其他损害的。根据《商标法实施细则》解释，给他人的注册商标专用权造成其他损害的其中的一种情形就是“在同一种或者类似商品上，将与他人注册商标相同或者近似的标志作为商品名称或者商品装潢使用，误导公众的”。华旗公司对“爱国者”注册商标享有专用权，海尔公司未经许可，在同一种商品或者类似商品上使用与“爱国者”商标相同或者近似的标志作为商品名称使用，构成了商标侵权。

6.1　工业产权法概述

一、工业产权

（一）工业产权的概念

工业产权是指人们依法对应用于商品生产和流通中的创造发明和显著标记等智力成果在一定区域和一定期限内享有的专有权或独占权。《保护工业产权巴黎公约》的规定，工业产权包括发明、实用新型、外观设计、商标、服务标记、厂商名称、货源标记、原产地名称以及制止不正当竞争的权利。而《与贸易有关的知识产权协议》规定，工业产权的范围包括商标权、产地标记、工业品外观设计、专利、集成电路布图设计、未披露的信息等几个方面的内容。在我国，工业产权主要包括专利权和商标权。

【知识卡片】

“工业产权”一词最早出现于1791年法国的专利法中。在此以前，英国和法国都称专利权为特权或垄断权。当时法国专利法的起草人德布浮拉认为使用特权或垄断权这样的词，会遭到立法议会和反封建的法国人民的反对，因而提出“工业产权”这个概念。1883年制定的《保护工业产权巴黎公约》也采用了这个词，工业产权一词现已成为国际通用的专门术语。

（二）工业产权的特征

（1）客体的无形性。工业产权的客体是无形的智力创作性成果，它是一种可以脱离其所有者而存在的无形财富。工业产权是把特定的智力成果和识别性标记作为保护对象，赋予创造者和其他合法所有人以专有权利。

（2）专有性。专有性即独占性或垄断性。除权利人同意或法律规定外，权利人以外的任何人不得享有或使用该项权利。

（3）地域性。工业产权具有严格的地域性特点，即各国主管机关依照其本国法律授予的知识产权，只能在其本国领域内受法律保护，例如中国专利局授予的专利权或中国商标局核准的商标专用权，只能在中国领域内受保护，其他国家则不给予保护。

（4）时间性。工业产权都有法定的保护期限，一旦保护期限届满，权利即自行终止，成为社会公共财富。商标权的保护期限有其特殊性，可以根据其所有人的需要无限地续展权利期限。

（5）依法审查确认性。工业产权的取得需要依法确认。在我国，取得专利权和商标专用权，需要根据《专利法》和《商标法》向国家专门机关提出申请，经依法审查批准，以法定形式正式确认后受法律保护。

二、工业产权法

工业产权法是由国家制定或认可的，调整因工业产权的取得、利用和保护而产生的各种社会关系的法律规范的总称。

目前调整我国工业产权的法律主要包括《民法通则》、《专利法》、《专利法实施细则》、《商标法》、《商标法实施细则》。保护工业产权的国际公约主要有《保护工业产权巴黎公约》、《商标国际注册马德里协定》、《专利合作条约》、《与贸易有关的知识产权协定》等。

6.2 专利法

一、专利法概述

（一）专利

专利有三种含义，从法律意义上讲专利就是专利权的简称；从智力成果的类型来看，专利就是取得了专利权的发明创造；专利还指有关发明创造的文献。专利通常是指专利权，是指专利权人在法定期限内对其发明创造成果享有的专有权利。

（二）专利法

专利法是指调整因专利权的确认、使用和保护而发生的社会关系的法律规范的总称。1984年3月12日，我国第一部专利法《中国人民共和国专利法》（以下简称《专利法》）在第六届全国人大常委会第四次会议上通过。我国分别于1992年9月、2000年8月、2008年12月三次对专利法进行修订。与专利法配套使用的《中华人民共和国专利法实施细则》（以下简称《专利法实施细则》于2001年6月15日公布，2002年12月、2010年1月分别对《实施细则》进行了两次修订。

【知识卡片】

专利制度起源于中世纪的欧洲。当时为了鼓励发明创造，封建君主及王室成员以特许的形式，通过“公开证书”恩赐商人或工匠在一定的期限内，可以享有独家经营某些产品或工艺的特权，而不受当地封建行会的干预。这种特许并不是现代专利法意义上的“垄断权”或“独占权”。专利制度发展史上第一个真正的发明专利产生在意大利。1421年意大利城市国家佛罗伦萨对建筑师伦内莱希发明的“装有吊钩的驳船”授予了3年的垄断权。1443年威尼斯通过颁发了第1号专利，标志着近代意义上的专利产生。1474年威尼斯颁布了世界上第一部专利法。1623年英国颁布了《垄断法案》，它被认为是世界上第一部现代意义的专利法。该法对后世立法有很大的影响，以至许多国家在制定专利法时加以仿效，其中的许多原则和制度一直沿用至今。英国专利制度的产生标志着现代专利制度步入发展阶段。

二、专利权

专利权是专利权人在法定期间内对其发明创造成果享有的专有权利。

（一）专利权的主体

专利权的主体即专利权人，是指依法享有专利权并承担相应义务的人。根据《专利法》的规定，发明人或者设计人、职务发明创造的单位、合法受让人、外国人都可以成为专利权的主体。

1. 发明人或者设计人

《专利法》所称发明人或者设计人，是指对发明创造的实质性特点作出创造性贡献的人。在完成发明创造过程中，只负责组织工作的人、为物质技术条件的利用提供方便的人或者从事其他辅助工作的人，不是发明人或者设计人。

2. 职务发明创造的单位

职务发明创造是指发明人或者设计人执行本单位的任务，或者主要是利用本单位的物质技术条件所完成的发明创造。职务发明创造分为以下两类。

（1）执行本单位的任务所完成的发明创造包括三种情况。①在本职工作中作出的发明创造。②履行本单位交付的本职工作之外的任务所作出的发明创造。这些任务多属于临时性、短期内能完成的发明创造工作。③退休、调离原单位后或者劳动、人事关系终止后 1 年内作出的，与其在原单位承担的本职工作或者原单位分配的任务有关的发明创造。

（2）主要利用本单位的物质技术条件所完成的发明创造。专利法所称本单位，包括临时工作单位。专利法所称本单位的物质技术条件，是指本单位的资金、设备、零部件、原材料或者不对外公开的技术资料等。主要利用单位的物质技术条件是指在发明创造过程中，全部或者大部分利用了单位的资金、设备、零部件、原材料及不对外公开的技术资料。这种利用对发明创造而言是必不可少的起决定性作用的条件，则该发明创造应属职务发明创造。

对于职务发明创造，申请专利的权利属于该单位，申请被批准后，该单位为专利权人。对于非职务发明创造，申请专利的权利属于发明人或者设计人，申请被批准后，该发明人或者设计人为专利权人。利用本单位的物质技术条件所完成的发明创造，单位与发明人或者设计人订有合同，对申请专利的权利和专利权的归属作出约定的，从其约定。

【案例 6.1】

甲市某研究所科研人员周某长期从事科研工作，2008 年 6 月，由于个人家庭的原因，他调入了乙市的另一研究所工作。周某在工作之余，继续从事原研究所分配从事的一个项目的研究。2009 年 5 月，周某终于研制成功了原所在单位的项目。随后周某向专利局提出了发明专利的申请，甲市某研究所闻讯后提出异议。

问：周某的这项发明申请专利的权利属于哪一方？

【案例分析】

周某的这项发明属于职务发明，申请专利的权利属于甲市某研究所。《专利法》规定，退休、调离原单位后或者劳动、人事关系终止后 1 年内作出的，与其在原单位承担的本职工作或者原单位分配的任务有关的发明创造是职务发明创造。2008 年 6 月，周某调入新单位。2009 年 5 月，周某是在调离原单位不到 1 年的时间内完成了原单位承担的项目，所以是职务发明创造。

3. 共同发明创造人

两个以上单位或者个人合作完成的发明创造、一个单位或者个人接受其他单位或者个人委托所完成的发明创造，除另有协议的以外，申请专利的权利属于完成或者共同完成的单位或者个人；申请被批准后，申请的单位或者个人为专利权人。

4. 发明创造的合法受让人

我国《专利法》规定，专利申请权和专利权可以转让。发明人、设计人对非职务发明人创造成果拥有的所有权，可以通过合法途径——买卖、赠与、继承等方式转让他人。通过转让，买主、受赠人或继承人遂成为该发明创造的合法受让人，依法对其享有所有权。转让专利申请权和专利权，当事人必须订立书面合同，经专利局登记后生效；同时应在专利申请请求书上注明发明人或者设计人的姓名。因为发明人、设计人的专利权中的人身权是不能转移的。

5. 外国人

外国人包括具有外国国籍的自然人、法人和其他组织。在中国有经常居所或者营业所的外国人，享有与中国公民或单位同等的专利申请权和专利权。在中国没有经常居所或者营业所的外国人、外国企业或者外国其他组织在中国申请专利的，依照其所属国同中国签订的协议或者共同参加的国际条约，或者依照互惠原则，可以申请专利，但应当委托依法设立的专利代理机构办理。

（二）专利权的客体

专利权的客体，也称专利法保护的对象，是指依法应授予专利的发明创造。我国《专利法》规定的发明创造是指发明、实用新型和外观设计。

（1）发明是指对产品、方法或者其改进所提出的新的技术方案。发明分为产品发明和方法发明两大类型。产品发明是关于新产品、新物质的发明。方法发明是指为解决某特定技术问题而采取的手段和步骤的发明。

（2）实用新型是指对产品的形状、构造或者其结合所提出的适于实用的新的技术方案。同发明一样，实用新型保护的也是一个技术方案。但实用新型专利保护的范围较窄，它只保护有一定形状或结构的新产品，不保护方法以及没有固定形状的物质。实用新型创造性较发明而言要低一些，通常称为“小发明”。

（3）外观设计是指对产品的形状、图案或者其结合以及色彩与形状、图案的结合所作出的富有美感并适于工业应用的新设计。外观设计是就产品的外表所做出的设计，外观设计必须与产品相结合，富有美感。

（三）专利权的内容

1. 专利权人的权利

（1）专利独占权。发明和实用新型专利权被授予后，除专利法另有规定的以外，任何单位或者个人未经专利权人许可，都不得实施其专利，即不得为生产经营目的制造、使用、许诺销售、销售、进口其专利产品，或者使用其专利方法以及使用、许诺销售、销售、进口依照该专利方法直接获得的产品。外观设计专利权被授予后，任何单位或者个人未经专利权人许可，都不得实施其专利，即不得为生产经营目的制造、许诺销售、销售、进口其外观设计专利产品。许诺销售，是以做广告、在商店橱窗中陈列或者在展销会上展出等方式作出的销售商品的意思表示。

（2）转让权。专利申请权和专利权可以转让。中国单位或者个人向外国人、外国企业或者外国其他组织转让专利申请权或者专利权的，应当依照有关法律、行政法规的规定办理手续。转让专利申请权或者专利权的，当事人应当订立书面合同，并向国务院专利行政部门登记，由国务院专利行政部门予以公告。专利申请权或者专利权的转让自登记之日起生效。

（3）实施许可权。实施许可权是指专利权人通过实施许可合同的方式，许可他人实施其专利并收取专利使用费的权利。

（4）标记权。标记权即专利权人享有在其专利产品或者该产品的包装上标明专利标记和专利号的权利。

（5）请求保护权。请求保护权是专利权人认为其专利权受到侵犯时，有权向人民法院起诉或请求专利管理部门处理以保护其专利权的权利。

2. 专利权人的义务

（1）缴纳专利年费。专利权人应当自被授予专利权的当年开始缴纳年费。没有按照规定缴纳年费的，专利权在期限届满前终止。

（2）职务发明创造的单位，在授予专利权后，应当对职务发明创造的发明人或者设计人给予奖励；发明创造专利实施后，根据其推广应用的范围和取得的经济效益，对发明人或者设计人给予合理的报酬。

【知识卡片】

2010 年实施的《专利法实施细则》对职务发明创造的发明人或者设计人的奖励和报酬的内容作了调整。这次修改后的实施细则，对职务发明的问题做了三方面的规定。第一，职务发明创造奖励和报酬的方式和数额，可以由单位和发明人、设计人自行约定，或者也可以在企业依法制定的规章制度里加以规定。如果没有约定，或者在规章制度里也没有规定的，就适用细则规定的法定标准。第二，奖励报酬标准的适用范围，由原来的仅适用于国有企业单位，扩大到所有的单位，包括了所有企业类型。第三，根据经济社会发展的实际情况，提高了对职务发明人、设计人的奖励数额，具体的是发明由原来的 2000 元提高到 3000 元，实用新型和外观设计由原来的 500 元提高到 1000 元。

三、授予专利权的条件

（一）授予发明和实用新型专利权的条件

《专利法》规定，授予专利权的发明和实用新型，应当具备新颖性、创造性和实用性。

（1）新颖性是指该发明或者实用新型不属于现有技术，也没有任何单位或者个人就同样的发明或者实用新型在申请日以前向国务院专利行政部门提出过申请，并记载在申请日以后公布的专利申请文件或者公告的专利文件中。专利法所称现有技术，是指申请日以前在国内外为公众所知的技术。

《专利法》规定，申请专利的发明创造在申请日以前 6 个月内，有下列情形之一的，不丧失新颖性：①在中国政府主办或者承认的国际展览会上首次展出的；②在规定的学术会议或者技术会议上首次发表的；③他人未经申请人同意泄露其内容的。

【案例 6.2】

某研究院于 2010 年 5 月研制成功一种新型农用机械。这种产品的发明将有利于农业生产。2010 年 10 月，该产品在中国政府举办的一个国际性的技术信息交流会上展出。2011 年 2 月，该研究院将其发明创造向专利局提出申请。

问：该发明创造是否具有新颖性？

【案例分析】

该发明创造具有新颖性。《专利法》规定，申请专利的发明创造在申请日以前 6 个月内。在中国政府主办或者承认的国际展览会上首次展出的，不丧失新颖性。2010 年 10 月，该产品在中国政府举办的一个国际性的技术信息交流会上展出。2011 年 2 月，该农业研究院将其发明创造向专利局提出申请，从时间上没有超过 6 个月，而且是属于在中国政府主办或者承认的国际展览会上首次展出的，所以不丧失新颖性。

（2）创造性是指与现有技术相比，该发明具有突出的实质性特点和显著的进步，该实用新型具有实质性特点和进步。专利法所称现有技术，是指申请日以前在国内外为公众所知的技术。

（3）实用性是指该发明或实用新型能够制造或使用，并能产生积极的效果。具备实用性的发明创造应当能够制造或使用，即具备可实施性，且能重复实施。另外，一旦付诸实施，其还须能带来积极的效果，即具备有益性。

（二）授予外观设计专利权的条件

授予专利权的外观设计，应当不属于现有设计；也没有任何单位或者个人就同样的外观设计在申请日以前向国务院专利行政部门提出过申请，并记载在申请日以后公告的专利文件中。授予专利权的外观设计与现有设计或者现有设计特征的组合相比，应当具有明显区别。专利法所称现有设计，是指申请日以前在国内外为公众所知的设计。授予专利权的外观设计不得与他人在申请日以前已经取得的合法权利相冲突。

（三）不授予专利权的情形

《专利法》第 5 条规定，对违反法律、社会公德或者妨害公共利益的发明创造，不授予专利权。对违反法律、行政法规的规定获取或者利用遗传资源，并依赖该遗传资源完成的发明创造，不授予专利权。《专利法》第 25 条规定，对下列各项，不授予专利权：

（1）科学发现；

（2）智力活动的规则和方法；

（3）疾病的诊断和治疗方法；

（4）动物和植物品种；

（5）用原子核变换方法获得的物质；

（6）对平面印刷品的图案、色彩或者二者的结合作出的主要起标识作用的设计。

动物和植物品种的生产方法，可以依照专利法的规定授予专利权。

四、专利的申请、审查和批准

（一）专利的申请

1. 专利申请的原则

（1）先申请原则。先申请原则是指在两个以上的申请人分别就同样的发明创造申请专利的情况下，对先提出申请的申请人授予专利权。先申请的判断标准是专利申请日。

两个以上的申请人同日（指申请日；有优先权的，指优先权日）分别就同样的发明创造申请专利的，应当在收到国务院专利行政部门的通知后自行协商确定申请人。申请日以专利申请文件递交到国务院专利行政部门之日算起，如果是邮寄的，以寄出的邮戳日为申请日。

同样的发明创造只能授予一项专利权。但是，同一申请人同日对同样的发明创造既申请实用新型专利又申请发明专利，先获得的实用新型专利权尚未终止，且申请人声明放弃该实用新型专利权的，可以授予发明专利权。

（2）单一性原则。单一性原则是指一份专利申请文件只能就一项发明创造提出专利申请，即“一申请一发明”原则。具体是指一件发明或者实用新型专利申请应当限于一项发明或者实用新型。属于一个总的发明构思的两项以上的发明或者实用新型，可以作为一件申请提出。一件外观设计专利申请应当限于一项外观设计。同一产品两项以上的相似外观设计，或者用于同一类别并且成套出售或者使用的产品的两项以上外观设计，可以作为一件申请提出。

（3）书面原则。申请专利的各种手续必须以书面形式提交国务院专利行政部门。

（4）优先权原则。专利申请人就其发明创造自第一次提出专利申请后，在法定期限内，又就相同主题的发明创造提出专利申请的，以其第一次申请的日期为其申请日，这种权利称为优先权，优先权可分为外国优先权和本国优先权。申请人自发明或实用新型在外国第一次提出专利申请之日起 12 个月内，或者自外观设计在外国第一次提出专利申请之日起 6 个月内，又在中国就相同主题提出专利申请的，依照该外国同中国签订的协议或者共同参加的国际条约，或者依照相互承认优先权原则，可以享有优先权。申请人自发明或实用新型在中国第一次提出专利申请之日起 12

个月内，又向国务院专利行政部门就相同主题提出专利申请的，可以享有优先权。

2. 专利申请的程序

专利权不能自动取得，申请人必须履行专利法规定的专利申请手续，向国务院专利行政部门提交必要的申请文件。国务院专利行政部门收到专利申请文件之日为申请日。如果申请文件是邮寄的，以寄出的邮戳日为申请日。邮戳日不清楚的，除当事人能够提出证明外，以国务院专利行政部门收到日为申请日。

（二）专利的审查和批准

1. 发明申请的审查和批准

（1）初步审查。国务院专利行政部门收到发明专利申请后，经初步审查认为符合专利法要求的，自申请日起满 18 个月，即行公布。国务院专利行政部门可以根据申请人的请求早日公布其申请。

（2）实质审查。发明专利申请自申请日起 3 年内，国务院专利行政部门可以根据申请人随时提出的请求，对其申请进行实质审查。国务院专利行政部门认为必要的时候，可以自行对发明专利申请进行实质审查。

（3）授权。发明专利申请经实质审查没有发现驳回理由的，由国务院专利行政部门作出授予发明专利权的决定，发给发明专利证书，同时予以登记和公告。发明专利权自公告之日起生效。

2. 实用新型和外观设计专利的审查和批准

实用新型和外观设计专利申请经初步审查没有发现驳回理由的，由国务院专利行政部门作出授予实用新型专利权或者外观设计专利权的决定，发给相应的专利证书，同时予以登记和公告。实用新型专利权和外观设计专利权自公告之日起生效。

3. 专利的复审

国务院专利行政部门设立专利复审委员会。专利申请人对国务院专利行政部门驳回申请的决定不服的，可以自收到通知之日起 3 个月内，向专利复审委员会请求复审。专利复审委员会复审后，作出决定，并通知专利申请人。专利申请人对专利复审委员会的复审决定不服的，可以自收到通知之日起 3 个月内向人民法院起诉。

五、专利权的期限、终止和无效

（一）专利权的期限

发明专利权的期限为 20 年，实用新型专利权和外观设计专利权的期限为 10 年，均自申请日起计算。专利权人应当自被授予专利权的当年开始缴纳年费。

（二）专利权的终止

专利权一般因期限届满而终止。有下列情形之一的，专利权在期限届满前终止：

（1）没有按照规定缴纳年费的；

（2）专利权人以书面声明放弃其专利权的。

专利权在期限届满前终止的，由国务院专利行政部门登记和公告。

（三）专利权的无效

自国务院专利行政部门公告授予专利权之日起，任何单位或者个人认为该专利权的授予不符合专利法有关规定的，可以请求专利复审委员会宣告该专利权无效。专利复审委员会对宣告专利权无效的请求应当及时审查和作出决定，并通知请求人和专利权人。宣告专利权无效的决定，由国务院专利行政部门登记和公告。对专利复审委员会宣告专利权无效或者维持专利权的决定不服的，可以自收到通知之日起 3 个月内向人民法院起诉。人民法院应当通知无效宣告请求程序的对方当事人作为第三人参加诉讼。宣告无效的专利权视为自始即不存在。宣告专利权无效的决定，对在宣告专利权无效前人民法院作出并已执行的专利侵权的判决、调解书，已经履行或者强制执行的专利侵权纠纷处理决定，以及已经履行的专利实施许可合同和专利权转让合同，不具有追溯力。但是因专利权人的恶意给他人造成的损失，应当给予赔偿。

六、专利实施的强制许可

（一）不实施的强制许可

具备实施条件的单位以合理的条件请求发明或者实用新型专利权人许可实施其专利，而未能在合理长的时间内获得这种许可时，国务院专利行政部门根据该单位的申请，可以给予实施该发明专利或者实用新型专利的强制许可。专利权人自专利权被授予之日起满3年，且自提出专利申请之日起满4年，无正当理由未实施或者未充分实施其专利的。

（二）专利权人垄断行为的强制许可

专利权人行使专利权的行为被依法认定为垄断行为，为消除或者减少该行为对竞争产生的不利影响的，可以给予实施发明专利或者实用新型专利的强制许可。

（三）为了国家利益或公共利益的强制许可

在国家出现紧急状态或者非常情况时，或者为了公共利益的目的，国务院专利行政部门可以给予实施发明专利或者实用新型专利的强制许可。

（四）从属专利的强制许可

一项取得专利权的发明或者实用新型比前一已经取得专利权的发明或者实用新型具有显著经济意义的重大技术进步，其实施又有赖于前一发明或者实用新型的实施的，国务院专利行政部门根据后一专利权人的申请，可以给予实施前一发明或者实用新型的强制许可。在上述规定给予实施强制许可的情形下，国务院专利行政部门根据前一专利权人的申请，也可以给予实施后一发明或者实用新型的强制许可。

（五）为了公共健康目的的强制许可

对取得专利权的药品，国务院专利行政部门可以给予制造并将其出口到符合中华人民共和国参加的有关国际条约规定的国家或者地区的强制许可。

国务院专利行政部门作出的给予实施强制许可的决定，应当及时通知专利权人，并予以登记和公告。给予实施强制许可的决定，应当根据强制许可的理由规定实施的范围和时间。强制许可的理由消除并不再发生时，国务院专利行政部门应当根据专利权人的请求，经审查后作出终止实施强制许可的决定。取得实施强制许可的单位或者个人不享有独占的实施权，并且无权允许他人实施。

取得实施强制许可的单位或者个人应当付给专利权人合理的使用费，或者依照中华人民共和国参加的有关国际条约的规定处理使用费问题。付给使用费的，其数额由双方协商；双方不能达成协议的，由国务院专利行政部门裁决。

专利权人对国务院专利行政部门关于实施强制许可的决定不服的，专利权人和取得实施强制许可的单位或者个人对国务院专利行政部门关于实施强制许可的使用费的裁决不服的，可以自收到通知之日起3个月内向人民法院起诉。

七、专利权的保护

（一）专利权的保护范围

发明或者实用新型专利权的保护范围以其权利要求的内容为准，说明书及附图可以用于解释权利要求的内容。外观设计专利权的保护范围以表示在图片或者照片中的该产品的外观设计为准，简要说明可以用于解释图片或者照片所表示的该产品的外观设计。

（二）专利侵权行为

1. 专利侵权行为的概念和特征

专利侵权行为是指在专利权有效期限内，行为人未经专利权人许可又无法律依据，以营利为目的实施他人专利的行为。专利侵权行为具有以下特征。

（1）侵害的对象是有效的专利。专利侵权必须以存在有效的专利为前提，对于在发明专利申请公布后专利权授予前使用发明而未支付适当费用的纠纷，专利权人应当在专利权被授予之后，请求管理专利工作的部门调解，或直接向人民法院起诉。

（2）必须有侵害行为，即行为人在客观上实施了侵害他人专利的行为。

（3）以生产经营为目的，非生产经营目的的实施，不构成侵权。

（4）违反了法律的规定，即行为人实施专利的行为未经专利权人的许可，又无法律依据。

2. 专利侵权行为的表现形式

（1）未经许可实施他人专利行为。这类专利侵权行为必须满足两个条件：未经权利人许可和以生产经营为目的。具体包括：①未经专利权人许可，为生产经营目的制造、使用、许诺销售、销售、进口其专利产品，或者使用其专利方法以及使用、许诺销售、销售、进口依照该专利方法直接获得的产品；②未经专利权人许可，为生产经营目的制造、许诺销售、销售、进口其外观设计专利产品等。

（2）假冒专利行为。假冒专利行为包括假冒他人专利的行为以及以非专利产品、方法冒充专利产品、方法的行为。

专利权终止前依法在专利产品、依照专利方法直接获得的产品或者其包装上标注专利标识，在专利权终止后许诺销售、销售该产品的，不属于假冒专利行为。销售不知道是假冒专利的产品，并且能够证明该产品合法来源的，由管理专利工作的部门责令停止销售，但免除罚款的处罚。

3. 不视为侵犯专利权的行为

（1）专利产品或者依照专利方法直接获得的产品，由专利权人或者经其许可的单位、个人售出后，使用、许诺销售、销售、进口该产品的；

（2）在专利申请日前已经制造相同产品、使用相同方法或者已经作好制造、使用的必要准备，并且仅在原有范围内继续制造、使用的；

（3）临时通过中国领陆、领水、领空的外国运输工具，依照其所属国同中国签订的协议或者共同参加的国际条约，或者依照互惠原则，为运输工具自身需要而在其装置和设备中使用有关专利的；

（4）专为科学研究和实验而使用有关专利的；

（5）为提供行政审批所需要的信息，制造、使用、进口专利药品或者专利医疗器械的，以及专门为其制造、进口专利药品或者专利医疗器械的。

为生产经营目的使用、许诺销售或者销售不知道是未经专利权人许可而制造并售出的专利侵权产品，能证明该产品合法来源的，不承担赔偿责任。

在专利侵权纠纷中，被控侵权人有证据证明其实施的技术或者设计属于现有技术或者现有设计的，不构成侵犯专利权。

4. 侵犯专利权的法律责任

侵犯专利权的法律责任包括民事责任、行政责任和刑事责任。

（1）民事责任主要包括：停止侵害；赔偿损失；消除影响、恢复名誉等。其中，根据《专利法》第65条的规定，侵犯专利权的赔偿数额按照权利人因被侵权所受到的实际损失确定；实际损失难以确定的，可以按照侵权人因侵权所获得的利益确定。权利人的损失或者侵权人获得的利益难以确定的，参照该专利许可使用费的倍数合理确定。赔偿数额还应当包括权利人为制止侵权行为所支付的合理开支。权利人的损失、侵权人获得的利益和专利许可使用费均难以确定的，人民法院可以根据专利权的类型、侵权行为的性质和情节等因素，确定给予1万元以上100万元以下的赔偿。

（2）行政责任主要包括以下一些。①对未经专利权人许可实施其专利的行为，管理专利工作的部门认定侵权行为成立的，可以责令侵权人立即停止侵权行为。②假冒专利的，除依法承担民事责任外，由管理专利工作的部门责令改正并予公告，没收违法所得、可以并处违法所得 4 倍以下的罚款；没有违法所得的，可以处 20 万元以下的罚款。③管理专利工作的部门根据已经取得的证据，对涉嫌假冒专利行为进行查处时，可以询问有关当事人，调查与涉嫌违法行为有关的情况；对当事人涉嫌违法行为的场所实施现场检查；查阅、复制与涉嫌违法行为有关的合同、发票，账簿以及其他有关资料；检查与涉嫌违法行为有关的产品。对有证据证明是假冒专利的产品，可以查封或者扣押。④违反规定向外国申请专利，泄露国家秘密的，由所在单位或者上级主管机关给予行政处分。⑤侵夺发明人或者设计人的非职务发明创造专利申请权和《专利法》规定的其他权益的，由所在单位或者上级主管机关给予行政处分。⑥从事专利管理工作的国家机关工作人员以及其他有关国家机关工作人员玩忽职守、滥用职权、徇私舞弊，尚不构成犯罪的，依法给予行政处分。

（3）刑事责任主要有以下一些。①违反《专利法》规定向外国申请专利，泄露国家秘密的，由所在单位或者上级主管机关给予行政处分；构成犯罪的，依法追究刑事责任。②从事专利管理工作的国家机关工作人员以及其他有关国家机关工作人员玩忽职守、滥用职权、徇私舞弊，构成犯罪的，依法追究刑事责任。③依照《专利法》和《刑法》的规定，假冒他人专利，情节严重的，应对直接责任人员追究刑事责任。

5. 侵犯专利权案件的处理

未经专利权人许可，实施其专利，即侵犯其专利权，引起纠纷的，由当事人协商解决；不愿协商或者协商不成的，专利权人或者利害关系人可以向人民法院起诉，也可以请求管理专利工作的部门处理。当事人请求处理专利侵权纠纷或者调解专利纠纷的，由被请求人所在地或者侵权行为地的管理专利工作的部门管辖。管理专利工作的部门处理时，认定侵权行为成立的，可以责令侵权人立即停止侵权行为，当事人不服的，可以自收到处理通知之日起 15 日内依照《中华人民共和国行政诉讼法》向人民法院起诉；侵权人期满不起诉又不停止侵权行为的，管理专利工作的部门可以申请人民法院强制执行。进行处理的管理专利工作的部门应当事人的请求，可以就侵犯专利权的赔偿数额进行调解；调解不成的，当事人可以依照《中华人民共和国民事诉讼法》向人民法院起诉。

6.3 商标法

一、商标与商标法

（一）商标

1. 商标的含义

商标是经营者在其生产、制造、加工、拣选、经销的商品或者提供的服务上采用的，能够与他人的商品或者服务相区别的标志。《商标法》规定，任何能够将自然人、法人或者其他组织的商品与他人的商品区别开的标志，包括文字、图形、字母、数字、三维标志、颜色组合和声音等，以及上述要素的组合，均可以作为商标申请注册。

2. 商标的种类

根据不同的标准，可将商标分为以下几类。

（1）平面商标和立体商标。根据商标的构成形式不同而作出的划分。平面商标是指以文字、图形或者文字、图形组合而成的标志。文字可以是中国文字也可以是外国文字，如“康佳”、“Kodak”。立体商标是指以商品形状或者其容器、包装的形状构成的三维标志，如“肯德基”上校形象。

（2）注册商标和未注册商标。根据商标是否注册分为注册商标和未注册商标。注册商标是指经使用商标人按照法定手续向国家商标局申请注册，经过审核后准予核准注册的商标。未注册商标，是指未经过商标注册而在商品或服务上使用的商标。

注册商标是《商标法》保护的对象，其所有人享有商标专用权。未注册商标可以自行在商品或服务上使用，但其使用人不享有商标专用权，不受国家法律保护。一般情况下，无权禁止他人使用相同商标，也无权阻止他人就相同商标提出注册申请。同时需要注意的是使用的未注册商标不得在相同或类似商品和服务上与他人已注册商标相同或近似。

（3）商品商标、服务商标、集体商标和证明商标。这是根据商标的用途进行的分类。商品商标是指用于生产销售的商品上的标记，如“海尔”、“苹果”、“李宁”等。服务商标是用于服务行业，与其他服务行业相区别的标记，如“苏宁”、“香格里拉”等。集体商标是指以工商业团体、协会或者其他组织名义注册、供该组织成员在工商业活动中使用，以表明使用者在该组织中的成员资格的标志。证明商标是指由对某个具体商品或者服务有检测和监督能力的组织注册，而由注册人以外的人使用于其商品或者服务，用以证明该商品或者服务的原产地、原料、制造方法、质量或者其他特定品质的标志。如“纯羊毛”标志是国际羊毛局授权的纺织品商标，通过国际羊毛局一系列产品标准的羊毛产品才能挂“纯羊毛”标志。

（二）商标法

商标法是确认商标专用权，规定商标注册、使用、转让、保护和管理的法律规范的总称。我国于1982年颁布了《中华人民共和国商标法》(以下简称《商标法》)，1993年对商标法进行了第1次修订。为了适应我国加入世界贸易组织的需要，2001年我国对《商标法》进行了第2次修订。为了适应不断发展的社会主义市场经济的需要，2013年8月我国对《商标法》进行了第3次修订，修改后的《商标法》将于2014年5月1日起施行。

【知识卡片】

近代商标制度发端于法国。1803年，法国制定了《关于工厂、制造场和作坊的法律》，开创了商标保护的先河。最初只是立法机关通过法院采取一定的措施制止对商标权的侵犯，后来才逐渐形成了独立的法律体系。《关于工厂、制造场和作坊的法律》不是在法国全国范围内统一实施的商标法律。1804年《法国民法典》首次明确商标作为无形财产与其他财产一样受法律保护，开创了近代商标制度。1857年，法国制定的《关于以使用原则和不审查原则为内容的制造标记和商标的法律》是世界上首部全国通行的商标专门立法，确定了全面注册的商标制度。

二、商标权

商标权指的是商标注册人对其注册商标所享有的专有的权利。它是由国家商标管理机关依照法律规定的程序赋予注册商标所有人的一种法定权利。

（一）商标权的主体

商标权的主体范围包括自然人、法人或者其他组织。《商标法》规定，自然人、法人或者其他组织在生产经营活动中，对其商品或者服务需要取得商标专用权的，应当向商标局申请商标注册。两个以上的自然人、法人或者其他组织可以共同向商标局申请注册同一商标，共同享有和行使该商标专用权。外国人或者外国企业在中国申请商标注册的，应当按其所属国和中华人民共和国签订的协议或者共同参加的国际条约办理，或者按对等原则办理。

（二）商标权的客体

商标权的客体是指经商标局核准注册的商标，即注册商标。注册商标包括商品商标、服务商标、集体商标、证明商标。商标注册人享有商标专用权，受法律保护。

申请注册的商标应当具备以下条件。

（1）申请注册的商标应当具备显著性。商标的显著性，也可以称为商标的显著特征或者商标的识别性、区别性，是指商标所应具备的能够区别商品或服务不同来源的本质属性。我国《商标法》规定，“申请注册的商标，应当有显著特征，便于识别”。《商标法》第 11 条进一步规定，仅有本商品的通用名称、图形、型号的标志；仅直接表示商品的质量、主要原料、功能、用途、重量、数量及其他特点的标志；以及其他缺乏显著特征的标志，不得作为商标注册。因此，具备显著性是注册商标的一个基本条件，缺乏显著性的标志是不能作为商标注册专用的。

【案例 6.3】

山东省全乡县酒厂于商品分类表第 33 类酒类商品申请注册的“王府井”商标被驳回后不服，申请商标评审委员会复审。

商标局驳回理由：王府井是北京著名商业街，用作商标易使人对商品出处产生误认。

申请复审理由：商品上标有地址或企业名称，不会使人对商品出处产生误认。

商标评审委员会经复审认为，要求复审的理由不成立，再予驳回。

问：为什么申请复审的理由不能成立？

【案例分析】

我国《商标法》第 9 条规定，申请注册的商标，应当有显著特征，便于识别，并不得与他人在先取得的合法权利相冲突。王府井为北京的著名商业区，与贸易活动密切联系，不应为独家专用。另外该商标缺乏应有的显著性，尽管对方称在商品上标有地址或企业名称，但还是容易使人把它和王府井商业区联系起来，使人对商品的出处造成误认，并引起不良影响。

（2）申请注册商标的标志不得违反法律禁止性的规定。下列标志不得作为商标使用：①同中华人民共和国的国家名称、国旗、国徽、国歌、军旗、军徽、军歌、勋章等相同或者近似的，以及同中央国家机关的名称、标志、所在地特定地点的名称或者标志性建筑物的名称、图形相同的；②同外国的国家名称、国旗、国徽、军旗等相同或者近似的，但经该国政府同意的除外；③同政府间国际组织的名称、旗帜、徽记等相同或者近似的，但经该组织同意或者不易误导公众的除外；④与表明实施控制、予以保证的官方标志、检验印记相同或者近似的，但经授权的除外；⑤同“红十字”、“红新月”的名称、标志相同或者近似的；⑥带有民族歧视性的；⑦带有欺骗性，容易使公众对商品的质量等特点或者产地产生误认的；⑧有害于社会主义道德风尚或者有其他不良影响的。

县级以上行政区划的地名或者公众知晓的外国地名，不得作为商标。但是，地名具有其他含义或者作为集体商标、证明商标组成部分的除外；已经注册的使用地名的商标继续有效。

商标中有商品的地理标志，而该商品并非来源于该标志所标示的地区，误导公众的，不予注册并禁止使用；但是，已经善意取得注册的继续有效。地理标志是指标示某商品来源于某地区，该商品的特定质量、信誉或者其他特征，主要由该地区的自然因素或者人文因素所决定的标志。

（3）三维标志申请注册商标不得违反限制性规定。以三维标志申请注册商标的，仅由商品自身的性质产生的形状、为获得技术效果而需要的商品形状或者使商品具有实质性价值的形状，不得注册。

（三）商标权人的权利和义务

1. 商标权人的权利

（1）独占使用权。所谓独占使用权，就是指他人未经注册商标所有人的许可，不得在同一种商品或者类似商品上使用该注册商标或者与该注册商标相近似的商标。否则，即构成商标侵权，商标权人可以请求工商行政管理机关依法处理或者向法院起诉。

（2）许可使用权。《商标法》规定，商标注册人可以通过签订商标使用许可合同，许可他人使用其注册商标。许可人应当监督被许可人使用其注册商标的商品质量。被许可人应当保证使用该注册商标的商品质量。经许可使用他人注册商标的，必须在使用该注册商标的商品上标明被许可人的名称和商品产地。许可他人使用其注册商标的，许可人应当将其商标使用许可报商标局备案，由商标局公告。商标使用许可未经备案不得对抗善意第三人。

（3）转让权。《商标法》规定，转让注册商标的，转让人和受让人应当签订转让协议，并共同向商标局提出申请。受让人应当保证使用该注册商标的商品质量。转让注册商标的，商标注册人对其在同一种商品上注册的近似的商标，或者在类似商品上注册的相同或者近似的商标，应当一并转让。

对容易导致混淆或者有其他不良影响的转让，商标局不予核准，书面通知申请人并说明理由。转让注册商标经核准后，予以公告。受让人自公告之日起享有商标专用权。

（4）禁止权。对他人在相同或者类似的商品或者服务上擅自使用与其注册商标相同或者近似的商标的行为，商标注册人有权予以制止。

（5）续展权。注册商标有效期满，需要继续使用的，商标注册人应当在期满前12个月内按照规定办理续展手续；在此期间未能办理的，可以给予6个月的续展期。每次续展注册的有效期为10年，自该商标上一届有效期满次日起计算。期满未办理续展手续的，注销其注册商标。商标局应当对续展注册的商标予以公告。

2. 商标权人的义务

（1）依法使用注册商标的义务。我国《商标法》规定，注册商标成为其核定使用的商品的通用名称或者没有正当理由连续3年不使用的，任何单位或者个人可以向商标局申请撤销该注册商标。商标局应当自收到申请之日起9个月内做出决定。有特殊情况需要延长的，经国务院工商行政管理部门批准，可以延长3个月。

商标的使用，包括将商标直接使用于商品上、商品包装或者容器上以及有关的商品交易文书上，或者将商标使用在广告宣传、展览以及其他业务活动中。

（2）保证使用注册商标的商品或服务的质量。商标权人有义务保证其生产经营的商品或服务的质量，许可他人使用其注册商标时，许可人应当监督被许可人使用其注册商标的商品质量。

（3）缴纳各项费用的义务。商标权人应该按照商标法的规定缴纳各项费用，如受理商标注册费、受理转让注册商标费、受理商标续展注册费等费用。

三、商标注册的申请和审查核准

（一）商标注册的申请

1. 商标注册申请的原则

（1）申请在先原则。两个或者两个以上的商标注册申请人，在同一种商品或者类似商品上，以相同或者近似的商标申请注册的，初步审定并公告申请在先的商标；同一天申请的，初步审定并公告使用在先的商标，驳回其他人的申请，不予公告。申请先后的确定以申请日为准。商标注册的申请日期，以商标局收到申请文件的日期为准。

我国商标法在坚持申请在先原则的同时，还强调使用在先的正当性，防止不正当的抢注行为。申请商标注册不得损害他人现有的在先权利，也不得以不正当手段抢先注册他人已经使用并有一定影响的商标。

（2）自愿注册原则。《商标法》第6条规定："法律、行政法规规定必须使用注册商标的商品，必须申请商标注册，未经核准注册的，不得在市场销售"。这说明我国在采用自愿注册原则的同时，对极少数产品仍保留了强制注册的原则。目前国家规定实行商标强制注册的商品是人用药品和烟草制品。

（3）优先权原则。商标注册申请人自其商标在外国第一次提出商标注册申请之日起6个月内，又在中国就相同商品以同一商标提出商标注册申请的，可以享有优先权。商标在中国政府主办的或者承认的国际展览会展出的商品上首次使用的，自该商品展出之日起6个月内，该商标的注册申请人可以享有优先权。

2. 商标注册的申请

（1）商标注册申请人应当按规定的商品分类表填报使用商标的商品类别和商品名称，提出注册申请。商标注册申请人可以通过一份申请就多个类别的商品申请注册同一商标。

（2）注册商标需要在核定使用范围之外的商品上取得商标专用权的，应当另行提出注册申请。

（3）注册商标需要改变其标志的，应当重新提出注册申请。

（4）注册商标需要变更注册人的名义、地址或者其他注册事项的，应当提出变更申请。

（二）商标注册的审查和核准

1. 注册商标的审查

对申请注册的商标，商标局应当自收到商标注册申请文件之日起9个月内审查完毕，符合商标法有关规定的，予以初步审定公告。申请注册的商标，凡不符合商标法有关规定或者同他人在同一种商品或者类似商品上已经注册的或者初步审定的商标相同或者近似的，由商标局驳回申请，不予公告。

2. 商标注册的核准

对初步审定公告的商标，自公告之日起3个月内，在先权利人、利害关系人或者任何人认为违反商标法的相关规定的，可以向商标局提出异议。公告期满无异议的，予以核准注册，发给商标注册证，并予以公告。

3. 商标的复审

对驳回申请、不予公告的商标，商标局应当书面通知商标注册申请人。商标注册申请人不服的，可以自收到通知之日起15日内向商标评审委员会申请复审。商标评审委员会应当自收到申请之日起9个月内做出决定，并书面通知申请人。有特殊情况需要延长的，经国务院工商行政管理部门批准，可以延长3个月。当事人对商标评审委员会的决定不服的，可以自收到通知之日起30日内向人民法院起诉。

四、注册商标的无效宣告

（1）已经注册的商标，违反《商标法》不得作为商标使用的标志的规定，不得作为商标注册的标志的规定，不得以三维标志申请注册商标情形的规定的，或者是以欺骗手段或者其他不正当手段取得注册的，由商标局宣告该注册商标无效；其他单位或者个人可以请求商标评审委员会宣告该注册商标无效。

（2）商标局做出宣告注册商标无效的决定，应当书面通知当事人。当事人对商标局的决定不服的，可以自收到通知之日起15日内向商标评审委员会申请复审。商标评审委员会应当自收到申请之日起9个月内做出决定，并书面通知当事人。有特殊情况需要延长的，经国务院工商行政管理部门批准，可以延长3个月。当事人对商标评审委员会的决定不服的，可以自收到通知之日起30日内向人民法院起诉。

（3）已经注册的商标，违反《商标法》有关不予注册并禁止使用的规定的，或者违反《商标法》有关申请商标注册不得损害他人现有的在先权利，不得以不正当手段抢先注册他人已经使用并有一定影响的商标的规定的，自商标注册之日起5年内，在先权利人或者利害关系人可以请求商标评审委员会宣告该注册商标无效。对恶意注册的，驰名商标所有人不受5年的时间限制。

（4）法定期限届满，当事人对商标局宣告注册商标无效的决定不申请复审或者对商标评审委员会的复审决定、维持注册商标或者宣告注册商标无效的裁定不向人民法院起诉的，商标局的决定或者商标评审委员会的复审决定、裁定生效。

五、商标使用的管理

（一）对注册商标使用的管理

（1）商标注册人在使用注册商标的过程中，自行改变注册商标、注册人名义、地址或者其他注册事项的，由地方工商行政管理部门责令限期改正；期满不改正的，由商标局撤销其注册商标。

（2）注册商标成为其核定使用的商品的通用名称或者没有正当理由连续3年不使用的，任何单位或者个人可以向商标局申请撤销该注册商标。商标局应当自收到申请之日起9个月内做出决定。有特殊情况需要延长的，经国务院工商行政管理部门批准，可以延长3个月。

（3）注册商标被撤销、被宣告无效或者期满不再续展的，自撤销、宣告无效或者注销之日起1年内，商标局对与该商标相同或者近似的商标注册申请，不予核准。

（二）对未注册商标的管理

将未注册商标冒充注册商标使用的，或者使用未注册商标违反《商标法》第10条规定的，由地方工商行政管理部门予以制止，限期改正，并可以予以通报，违法经营额5万元以上的，可以处违法经营额20%以下的罚款，没有违法经营额或者违法经营额不足5万元的，可以处1万元以下的罚款。

六、注册商标专用权的保护

（一）注册商标专用权的保护范围

注册商标的专用权，以核准注册的商标和核定使用的商品为限。根据这一规定，注册商标专用权的保护范围主要限定在三个方面：

（1）核准注册的商标；

（2）核定使用的商品或者服务；

（3）注册商标在有效期限内。

（二）侵犯注册商标专用权的行为

（1）未经商标注册人的许可，在同一种商品上使用与其注册商标相同的商标的；

（2）未经商标注册人的许可，在同一种商品上使用与其注册商标近似的商标，或者在类似商品上使用与其注册商标相同或者近似的商标，容易导致混淆的；

（3）销售侵犯注册商标专用权的商品的；

（4）伪造、擅自制造他人注册商标标识或者销售伪造、擅自制造的注册商标标识的；

（5）未经商标注册人同意，更换其注册商标并将该更换商标的商品又投入市场的；

（6）故意为侵犯他人商标专用权行为提供便利条件，帮助他人实施侵犯商标专用权行为的；

（7）给他人的注册商标专用权造成其他损害的。

【知识卡片】

根据《商标法实施条例》第50条和《最高人民法院关于审理商标民事纠纷案件适用法律若干问题的解释》第1条规定，下列行为属于“给他人的注册商标专用权造成其他损害的”商标侵权行为：①在同一种或者类似商品上，将与他人注册商标相同或者近似的标志作为商品名称或者商品装潢使用，误导公众的；②故意为侵犯他人注册商标专用权行为提供仓储、运输、邮寄、隐匿等便利条件的；③将与他人注册商标相同或者相近似的文字作为企业的字号在相同或者类似商品上突出使用，容易使相关公众产生误认的；④复制、摹仿或者翻译他人注册的驰名商标或其主要部分在不相同或者不相类似商品上作为商标使用，误导公众，致使该驰名商标注册人的利益可能受到损害的；⑤将与他人注册商标相同或者相近似的文字注册为域名，并且通过该域名进行相关商品交易的电子商务，容易使相关公众产生误认的。

注册商标中含有的本商品的通用名称、图形、型号，或者直接表示商品的质量、主要原料、功能、用途、重量、数量及其他特点，或者含有的地名，注册商标专用权人无权禁止他人正当使用。三维标志注册商标中含有的商品自身的性质产生的形状、为获得技术效果而需有的商品形状或者使商品具有实质性价值的形状，注册商标专用权人无权禁止他人正当使用。商标注册人申请商标注册前，他人已经在同一种商品或者类似商品上先于商标注册人使用与注册商标相同或者近似并有一定影响的商标的，注册商标专用权人无权禁止该使用人在原使用范围内继续使用该商标，但可以要求其附加适当区别标识。

将他人注册商标、未注册的驰名商标作为企业名称中的字号使用，误导公众，构成不正当竞争行为的，依照《中华人民共和国反不正当竞争法》处理。

（三）侵犯注册商标专用权的法律责任

侵犯注册商标专用权的法律责任包括民事责任、行政责任和刑事责任。

（1）民事责任。民事责任主要包括：停止侵犯；消除影响；赔偿损失等。侵犯商标专用权的赔偿数额，按照权利人因被侵权所受到的实际损失确定；实际损失难以确定的，可以按照侵权人因侵权所获得的利益确定；权利人的损失或者侵权人获得的利益难以确定的，参照该商标许可使用费的倍数合理确定。对恶意侵犯商标专用权，情节严重的，可以在按照上述方法确定数额的 1 倍以上 3 倍以下确定赔偿数额。赔偿数额应当包括权利人为制止侵权行为所支付的合理开支。权利人因被侵权所受到的实际损失、侵权人因侵权所获得的利益、注册商标许可使用费难以确定的，由人民法院根据侵权行为的情节判决给予 300 万元以下的赔偿。

销售不知道是侵犯注册商标专用权的商品，能证明该商品是自己合法取得的并说明提供者的，不承担赔偿责任。

（2）行政责任。工商行政管理部门处理时，认定侵权行为成立的，责令立即停止侵权行为，没收、销毁侵权商品和主要用于制造侵权商品、伪造注册商标标识的工具，违法经营额 5 万元以上的，可以处违法经营额 5 倍以下的罚款，没有违法经营额或者违法经营额不足 5 万元的，可以处 25 万元以下的罚款。对 5 年内实施两次以上商标侵权行为或者有其他严重情节的，应当从重处罚。销售不知道是侵犯注册商标专用权的商品，能证明该商品是自己合法取得并说明提供者的，由工商行政管理部门责令停止销售。

（3）刑事责任。刑事责任主要有三种。①未经注册商标所有人许可，在同一种商品上使用与其注册商标相同的商标，情节严重的，处 3 年以下有期徒刑或者拘役，并处或者单处罚金；情节特别严重的，处 3 年以上 7 年以下有期徒刑，并处罚金。②销售明知是假冒注册商标的商品，销售金额数额较大的，处 3 年以下有期徒刑或者拘役，并处或者单处罚金；销售金额数额巨大的，处 3 年以上 7 年以下有期徒刑，并处罚金。③伪造、擅自制造他人注册商标标识或者销售伪造、擅自制造的注册商标标识，情节严重的，处 3 年以下有期徒刑、拘役或者管制，并处或者单处罚金；情节特别严重的，处 3 年以上 7 年以下有期徒刑，并处罚金。

（四）驰名商标的法律保护

1. 驰名商标的概念

驰名商标是指在中国为相关公众广为知晓并享有较高声誉的商标。2013 年修订的《商标法》规定，生产者、经营者不得将“驰名商标”字样用于商品、商品包装或者容器上，或者用于广告宣传、展览以及其他商业活动中。

【知识卡片】

驰名商标，也称为知名商标或者周知商标。驰名商标最早出现在《保护工业产权巴黎公约》1925 年文本中。我国 1984 年正式批准加入《保护工业产权巴黎公约》，成为其第 95 个成员国。和其他加入《巴黎公约》的成员国一样，依据该公约的规定对驰名商标给予特殊的法律保护。我国1982年的商标法和1993年第一次对商标法的修正都没有涉及驰名商标保护的问题。2001年10月，我国对《商标法》进行修正，才在立法中增加了驰名商标的保护。

2. 驰名商标的认定

驰名商标应当根据当事人的请求，作为处理涉及商标案件需要认定的事实进行认定。认定驰名商标应当考虑下列因素：

（1）相关公众对该商标的知晓程度；

（2）该商标使用的持续时间；

（3）该商标的任何宣传工作的持续时间、程度和地理范围；

（4）该商标作为驰名商标受保护的记录；

（5）该商标驰名的其他因素。

3. 驰名商标保护

（1）为相关公众所熟知的商标，持有人认为其权利受到侵害时，可以依照商标法规定请求驰名商标保护。

（2）就相同或者类似商品申请注册的商标是复制、摹仿或者翻译他人未在中国注册的驰名商标，容易导致混淆的，不予注册并禁止使用。可见，未注册的驰名商标享有类似于普通注册商标的专用权。

（3）就不相同或者不相类似商品申请注册的商标是复制、摹仿或者翻译他人已经在中国注册的驰名商标，误导公众，致使该驰名商标注册人的利益可能受到损害的，不予注册并禁止使用。

（4）对恶意注册驰名商标的行为可随时请求撤销，不受5年时效限制。

【案例6.4】

通用磨房公司称，哈根达斯（Haagen-Dazs）是该公司所有的知名冰淇淋品牌。“Haagen-Dazs”商标1986年11月获准注册。殷星则在2003年6月提出 “Haager-Dasz”服装类的注册，该商标通过初审并公告后，通用磨坊公司提出异议，商标评审委员会认为，两者在原料、用途等方面差异巨大，不属于类似产品。美国通用磨房食品公司提起了行政诉讼。

法院认为殷星在服装类注册的“Haager-Dasz”商标与通用磨房公司“Haagen-Dazs”，有相当程度的关联，易导致相关公众对商品来源产生混淆误认，损害通用磨坊公司利益，并削弱其驰名商标的显著性。“哈根达斯”属于驰名商标，应予跨类保护，判决撤销商标评审委员会的裁定。

请用商标法律制度分析法院的判决。

【案例分析】

根据《商标法》的规定，就不相同或者不相类似商品申请注册的商标是复制、摹仿或者翻译他人已经在中国注册的驰名商标，误导公众，致使该驰名商标注册人的利益可能受到损害的，不予注册并禁止使用。殷星在服装类注册的“Haager-Dasz”商标与通用磨房公司“Haagen-Dazs”非常相似，属于摹仿，容易误导公众，致使通用磨房公司的利益可能受到损害，不应予以注册，并应该禁止使用。

【本章小结】

工业产权是指人们依法对应用于商品生产和流通中的创造发明和显著标记等智力成果在一定区域和一定期限内享有的专有权或独占权。工业产权主要包括专利权和商标权。

专利权是专利权人在法定期间内对其发明创造成果享有的专有权利。专利法主要介绍了专利权的主体、客体、内容，授予专利权的条件，专利的申请、审查和批准程序，专利权的保护期限、终止和无效，专利权的保护。

商标权是商标注册人对其注册商标所享有的专有的权利。商标法主要介绍了商标权的主体、客体和商标权人的权利与义务，注册商标的申请、审查和核准，注册商标的续展、转让、许可使用的程序，注册商标争议的裁定，商标使用的管理，注册商标专用权的保护等。

【综合练习题】

一、单项选择题

1. 我国采用商标强制注册原则的商品是（　　）。

A. 家用电器　　B. 皮革制品　　C. 人用药品　　D. 纺织品

2. 两个以上申请人分别就同样的发明创造申请专利的，专利权归（　　）。

A. 先申请的人　　B. 后申请的人

C. 两人共有所有　　D. 专利主管机关

3. 根据商标法律制度的规定，以协会名义注册，供协会成员在商事活动中使用，以表明使用者在该协会中的成员资格的标志，属于什么商标？（　　）

A. 证明商标　　B. 集体商标　　C. 防御商标　　D. 联合商标

4. 下列可以授予专利权的是（　　）。

A. 科学发现　　B. 智力活动的规则和方法

C. 疾病的诊断和治疗方法　　D. 动物和植物品种的生产方法

5. 关于注册商标的续展，下列说法中，正确的说法是（　　）。

A. 商标注册人应当在其注册商标的有效期满前 12 个月内申请续展注册

B. 商标注册人在其注册商标有效期满前未申请续展注册的，可以给予 3 个月的宽展期

C. 商标注册人在其注册商标有效期满前未申请续展注册的，可以给予 6 个月的宽展期

D. 商标注册人只能申请一次续展注册

6. 目前，在我国一些商品上使用的“纯羊毛标志”是一种（　　）。

A. 防御商标　　B. 联合商标

C. 证明商标　　D. 集体商标

二、多项选择题

1. 在我国可以申请注册的商标有（　　）。

A. 商品商标　　B. 服务商标　　C. 集体商标　　D. 证明商标

2. 根据商标法律制度的规定，下列各项中，可成为商标权主体的有（　　）。

A. 自然人　　B. 有限责任公司

C. 合伙企业　　D. 个人独资企业

3. 申请专利的发明创造在申请日以前 6 个月内，有下列哪些情形的，不丧失新颖性？（　　）

A. 在中国政府主办的国际展览会上首次展出的

B. 在中国政府承认的国际展览会上首次展出的

C. 在规定的学术会议或者技术会议上首次发表的

D. 他人未经申请人同意而泄露其内容的

4. 实用新型专利的创造性，是指同申请日以前已有的技术相比，该实用新型具有（　　）。

A. 突出的实质性特点　　B. 实质性特点

C. 显著的进步　　D. 进步

5. 下列哪些行为是侵犯注册商标专用权的行为？（　　）

A. 未经商标注册人许可，在同种商品上使用与其注册商标相同的商标

B. 销售侵犯注册商标专用权的商品

C. 伪造、擅自制造他人注册商标标识或销售伪造、擅自制造的注册商标标识

D. 未经商标注册人同意更换其注册商标并将该更换商标的商品又投入市场的

6. 有下列哪种情况的，专利权在期限届满前终止？（　　）

A. 没有按规定缴纳年费

B. 专利权人书面申请放弃其专利权

C. 自专利权被授予之日起 3 年内无正当理由未履行实施义务的

D. 转让专利权，未经专利局登记公告

7. 根据《商标法》的规定，认定驰名商标应当考虑的因素有（　　）。

A. 相关公众对该商标的知晓程度

B. 该商标是否在我国注册

C. 该商标的任何宣传工作的持续时间、程度和地理范围

D. 该商标作为驰名商标受保护的记录

三、案例分析题

某大学教授何某接受某生产单位的委托研究开发一种新产品，双方未就开发完成的成果归属做出任何约定。研究开发中何某利用生产单位按约定提供的技术资料和研究设备完成了新产品的开发。何某就该项成果申请发明专利，生产单位提出异议，认为是自己出钱委托的，而且该项发明创造使用了他们单位提供的技术资料和研究设备，所以申请专利的权利不属于何某，而应该属于他们单位，双方为此发生了争议。回答下列问题。

（1）该发明是职务发明还是非职务发明?

（2）该项发明的专利申请权应归哪一方?

（3）假如专利管理部门授予何某享有专利权，生产单位有哪些权利?

第 7 章

市场管理法律制度

学习目标

【知识目标】

了解反不正当竞争法的调整对象
了解垄断、不正当竞争的含义
了解国家、社会对消费者权益的保护
理解滥用行政权力排除、限制竞争的行为
理解产品和消费者的范围
掌握不正当竞争行为
掌握垄断协议、滥用市场支配地位、经营者集中
掌握生产者和销售者的产品质量责任与义务
掌握消费者的权利、经营者的义务
掌握侵犯消费者权益的法律责任

【能力目标】

能够判断不正当竞争行为和垄断行为
能够辨别产品质量责任
能够处理消费者权益案件，保护自己的权益

案例导入

商务部发布对可口可乐收购汇源反垄断审查公告

2008 年 9 月 18 日，可口可乐公司向商务部递交了申报材料。9 月 25 日、10 月 9 日、10 月 16 日和 11 月 19 日，可口可乐公司根据商务部要求对申报材料进行了补充。11 月 20 日，商务部认为可口可乐公司提交的申报材料达到了《反垄断法》第 23 条规定的标准，对此项申报进行立案审查，并通知了可口可乐公司。由于此项集中规模较大、影响复杂，2008 年 12 月 20 日，初步阶段审查工作结束后，商务部决定实施进一步审查，书面通知了可口可乐公司。在进一步审查过程中，商务部对集中造成的各种影响进行了评估，并于 2009 年 3 月 20 日前完成了审查工作。

根据《反垄断法》第 27 条，商务部从如下几个方面对此项经营者集中进行了全面审查：

（1）参与集中的经营者在相关市场的市场份额及其对市场的控制力；

（2）相关市场的市场集中度；

（3）经营者集中对市场进入、技术进步的影响；

（4）经营者集中对消费者和其他有关经营者的影响；

（5）经营者集中对国民经济发展的影响；

（6）汇源品牌对果汁饮料市场竞争产生的影响。

经过审查，商务部依法对此项集中进行了全面评估，确认集中将产生如下不利影响。

（1）集中完成后，可口可乐公司有能力将其在碳酸软饮料市场上的支配地位传导到果汁饮料市场，对现有果汁饮料企业产生排除、限制竞争效果，进而损害饮料消费者的合法权益。

（2）品牌是影响饮料市场有效竞争的关键因素，集中完成后，可口可乐公司通过控制“美汁源”和“汇源”两个知名果汁品牌，对果汁市场控制力将明显增强，加之其在碳酸饮料市场已有的支配地位以及相应的传导效应，集中将使潜在竞争对手进入果汁饮料市场的障碍明显提高。

（3）集中挤压了国内中小型果汁企业生存空间，抑制了国内企业在果汁饮料市场参与竞争和自主创新的能力，给中国果汁饮料市场有效竞争格局造成不良影响，不利于中国果汁行业的持续健康发展。

商务部否决了可口可乐公司的收购。商务部反垄断局负责人表示，反垄断审查的目的是保护市场公平竞争，维护消费者利益和社会公共利益。自2008年8月中国反垄断法实施以来，商务部共收到40起包括合并、收购在内的经营者集中申报，可口可乐收购汇源案是第一个未获通过的案例。

分析商务部否决的法律依据。

【案例分析】

根据《反垄断法》第28条和第29条，此项经营者集中具有排除、限制竞争效果，将对中国果汁饮料市场有效竞争和果汁产业健康发展产生不利影响。鉴于参与集中的经营者没有提供充足的证据证明集中对竞争产生的有利影响明显大于不利影响或者符合社会公共利益，在规定的时间内，可口可乐公司也没有提出可行的减少不利影响的解决方案，因此，决定禁止此项经营者集中。

7.1　反不正当竞争法

一、反不正当竞争法概述

（一）不正当竞争的含义

不正当竞争，是指经营者违反反不正当竞争法的规定，损害其他经营者的合法权益，扰乱社会经济秩序的行为。不正当竞争行为具有下列特征。

（1）不正当竞争行为的主体是经营者。《反不正当竞争法》明确规定：“本法所称的经营者，是指从事商品经营或者营利性服务（以下所称商品包括服务）的法人、其他经济组织和个人”。非经营者不能成为不正当竞争行为的主体。但是作为特别规定，《反不正当竞争法》第二章所列举的不正当竞争行为中的“滥用行政权力限制竞争”行为，却只能由“政府及其所属部门”作为构成主体。

（2）不正当竞争是违反市场经济基本准则的行为。《反不正当竞争法》第2条第1款规定：“经营者在市场交易中，应当遵循自愿、平等、公平、诚实信用的原则，遵守公认的商业道德”，这是反不正当竞争法的基本原则，这些原则也是市场经济中通行的基本准则。

（3）不正当竞争行为是违法行为。不正当竞争行为违反了有关保护市场公平自由竞争的法律，违反了诚信原则和商业道德。

（4）不正当竞争行为侵害的客体是其他经营者的合法权益和社会正常的经济秩序。

（二）反不正当竞争法

反不正当竞争法是指在调整国家规制不正当竞争行为过程中发生的社会关系的法律规范的总称。1993年9月2日第八届全国人民代表大会常务委员会第三次会议通过并颁布了《中华人民共和国反不正当竞争法》（以下简称《反不正当竞争法》）。

【知识卡片】

“不正当竞争”这个术语一般认为出自1883年的《保护工业产权巴黎公约》。该公约规定，凡在工商活动中违反诚实经营的竞争行为即构成不正当的竞争行为。德国是现代《反不正当竞争法》的发源地，1896年德国制定了世界上第一部专门的《反不正当竞争法》，该法至今已修订过若干次。德国广义的反不正当竞争法还包括1932年的《附赠法》和1933年的《折扣法》。它对促进德国经济的发展，起着举足轻重的作用。

二、不正当竞争行为

（一）假冒仿冒行为

假冒仿冒行为是指经营者采用欺骗性的手段从事市场交易，使自己的商品或服务与特定竞争对手的商品或服务相混淆，已造成消费者误认和误购，获取不正当利益的行为。

根据《反不正当竞争法》的规定，属于这类不正当竞争行为的有：

（1）假冒他人注册商标；

（2）擅自使用知名商品特有的名称、包装、装潢，或者使用与知名商品近似的名称、包装、装潢，造成和他人的知名商品相混淆，使购买者误认为是该知名商品；

（3）擅自使用他人的企业名称或姓名，引人误认为是他人的商品；

（4）在商品上伪造或冒用认证标志、名优标志等质量标志，伪造产地，对商品作引人误解的虚假表示。

经营者假冒他人的注册商标，擅自使用他人的企业名称或者姓名，伪造或者冒用认证标志、名优标志等质量标志，伪造产地，对商品质量作引人误解的虚假表示的，依照《中华人民共和国商标法》、《中华人民共和国产品质量法》的规定处罚。

经营者擅自使用知名商品特有的名称、包装、装潢，或者使用与知名商品近似的名称、包装、装潢，造成和他人的知名商品相混淆，使购买者误认为是该知名商品的，监督检查部门应当责令停止违法行为，没收违法所得，可以根据情节处以违法所得1倍以上3倍以下的罚款；情节严重的可以吊销营业执照；销售伪劣商品，构成犯罪的，依法追究刑事责任。

（二）商业贿赂行为

商业贿赂行为是指经营者为销售或者购买商品而采用财物或者其他手段贿赂对方单位或者个人的行为。

经营者不得采用财物或者其他手段进行贿赂以销售或者购买商品。在账外暗中给予对方单位或者个人回扣的，以行贿论处；对方单位或者个人在账外暗中收受回扣的，以受贿论处。经营者销售或者购买商品，可以以明示方式给对方折扣，可以给中间人佣金。经营者给对方折扣、给中间人佣金的，必须如实入账。

经营者采用财物或者其他手段进行贿赂以销售或者购买商品，构成犯罪的，依法追究刑事责任；不构成犯罪的，监督检查部门可以根据情节处以1万元以上20万元以下的罚款，有违法所得的，予以没收。

（三）虚假的宣传行为

虚假宣传是指在商业活动中经营者利用广告或者其他方法对商品或者服务做出与实际内容不相符的虚假信息，导致客户或消费者误解的宣传行为。

经营者不得利用广告或者其他方法，对商品的质量、制作成分、性能、用途、生产者、有效期限、产地等作引人误解的虚假宣传。广告的经营者不得在明知或者应知的情况下，代理、设计、制作、发布虚假广告。

经营者利用广告或者其他方法，对商品作引人误解的虚假宣传的，监督检查部门应当责令停止违法行为，消除影响，可以根据情节处以1万元以上20万元以下的罚款。

广告的经营者，在明知或者应知的情况下，代理、设计、制作、发布虚假广告的，监督检查部门应当责令停止违法行为，没收违法所得，并依法处以罚款。

（四）侵犯商业秘密的行为

商业秘密是指不为公众所知悉，能为权利人带来经济利益，具有实用性并经权利人采取保密措施的技术信息和经营信息。

经营者侵犯商业秘密的不正当竞争行为有以下几种表现形式：

（1）经营者以盗窃、利诱、胁迫或者其他不正当手段获取权利人的商业秘密；

（2）经营者披露、使用或允许他人使用以盗窃、利诱、胁迫或其他不正当手段获取的权利人的商业秘密；

（3）经营者违反约定或者违反权利人有关保守商业秘密的要求，披露、使用或者通知他人使用其所掌握的商业秘密；

（4）第三人在明知或应知商业秘密是经营者通过不正当手段获得并加以不法披露、使用或允许他人使用的情况下，仍然去获取、使用或者披露权利人的商业秘密。

违反《反不正当竞争法》规定，侵犯商业秘密的，监督检查部门应当责令停止违法行为，可以根据情节处以1万元以上20万元以下的罚款。

（五）降价排挤行为

降价排挤行为是指经营者以排挤竞争对手为目的，以低于成本的价格销售商品的行为。《反不正当竞争法》规定，有下列情形之一的，不属于不正当竞争的行为：

（1）销售鲜活商品；

（2）处理有效期限即将到期的商品或者其他积压的商品；

（3）季节性降价；

（4）因清偿债务、转产、歇业降价销售商品。

（六）搭售或附加不合理条件的销售行为

搭售和附加不合理条件的销售行为，是指经营者利用自己的经济优势或经营上的优势，在销售商品或提供服务时，违背购买者的意愿，搭售其他商品或附加其他不合理的交易条件的行为。

（七）不正当有奖销售行为

有奖销售是指经营者以提供奖品或奖金的手段进行推销的行为。

我国《反不正当竞争法》禁止以下三种形式的有奖销售：

（1）采用谎称有奖或者故意让内定人员中奖的欺骗方式进行有奖销售；

（2）利用有奖销售的手段推销质次价高的商品；

（3）抽奖式的有奖销售，最高奖的金额超过5000元。

【案例7.1】

某省房地产开发公司商品房销售缓慢，为了推销自己的商品房，开展"购房抽大奖"的活动，每月抽奖一次，奖品是某品牌家电一套，价值2万余元。此举使该房地产商的商品房销售有所改观，引起了其他商品房开发商的注意。为了招揽客户，一些开发商也开始效仿。

问：房地产开发公司抽奖式有奖销售活动是否合法？

【案例分析】

房地产开发公司抽奖式有奖销售活动违反了《反不正当竞争法》。该房地产开发公司实施的是有奖销售活动，作为商品房促销的手段，这一行为本身并不违法。但是法律规定，抽奖式的有奖销售，最高奖的金额不得超过5000元，超过5000元就属于不正当有奖销售行为，违反了反不正当竞争法。

（八）商业诋毁行为

商业诋毁行为，是指经营者为了竞争的目的，故意捏造、散布虚伪的事实，损害竞争对手的商业信誉和商品声誉。商业信誉是指社会公众对某一经营者的经济能力、信用状况等所给予的社会评价，即该经营者在经济生活中信用、名誉的地位。商品声誉是指社会公众对某一经营者的商品性能、品质所给予的社会评价，即该商品在经济生活中的地位。

【案例 7.2】

某市 A、B 两家小店铺相距很近，经营的基本是同种类的商品。A 店铺货真价实，价廉物美，客源不断。而处于 A 店铺不远地方的 B 店铺顾客稀少，效益不佳。每当顾客去 B 店铺买东西的时候，老板总是说 A 店铺东西虽然便宜，但是有假货，他自己的商品才是货真价实，总有一些消费者在 A 店铺买到假货，告诫顾客要小心。过了一段时间，A 店铺的顾客减少了许多，而 B 店铺的顾客却逐渐增多。最后 A 店铺老板知道了原因，非常气愤，和 B 店铺老板理论，无功而返。于是 A 店铺老板向当地法院起诉了 B 店铺。

问：本案中 B 店铺老板的行为是否构成了不正当竞争行为？

【案例分析】

受理法院经过调查核实，认为 B 店铺老板的这些做法客观上损害了 A 店铺的商业信誉、商品信誉。《反不正当竞争法》第 14 条规定：经营者不得散布虚假事实，不得捏造，以此损害竞争对手的商业信誉、商品信誉。B 店铺为了达到打击竞争对手的目的，无中生有，诋毁 A 店铺的商业信誉和商品声誉，已构成不正当竞争行为。

（九）串通招投标行为

串通招投标行为，是指投标者之间串通投标，抬高或压低标价，以及投标者为排挤竞争对手而与招标者相互勾结的不正当市场竞争行为。我国《反不正当竞争法》规定了投标、招标中常见的两种类型的不正当竞争行为：

（1）投标者串通投标，抬高标价或压低标价的行为；

（2）投标者和招标者之间相互勾结，以排挤竞争对手的行为。

（十）公用企业或其他依法具有独占地位的经营者强制交易的行为

我国《反不正当竞争法》规定，公用企业或者其他依法具有独占地位的经营者，不得限定他人购买其指定的经营者的商品，以排挤其他经营者的公平竞争。

（十一）政府及其所属部门滥用行政权力限制竞争的行为

从《反不正当竞争法》规定可以看出，政府及其所属部门滥用行政权力限制竞争的行为有：

（1）限定他人购买其指定的经营者的商品；

（2）限制其他经营者正当的经营活动；

（3）限制外地商品进入本地市场；

（4）限制本地商品流向外地市场。

三、对不正当竞争行为的监督检查

（一）监督检查的部门

县级以上监督检查部门对不正当竞争行为，可以进行监督检查。监督检查部门工作人员监督检查不正当竞争行为时，应当出示检查证件。

（二）监督检查部门的职权

监督检查部门在监督检查不正当竞争行为时，有权行使下列职权。

（1）询问权。按照规定程序询问被检查的经营者、利害关系人、证明人，并要求提供证明材料或者与不正当竞争行为有关的其他资料。

（2）查询、复制权。查询、复制与不正当竞争行为有关的协议、帐册、单据、文件、记录、业务函电和其他资料。

（3）检查权。监督检查部门有权对与各种不正当竞争行为有关的财物进行检查，必要时可以责令被检查的经营者说明该商品的来源和数量，暂停销售，听候检查，不得转移、隐匿、销毁该财物。

监督检查部门在监督检查不正当竞争行为时，被检查的经营者、利害关系人和证明人应当如实提供有关资料或者情况。

7.2 反垄断法

一、反垄断法概述

（一）垄断

垄断的原意是独占，即一个市场上只有一个经营者。现在通常是指经济活动主体以非法的手段，使经济力过度集中甚至独占某类商品或服务的市场行为。垄断有经济性垄断与行政性垄断。经济垄断是经济主体（企业等）利用自己的垄断地位限制竞争的行为。行政垄断是指国家经济主管部门和地方政府滥用行政权力，排除、限制或妨碍企业之间的合法竞争。

垄断是市场经济发展到一定阶段的产物。市场竞争和生产集中发展到一定程度必然产生垄断，垄断一旦形成，便代替了自由竞争。因此，各国对垄断资本的发展进行了一定程度的遏制，以消除由于垄断对市场竞争机制带来的破坏性影响，其中最有效的措施就是制定反垄断的法律。

（二）反垄断法

反垄断法是市场经济发展到近代以后出现的，旨在规制市场中一系列独占市场，滥用市场优势、消除和限制竞争、损害社会公共利益行为的法律制度。《中华人民共和国反垄断法》明确规定，为了预防和制止垄断行为，保护市场公平竞争，提高经济运行效率，维护消费者利益和社会公共利益，促进社会主义市场经济健康发展，制定本法。中华人民共和国境内经济活动中的垄断行为，适用本法；中华人民共和国境外的垄断行为，对境内市场竞争产生排除、限制影响的，适用反垄断法。《中华人民共和国反垄断法》（以下简称《反垄断法》）颁布于 2007 年 8 月 30 日，于 2008 年 8 月 1 日开始实施。

【知识卡片】

现代意义上的反垄断法产生于 19 世纪末，西方自由资本主义进入垄断资本主义时期。世界上第一部反垄断立法是美国 1890 年颁布的《谢尔曼法》。反垄断法的名称因国而异，美国称之为“反托拉斯法”；德国称之为“反对限制竞争法”，又称“卡特尔法”；日本称之为“禁止垄断法”；英国称之为“限制性商业惯例法”；法国称之为“价格与竞争自由法”；欧洲共同体称之为“竞争法”。虽然世界各国因国情不同，反垄断立法以及司法实践存在着差异，但它们调整的对象和保护的利益在很大程度上是相同或相似的。

二、垄断协议

（一）垄断协议的概念与分类

1. 垄断协议的概念与特征

垄断协议是指经营者通过协议或在行为上进行协调实现共同行动，以排斥竞争或者减少竞争对其所造成的压力，谋求协同利益的行为。反垄断法所称垄断协议，是指排除、限制竞争的协议、决定或者其他协同行为。经营者达成垄断协议是实现市场垄断最直接、最主要的一种方式，因此，各国和地区的反垄断法都将其作为规制重点。垄断协议具有以下特征。

（1）垄断协议的主体是两个或两个以上的经营者，这是由“协议”的本身属性决定的。达成垄断协议的主体应为具有独立责任能力的市场主体。法人的分支机构、内部职能部门等不能构成垄断协议的主体。

（2）共同或者联合实施。垄断协议是当事人之间通过意思联络并取得一致后而形成的协议、决定和其他协同行为。协同行为是指经营者虽然没有达成协议，也没有可供遵循的决定，但相互间通过意思联络，共同实施的排除、限制竞争的协调、合作行为。垄断协议的当事人未必都有明示的意思表示一致，协同行为是一种默示行为，经营者之间的意思联络是通过当事人客观上协调一致的行动表现出来的。

（3）垄断协议以排除、限制竞争为目的。经营者达成固定价格、划分市场、限制数量等内容的垄断协议，旨在避免竞争风险，实施市场垄断，牟取不正当利益，是对竞争最直接的破坏。

2. 垄断协议分类

（1）横向垄断和纵向垄断。根据参与垄断协议的经营者之间是否具有竞争关系，垄断协议可分为横向垄断协议与纵向垄断协议。

（2）经营性垄断和行政性垄断。经营性垄断具体包括：①经营者达成垄断协议；②经营者滥用市场支配地位；③具有或者可能具有排除、限制竞争效果的经营者集中。

行政性垄断是行政机关或其授权的组织滥用行政权力，限制竞争的行为。国务院设立反垄断委员会，负责组织、协调、指导反垄断工作。

（二）对垄断协议的规制

1. 反垄断法禁止的横向垄断协议

《反垄断法》规定，禁止具有竞争关系的经营者达成下列垄断协议：

（1）固定或者变更商品价格；

（2）限制商品的生产数量或者销售数量；

（3）分割销售市场或者原材料采购市场；

（4）限制购买新技术、新设备或者限制开发新技术、新产品；

（5）联合抵制交易；

（6）国务院反垄断执法机构认定的其他垄断协议。

2. 反垄断法禁止的纵向垄断协议

《反垄断法》规定，禁止经营者与交易相对人达成下列垄断协议：

（1）固定向第三人转售商品的价格；

（2）限定向第三人转售商品的最低价格；

（3）国务院反垄断执法机构认定的其他垄断协议。

3. 垄断协议的豁免

经营者能够证明所达成的协议属于下列情形之一的，不属于垄断协议：

（1）为改进技术、研究开发新产品的；

（2）为提高产品质量、降低成本、增进效率，统一产品规格、标准或者实行专业化分工的；

（3）为提高中小经营者经营效率，增强中小经营者竞争力的；

（4）为实现节约能源、保护环境、救灾救助等社会公共利益的；

（5）因经济不景气，为缓解销售量严重下降或者生产明显过剩的；

（6）为保障对外贸易和对外经济合作中的正当利益的；

（7）法律和国务院规定的其他情形。

三、滥用市场支配地位

（一）滥用市场支配地位的概念

滥用市场支配地位，是指经营者在相关市场内具有能够控制商品价格、数量或者其他交易条件，或者能够阻碍、影响其他经营者进入相关市场能力的市场地位。

（二）市场支配地位的认定

1. 认定经营者具有市场支配地位时应当依据的因素

（1）经营者在相关市场的市场份额，以及相关市场的竞争状况；

（2）经营者控制销售市场或者原材料采购市场的能力；

（3）经营者的财力和技术条件；

（4）其他经营者对该经营者在交易上的依赖程度；

（5）其他经营者进入相关市场的难易程度；

（6）与认定该经营者市场支配地位有关的其他因素。

2. 经营者市场支配地位的推定标准

有下列情形之一的，可以推定经营者具有市场支配地位：

（1）1个经营者在相关市场的市场份额达到1/2的；

（2）2个经营者在相关市场的市场份额合计达到2/3的；

（3）3个经营者在相关市场的市场份额合计达到3/4的。

有前款第（1）项、第（3）项规定的情形，其中有的经营者市场份额不足1/10的，不应当推定该经营者具有市场支配地位。

被推定具有市场支配地位的经营者，有证据证明不具有市场支配地位的，不应当认定其具有市场支配地位。

四、经营者集中

（一）经营者集中的概念

经营者集中，是指经营者之间通过合并、取得股份或者资产、委托经营或联营以及人事兼任等方式形成的控制与被控制状态。经营者集中主要包括以下三种情形。

（1）合并。经营者合并是指两个或两个以上的经营者按照法律规定的程序结合为一个经营者的法律行为。

（2）通过取得股权或者资产的方式取得对其他经营者的控制权。经营者可以通过购买、置换等收购方式取得其他经营者的股权或资产，进而达到控制该经营者的目的。

（3）通过合同等方式取得对其他经营者的控制权或者能够对其他经营者施加决定性影响。此种情形主要包括经营者通过委托经营或者联营以及人事兼任等方式取得其他经营者的控制权或者对其他经营者施加决定性影响。

（二）经营者集中事先申报制度

1. 经营者集中申报标准

经营者集中达到国务院规定的申报标准的，经营者应当事先向国务院反垄断执法机构申报，未申报的不得实施集中。

《国务院关于经营者集中申报标准的规定》中明确规定，经营者集中达到下列标准之一的，经营者应当事先向国务院商务主管部门申报，未申报的不得实施集中。

（1）参与集中的所有经营者上一会计年度在全球范围内的营业额合计超过100亿元人民币，并且其中至少两个经营者上一会计年度在中国境内的营业额均超过4亿元人民币。

（2）参与集中的所有经营者上一会计年度在中国境内的营业额合计超过20亿元人民币，并且其中至少两个经营者上一会计年度在中国境内的营业额均超过 4 亿元人民币。

2. 经营者集中申报豁免

经营者集中有下列情形之一的，可以不向国务院反垄断执法机构申报：

（1）参与集中的一个经营者拥有其他每个经营者 50%以上有表决权的股份或者资产的；

（2）参与集中的每个经营者 50%以上有表决权的股份或者资产被同一个未参与集中的经营者拥有的。

（三）经营者集中申报与审查程序

1. 经营者申报提交的材料

经营者向国务院反垄断执法机构申报集中，应当提交下列文件、资料：

（1）申报书；

（2）集中对相关市场竞争状况影响的说明；

（3）集中协议；

（4）参与集中的经营者经会计师事务所审计的上一会计年度财务会计报告；

（5）国务院反垄断执法机构规定的其他文件、资料。

经营者提交的文件、资料不完备的，应当在国务院反垄断执法机构规定的期限内补交文件、资料。经营者逾期未补交文件、资料的，视为未申报。

2. 经营者集中的审查程序

（1）第一阶段审查。国务院反垄断执法机构应当自收到经营者提交的符合规定的文件、资料之日起 30 日内，对申报的经营者集中进行初步审查，作出是否实施进一步审查的决定，并书面通知经营者。国务院反垄断执法机构作出决定前，经营者不得实施集中。国务院反垄断执法机构作出不实施进一步审查的决定或者逾期未作出决定的，经营者可以实施集中。

（2）第二阶段审查。国务院反垄断执法机构决定实施进一步审查的，应当自决定之日起 90 日内审查完毕，作出是否禁止经营者集中的决定，并书面通知经营者。作出禁止经营者集中的决定，应当说明理由。审查期间，经营者不得实施集中。

有下列情形之一的，国务院反垄断执法机构经书面通知经营者，可以延长前款规定的审查期限，但最长不得超过 60 日：①经营者同意延长审查期限的；②经营者提交的文件、资料不准确，需要进一步核实的；③经营者申报后有关情况发生重大变化的。国务院反垄断执法机构逾期未作出决定的，经营者可以实施集中。

（3）最终决定。根据不同情况，国务院反垄断执法机构应作出以下不同决定。①禁止集中决定。国务院反垄断执法机构认为经营者集中具有或者可能具有排除、限制竞争效果的，应当作出禁止经营者集中的决定。②不予禁止决定。国务院反垄断执法机构认为经营者集中不具有排除、限制竞争效果的，或者国务院反垄断执法机构虽认为经营者集中具有或者可能具有排除、限制竞争效果，但是经营者能够证明该集中对竞争产生的有利影响明显大于不利影响或者符合社会公共利益的，国务院反垄断执法机构可以作出对经营者集中不予禁止的决定。③附条件的不予禁止决定。对不予禁止的经营者集中，国务院反垄断执法机构可以决定附加减少集中对竞争产生不利影响的限制性条件。

（4）决定的公布。对于禁止集中决定和附条件的不予禁止决定，国务院反垄断执法机构应当及时向社会公布。

（四）经营者集中审查的考虑因素

在对经营者集中进行审查并作出相应决定的过程中，国务院反垄断执法机构主要考虑下列因素：

（1）参与集中的经营者在相关市场的市场份额及其对市场的控制力；

（2）相关市场的市场集中度；

（3）经营者集中对市场进入、技术进步的影响；

（4）经营者集中对消费者和其他有关经营者的影响；

（5）经营者集中对国民经济发展的影响；

（6）国务院反垄断执法机构认为应当考虑的影响市场竞争的其他因素。

对外资并购境内企业或者以其他方式参与经营者集中，涉及国家安全的，除依照《反垄断法》规定进行经营者集中审查外，还应当按照国家有关规定进行国家安全审查。

五、滥用行政权力排除、限制竞争

（一）滥用行政权力排除、限制竞争的概念

滥用行政权力排除、限制竞争即通常所谓“行政性垄断”，是指行政机关和法律、法规授权的具有管理公共事务职能的组织滥用行政权力，排除、限制竞争的行为。滥用行政权力排除、限制竞争具有以下三个方面的特征。

（1）行为主体特定。滥用行政权力排除、限制竞争行为的主体不是作为反垄断法上一般主体的“经营者”，而是行政机关和法律、法规授权的具有管理公共事务职能的组织。行政机关包括地方各级人民政府及其所属部门、机构以及国务院有关部门、机构。法律法规授权的具有管理公共事务职能的组织，虽然不是行政机关，但是由于法律法规授予其一定的管理公共事务的职能，因此，也具有一定的行政管理权限。

（2）行为的表现形式多样。《反垄断法》列举了强制交易、地区封锁等 6 项滥用行政权力排除、限制竞争行为的表现形式，既包括具体行政行为，也包括抽象行政行为。

（3）行为的本质在于排除和限制竞争。行政性垄断与普通的市场性垄断具有共同的本质，即排除、限制竞争，从而损害市场绩效，减损消费者福利。此外，由于政府具有公共管理的职能和权力，具有制订、颁布具有规范性效力的文件等有效行政手段，因此，行政性垄断的危害可能比市场性垄断更加严重。

（二）反垄断法禁止的滥用行政权力排除、限制竞争行为

行政机关和法律、法规授权的具有管理公共事务职能的组织不得滥用行政权力，限定或者变相限定单位或者个人经营、购买、使用其指定的经营者提供的商品，不得滥用行政权力，实施下列行为，妨碍商品在地区之间的自由流通：

（1）对外地商品设定歧视性收费项目、实行歧视性收费标准，或者规定歧视性价格；

（2）对外地商品规定与本地同类商品不同的技术要求、检验标准，或者对外地商品采取重复检验、重复认证等歧视性技术措施，限制外地商品进入本地市场；

（3）采取专门针对外地商品的行政许可，限制外地商品进入本地市场；

（4）设置关卡或者采取其他手段，阻碍外地商品进入或者本地商品运出；

（5）妨碍商品在地区之间自由流通的其他行为。

行政机关和法律、法规授权的具有管理公共事务职能的组织不得滥用行政权力，实施下列行为：以设定歧视性资质要求、评审标准或者不依法发布信息等方式，排斥或者限制外地经营者参加本地的招标投标活动；采取与本地经营者不平等待遇等方式，排斥或者限制外地经营者在本地投资或者设立分支机构；强制经营者从事反垄断法规定的垄断行为。行政机关不得滥用行政权力，制定含有排除、限制竞争内容的规定。

六、对涉嫌垄断行为的调查

（一）调查的发动

反垄断执法机构依法对涉嫌垄断行为进行调查。对涉嫌垄断行为，任何单位和个人有权向反垄断执法机构举报。反垄断执法机构应当为举报人保密。举报采用书面形式并提供相关事实和证据的，反垄断执法机构应当进行必要的调查。

（二）对涉嫌垄断行为的调查

《反垄断法》第 39 条规定了执法机构调查涉嫌垄断行为时可采取的措施。反垄断执法机构调查涉嫌垄断行为，可以采取下列措施：

（1）进入被调查的经营者的营业场所或者其他有关场所进行检查；

（2）询问被调查的经营者、利害关系人或者其他有关单位或者个人，要求其说明有关情况；

（3）查阅、复制被调查的经营者、利害关系人或者其他有关单位或者个人的有关单证、协议、会计账簿、业务函电、电子数据等文件、资料；

（4）查封、扣押相关证据；

（5）查询经营者的银行账户。

采取上述规定的措施，应当向反垄断执法机构主要负责人书面报告，并经批准。

反垄断执法机构调查涉嫌垄断行为，执法人员不得少于 2 人，并应当出示执法证件。执法人员进行询问和调查，应当制作笔录，并由被询问人或者被调查人签字。

（三）执法机关的保密义务

反垄断执法机构及其工作人员对执法过程中知悉的商业秘密负有保密义务。根据《反垄断法》第 41 条，对被调查经营者的商业秘密负保密义务的除反垄断执法机构，还包括所有可能接触商业秘密的工作人员，如具体案件中的调查人员、审案人员以及协助案件审理的专家以及咨询人员。为了保护商业秘密，要求涉嫌垄断行为的经营者提供的保密信息应以执法目的为限，仅当执法目的要求经营者必须使用商业秘密时，才能要求提供，且其程度不得超过为满足执法目的所必要的界限。此外，反垄断执法机构还应当尽可能地限制接触商业秘密的人员，审理案件中应尽可能地减少可能泄露商业秘密的环节。例如，对于涉及商业秘密的问题，执法机构与被诉方之间的会谈应拒绝投诉方的参加。如果执法机构没有切实履行为经营者保守商业秘密的义务，需要承担相应的法律责任。

（四）被调查人的陈述权

《反垄断法》第 43 条规定，被调查的经营者、利害关系人有权陈述意见。反垄断执法机构应当对被调查的经营者、利害关系人提出的事实、理由和证据进行核实。这就是被调查人的陈述权，即他们有权向反垄断执法机构表达自己的观点和意见。

（五）承诺

《反垄断法》第 45 条规定，对反垄断执法机构调查的涉嫌垄断行为，被调查的经营者承诺在反垄断执法机构认可的期限内采取具体措施消除该行为后果的，反垄断执法机构可以决定中止调查。中止调查的决定应当载明被调查的经营者承诺的具体内容。

反垄断执法机构决定中止调查的，应当对经营者履行承诺的情况进行监督。经营者履行承诺的，反垄断执法机构可以决定终止调查。

有下列情形之一的，反垄断执法机构应当恢复调查：

（1）经营者未履行承诺的；

（2）作出中止调查决定所依据的事实发生重大变化的；

（3）中止调查的决定是基于经营者提供的不完整或者不真实的信息作出的。

7.3 产品质量法

一、产品质量法概述

（一）产品

产品质量法所称的产品，是指经过加工、制作，用于销售的产品。产品必须同时具备两个条件，一是该产品经过加工、制作，是与自然物相对的劳动生产物；二是该产品是用于销售的，而不是自产自用的。需要明确的是，建设工程不适用《产品质量法》的规定，但是，建设工程使用的建筑材料、建筑构配件和设备，属于《产品质量法》规定的产品范围的，适用《产品质量法》的规定。军工产品不适用《产品质量法》的规定。

（二）产品质量法

1. 产品质量法的概念

产品质量法是调整产品质量关系的法律规范的总称。1993 年 2 月 22 日第七届全国人民代表大会常务委员会第三十次会议通过《中华人民共和国产品质量法》（以下简称《产品质量法》），2000 年 7 月 8 日第九届全国人民代表大会常务委员会第十六次会议对其进行了修正。

2. 产品质量法的立法宗旨

为了加强对产品质量的监督管理，提高产品质量水平，明确产品质量责任，保护消费者的合法权益，维护社会经济秩序，制定了产品质量法。

3. 产品质量的监督管理制度

（1）产品质量检验制度。产品质量检验制度，是指按照特定的标准、方法和程序，对产品质量进行检测，以判明产品是否符合国家产品质量标准的法律制度。我国《产品质量法》明文规定：产品质量应当检验合格，不得以不合格产品冒充合格产品。产品质量检验的主体是企业；检验的标准有国家标准、行业标准、地方标准、企业标准。

（2）企业质量体系认证制度。国家根据国际通用的质量管理标准，推行企业质量体系认证制度。企业根据自愿原则可以向国务院产品质量监督部门认可的或者国务院产品质量监督部门授权的部门认可的认证机构申请企业质量体系认证。经认证合格的，由认证机构颁发企业质量体系认证证书。

（3）产品质量认证制度。国家参照国际先进的产品标准和技术要求，推行产品质量认证制度。企业根据自愿原则可以向国务院产品质量监督部门认可的或者国务院产品质量监督部门授权的部门认可的认证机构申请产品质量认证。经认证合格的，由认证机构颁发产品质量认证证书，准许企业在产品或者其包装上使用产品质量认证标志。

（4）以抽查为主要方式的监督检查制度。国家对产品质量实行以抽查为主要方式的监督检查制度，对可能危及人体健康和人身、财产安全的产品，影响国计民生的重要工业产品以及消费者、有关组织反映有质量问题的产品进行抽查。抽查的样品应当在市场上或者企业成品仓库内的待销产品中随机抽取。监督抽查工作由国务院产品质量监督部门规划和组织。县级以上地方产品质量监督部门在本行政区域内也可以组织监督抽查。法律对产品质量的监督检查另有规定的，依照有关法律的规定执行。国家监督抽查的产品，地方不得另行重复抽查；上级监督抽查的产品，下级不得另行重复抽查。

二、生产者、销售者的产品质量责任和义务

（一）生产者的产品质量义务

1. 保证产品的内在质量

产品质量应当符合下列三方面的要求。

（1）产品不存在危及人身、财产安全的不合理危险。有保障人体健康、人身财产安全的国家标准、行业标准的，应当符合该标准。

（2）产品质量应当具备的使用性能，但是，对产品存在使用性能上的瑕疵作出说明的除外。

（3）产品质量符合在产品或者包装上注明采用的产品标准，符合以产品说明等方式表明的质量状况。

2. 提供符合规定的标识

生产者所提供的产品或者其包装上的标识应当符合下列要求：

（1）有产品质量检验合格证明；

（2）有中文标明的产品名称、生产厂厂名和厂址；

（3）根据产品的特点和使用要求，需要标明产品规格、等级、所含主要成分的名称和含量的，相应予以标明；

（4）限期使用的产品，标明生产日期和安全使用期或者失效日期；

（5）使用不当，容易造成产品本身损坏或者有可能危及人身、财产安全的产品，有警示标志或者中文警示说明。

另外，如果生产者生产的产品是裸装的食品和其他根据产品的特点难以附加标识的裸装产品的，可以不附加产品标识。

3. 符合产品包装的要求

生产者的产品包装，法律没有明确规定。但是对于特殊产品的包装，《产品质量法》第28条规定，易碎、易燃、易爆、有毒、有腐蚀性、有放射性等危险物品以及储运中不能倒置和其他有特殊要求的产品，其包装质量必须符合相应要求，依照国家有关规定作出警示标志或者中文警示说明，标明储运注意事项。

4. 不得生产假冒伪劣产品

《产品质量法》规定，生产者不得生产国家明令淘汰的产品；不得伪造产地；不得伪造或者冒用他人的厂名、厂址；不得伪造或者冒用认证标志、名优标志等质量标志；生产者不得掺杂、掺假，不得以假充真、以次充好，不得以不合格产品冒充合格产品。

（二）销售者的产品质量义务

1. 执行进货验收制度

销售者应当执行进货验收制度，验明产品合格证明和其他合格标识。通过产品质量验收，可以确定产品流转过程中产品质量状况，保证销售产品的质量，也能够分清生产者和销售者的责任。

2. 保持销售产品的质量

销售者在进货后在向用户、消费者出售产品之前的一段时间内，应当根据产品的性质、特点采取必要的措施，保持销售产品的质量。如果进货时产品质量符合要求，而销售时出现缺陷，销售者就要承担相应的责任。

3. 销售符合质量要求的产品

销售者最重要的义务是保证所销售的产品符合规定的质量要求。不销售假冒伪劣产品，对用户和消费者来说，销售者这一义务是最直接的。对此，《产品质量法》有以下规定。

（1）销售给用户、消费者的产品不失效、不变质。

（2）销售者所销售产品的标识应符合下述规定的要求：不得伪造产地，伪造或冒用他人厂名、厂址；不得伪造或冒用认证标志、名优标志等质量标志。

（3）销售产品不得掺杂、掺假，不得以假充真、以次充好，不得以不合格产品冒充合格产品。

三、违反产品质量法的法律责任

（一）产品质量的民事责任

1. 损害赔偿范围

（1）人身伤害的赔偿范围。因产品存在缺陷造成受害人人身伤害的，侵害人应当赔偿医疗费、治疗期间的护理费、因误工减少的收入等费用；造成残疾的，还应当支付残疾者生活自助具费、生活补助费、残疾赔偿金以及由其扶养的人所必需的生活费等费用；造成受害人死亡的，并应当支付丧葬费、死亡赔偿金以及由死者生前扶养的人所必需的生活费等费用。

（2）财产损害的赔偿范围。因产品存在缺陷造成受害人财产损失的，侵害人应当恢复原状或者折价赔偿。受害人因此遭受其他重大损失的，侵害人应当赔偿损失。

2. 产品瑕疵责任

售出的产品有下列情形之一的，销售者应当负责修理、更换、退货；给购买产品的消费者造成损失的，销售者应当赔偿损失。

（1）不具备产品应当具备的使用性能而事先未作说明的。

（2）不符合在产品或者其包装上注明采用的产品标准的。

（3）不符合以产品说明、实物样品等方式表明的质量状况的。

销售者依照前款规定负责修理、更换、退货、赔偿损失后，属于生产者的责任或者属于向销售者提供产品的其他销售者的责任的，销售者有权向生产者、供货者追偿。

3. 产品缺陷责任

因产品存在缺陷造成人身、缺陷产品以外的其他财产损害的，生产者应当承担赔偿责任。生产者能够证明有下列情形之一的，不承担赔偿责任：

（1）未将产品投入流通的；

（2）产品投入流通时，引起损害的缺陷尚不存在的；

（3）将产品投入流通时的科学技术水平尚不能发现缺陷的存在的。

【案例 7.3】

一小偷徐某从电子产品检测所仓库偷了两台电磁炉，拿回家里用其中的一台通电做饭，谁知“轰”的一声，电磁炉爆炸了，徐某的右手被炸伤。原来该型号电磁炉是某市一家电器公司的新产品，出事前几天送到电子产品检测所请求测试。徐某从商品上查到电磁炉厂家要求赔偿，被拒绝。

问：徐某起诉电磁炉制造公司能否胜诉，为什么？

【案例分析】

不能胜诉。《产品质量法》规定，生产者能够证明有下列情形之一的，不承担赔偿责任：（1）未将产品投入流通的；（2）产品投入流通时，引起损害的缺陷尚不存在的；（3）将产品投入流通时的科学技术水平尚不能发现缺陷的存在的。该电磁炉是送到电子产品检测所请求测试，还没有投入流通，所以生产者不承担责任。

由于销售者的过错使产品存在缺陷，造成人身、他人财产损害的，销售者应当承担赔偿责任。销售者不能指明缺陷产品的生产者也不能指明缺陷产品的供货者的，销售者应当承担赔偿责任。

因产品存在缺陷造成人身、他人财产损害的，受害人可以向产品的生产者要求赔偿，也可以向产品的销售者要求赔偿。属于产品的生产者的责任，产品的销售者赔偿的，产品的销售者有权向产品的生产者追偿。属于产品的销售者的责任，产品的生产者赔偿的，产品的生产者有权向产品的销售者追偿。

【案例 7.4】

2009 年 12 月，某高校大学生王某到学校附近的杂货店买了一个热水瓶，在到学校水房打热水的时候，热水瓶突然爆炸，王某躲闪不急，脸被开水烫伤，并为此花去医疗费 3000 余元。事后，王某找到出售热水瓶的杂货店，要求其赔偿。但杂货店老板说：“热水瓶爆炸是质量问题，不是杂货店造成的，杂货店不负赔偿损失，你应去找生产厂家”。王某认为，杂货店的态度不是本着解决问题的目的，既然从店里买了东西，店里就应该负责，于是向法院起诉，要求杂货店赔偿其治疗烫伤而花费的医疗费用。

问：杂货店是否有义务赔偿？

【案例分析】

杂货店有义务给予赔偿。《产品质量法》规定，因产品存在缺陷造成人身、财产损害的，受害人可以向产品的生产者要求赔偿，也可以向产品的销售者要求赔偿。属于产品的生产者的责任，产品的销售者赔偿的，产品的销售者有权向产品的生产者追偿。属于产品的销售者的责任，产品的生产者赔偿的，产品的生产者有权向产品的销售者追偿。根据上述规定杂货店应对其销售的产品造成的损害负赔偿责任。

（二）产品质量的行政责任

1. 生产者、销售者的产品质量行政责任

（1）生产、销售不符合保障人体健康和人身、财产安全的国家标准、行业标准的产品的。

（2）在产品中掺杂，掺假；以假充真；以次充好，或者以不合格产品冒充合格产品的。

（3）生产国家明令淘汰的产品的，销售国家明令淘汰并停止销售的产品的。

（4）销售失效，变质的产品的。

（5）伪造产品产地的，伪造或者冒用他人厂名，厂址的，伪造或者冒用认证标志等质量标志的。

（6）产品标识不符合规定的。

（7）拒绝接受依法进行的产品质量监督检查的。

2. 生产者、销售者的产品质量行政责任形式

行政责任形式主要有：

（1）责令停止生产；

（2）责令停止销售；

（3）没收违法生产或销售的产品；

（4）罚款；

（5）没收违法所得；

（6）吊销营业执照。

（三）产品质量的刑事责任

1. 生产者、销售者的刑事责任

（1）生产、销售不符合保障人体健康和人身、财产安全的国家标准、行业标准的产品的，构成犯罪的，依法追究刑事责任。

（2）在产品中掺杂、掺假，以假充真，以次充好，或者以不合格产品冒充合格产品的，情节严重的，吊销营业执照；构成犯罪的，依法追究刑事责任。

（3）销售失效、变质的产品的，情节严重的，吊销营业执照；构成犯罪的，依法追究刑事责任。

2. 国家工作人员的刑事责任

（1）产品质量检验机构、认证机构伪造检验结果或者出具虚假证明的，情节严重的，取消其检验资格、认证资格；构成犯罪的，依法追究刑事责任。

（2）各级人民政府工作人员和其他国家机关工作人员有下列情形之一的，依法给予行政处分；构成犯罪的，依法追究刑事责任。①包庇、放纵产品生产、销售中违反本法规定行为的。②向从事违反产品质量法规定的生产、销售活动的当事人通风报信，帮助其逃避查处的。③阻挠、干预产品质量监督部门或者工商行政管理部门依法对产品生产、销售中违反产品质量法规定的行为进行查处，造成严重后果的。

（3）产品质量监督部门或者工商行政管理部门的工作人员滥用职权、玩忽职守、徇私舞弊，构成犯罪的，依法追究刑事责任；尚不构成犯罪的，依法给予行政处分。

3. 其他刑事责任

（1）在广告中对产品质量作虚假宣传，欺骗和误导消费者的，依照《中华人民共和国广告法》的规定追究法律责任。

（2）知道或者应当知道属于产品质量法规定禁止生产、销售的产品而为其提供运输、保管、

仓储等便利条件的，或者为以假充真的产品提供制假生产技术的，没收全部运输、保管、仓储或者提供制假生产技术的收入，构成犯罪的，依法追究刑事责任。

7.4 消费者权益保护法

一、消费者权益保护法概述

（一）消费者权益保护法概念

消费者权益保护法是指调整在保护消费者权益过程中发生的经济关系的法律规范的总称。1993 年 10 月 31 日第八届全国人民代表大会常务委员会第四次会议通过了《中华人民共和国消费者权益保护法》(以下简称《消费者权益保护法》，该法于 1994 年 1 月 1 日起实施。2009 年 8 月 27 日第十一届全国人民代表大会常务委员会第十次会议《关于修改部分法律的决定》第 1 次修正，2013 年 10 月 25 日对《消费者权益保护法》进行了第 2 次修正，修订后的《消费者权益保护法》于 2014 年 3 月 15 日起施行。

（二）消费者权益保护法的适用对象

根据消费者权益保护法的规定，其适用对象为以下几种。

（1）消费者为生活消费需要购买、使用商品或者接受服务的。所谓消费者，是指为个人生活消费需要购买、使用商品和接受服务的自然人。国际标准化组织消费者政策委员会将消费者定义为“为了个人目的购买或者使用商品和接受服务的个体社会成员”。因为分散的、单个的自然人，在市场中处于弱者地位，需要法律的特殊保护。而从事消费活动的社会组织、企事业单位不属于消费者权益保护法意义上的“消费者”。

（2）农民购买、使用直接用于农业生产的生产资料时，参照消费者权益保护法执行。农民购买直接用于农业生产的生产资料，虽然不是为个人生活消费，但是作为经营者的相对方，其弱者地位是不言而喻的。所以，《消费者权益保护法》将农民购买、使用直接用于农业生产的生产资料行为纳入了保护范围。

（3）经营者为消费者提供其生产、销售的商品或者提供服务，适用《消费者权益保护法》。《消费者权益保护法》以保护消费者利益为核心，在处理经营者与消费者的关系时，经营者首先应当遵守该法的有关规定；该法未做规定的，应当遵守其他有关法律、行政法规的规定。

二、消费者的权利与经营者的义务

（一）消费者的权利

消费者的权利，是指在消费活动中，消费者依法享有的各项权利的总和。

《消费者权益保护法》规定了消费者享有以下权利。

1. 保障安全权

消费者在购买、使用商品和接受服务时，享有人身、财产安全不受损害的权利。对可能危及人身、财产安全的商品和服务，经营者应当向消费者作出真实的说明和明确的警示，并说明和标明正确使用商品或者接受服务的方法以及防止危害发生的方法。

2. 知悉真情权

消费者享有知悉商品真实情况的权利。消费者有权根据商品或者服务的不同情况，要求经营者提供商品的价格、产地、生产者、用途、性能、规格、等级、主要成份、生产日期、有效期限、检验合格证明、使用方法说明书、售后服务，或者服务的内容、规格、费用等有关情况。

3. 自主选择权

消费者享有自由选择商品或者服务的权利。消费者有权自主选择提供商品或者服务的经营者，自主选择商品品种或者服务方式，自主决定购买或者不购买任何一种商品、接受或者不接受任何一项服务。消费者在自主选择商品或者服务时，有权进行比较、鉴别和挑选。

4. 公平交易权

消费者在购买商品或者接受服务时，有权获得质量保障、价格合理、计量正确等公平交易条件，有权拒绝经营者的强制交易行为。

5. 依法求偿权

消费者因购买、使用商品或者接受服务受到人身、财产损害时，享有依法获得赔偿的权利。

6. 依法结社权

消费者享有依法成立维护自身合法权益的社会团体的权利。

7. 获得有关知识权

消费者享有获得有关消费和消费者权益保护方面的知识的权利。消费者应当努力掌握所需商品或者服务的知识和使用技能，正确使用商品，提高自我保护意识。

8. 获得尊重权和信息保护权

消费者在购买、使用商品和接受服务时，享有人格尊严、民族风俗习惯得到尊重的权利，享有个人信息依法得到保护的权利。

9. 非现场购物的后悔权

经营者采用网络、电视、电话、邮购等方式销售商品，消费者有权自收到商品之日起7日内退货，但根据商品性质不宜退货的除外。经营者应当自收到退回货物之日起7日内返还消费者支付的价款。

10. 监督批评权

消费者有权检举、控告侵害消费者权益的行为和国家机关及其工作人员在保护消费者权益工作中的违法失职行为，有权对保护消费者权益工作提出批评、建议。

（二）经营者的义务

在消费法律关系中，消费者的权利就是经营者的义务。为了有效地保护消费者的权益，约束经营者的经营行为，《消费者权益保护法》不仅专章规定了消费者的权利，还专章规定了经营者的义务。

经营者的义务具体如下。

1. 依法定或约定履行义务

经营者向消费者提供商品或者服务，应当依照本法和其他有关法律、法规的规定履行义务。经营者和消费者有约定的，应当按照约定履行义务，但双方的约定不得违背法律、法规的规定。经营者向消费者提供商品或者服务，应当恪守社会公德，诚信经营，保障消费者的合法权益；不得设定不公平、不合理的交易条件，不得强制交易。

2. 接受消费者监督的义务

经营者应当听取消费者对其提供的商品或者服务的意见，接受消费者的监督。

3. 安全保障的义务

经营者应当保证其提供的商品或者服务符合保障人身、财产安全的要求。对可能危及人身、财产安全的商品和服务，应当向消费者作出真实的说明和明确的警示，并说明和标明正确使用商品或者接受服务的方法以及防止危害发生的方法。宾馆、商场、餐馆、银行、机场、车站、港口、影剧院等经营场所的经营者，应当对消费者尽到安全保障义务。

经营者发现其提供的商品或者服务存在缺陷，可能对人身、财产安全造成危害的，应当立即向有关行政部门报告和告知消费者，并及时采取停止生产、停止销售、警示、召回等消除危险的措施。采取召回措施的，经营者应当承担消费者因商品被召回支出的必要费用。

经营者发现其提供的商品或者服务存在缺陷，有危及人身、财产安全危险的，应当立即向有关行政部门报告和告知消费者，并采取停止销售、警示、召回、无害化处理、销毁、停止生产或者服务等措施。采取召回措施的，经营者应当承担消费者因商品被召回支出的必要费用。

4. 提供真实信息的义务

经营者向消费者提供有关商品或者服务的质量、性能、用途、有效期限等信息，应当真实、全面，不得作虚假或者引人误解的宣传。经营者对消费者就其提供的商品或者服务的质量和使用方法等问题提出的询问，应当作出真实、明确的答复。经营者提供商品或者服务应当明码标价。

【案例 7.5】

李某到百货商店买了一件风衣，风衣里面有一层里子。当时李某问服务员如何洗涤，由于人多，服务员告知像洗普通衣服一样洗涤就可以了。李某买回去穿了一段时间，自己手洗了风衣，没想到手洗完后，风衣里子缩小了，怎么整理都恢复不到最初平整的状态。李某非常生气，要求百货商店退货并赔偿往返损失。百货商店一口拒绝，认为是李某自己洗涤不当造成的。李某无奈起诉到法院。

问：李某的诉讼请求能否得到法院的支持？

【案例分析】

李某的诉讼请求能得到法院的支持。《消费者权益保护法》规定，消费者享有知悉其购买、使用的商品或者接受的服务的真实情况的权利。消费者有权根据商品或者服务的不同情况，要求经营者提供商品的价格、产地、生产者、用途、性能、规格、等级、主要成份、生产日期、有效期限、检验合格证明、使用方法说明书、售后服务，或者服务的内容、规格、费用等有关情况。受诉法院审理后认为商店服务员对李某使用方法的询问不作真实明确的答复，违反了《消费者权益保护法》中规定的知悉真情权，商店应对此承担民事责任。经调解，百货商店同意退货，并赔偿李某往返损失人民币 30 元。

5. 标明真实名称和标记的义务

租赁他人柜台或者场地的经营者，应当标明其真实名称和标记。

6. 出具相应的凭证和单据的义务

经营者提供商品或者服务，应当按照国家有关规定或者商业惯例向消费者出具发票等购货凭证或者服务单据；消费者索要发票等购货凭证或者服务单据的，经营者必须出具。

7. 质量保证的义务

经营者应当保证在正常使用商品或者接受服务的情况下其提供的商品或者服务应当具有的质量、性能、用途和有效期限；但消费者在购买该商品或者接受该服务前已经知道其存在瑕疵，且存在该瑕疵不违反法律强制性规定的除外。

经营者以广告、产品说明、实物样品或者其他方式表明商品或者服务的质量状况的，应当保证其提供的商品或者服务的实际质量与表明的质量状况相符。

经营者提供的机动车、计算机、电视机、电冰箱、空调器、洗衣机等耐用商品或者装饰装修等服务，消费者自接受商品或者服务之日起 6 个月内发现瑕疵，发生争议的，由经营者承担有关瑕疵的举证责任。

8. 履行“三包”义务

经营者提供的商品或者服务不符合质量要求的，消费者可以依照国家规定、当事人约定退货，或者要求经营者履行更换、修理等义务。没有国家规定和当事人约定的，消费者可以自收到商品之日起 7 日内退货；7 日后符合法定解除合同条件的，消费者可以及时退货，不符合法定解除合同条件的，可以要求经营者履行更换、修理等义务。

依照前款规定进行退货、更换、修理的，经营者应当承担运输等必要费用。

经营者采用网络、电视、电话、邮购等方式销售商品，消费者有权自收到商品之日起 7 日内退货，且无需说明理由，但下列商品除外：

（1）消费者定作的；

（2）鲜活易腐的；

（3）在线下载或者消费者拆封的音像制品、计算机软件等数字化商品；

（4）交付的报纸、期刊。

除上述所列商品外，其他根据商品性质并经消费者在购买时确认不宜退货的商品，不适用无理由退货。消费者退货的商品应当完好。经营者应当自收到退回商品之日起7日内返还消费者支付的商品价款。退回商品的运费由消费者承担；经营者和消费者另有约定的，按照约定。

9. 不得从事不公平、不合理交易

经营者在经营活动中使用格式条款的，应当以显著方式提请消费者注意商品或者服务的数量和质量、价款或者费用、履行期限和方式、安全注意事项和风险警示、售后服务、民事责任等与消费者有重大利害关系的内容，并按照消费者的要求予以说明。

经营者不得以格式条款、通知、声明、店堂告示等方式，作出排除或者限制消费者权利、减轻或者免除经营者责任、加重消费者责任等对消费者不公平、不合理的规定，不得利用格式条款并借助技术手段强制交易。格式条款、通知、声明、店堂告示等含有前款所列内容的，其内容无效。

10. 不得侵犯消费者的人格尊严权

经营者不得对消费者进行侮辱、诽谤，不得搜查消费者的身体及其携带的物品，不得侵犯消费者的人身自由。

11. 确保消费者的知情权

采用网络、电视、电话、邮购等方式提供商品或者服务的经营者，以及从事证券、保险、银行业务的经营者，应当向消费者提供经营地址、联系方式、商品或者服务的数量和质量、价款或者费用、履行期限和方式、风险警示、售后服务、民事责任等真实、必要的信息。

12. 不得擅自泄露消费者个人信息

经营者收集、使用消费者个人信息，应当遵循合法、正当、必要的原则，明示收集、使用信息的目的、方式和范围，并经被收集者同意。经营者收集、使用消费者个人信息，应当公开其收集、使用规则，不得违反法律、法规的规定和双方的约定收集、使用信息。经营者及其工作人员对收集的消费者个人信息必须严格保密，不得泄露、出售或者非法向他人提供。经营者应当采取技术措施和其他必要措施，确保信息安全，防止消费者个人信息泄露、丢失。在发生或者可能发生信息泄露、丢失的情况时，应当立即采取补救措施。经营者未经消费者同意或者请求，或者消费者明确表示拒绝的，不得向其发送商业性电子信息。

三、国家、社会对消费者权益的保护

（一）国家对消费者权益的保护

（1）国家制定有关消费者权益的法律、法规和强制性标准，应当听取消费者和消费者协会等组织的意见。

（2）各级人民政府应当加强领导，组织、协调、督促有关行政部门做好保护消费者合法权益的工作，落实保护消费者合法权益的职责。各级人民政府应当加强监督，预防危害消费者人身、财产安全行为的发生，及时制止危害消费者人身、财产安全的行为。

（3）各级人民政府工商行政管理部门和其他有关行政部门应当依照法律、法规的规定，在各自的职责范围内，采取措施，保护消费者的合法权益。有关行政部门应当听取消费者及其社会团体对经营者交易行为、商品和服务质量问题的意见，及时调查处理。

（4）有关行政部门在各自的职责范围内，应当定期或者不定期对经营者提供的商品和服务进行抽查检验，并及时向社会公布抽查检验结果。有关行政部门发现并认定经营者提供的商品或者服务存在缺陷，有危及人身、财产安全危险的，应当立即责令经营者采取停止销售、警示、召回、无害化处理、销毁、停止生产或者服务等措施。

（5）有关国家机关应当依照法律、法规的规定，惩处经营者在提供商品和服务中侵害消费者合法权益的违法犯罪行为。

（6）人民法院应当采取措施，方便消费者提起诉讼。对符合《中华人民共和国民事诉讼法》起诉条件的消费者权益争议，必须受理，及时审理。

（二）社会对消费者权益的保护

保护消费者权益，不仅是国家的责任，也是企事业单位、社会团体以及消费者自身的责任。《消费者权益保护法》规定，保护消费者的合法权益是全社会的共同责任。国家鼓励、支持一切组织和个人对损害消费者合法权益的行为进行社会监督。社会保护是国家保护的必要补充。

我国《消费者权益保护法》第 6 条规定，大众传播媒介应当做好维护消费者合法权益的宣传，对损害消费者合法权益的行为进行舆论监督。大众传播媒介的宣传，可能针对关于商品或服务的知识，也可能针对消费者权益保护的知识，并应对侵害消费者合法权益的行为进行报道，实行监督。社会对消费者权益的保护主要依靠消费者组织。

【知识卡片】

1898 年，全世界第一个消费者组织在美国成立，1936 年，建立了全美的消费者联盟。第二次世界大战后，各种反映消费者利益和要求的组织，在一些发达国家相继出现。在此基础上，1960 年，国际消费者联盟组织宣告成立。之后，消费者运动更加活跃，许多发展中国家也建立了消费者组织，使消费者运动成为一种全球性的社会现象。全世界已有 90 多个国家共 300 多个消费者组织在开展活动。“国际消费者权益日”定于每年的 3 月 15 日，最先由国际消费者联盟组织于 1983 年确定，目的在于扩大消费者权益保护的宣传，使之在世界范围内得到重视，促进各国和地区消费者组织之间的合作与交往，在国际范围内更好地保护消费者权益。

1. 消费者组织的性质

消费者协会和其他消费者组织是依法成立的对商品和服务进行社会监督的保护消费者合法权益的社会组织。消费者组织不得从事商品经营和营利性服务，不得以收取费用或者其他牟取利益的方式向消费者推荐商品和服务。依法成立的其他消费者组织依照法律、法规及其章程的规定，开展保护消费者合法权益的活动。

2. 消费者协会履行的职能

消费者协会履行下列公益性职责：

（1）向消费者提供消费信息和咨询服务，提高消费者维护自身合法权益的能力，引导文明、健康、节约资源和保护环境的消费方式；

（2）参与制定有关消费者权益的法律、法规、规章和强制性标准；

（3）参与有关行政部门对商品和服务的监督、检查；

（4）就有关消费者合法权益的问题，向有关部门反映、查询，提出建议；

（5）受理消费者的投诉，并对投诉事项进行调查、调解；

（6）投诉事项涉及商品和服务质量问题的，可以委托具备资格的鉴定人鉴定，鉴定人应当告知鉴定意见；

（7）就损害消费者合法权益的行为，支持受损害的消费者提起诉讼或者依照本法提起诉讼；

（8）对损害消费者合法权益的行为，通过大众传播媒介予以揭露、批评。

各级人民政府对消费者协会履行职责应当予以必要的经费等支持。消费者协会应当认真履行保护消费者合法权益的职责，听取消费者的意见和建议，接受社会监督。

四、争议的解决

（一）争议解决的途径

消费者和经营者发生消费者权益争议的，可以通过下列途径解决：

（1）与经营者协商和解；

（2）请求消费者协会或者依法成立的其他调解组织调解；

（3）向有关行政部门投诉；

（4）根据与经营者达成的仲裁协议提请仲裁机构仲裁；

（5）向人民法院提起诉讼。

（二）损害赔偿责任的承担主体

（1）消费者在购买、使用商品时，其合法权益受到损害的，可以向销售者要求赔偿。销售者赔偿后，属于生产者的责任或者属于向销售者提供商品的其他销售者的责任的，销售者有权向生产者或者其他销售者追偿。

消费者或者其他受害人因商品缺陷造成人身、财产损害的，可以向销售者要求赔偿，也可以向生产者要求赔偿。属于生产者责任的，销售者赔偿后，有权向生产者追偿。属于销售者责任的，生产者赔偿后，有权向销售者追偿。消费者在接受服务时，其合法权益受到损害的，可以向服务者要求赔偿。

（2）消费者在购买、使用商品或者接受服务时，其合法权益受到损害，因原企业分立、合并的，可以向变更后承受其权利义务的企业要求赔偿。

（3）使用他人营业执照的违法经营者提供商品或者服务，损害消费者合法权益，消费者可以向其要求赔偿，也可以向营业执照的持有人要求赔偿。

（4）消费者在展销会、租赁柜台购买商品或者接受服务，其合法权益受到损害的，可以向销售者或者服务者要求赔偿。展销会结束或者柜台租赁期满后，也可以向展销会的举办者、柜台的出租者要求赔偿。展销会的举办者、柜台的出租者赔偿后，有权向销售者或者服务者追偿。

（5）消费者通过网络交易平台购买商品或者接受服务，其合法权益受到损害的，可以向销售者或者服务者要求赔偿。网络交易平台提供者不能提供销售者或者服务者的真实名称、地址和有效联系方式的，消费者也可以向网络交易平台提供者要求赔偿；网络交易平台提供者作出更有利于消费者的承诺的，应当履行承诺。网络交易平台提供者赔偿后，有权向销售者或者服务者追偿。网络交易平台提供者明知或者应知销售者或者服务者利用其平台侵害消费者合法权益，未采取必要措施的，依法与该销售者或者服务者承担连带责任。

（6）消费者因经营者利用虚假广告提供商品或者服务，其合法权益受到损害的，可以向经营者要求赔偿。广告经营者、发布者发布虚假广告的，消费者可以请求行政主管部门予以惩处。广告经营者、发布者不能提供经营者的真实名称、地址的，应当承担赔偿责任。

广告经营者、发布者设计、制作、发布食品药品等关系消费者生命健康商品或者服务的虚假广告，造成消费者损害的，广告经营者、发布者与提供该商品或者服务的经营者承担连带责任。社会团体或者其他组织、个人在关系消费者生命健康商品或者服务的虚假广告或者其他虚假宣传中向消费者推荐商品或者服务，造成消费者损害的，应当与提供该商品或者服务的经营者承担连带责任。

消费者向有关行政部门投诉的，该部门应当自收到投诉之日起 7 个工作日内，予以处理并告知消费者。对侵害众多消费者合法权益的行为，中国消费者协会以及在省、自治区、直辖市设立的消费者协会，可以向人民法院提起诉讼。

五、侵犯消费者权益的法律责任

损害消费者合法权益的法律责任，包括民事责任、行政责任和刑事责任三种形式。

（一）民事责任

1. 民事责任的一般规定

《消费者权益保护法》第 48 条规定，经营者提供商品或者服务有下列情形之一的，除本法另有规定外，应当依照其他有关法律、法规的规定，承担民事责任：

（1）商品或者服务存在缺陷的；

（2）不具备商品应当具备的使用性能而出售时未作说明的；

（3）不符合在商品或者其包装上注明采用的商品标准的；

（4）不符合商品说明、实物样品等方式表明的质量状况的；

（5）生产国家明令淘汰的商品或者销售失效、变质的商品的；

（6）销售的商品数量不足的；

（7）服务的内容和费用违反约定的；

（8）对消费者提出的修理、重作、更换、退货、补足商品数量、退还货款和服务费用或者赔偿损失的要求，故意拖延或者无理拒绝的；

（9）法律、法规规定的其他损害消费者权益的情形。

经营者对消费者未尽到安全保障义务，造成消费者损害的，应当承担侵权责任。

2. 民事责任的特殊规定

（1）预收款方式提供商品或服务的责任。《消费者权益保护法》第 53 条规定，经营者以预收款方式提供商品或服务的，应当按照约定提供。未按照约定提供的，应依照消费者的要求履行约定或者退回预付款；并应当承担预付款的利息、消费者必须支付的合理费用。

（2）依法经有关行政部门认定为不合格的商品，消费者要求退货的，经营者应当负责退货。

3. 侵犯消费者人身权的民事责任

《消费者权益保护法》第 49 条规定，经营者提供商品或者服务，造成消费者或者其他受害人人身伤害的，应当赔偿医疗费、护理费、交通费等为治疗和康复支出的合理费用，以及因误工减少的收入。造成残疾的，还应当赔偿残疾生活辅助具费和残疾赔偿金。造成死亡的，还应当赔偿丧葬费和死亡赔偿金。

4. 侵犯消费者财产权的民事责任

经营者提供商品或者服务，造成消费者财产损害的，应当依照法律规定或者当事人约定承担修理、重作、更换、退货、补足商品数量、退还货款和服务费用或者赔偿损失等民事责任。

5. 侵犯消费者人格尊严或者侵犯消费者人身自由等的民事责任

《消费者权益保护法》第 50 条规定，经营者侵害消费者的人格尊严、侵犯消费者人身自由或者侵害消费者姓名权、肖像权、隐私权等个人信息得到保护的权利的，应当停止侵害、恢复名誉、消除影响、赔礼道歉，并赔偿损失。

《消费者权益保护法》第 51 条规定，经营者有侮辱诽谤、限制人身自由等侵害消费者或者其他受害人人身权益的行为，造成严重精神损害的，受害人可以要求精神损害赔偿。

6. 对欺诈行为的惩罚性规定

经营者提供商品或者服务有欺诈行为的，应当按照消费者的要求增加赔偿其受到的损失，增加赔偿的金额为消费者购买商品的价款或者接受服务的费用的 3 倍；增加赔偿的金额不足 500 元的，为 500 元。法律另有规定的，依照其规定。

经营者明知商品或者服务存在缺陷，仍然向消费者提供，造成消费者或者其他受害人死亡或者健康严重损害的，受害人有权要求经营者依照本法第 49 条、第 51 条等法律规定赔偿损失，并有权要求所受损失 2 倍以下的惩罚性赔偿。

（二）行政责任

经营者有下列情形之一，除承担相应的民事责任外，其他有关法律、法规对处罚机关和处罚方式有规定的，依照法律、法规的规定执行；法律、法规未作规定的，由工商行政管理部门或者其他有关行政部门责令改正，可以根据情节单处或者并处警告、没收违法所得、处以违法所得 1 倍以上 10 倍以下的罚款，没有违法所得的，处以 50 万元以下的罚款；情节严重的，责令停业整顿、吊销营业执照。

（1）提供的商品或者服务不符合保障人身、财产安全要求的。

（2）在商品中掺杂、掺假，以假充真，以次充好，或者以不合格商品冒充合格商品的。

（3）生产国家明令淘汰的商品或者销售失效、变质的商品的。

（4）伪造商品的产地，伪造或者冒用他人的厂名、厂址，篡改生产日期，伪造或者冒用认证标志等质量标志的。

（5）销售的商品应当检验、检疫而未检验、检疫或者伪造检验、检疫结果的。

（6）对商品或者服务作虚假或者引人误解的宣传的。

（7）拒绝或者拖延有关行政部门责令对缺陷商品或者服务采取停止销售、警示、召回、无害化处理、销毁、停止生产或者服务等措施的。

（8）对消费者提出的修理、重作、更换、退货、补足商品数量、退还货款和服务费用或者赔偿损失的要求，故意拖延或者无理拒绝的。

（9）侵害消费者人格尊严、侵犯消费者人身自由或者侵害消费者个人信息依法得到保护的权利的。

（10）法律、法规规定的对损害消费者权益应当予以处罚的其他情形。

经营者有前款规定情形的，除依照法律、法规规定予以处罚外，处罚机关应当记入信用档案，向社会公布。

（三）刑事责任

违反《消费者权益保护法》，构成犯罪的行为包括：

（1）经营者提供商品或者服务，造成消费者或者其他受害人人身伤害的，构成犯罪的，依法追究刑事责任；

（2）以暴力、威胁等方法阻碍有关行政部门工作人员依法执行职务的，依法追究刑事责任；

（3）国家机关工作人员玩忽职守或者包庇经营者侵害消费者合法权益的行为的，情节严重，构成犯罪的，依法追究刑事责任。

【本章小结】

为保障社会主义市场经济健康发展，鼓励和保护公平竞争，制止不正当竞争行为，保护经营者和消费者的合法权益，我国制定了反不正当竞争法。经营者在市场交易中，应当遵循自愿、平等、公平、诚实信用的原则，遵守公认的商业道德。本章主要介绍了不正当竞争法的概念和调整对象，不正当竞争的 11 种表现形式，对不正当竞争行为的监督检查和不正当竞争行为的法律责任。

垄断通常是指经济活动主体以非法的手段，使经济力过度集中甚至独占某类商品或服务的市场行为。为了预防和制止垄断行为，保护市场公平竞争，提高经济运行效率，维护消费者利益和社会公共利益，促进社会主义市场经济健康发展，我国出台了《反垄断法》。《反垄断法》规制的垄断行为主要包括：垄断协议，滥用市场支配地位，经营者集中，滥用行政权力排除、限制竞争的行为。

为了加强对产品质量的监督管理，提高产品质量水平，明确产品质量责任，保护消费者的合法权益，维护社会经济秩序，制定了产品质量法。《产品质量法》的主要内容是生产者、销售者的产品质量责任与义务以及违反产品质量法的法律责任。

为保护消费者的合法权益，维护社会经济秩序，促进社会主义市场经济健康发展，我国制定了消费者权益保护法。《消费者权益保护法》主要介绍了消费者的权利和经营者的义务，国家对消费者合法权益的保护，消费者组织对消费者权益的保护和职能，消费者权益争议的解决以及违反消费者权益保护法的法律责任。

【综合练习题】

一、单项选择题

1. 县级以上人民政府（ ）对不正当竞争行为行使监督检查的权力。

A. 企业主管部门　　B. 人民法院

C. 工商行政管理部门　　D. 审计部门

2. 以下属于不正当竞争行为的有（ ）。

A. 以低于成本价格销售鲜活商品

B. 以降价处理有效期限即将到期的商品

C. 以排挤竞争对手为目的，以低于成本的价格销售商品

D. 因清偿债务、转产、歇业降价销售商品

3. 经营者销售商品时（ ）。

A. 可以搭售商品　　B. 可以搭售一部分商品

C. 不得违背购买者意愿搭售商品　　D. 不可搭售商品

4. 抽奖式有奖销售，最高奖的金额超（ ）元，属于不正当竞争行为。

A. 4000　　B. 5000

C. 2000　　D. 3000

5. 下列不适用产品质量法的有（ ）。

A. 建设工程　　B. 加工品

C. 消费品　　D. 制作品

6. 限期使用的商品应标明（ ）。

A. 出厂日期　　B. 保质期

C. 安全使用期或失效日期　　D. 有效期

7. 消费者权益保护法调整的范围（ ）。

A. 仅限于生活消费

B. 仅限于生产消费

C. 以生活消费为主，特殊情况下适用于生产消费

D. 以生产消费为主，特殊情况下适用于生活消费

8. 搭售行为侵害了消费者的（ ）。

A. 安全权　　B. 知情权

C. 自主选择权　　D. 公平交易权

9. 经营者提供商品或者服务有欺诈行为的，应当按照消费者的要求增加赔偿其受到的损失，增加赔偿的金额为消费者购买商品的价款或者接受服务的费用的（ ）。

A. 一半　　B. 1 倍　　C. 2 倍　　D. 3 倍

10. 下列哪一垄断协议不禁止具有竞争关系的经营者达成的？（ ）

A. 固定或者变更商品价格

B. 为保障对外贸易和对外经济合作中的正当利益而限制商品的生产数量或者销售数量

C. 分割销售市场或者原材料采购市场

D. 限制购买新技术、新设备或者限制开发新技术、新产品

二、多项选择题

1. 下列属于违法有奖销售的有（ ）。

A. 谎称有奖

B. 抽奖式的有奖销售，最高奖的金额超过 5000 元
C. 故意让内定人员中奖
D. 抽奖式有奖销售最高金额为 5000 元

2. 在商品上伪造或冒用（　　），对商品质量作引人误解的表示，是不正当竞争行为。
A. 认证标志　　B. 名优标志
C. 产地　　D. 厂名

3.（　　）的产品，应当有警示或中文警示说明。
A. 使用不当　　B. 容易造成产品本身损坏
C. 可能危及人身　　D. 可能危及财产安全

4. 经营者不得采用下列哪些不正当竞争手段从事市场交易活动，损害竞争对手？（　　）
A. 假冒他人注册商标
B. 擅自使用知名商品特有的名称、包装、装潢
C. 擅自使用他人的企业名称或者姓名
D. 在商品上伪造或者冒用认证标志、名优标志等质量标志

5. 消费者在购买、使用商品时享有下列哪些权利？（　　）
A. 保障安全权　　B. 公平交易权
C. 依法求偿权　　D. 知悉真情权

6. 生产者能证明下列哪些事项的，可以免除产品责任？（　　）
A. 未将产品投入流通的
B. 产品投入流通时，引起损害的缺陷尚不存在的
C. 将产品投入流通时的科学技术水平尚不能发现缺陷的存在的
D. 由于销售者的过错使产品存在缺陷

7. 按照消费者权益保护法的规定，解决消费者权益争议的途径可以是（　　）。
A. 消费者与经营者协商和解
B. 请求消费者协会调解
C. 可以向有关行政部门申诉，但不能提起仲裁
D. 可以向人民法院起诉

8. 经营者提供商品或服务，当消费者索要时，必须按国家规定或商业惯例出具的是（　　）。
A. 购货凭证　　B. 营业执照
C. 经营许可证　　D. 服务单据

9. 下列哪些垄断协议是禁止经营者与交易相对人达成的？（　　）
A. 固定向第三人转售商品的价格
B. 限定向第三人转售商品的最低价格
C. 限定只能销售其独家的商品，禁止销售其他经营者的商品
D. 国务院反垄断执法机构认定的其他垄断协议

10. 下列哪些属于具有市场支配地位的经营者滥用市场支配地位的行为？（　　）
A. 以不公平的高价销售商品或者以不公平的低价购买商品
B. 没有正当理由，以低于成本的价格销售商品
C. 没有正当理由，拒绝与交易相对人进行交易
D. 没有正当理由，限定交易相对人只能与其进行交易或者只能与其指定的经营者进行交易

三、案例分析题

石某和朋友在家里聚会，从家门口的小店买了一捆啤酒，当石某用启瓶器开瓶盖时，啤酒瓶

突然爆炸，致使石某右眼球受伤，后因医治，石某右眼视力下降。由于石某在运输和搬动啤酒的过程中没有任何过错，开瓶也没有问题。于是他向小店索赔，但小店称啤酒瓶的爆炸可能是由于厂家生产时因质量不合格而致，自己并没有过错，因此要石某向厂家索赔，石某遂诉至法院。回答以下问题。

（1）生产厂家能满足石某的诉讼请求吗？

（2）石某能否直接向该出售啤酒的小店请求赔偿？

（3）人民法院如何解决该项纠纷？

第8章

金融法律制度

【知识目标】

了解金融、金融市场与银行的相关法律制度
了解人民币发行管理的基本概念和制度
了解中国人民银行的职责及组织结构
理解商业银行的组织结构及业务
理解证券的概念和种类
掌握中国人民银行的财务会计制度
掌握商业银行的贷款、财务会计制度
掌握商业银行的接管与终止
掌握票据权利的取得、票据权利的使用等
掌握股票发行和公司债券发行的概念和条件
掌握证券发行、上市、交易的制度
掌握上市公司收购的方式

【能力目标】

能够较为独立地从事金融法规方面的实际操作
能运用所学知识分析和解决有关票据的具体法律问题
能够清楚证券发行的相关条件
学会分析证券交易的相关法律行为
学会运用上市公司的收购

2006年2月某商业银行与某房地产公司共同开发某经济特区的房地产项目,并成立项目公司,因该行副行长兼任房地产公司副董事长，商业银行向该项目公司投资1亿元人民币。同年6月，该房地产公司以该公司的房产作为抵押，向商业银行提出贷款申请，商业银行经审核后，向其发放了2亿元抵押贷款。该行当月资本余额为17.9亿元人民币。2007年7月房地产公司因经营亏损濒临破产，商业银行的贷款已无法收回。2007年底该商业银行被人民银行决定接管。请回答下列问题。

（1）商业银行能否向项目公司投资，为什么？

（2）商业银行能否向房地产公司发放抵押贷款，为什么？

（3）商业银行向房地产公司发放2亿元人民币是否合法，为什么？

（4）人民银行对该商业银行的接管决定是否正确，为什么？

【案例分析】

（1）不能。《商业银行法》规定，商业银行不得向企业投资。

（2）能。《商业银行法》禁止向关系人发放信用贷款，并不禁止向关系人发放担保贷款，只是发放担保贷款的条件不得优于其他借款人同类贷款的条件。

（3）不合法。因为《商业银行法》关于资产负债比例管理的规定，对同一借款人的贷款余额与商业银行资本余额的比例不得超过 10%。

（4）正确。因为该商业银行巨额贷款无法收回，可能发生信用危机，在此情况下人民银行可以对该银行实行接管。

8.1　金融法概述

一、金融

简单来说，金融就是资金的融通。金融是货币流通和信用活动以及与之相联系的经济活动的总称。广义的金融泛指一切与信用货币的发行、保管、兑换、结算、融通有关的经济活动，甚至包括金银的买卖；狭义的金融专指信用货币的融通。

金融的内容可概括为货币的发行与回笼，存款的吸收与付出，贷款的发放与回收，金银、外汇的买卖，有价证券的发行与转让，保险，信托，国内、国际的货币结算等。从事金融活动的机构主要有银行、信托投资公司、保险公司、证券公司，还有信用合作社、财务公司、投资信托公司、金融租赁公司以及证券、金银、外汇交易所等。

金融作为一种资金运动，其特征在于自愿、有偿，这是其与财政资金运动的主要区别之处。在现代社会里，社会资金的合理配置主要是通过金融活动实现的。金融是筹集资金和对社会闲置资金进行再分配的有效方式，同时它还具有调控国民经济发展的功能。因此，当今各国无不重视金融业的发展，且注重发挥金融的经济调控功能。

二、金融法

金融法是调整金融关系的法律规范的总称。金融关系包括金融监管关系与金融交易关系。所谓“金融监管关系”，主要是指政府金融主管机关对金融机构、金融市场、金融产品及金融交易的监督管理的关系。所谓“金融交易关系”，主要是指在货币市场、证券市场、保险市场和外汇市场等各种金融市场，金融机构之间，金融机构与大众之间，大众之间进行的各种金融交易的关系。金融法通常包括银行法、证券法、保险法和信托法。此外，外汇法也是金融法的组成部分。其中银行法，包括中央银行法、商业银行法以及政策性银行法。

本章介绍中国人民银行法、商业银行法、票据法和证券法。

8.2　中国人民银行法

一、中国人民银行的法律地位和职责

（一）中国人民银行的法律地位

《中国人民银行法》第 2 条规定：“中国人民银行是中华人民共和国的中央银行。中国人民银行在国务院领导下，制定和执行货币政策，防范和化解金融风险，维护金融稳定”。由此可见，中国人民银行是我国的中央银行，主要行使制定和执行货币政策的职能。根据《中国人民银行法》的规定，中国人们银行应当向全国人大常委会提出有关货币政策情况和金融监督管理情况的报告。即是说，它要接受最高国家权力机关的监督。

（二）中国人民银行的职责

中国人民银行依法履行以下职责：

（1）发布与履行其职责有关的命令和规章；

（2）依法制定和执行货币政策；

（3）发行人民币，管理人民币流通；

（4）监督管理银行间同业拆借市场和银行间债券市场；

（5）实施外汇管理，监督管理银行间外汇市场；

（6）监督管理黄金市场；

（7）持有、管理、经营国家外汇储备、黄金储备；

（8）经理国库；

（9）维护支付、清算系统的正常运行；

（10）指导、部署金融业反洗钱工作，负责反洗钱的资金监测；

（11）负责金融业的统计、调查、分析和预测；

（12）作为国家的中央银行，从事有关的国际金融活动；

（13）国务院规定的其他职责。

二、中国人民银行的组织机构

（一）中国人民银行总行

中国人民银行实行行长负责制。行长负责领导中国人民银行的全面工作，副行长协助行长工作。按照《中国人民银行法》的规定，中国人民银行设行长一人，副行长若干人。

【知识卡片】

由于中国人民银行是国务院所属的国家行政机关，因此其行长的人选，要根据国务院总理的提名，由全国人民代表大会决定，由国家主席任免。中国人民银行的副行长，由国务院总理任免。中国人民银行行长、副行长及其他工作人员一律不得在任何金融机构、企业和基金会任职。

中国人民银行设立货币政策委员会。货币政策委员会的职责、组成和工作程序，由国务院规定，报全国人民代表大会常务委员会备案。中国人民银行货币政策委员会应当在国家宏观调控、货币政策制定和调整中，发挥重要作用。

（二）中国人民银行的分支机构

中国人民银行的分支机构，即其分行、支行。

中国人民银行根据履行职责的需要设立分支机构，作为中国人民银行的派出机构。中国人民银行对分支机构实行统一领导和管理。中国人民银行的分支机构根据中国人民银行的授权，维护本辖区的金融稳定，承办有关业务。

三、人民币

人民币是指中国人民银行成立后，于1948年12月1日首次发行的货币，建国后为中华人民共和国法定货币。中国人民银行是国家管理人民币的主管机关，负责人民币的设计、印制和发行。中国人民银行自1948年12月1日成立以来，至今已发行五套人民币，形成了包括纸币与金属币、普通纪念币与贵金属纪念币等多品种、多系列的货币体系。人民币在ISO4217简称为CNY（China Yuan），不过更常用的缩写是RMB（Ren Min Bi）；人民币符号为“¥”。人民币按照材料的自然属性划分，有金属币（亦称硬币）、纸币（亦称钞票）。无论纸币、硬币均等价流通。

中华人民共和国的法定货币是人民币。以人民币支付中华人民共和国境内的一切公共的和私人的债务，任何单位和个人不得拒收。人民币的单位为元，人民币辅币单位为角、分。人民币由中国人民银行统一印制、发行。中国人民银行发行新版人民币，应当将发行时间、面额、图案、式样、规格予以公告。禁止伪造、变造人民币。禁止出售、购买伪造、变造的人民币。禁止运输、持有、使用伪造、变造的人民币。禁止故意毁损人民币。禁止在宣传品、出版物或者其他商品上非法使用人民币图样。任何单位和个人不得印制、发售代币票券，以代替人民币在市场上流通。残缺、污损的人民币，按照中国人民银行的规定兑换，并由中国人民银行负责收回、销毁。

中国人民银行设立人民币发行库，在其分支机构设立分支库。分支库调拨人民币发行基金，应当按照上级库的调拨命令办理。任何单位和个人不得违反规定，动用发行基金。

【知识卡片】

人民银行的货币发行主要通过普通银行的现金收付业务活动实现。商业银行存取款必须在人民银行开立存款账户。人民银行在营业时间内，对商业银行办理现金存取业务。商业银行向人民银行存取现金，以开户商业银行为单位办理；开户商业银行下属基层处（所）的现金，由开户商业银行调剂后统一向人民银行存取。当商业银行基层行处现金不足时，商业银行应填写现金支票，到当地人民银行在其存款账户余额内提取现金，于是人民币从发行库转移到商业银行基层行处的业务库，这意味着这部分人民币进入流通领域。当商业银行基层行处的现金超过其业务库库存限额时，商业银行应将超过的部分填制现金交款单，送交人民银行。该部分人民币进入发行库，意味着退出流通领域。

四、中国人民银行的业务

（一）运用货币政策工具

（1）存款准备金。商业银行和其他非银行金融机构应当依法将其吸收的社会存款的一部分交存中国人民银行。交存的部分，称为存款准备金。交存部分的比例，称为存款准备金率，由中国人民银行规定，报国务院批准后实行。

（2）确定信贷基准利率。商业银行和其他金融机构吸收社会资金和向社会放款的利率，由中国人民银行规定，报国务院批准后执行。

（3）再贴现。中国人民银行为在本行开立账户的商业银行办理再贴现业务。所谓贴现，是指企业和其他生产经营者为取得现金，将未到期的票据交给商业银行，后者按规定的贴现率，扣去贴现日至票据到期日的贴现利息后，将票面金额支付给持票人（贴现人）的活动。票据到期时，商业银行凭票向债务人兑取票款。因此，贴现是商业银行的放款方式之一。商业银行，以其贴现收得的票据向中央银行办理二次贴现，以筹措资金的活动，称为再贴现。

（4）对商业银行贷款。中央银行是商业银行的最终贷款者，它通过对商业银行贷款的规模、利率可以直接调控商业银行贷款的规模和能力。中央银行贷款期限一般不超过1年。

（5）公开市场操作。公开市场操作就是中央银行在金融市场公开买卖国债、其他政府债券和金融债券及外汇。中央银行根据金融市场中的资金供求情况，可以卖出或买进国债和其他政府债券，以调控市场的资金供求关系。

（6）国务院规定的其他货币政策工具。

（二）中国人民银行的其他金融业务

（1）经理国库。中国人民银行依照法律、行政法规规定经理国库。

（2）代理发行国债。中国人民银行依法可以代理国务院财政部门向各金融机构组织发行、兑付国债和其他政府债券。

（3）为金融机构开立账户。中国人民银行根据需要，可以为商业银行和其他金融机构开立账户，但不得对开立账户透支。

（4）组织金融机关之间的清算。中国人民银行应当组织或者协助组织商业银行及其他金融机构相互之间的清算系统，协助金融机构之间的清算事项。

（三）中国人民银行禁止从事的金融业务

中国人民银行不得向政府财政透支，政府财政出现赤字应通过发行国债弥补。因此，中国人民银行也不得直接认购、包销国债和其他政府债券，即不得成为国债一级市场的买主。

中国人民银行不得向地方政府、各级政府部门提供贷款，不得向非银行金融机构以及其他单位和个人提供贷款，但国务院决定中国人民银行可以向特定的非银行金融机构提供贷款的除外。此外，中国人民银行不得向任何单位和个人提供担保。

【案例 8.1】

2005 年 5 月某省中国人民银行分行根据省领导的指示办理了下列业务。①向本省人民政府提供一笔 1 亿元的贷款用于省内公路建设。②为省内重点国有企业机械公司因资金周转困难向工商银行借款的 5 千万元提供担保。③向本省某商业银行提供贷款以调整银行体系贷款的结构。④买进政府债券 2 亿元。⑤买进部分外汇。请回答下列问题。

（1）上述各项业务哪些属于中国人民银行的职责职能？

（2）哪些不属于中国人民银行的职权范围？

【案例分析】

（1）向本省某商业银行提供贷款以调整银行体系贷款的结构和买进部分外汇，属于中央银行的职责。向商业银行提供贷款的投向和投量的调控可以直接引导和调节银行体系贷款的规模和结构，买进外汇可以达到增加或者减少货币供应量的目的，以上两项都是中央银行执行货币政策的措施。

（2）向本省人民政府提供贷款和直接购买政府债券的行为违反了《中国人民银行法》的规定，尤其中央银行直接购买政府债券等于用增加货币发行的办法筹集购买债券的资金，意味着增加货币发行量，将会造成货币的贬值和通货膨胀。为企业贷款提供担保也不属于中国人民银行的职责。

五、金融监管

当代世界各国的金融监管体制差别很大，并无统一的标准模式。大体上可分为一元化监管体制、二元化监管体制和多元化监管体制。

中国人民银行依法监测金融市场的运行情况，对金融市场实施宏观调控，促进其协调发展。中国人民银行有权对金融机构以及其他单位和个人的下列行为进行检查监督：

（1）执行有关存款准备金管理规定的行为；

（2）与中国人民银行特种贷款有关的行为；

（3）执行有关人民币管理规定的行为；

（4）执行有关银行间同业拆借市场、银行间债券市场管理规定的行为；

（5）执行有关外汇管理规定的行为；

（6）执行有关黄金管理规定的行为；

（7）代理中国人民银行经理国库的行为；

（8）执行有关清算管理规定的行为；

（9）执行有关反洗钱规定的行为。

前款所称中国人民银行特种贷款，是指国务院决定的由中国人民银行向金融机构发放的用于特定目的的贷款。

中国人民银行根据执行货币政策和维护金融稳定的需要，可以建议国务院银行业监督管理机构对银行业金融机构进行检查监督。国务院银行业监督管理机构应当自收到建议之日起 30 日内予以回复。

当银行业金融机构出现支付困难，可能引发金融风险时，为了维护金融稳定，中国人民银行经国务院批准，有权对银行业金融机构进行检查监督。中国人民银行根据履行职责的需要，有权要求银行业金融机构报送必要的资产负债表、利润表以及其他财务会计、统计报表和资料。中国人民银行应当和国务院银行业监督管理机构、国务院其他金融监督管理机构建立监督管理信息共享机制。

中国人民银行负责统一编制全国金融统计数据、报表，并按照国家有关规定予以公布。中国人民银行应当建立、健全本系统的稽核、检查制度，加强内部的监督管理。

六、中国人民银行的财务会计制度

（一）预算制度

中国人民银行实行独立的财务预算管理制度。中国人民银行预算属于中央政府所属部门预算，其预算经国务院财政部门审核后，纳入中央计算。中国人民银行在执行其已经批复的预算过程中，要接受国务院财政部门的监督管理。

（二）盈亏的财务处理

中国人民银行虽不是以盈利为目的而设立的商业性银行，但由于它可以依法经营一定金融业务，所以也有可能盈利或亏损。从其每一会计年度的收入减除年度支出，并按照国务院财政部门核定的比例提取总准备金后的余额，即净利润，应当全部上缴中央财政。中国人民银行的亏损由中央财政拨款弥补。

（三）财务收支和会计报表

中国人民银行的财务收支和会计事务，应当执行有关法律、行政法规和国家统一的财务会计制度，并接受国务院审计部门和财政部门依法分别进行的监督。

【知识卡片】

中国人民银行应当于每一会计年度结束后的 3 个月内，编制资产负债表、损益表和相关的财务会计报表，并编制年度报告，按照国家有关规定予以公布。其会计年度自公历 1 月 1 日起，至 12 月 31 日止。

8.3　商业银行法

一、商业银行的概念

商业银行是指按照《中华人民共和国商业银行法》以及《中华人民共和国公司法》设立的经营吸收公众存款、提供贷款，以及办理转账结算等金融服务业务的企业法人组织。

按照《商业银行法》规定，我国的商业银行是实行自主经营、自担风险、自负盈亏、自我约束的经营金融业务的机构，它依法开展业务，不受任何单位和个人的干涉，并以其全部法人财产独立承担责任。

商业银行法就是调整商业银行设立、变更、终止及其相关金融业务活动中发生的经济关系的法律规范的总称。

二、商业银行的设立与组织机构

（一）商业银行的设立

1. 商业银行设立的条件

设立商业银行应当具备以下条件。

（1）有符合《商业银行法》和《公司法》规定的章程。

（2）有符合《商业银行法》规定的注册资本的最低限额。各种商业银行注册资本最低限额分别为：商业银行 10 亿元人民币；城市合作商业银行 1 亿元人民币；农村合作商业银行 5000 万元人民币。以上所称注册资本均为实缴资本。

（3）有具备任职专业知识和业务工作经验的的董事长（行长）、总经理和其他高级管理人员，上述人选应符合《商业银行法》规定的条件。

（4）有健全的组织机构和管理制度。

（5）有符合要求的营业场所、安全防范措施和与业务有关的其他设施。

2. 设立商业银行的程序

我国同世界上大多数国家一样，金融市场实行严格准入制度，对商业银行的设立实行审批登记制。中国人民银行负责商业银行与非银行金融机构设立的审批工作。《商业银行法》规定，设立商业银行，应当经国务院银行业监督管理机构审查批准。

未经国务院银行业监督管理机构批准，任何单位和个人不得从事吸收公众存款等商业银行业务，任何单位不得在名称中使用“银行”字样。

中国人民银行审查设立商业银行申请时，应严格掌握法律规定的上述条件。同时应当考虑经济发展的需要和银行业务竞争的状况，即考虑商业银行的合理布局。经审查合格批准设立的商业银行，由中国人民银行颁发经营许可证，并凭该许可证向工商行政管理部门办理登记，领取营业执照。营业执照签发之日，即为商业银行成立之日。经批准设立的商业银行，由中国人民银行予以公告。如其自取得营业执照之日起无正当理由超过 6 个月未开业，或者开业后自行停止 6 个月以上的，由中国人民银行吊销其经营许可证，并予以公告。

3. 商业银行分支机构的设立

《商业银行法》第 19 条规定：“商业银行根据业务需要可以在中华人民共和国境内外设立分支机构。设立分支机构必须经中国人民银行审查批准”。商业银行在中华人民共和国境内的分支机构，不按行政区域设立。

按照《商业银行法》的规定，商业银行在我国境内设立分支机构，其总行应按照规定拨付与其经营规模相符的营运资金额。为保证商业银行总行的正常经营所需，维护存款人的利益，商业银行总行拨付给其所有分支机构的营运资金额不得超过总行资本金总额的 60%。经批准设立的商业银行的分支机构，由中国人民银行颁发经营许可证，并凭该许可证向工商行政管理部门办理登记，领取营业执照。营业执照签发之日，即为该分支机构成立之日。经批准设立的商业银行的分支机构，由中国人民银行予以公告。如其自取得营业执照之日起无正当理由超过 6 个月未开业的，或者开业后自行停止 6 个月以上的，由中国人民银行吊销其经营许可证，并予以公告。

【知识卡片】

商业银行应对其分支机构实行全行统一核算，统一调度资金，分级管理的财务制度。也就说，商业银行的分支机构不是独立核算单位，不具有法人资格。分支机构只能在总行授权的范围内依法开展业务。其有关的民事、经济责任一概由其总行承担。

4. 商业银行的变更

商业银行开业后有下列变更事项之一的，应当经中国人民银行批准：

（1）变更名称；

（2）变更注册资本；

（3）变更总行或者分支机构所在地；

（4）调整业务范围；

（5）变更持有资本总额或者股份总额 10%以上的股东；

（6）修改章程；

（7）中国人民银行规定的其他变更事项。

更换董事长（行长）时，应当报经中国人民银行审查其任职条件。商业银行的分立、合并，适用《公司法》的有关规定，并经中国人民银行审查批准。

（二）商业银行的组织形式和组织机构

商业银行的组织形式、组织机构适用《公司法》的有关规定办理，本章不再赘述。不过应指明,《商业银行法》第 17 条规定：“本法施行前设立的商业银行，其组织形式、组织机构不完全符合《中华人民共和国公司法》规定的，可以继续沿用原有的规定，适用前款规定的日期由国务院规定”。

我国四家原专业银行改制成为商业银行以后，采用国有独资银行形式。《商业银行法》第 18 条规定，国有独资银行设立监事会，由中国人民银行、政府有关部门的代表、有关专家和本行工作人员代表组成。其具体产生办法由国务院另行规定。监事会的职责主要是对国有独资银行的信贷资产质量、资产负债比例、国有资产保值增值等情况以及高级管理人员违反法律、行政法规或者章程的行为和损害银行利益的行为进行监督。

三、商业银行的经营原则与业务范围

（一）商业银行的经营原则

我国商业银行以安全性、流动性、效益性为经营原则，实行自主经营，自担风险、自负盈亏、自我约束。

（二）商业银行的业务经营范围

《商业银行法》第 3 条规定了商业银行可以全部或部分经营下列业务：

（1）吸收公众存款；

（2）发放短期、中期和长期贷款；

（3）办理国内外结算；

（4）办理票据承兑与贴现；

（5）发行金融债券；

（6）代理发行、代理兑付、承销政府债券；

（7）买卖政府债券、金融债券；

（8）从事同业拆借；

（9）买卖、代理买卖外汇；

（10）从事银行卡业务；

（11）提供信用证服务及担保；

（12）代理收付款项及代理保险业务；

（13）提供保险箱服务；

（14）经国务院银行业监督管理机构批准的其他业务。

商业银行的具体业务经营范围由章程规定，报国务院银行业监督管理机构批准；商业银行经中国人民银行批准，可以经营结汇、售汇业务。

（三）政府部门对商业银行的监管

中国人民银行对商业银行的监管内容包括以下几个主要方面：

（1）审批商业银行的设立、变更和终止的申请；

（2）决定并检查监督商业银行的业务范围；

（3）检查商业银行的资产质量，商业银行应当定期向中国人民银行报送资产负债表、损益表以及其他财务会计报表和资料；

（4）依照前述之商业银行的业务范围以及业务规则，随时对商业银行存款、贷款、结算、同业拆借、呆账等情况进行监督检查，商业银行应当按照中国人民银行的要求，提供财务会计资料、业务合同和有关经营管理方面的其他信息。

四、商业银行的贷款规则

（一）贷款要符合国家产业政策

商业银行应根据国民经济和社会发展的需要，在国家产业政策指导下开展贷款业务。对不符合国家产业政策需要的贷款要求，银行不得发放。

（二）保证贷款安全

必须保证所发放贷款的安全，保证贷款本息的及时、足额收回。为此商业银行在进行贷款业务时必须做到以下几点。

（1）事先对借款人的借款用途、偿还能力、还款方式等情况进行严格审查，并为防止可能出现的弊端，发放贷款必须实行审贷分离、分级审批的制度。

（2）坚持以担保贷款为主的方式发放贷款。

【知识卡片】

《担保法》第7条规定："具有代为清偿债务能力的法人、其他组织或者公民，可以作保证人"。第9条规定："学校、幼儿园、医院等以公益为目的的事业单位、社会团体不得为保证人"。最高人民法院关于适用《担保法》若干问题的解释第16条规定："从事经营活动的事业单位、社会团体为保证人的，如无其他导致保证合同无效的情况，其所签订的保证合同应当认定为有效"。

【案例8.2】

2010年7月19日，甲公司与乙技术开发中心及丙农展馆、丁公司、戊公司5家单位共同为A公司向B银行贷款人民币300万元提供担保，并签署了《借款担保合同》。由于A公司未按借款合同规定期限归还借款本息，B银行于2011年以借款人A公司拖欠借款不还为由提起诉讼，要求判令A公司偿还B银行借款人民币300万元及相应利息，判令甲公司承担连带责任。甲公司依此生效判决，分两次（分别为2012年1月21日和2月20日）代A公司向B银行还清了借款人民币300万元及相应利息。嗣后，甲公司分别向其他4家担保单位发函，要求按每家20%的比例共同承担保证责任，未果，遂向其他共同担保人提起追索担保份额之诉。被告乙技术开发中心辩称，其系化工部下属各研究、设计院所组建的一家全民所有制的非盈利性的相当于司局级的事业单位，不具有担保主体资格，不能作保证人，故不承担保证责任。另查，乙技术开发中心是全民所有制非盈利性的相当于司局级的单位，实行独立核算，其经费来源，一是承担国家重点技术开发任务后按计划拨给的经费；二是通过科研合同、技术转让、技术服务、科研性小生产等筹集的资金。

问：被告乙技术开发中心是否具有担保主体资格？

【案例分析】

关于保证人的主体资格，《担保法》作了明确规定，第7条规定："具有代为清偿债务能力的法人、其他组织或者公民，可以作保证人"。第9条规定："学校、幼儿园、医院等以公益为目的的事业单位、社会团体不得为保证人"。但这两条规定均未涉及非以公益为目的的事业单位、社会团体是否具有保证人主体资格的问题，对此，《解释》作了补充，第16条："从事经营活动的事业单位、社会团体为保证人的，如无其他导致保证合同无效的情况，其所签订的保证合同应当认定为有效"。这条规定实际上是肯定了从事经营活动的事业单位、社会团体的担保主体资格。本案被告乙技术开发中心虽属非盈利性的事业单位，但其资金来源除国家拨款外，还可以通过科研合同、技术转让、技术服务、科研性小生产等带有经营性的方式获得。而且乙技术开发中心是以从事科研为目的的，这与《担保法》第9条规定的以公益为目的的事业单位并不相同，其承担保证责任并不会影响社会公众利益。综上，被告乙技术开发中心具有担保主体资格。

（3）商业银行不得向关系人发放信用贷款；向关系人发放担保贷款的条件不得优于其他借款人同类贷款的条件。

【知识卡片】

所谓关系人是指：①银行的董事、监事、管理人员、信贷业务人员及其近亲属；②上述人员投资或者担负高级管理职务的公司、企业和其他经济组织。

（4）借款人应当按期归还贷款本息。如其到期不归还担保贷款，商业银行依法享有要求保证人归还贷款本息或者就该担保物优先受偿的权利。

（三）贷款业务必须订立借款合同

商业银行发放贷款必须与借款人订立书面借款合同，明确双方权利义务关系。合同应当约定：贷款种类、借款用途、金额、利率、还款期限、还款方式、违约责任和双方认为需要约定的其他事项。商业银行与借款人订立借款合同，应当按照《中华人民共和国合同法》的有关规定执行。

（四）遵守资产负债比例管理制度

负债比例管理，是当今世界各国管理商业银行业务的重要制度之一。通俗地说，就是要求商业银行的负债业务和资产业务要保持一定的合理比例关系。

《商业银行法》参照巴塞尔银行监管委员会《关于统一国际资本计量和资本标准的国际协议》（以下简称《巴塞尔协议》）对我国商业银行的资产负债比例管理作出了如下规定：

（1）资本充足率不得低于8%（这里所说资本是指银行自有资本）；

（2）贷款余额与存款余额的比例不得超过75%；

（3）流动性资产余额与流动性负债余额的比例不得低于25%；

（4）对同一借款人的贷款余额与商业银行资本余额的比例不得超过10%；

（5）中国人民银行对资产负债比例管理的其他规定。

五、商业银行的财务会计制度

商业银行应当建立、健全本行的财务会计制度。其财务会计制度应当依照法律和国家统一的会计制度以及中国人民银行的有关规定制定。

作为金融企业，商业银行必须按照国家和有关主管部门的要求，及时、真实地记录并全面反映其业务活动的财务状况，编制本年度统一按公历1月1日至12月31日计算。商业银行应按国家统一规定，坚持实行“一本账”，不得在法定会计账册之外另立会计账册。

作为广泛吸收社会公众存款的股份制企业，虽然其不一定是上市公司，但商业银行亦应公开其经营信息。为此，《商业银行法》要求，在每一会计年度终了后3个月内，商业银行应当按照中国人民银行的规定，公布其上一年度的经营业绩和审计报告。

六、商业银行的接管和终止

（一）商业银行的接管

1. 商业银行接管的概念、条件及其后果

按照《商业银行法》第64条第一款的规定，商业银行已经或者可能发生信用危机，严重影响存款人的利益时，国务院银行业监督管理机构可以对该银行实行接管。这是一种在非常情况下中国人民银行对金融市场的直接干预制度和措施。

（1）接管的目的是对被接管的商业银行采取必要的措施，保护存款人的利益，恢复商业银行的正常经营能力，防止商业银行经营情况的继续恶化。

（2）接管的条件是商业银行发生信用危机和可能发生信用危机，如失去兑付能力，因而危及到存款人的利益等。

（3）接管的后果是由中国人民银行决定的接管组织行使商业银行的经营管理权利。但是，被接管的商业银行原有的债权债务关系，并不因接管而发生变化。

2. 商业银行接管的程序

接管的程序是在出现上述规定条件时，由中国人民银行作出接管决定，并予以公告。接管决定应载明以下事项：

（1）被接管的商业银行名称；

（2）接管理由；

（3）接管组织；

（4）接管期限。

接管的实施由中国人民银行负责，自接管决定实施之日起开始。接管期限届满，中国人民银行可以决定延期，但接管期限最长不得超过2年。

【知识卡片】

接管可以因以下情形而终止：（1）接管决定规定的期限届满或者中国人民银行决定的接管期限届满；（2）接管期限届满前，该商业银行已经恢复正常经营能力；（3）接管期限届满前，该商业银行被合并或者依法宣告破产。

（二）商业银行的终止

《商业银行法》第72条的规定，商业银行可因以下原因而终止。

（1）商业银行的解散。根据《商业银行法》第69条的规定，商业银行因分立、合并或者出现银行章程规定的解散事由需要解散的，应当向中国人民银行提出申请，并附解散的理由和支付存款本金及利息等债务的清偿计划。经中国人民银行批准后，方可解散。

商业银行解散，应当成立清算组织，进行清算，按照清偿计划及时偿还存款本金和利息。中国人民银行对清算过程应当进行监督。

（2）商业银行的被撤销。根据《商业银行法》第70条的规定，商业银行因吊销营业执照而被撤销的，中国人民银行应当依法及时组织成立清算组，进行清算，按照清偿计划及时偿还存款本金和利息等债务。

（3）商业银行的破产。根据《商业银行法》第71条规定，商业银行不能清偿到期债务的，经中国人民银行同意，由人民法院依法宣告其破产。破产和清算程序按照有关法律和规定进行。

8.4 票据法

一、票据及票据法概述

（一）票据的概念和特征

票据是出票人依照法律规定签发的，约定自己或委托他人在见票时或指定日期无条件支付确定的金额给收款人或持票人的有价证券。票据有广义、狭义之分。广义的票据，指商业活动中与权利结合在一起的一切有价证券和凭证，如钞票、发票、提单、仓单、保单、车票、船票、机票、债券、股票、借据、汇票、本票、支票等。狭义的票据指只限于以无条件支付一定金额为目的的票据。我国《票据法》规定的票据均指狭义的票据，包括汇票、本票和支票。

狭义的票据，具有以下六个法律特征。

（1）票据是有价证券。所谓有价证券，是指证券上的权利发生、移转及行使与证券有不可分离的关系。票据权利的产生以作成票据为必要；票据权利的转移以交付票据为必要；票据权利的行使以持有并提示票据为必要；票据权利的实现以交回票据为必要；票据丧失之后，不能直接向票据义务人主张票据权利，只能通过法定的程序对权利进行救济，可见票据是完全有价证券。

（2）票据是债权证券。票据的签发与转让以支付票据上的金额为最终目的，票据上的金额得到全部支付，票据上的权利义务即为消失，所以票据不同于仓单、提单等物权证券在于领取一定的实体物，票据是一种金钱债权证券。

（3）票据是无因证券。票据的无因性是指票据只要符合票据法规定的形式要件，票据权利就产生，其效力原则上不受产生票据的原因关系的影响，从而维护了票据的流通，保护了持票人的合法权益。

（4）票据是要式证券。票据是依票据法签发的有价证券，其制作、转让、保证及承兑等的方式票据法都有明确的规定，票据行为必须严格按照票据法规定的要素和款式作成，否则将影响票据的效力。

（5）票据是文义证券。票据所表现的权利和义务的内容以及与票据有关的一切事项，必须以票据上记载的文义为标准，票据记载文义之外的任何理由、任何事项都不得作为确定票据权利义务的根据，即使票据的记载不相符合，甚至出现错误，一般也不允许关系人以票据以外的证明来变更或补充其票据上的权利义务关系。

（6）票据是流通证券。在票据到期前，票据权利可以依据背书或单纯交付而转让流通，且其流通的法定方式简捷便利，能够迅速完成，转让的次数越多，票据的信用度越高，可靠性越强。

（二）票据法的概念与特征

票据法是指规定票据的种类、形式、内容以及各当事人之间权利义务关系的法律规范的总称。票据法亦有广义和狭义之分。广义上的票据法是指各种法律中有关票据规定的总称，包括以“票据法”名称颁布的法律以及其他法律中有关票据规定。狭义上的票据法，仅指单一的票据法典本身，如《中华人民共和国票据法》（以下简称《票据法》）。

国际票据法的统一先后经历了海牙统一票据法、日内瓦统一票据法和联合国统一票据法三个发展阶段。最具代表意义、影响最大的是1930年和1931年《日内瓦统一票据法》，包括《统一票据汇票本票法公约》、《解决汇票本票法律冲突公约》、《汇票本票印花税法公约》、《统一支票法公约》、《解决支票法律冲突公约》、《支票印花税法公约》。这些公约是相互独立的，各国可分别加入。

【知识卡片】

1988年，联合国第43次大会上通过的《汇票本票公约》，考虑了日内瓦统一票据法和英美票据法的差异，但并不试图加以调和。而仅着眼于解决国际贸易中汇票、本票使用上的不便，其适用范围仅限于“作为国际贸易结算手段”而使用的“国际票据”，并且该票据也不具有强制适用的效力，而是由出票人或者承兑人选择是否适用。

二、票据行为

（一）票据行为的概念

票据行为是以票据权利义务的设立及变更为目的的法律行为。广义的票据行为是指票据权利义务的创设、转让和解除等行为，包括票据的签发、背书、承兑、保证、参加承兑付款、参加付款、追索等行为在内。狭义的票据行为专指以设立票据债务为目的的行为，只包括出票、背书、承兑、保证、付款等，不包括解除票据债务的付款、参加付款、追索等。

（二）票据行为的特征

票据行为与一般的法律行为相比，具有以下特点。

（1）要式性。要式性是指票据行为是一种严格的书面行为，应当依据票据法的规定，在票据上记载法定事项，票据行为人必须在票据上签章，其票据行为才能产生法律效力。根据《票据法》第4条的规定，票据出票人制作票据，应当按照法定条件在票据上签章，并按照所记载的事项承担责任，即票据债务人向持票人支付票据金额的义务。持票人行使票据权利也应当按照法定程序在票据上签章，并出示票据。其他票据债务人在票据上签章的，按照票据所记载的事项承担责任。

【知识卡片】

《票据法》第7条明确了签章的内涵，票据上的签章为签名、盖章或签名加盖章。法人和其他使用票据的单位在票据上的签章，为该法人或者该单位的加其法定代表人或者授权代理人的签章；在票据上签名，应当为该当事人的本名，而不能是化名、笔名、艺名等。票据行为的要式性有利于票据的安全流通。

（2）文义性。文义性是指票据行为的内容均依票据上所载的文义而定。这是票据要式性的具体表现。票据文义直接决定票据的权利和票据义务的范围和最高限度。我国《票据法》第8条规定："票据金额以中文大写和数码同时记载，二者必须一致，二者不一致的，票据无效"。

（3）无因性。无因性是指票据行为只要具备法定形式要件，便产生法律效力，即使其基础关系（又称实质关系）因有缺陷而无效，票据行为的效力仍不受影响。

（4）独立性。独立性是指在同一票据上所作的各种票据行为互不影响，各自独立发生其法律效力。如无行为能力人的出票行为无效，但有行为能力人已在票据上背书、承兑，则背书、承兑有效；被保证的债务无效，保证人的保证行为只要要式具备便有效；票据本身或票据上的签字是被伪造的，真正在票据上的签名而完成的票据行为有效。许多国家的票据法都确立了票据行为的独立原则，目的是为了保证票据的流通和社会交易的安全。

（5）连带性。连带性是指同一票据上的各种票据行为人均对持票人承担连带责任。由于票据行为具有独立性和无因性，这就使持票人的权利实现受到影响，因此票据法规定了连带原则，以保护持票人的票据债权。我国《票据法》第68条规定，汇票的出票人、背书人、承兑人和保证人对持票人承担连带责任。

三、票据权利

（一）票据权利的概念和内容

票据权利又称票据债权，指执票人直接为请求支付票据金额的目的而行使的权利。票据权利是相对于票据债务人的义务而言的，票据债务人有票据主债务人或担保债务人之分，而票据权利则相应分为付款请求权和追索权。

（1）付款请求权，是对汇票承兑人、本票出票人和支票保付人等付款义务人依提示票据，行使请求支付票据金额的权利。

（2）追索权。汇票、本票、支票的出票人及背书人或其保证人依票据法负有保证付款的责任，当不获付款或汇票不获承兑或其他到期日发生付款受阻、争议等情况时，持票人可以向债务人行使请求支付追索金额的权利。

（二）票据权利的取得

票据权利的取得可分为原始取得和继受取得两种方式。出票人作成票据证券，将其交付于受款人而完成其出票行为时，基本票据关系因而产生。受款人则成为基本票据关系人，享有原始取得票据权利。

【知识卡片】

按一般票据法，票据权利的继受取得有两种方法：背书的交付和单纯的交付。除此之外，票据权利还可因票据法以外的原因而发生继受取得，如企业的合并、继承等。持票人取得由背书人背书的票据，按背书的连续性而取得享有持票人的权利。这种权利在票据法上的法律效果是：①该持票人被推定为票据所有人及权利人；②票据债务人因对于该持票人履行付款或偿还义务而即免除票据上的责任；③第三人由该持票人善意受让票据的，当然取得票据权利。

【案例 8.3】

某年 1 月 20 日，甲公司根据与乙公司签订的货物买卖合同，签发了金额为 10 万元的银行承兑汇票，承兑人为甲银行，到期日为当年 11 月 1 日。汇票在甲公司交给乙公司前被甲公司遗失。甲公司于 2009 年 8 月 1 日登报声明作废，又于同年 9 月 1 日向法院申请公示催告。法院于当天通知甲银行停止支付。公示催告期限届满时，甲公司未向法院申请除权判决。甲公司后来交付给乙公司的是遗失的汇票复印件和甲银行于当年 8 月 20 日出具的说明函。在汇票复印件上的持票人签章栏内，加盖了甲银行的汇票专用章，但是没有甲公司的签章。甲银行说明函的内容是：由于汇票被出票人遗失，出票人已登报声明作废，因此同意在复印件上加盖本行汇票专用章，作为收款人向本行收款的有效依据；汇票到期后，收款人必须派员凭此复印件结算票款项。乙公司按照复印件记载的日期，在到期后持上述复印件向甲银行提示付款时，遭到甲银行拒付。

问：乙公司是否有权要求甲银行承担票据责任，为什么？

【案例分析】

乙公司不享有票据权利，无权要求甲银行承担票据责任。首先，根据《票据法》第 20 条的规定，出票是指出票人签发票据并将其交给收款人的票据行为。甲公司虽然签发了汇票，但是汇票在向乙公司交付前被遗失，故甲公司并未完成出票的票据行为，乙公司也未实际持有该汇票。乙公司据以主张权利的是汇票的复印件，但是该复印件上没有出票人的签章，汇票无效，并且甲银行虽然在复印件上的持票人栏盖章，但是未承兑，另附的甲银行说明函不具有票据上的效力，所以乙公司不能享有票据权利，无权要求甲银行承担票据责任。

（三）票据权利的行使

行使票据权利的行为，是指持票人请求付款，或请求背书人，或汇票、支票出票人，或其他票据债务人，给付追索金额行使票据权利的证券上行为或非证券上行为。一般有提示付款行为和作成拒绝证书的请求行为。

票据权利在下列期限内不行使而消灭。

（1）持票人对票据的出票人和承兑人的权利，自票据到期日起 2 年。见票即付的汇票、本票，自出票日起 2 年。

（2）持票人对支票出票人的权利，自出票日起 6 个月。

（3）持票人对前手的追索权，自被拒绝承兑或者被拒绝付款之日起 6 个月。

（4）持票人对前手的再追索权，自清偿日或者被提起诉讼之日起 3 个月。

票据的出票日、到期日由票据当事人依法确定。

（四）票据权利丧失与补救

票据的丧失是指持票人并非出于自己的本意而丧失对票据的占有，简称失票。票据的丧失即意味着票据权利的丧失。

《票据法》规定，票据丧失后，有以下三种补救措施。

（1）挂失止付。挂失止付是指在票据丧失时，失票人将丧失票据的情况通知付款人，并请求付款人停止付款，收到挂失止付的付款人在票据款项未被他人取得的情况下，决定暂停支付的一种失票补救措施。失票人应在挂失止付后 3 日内，申请公示催告或提起诉讼。

（2）公告催示。公告催示是票据法中的一种失票救济制度，又是民事诉讼法中的一种诉讼程序。作为票据法中的失票救济制度，是指在票据丧失后，失票人向人民法院提出申请，请求人民法院以法定程序做出宣告票据无效的判决，从而使票据权利与票据本身分离，失票人可以依据法院判决请求票据付款人支付票据金额的一种权利救济制度。

（3）提起诉讼。指票据丧失后，失票人在票据权利时效届满以前，提供了相应的担保，请求出票人补发票据或者请求债务人付款遭到拒绝，而向人民法院提起的、请求法院责令出票人补发票据或者责令债务人付款的诉讼。

【案例 8.4】

2008 年 5 月 5 日，为支付电费，某水泥厂签发银行承兑汇票一张，并经农行某营业所签章同意承兑。汇票载明，收款人为某农电局，金额 13 万元，汇票到期日为 2008 年 8 月 5 日。签发当日，汇票交付农电局。后水泥厂与营业所签订承兑协议，约定汇票到期日前水泥厂将票款 13 万元交存营业所以便到期付款。5 月 8 日，农电局遗失汇票。5 月 9 日上午，农电局向营业所申请挂失，并请求补开银行承兑汇票。营业所称，待汇票到期日届满，看有无他人持票取款再定。汇票到期届满无他人持票取款，农电局请求营业所支付票款，遭拒绝。农电局提起诉讼，请求法院判令营业所支付票款 13 万元。营业所辩称，水泥厂未按协议交存票款，营业所在未见汇票情况下不应承担付款义务。

问：农电局遗失汇票后是否仍然享有票据权利？说明理由。

【案例分析】

农电局遗失汇票后仍然享有票据权利。农业局虽然丧失了对票据的占有，但并非基于其真实意志，农业局并未抛弃票据权利。当持票人非自愿地失去了票据的占有时，其并不会当然丧失票据上的权利，仍可依救济措施继续行使票据权利。

（五）票据债务

票据债务属于金钱债务，但与其他基于法律行为的金钱债务比较，它具有两个特点。

1. 无因债务及证券上债务的双重性质

票据债务基于票据行为而发生，不受票据原因的影响，票据原因即使无效，也不影响票据债务的有效性。票据债务必须有两个基本要素才能发生效力：

（1）票据行为人在票据上签名或盖章；

（2）票据具备“绝对应记事项”。

因此，票据债务因票据的作成并经票据行为人签名或盖章而发生，依票据而存在，所以又具有证券上债务的性质。

2. 付款责任和担保责任

汇票及支票付款人只有付款的权限而不负付款的责任。要付款人负担付款的责任，必须有特定的票据行为存在。这样，付款人负担的付款责任就可分为三种情况：

（1）汇票付款人因承兑而负担付款的责任；

（2）本票出票人因出票而自负付款的责任；

（3）支票付款人为保付人负有付款的责任。

【知识卡片】

担保责任由票据的出票人或背书人负担，担保责任在不获付款、不获承兑的情况发生时充分显示其补充付款的作用，所以是从属的票据债务，而付款责任则是主要的票据债务。

四、汇票

（一）汇票的概念

汇票是由出票人签发的，要求付款人在见票时或在一定期限内，向收款人或持票人无条件支付一定款项的票据。汇票是国际结算中使用最广泛的一种信用工具。我国《票据法》将汇票分为银行汇票和商业汇票。银行汇票是出票银行签发的，商业汇票是银行之外的出票人签发的汇票。根据承兑人的不同，商业汇票又可以分为银行承兑汇票和商业承兑汇票。实务中以银行承兑汇票为主。汇票是一种无条件支付的委托，有3个当事人：出票人、付款人和收款人。

汇票使用过程中的各种行为，都由票据法加以规范。主要有出票、提示、承兑和付款。如需转让，通常应经过背书行为。如汇票遭拒付，还需作成拒绝证书和行使追索权。

（二）出票

出票指出票人签发汇票并交付给收款人的行为。出票后，出票人即承担保证汇票得到承兑和付款的责任。如汇票遭到拒付，出票人应接受持票人的追索，清偿汇票金额、利息和有关费用。

1. 汇票上的记载事项

（1）绝对必要记载事项。指出票时必须在汇票上进行记载，如有欠缺，则汇票无效的事项。我国《票据法》第22条第一款规定了7项绝对必要记载事项，分别是：表明“汇票”的字样；无条件支付的委托；确定的金额；付款人名称；收款人名称；出票日期；出票人签章。

（2）相对必要记载事项。指出票人应当在汇票上记载，但是如果没有记载，也不影响汇票的效力，而是按照票据法的规定推定其内容的事项。主要包括付款日期、付款地和出票地三项。

（3）非法定记载事项。指法律规定以外的记载事项，不具有汇票上的效力，法律规定以外的记载事项主要是指与汇票的基础关系有关的事项，如签发票据的原因或用途、该票据项下交易的合同号码等。

2. 汇票出票的效力

（1）汇票出票对出票人的效力。汇票的出票使出票人成为汇票上的义务人，其义务的内容是对其签发的汇票能够获得承兑和付款承担担保责任，当汇票不获承兑或者付款时承担清偿责任。

（2）汇票出票对收款人的效力。出票人作成汇票并将汇票实际交付给收款人后，收款人便取得了汇票上的权利，包括付款请求权和追索权。

（3）汇票出票对付款人的效力。即期汇票的出票，使付款人成为汇票的债务人，负有对汇票付款的义务。而远期汇票的情况则不同，付款人仅因出票而取得一种地位或资格，即取得对汇票进行承兑和付款的资格。

（三）背书

背书是指收款人以转让票据权利为目的在汇票上签章并作必要的记载所作的一种附属票据行为。

【知识卡片】

背书时写明受票人姓名或受票单位名称的，称记名背书；未写明受票人姓名或受票单位名称的，称不记名背书。经过背书转让的票据，背书人负有担保票据签发者到期付款的责任，如果出票人到期不付款，则背书人必须承担偿付责任。经过背书，票据的所有权由背书人转给被背书人。一张票据可以多次背书、多次转让。背书有限定性背书、空白背书、特别背书、有限度背书和有条件背书5种方式。

1. 背书的记载事项

（1）绝对必要记载事项。指背书人在背书时必须予以记载的事项。我国票据法规定背书的绝对必要记载事项有背书人名称和被背书人名称两项。

（2）相对必要记载事项。指背书人应当在背书予以记载，但如果没有记载也不影响背书的效力，其内容按法律规定进行推定。我国票据法规定的背书的相对必要记载事项有两项：一是表明背书类型的文句；二是背书日期。

（3）可以记载的事项，又称任意记载事项。指法律不规定必须记载，背书人依自己意志决定记载与否，一旦记载即产生票据法上效力的事项。按我国票据法的规定，这类事项只有一项，就是“不得转让”字样的记载。

（4）记载使背书行为无效的事项，也称为禁止记载事项或有害记载事项。指票据法规定背书人不得记载，一旦记载，将导致背书行为无效的事项。根据我国票据法规定，这类事项有两项：一是将汇票金额部分转让的记载；二是将汇票金额分割转让的记载。

2. 背书连续

背书连续指在票据转让中，转让汇票的背书人与受让汇票的被背书人在汇票上的签章依次前后衔接。《票据法》规定："以背书转让的汇票，背书应当连续"。这就是说，如果背书不连续的，付款人可以拒绝向持票人付款，否则付款人得自行承担责任。

【知识卡片】

背书连续主要是指背书在形式上的连续，如果背书在实质上不连续，如有伪造签章等，付款人仍应对持票人付款。但是，如果付款人明知持票人不是真正票据权利人，则不得向持票人付款，否则应自行承担责任。

【案例 8.5】

乙公司向甲公司购买化肥，价值 50 万元，乙公司开具了一张银行承兑汇票，汇票上背书"不得背书转让"字样。甲公司在汇票到期日前将此汇票背书转让给丙公司，丙公司为了偿付贷款，又将其背书转让给某农机厂。农机厂于汇票付款期届至时，去银行提示付款，银行以该汇票上有不得背书转让的记载拒绝付款。农机厂向丙公司、甲公司和乙公司追索，均遭拒绝，农机厂无奈之下，将丙公司告上法庭。

问：汇票上记载"不得转让"字样，甲公司、丙公司能否将此汇票转让？说明法律依据。

【案例分析】

《票据法》规定：出票人在汇票上记载"不得转让"字样的汇票不得转让。甲公司不能将此票据转让给丙公司。丙公司亦不能将此票据转让给农机厂。

（四）承兑

承兑是指汇票付款人承诺在汇票到期日支付汇票金额的票据行为。付款人承兑汇票的，应当有汇票正面记载"承兑"字样和承兑日期并签章。见票后定期付款的汇票，应当在承兑时记载付款日期。未记载付款日期的，以付款人收到提示承兑的汇票的第 4 日为承兑日期。

（五）保证

汇票保证是指汇票债务人以外的第三人，担保特定的票据债务人能够履行票据债务的票据行为。关于保证人，我国《票据法》要求必须是票据债务人以外的第三人，被保证人则只能是票据债务人，如出票人、承兑人、背书人等。

【知识卡片】

按照我国票据法的规定，保证只适用于汇票和本票，支票不适用保证。原因在于我国支票的付款提示期限过短，同城结算支票的提示期限只有 10 天。而国外，无论是日内瓦统一票据法系还是英美法系，大都规定有支票保证制度。

（六）付款

票据付款，是指票据上的付款人支付票据金额以消灭票据关系的行为。汇票付款包括提示和付款两个阶段。

1. 付款提示

指持票人向付款人或承兑人出示票据，请求付款的行为。持票人只有在法定期限内为付款提示的，才产生法律效力。这种法律效力主要表现在两个方面：一是付款人一经持票人提示，即应付款；二是持票人得以保全对其前手的追索权，即在付款人拒绝付款的情况下，持票人可以请求付款人作成拒绝证明，向其前手行使追索权。

2. 支付票款

指持票人向付款人或承兑人进行付款提示后，付款人无条件地在当日按票据金额足额支付给持票人的行为。

（七）追索权

追索权指当汇票不获承兑、不获付款或有其他法定原因时，持票人向其前手请求偿还票据金额、利息及其他法定费用的一种票据权利。

追索权的行使一般按以下程序进行。

1. 发出追索通知

持票人应当自收到被拒绝承兑或被拒绝付款的有关证明之日起3日内，将被拒绝事由书面通知其前手；其前手应当自收到通知之日起3日内书面通知其再前手。持票人也可以同时向各汇票债务人发出书面通知。如果持票人未按规定期限发出追索通知或其前手收到通知未按规定期限再通知其前手，持票人仍可以行使追索权，因延期通知给其前手或者出票人造成损失的，由没有按照规定期限通知的汇票当事人，承担对该损失的赔偿责任，但是所赔金额以汇票金额为限。

2. 确定追索对象

追索对象是指在追索关系中的被追索人，该被追索人为出票人、背书人、承兑人和保证人。持票人可以不按照汇票债务人的先后顺序，对其中任何一个人、数人或者全体行使追索权。

3. 请求清偿金额

请求清偿金额指持票人行使追索权，可以请求被追索人支付的金额和费用。根据《票据法》的相关规定，该金额和费用包括以下一些。

（1）被拒绝付款的汇票金额。

（2）汇票金额自到期日或者提示付款日起至清偿日止，按照中国人民银行规定的同档次流动资金贷款利率计算的利息。

（3）取得有关拒绝证明和发出通知书的费用。被追索人如果依据前述内容向持票人支付清偿金额及费用后，可以向其他汇票债务人行使再追索权，请求其他汇票债务人支付相应的金额和费用，包括：①已清偿的全部金额，即为满足其后手的追索权而支付的全部金额；②前项金额自清偿日起至再追索日止，按照中国人民银行规定的同档次流动资金贷款利率计算的利息；③发出通知书的费用。

【案例8.6】

甲公司向B公司购置100立方米原木，价值15万元，在付款方式上，B公司以方便内部资金使用为由，要求甲公司提交一张金额为10万元的转账支票，另外5万元支付现金。甲公司以银行卡得很死，不方便提取太多的现金为由，不同意支付5万元现金，表示以支票一次性支付，B公司无奈，只得同意。但是甲公司称，原来说只开一张10万元的支票，所以我公司已经在支票上填写了10万元金额，现在看来不能支付现金，只能将10万元金额改为15万元，B公司的经办人员不同意，要求甲公司重新开一张支票，甲公司重新开了一张支票交付给B公司，但是在支票的背面书写了不得背书转让的字样。B公司因为拖欠数月的电话费，为了应付即将停机的警告，将此支票背书给C（电讯）公司，C公司接受该支票后，因工作耽误，至3月16日才去提示付款，被银行拒绝。请回答下列问题。

（1）C公司提示付款受到抗辩，能否行使追索权？

（2）如果C公司不能行使追索权，其票据权利是否还存在？

【案例分析】

（1）C公司提示付款受到抗辩，不能向甲公司行使追索权，只能向B公司行使追索权。

(2)如果C公司不能行使追索权,其票据权利在票据法规定的自出票之日起6个月内还存在。受领清偿金额是指持票人或行使再追索权的被追索人接受清偿金额。

【知识卡片】

根据《票据法》第70条和第71条之规定，持票人或行使再追索权的被追索人接受清偿金额时，应当履行相应的义务，这一义务即是其应当交出汇票和有关拒绝证明，并出具所收到的利息和费用的收据。如果持票人或行使再追索权的被追索人拒绝履行该义务的，被追索人即可拒绝清偿有关金额和费用。被追索人依照相关规定清偿债务后，其责任解除。

五、本票

（一）本票的概念

本票是一个人向另一个人签发的，保证即期或定期或在可以确定的将来的时间，对某人或其指定人或持票人支付一定金额的无条件书面承诺。我国《票据法》第73条规定本票的定义是：本票是由出票人签发的，承诺自己在见票时无条件支付确定的金额给收款人或持票人的票据。第二款接着规定，本法所指的本票是指银行本票，不包括商业本票，更不包括个人本票。本票分为一般本票及银行本票两种。一般本票指出票人为企业或个人，票据可以是即期本票，也可是远期本票。银行本票指出票人是银行，只能是即期本票。

（二）本票的记载事项

（1）绝对应当记载的事项。包括表明“本票”的字样、无条件支付的承诺、确定的金额、收款人名称、出票日期、出票人签章。

（2）可以记载的事项。出票人可以在本票上记载“不得转让”字样，记载有这一内容的本票不得转让。

我国《票据法》规定：“本票自出票日起，付款期限最长不得超过2个月”。因此，本票的持票人应当在本票出票日后2个月内进行提示付款，以获得付款。

六、支票

（一）支票的概念

支票是指出票人签发，委托办理支票存款业务的银行或者其他金融机构在见票时无条件支付确定的金额给收款人或持票人的票据。

【知识卡片】

我国《票据法》根据支付方式不同，将支票分为普通支票、现金支票、转账支票与划线支票四种。普通支票是指支票上未印制“现金”或“转账”字样，持票人依法可以请求付款人以现金方式付款，也可以请求付款人以转账方式付款的支票；现金支票是指支票上印制有“现金”字样，持票人依法只能请求付款人以现金方式付款的支票；转账支票是指支票上印制有“转账”字样，持票人依法只能请求付款人以转账方式付款的支票；划线支票是指在普通支票左上角划两条平行线的支票，该支票也只能用于转账。

（二）支票的记载事项

（1）绝对应当记载的事项。表明“支票”的字样、无条件支付的委托、确定的金额、付款人名称、出票日期和出票人签章6项，缺少其中任何一项，支票无效。

（2）相对应当记载的事项。支票的相对应当记载的事项主要有付款地和出票地两项。

（3）可以记载的事项。出票人可以在支票上记载“不得转让”字样，则支票不得转让；出票人可以依双方约定在支票上记载支付的货币种类，则付款时应以支票上记载的货币支付。

支票的出票人必须与其委托的付款人之间存在一定的资金关系。也正是由于这种资金关系的存在，才使付款人不必经过承兑而负有付款义务。

【知识卡片】

我国《票据法》规定："支票的出票人所签发的支票金额不得超过其付款时在付款处实有的存款金额。出票人签发的支票金额超过其付款时在付款人处实有的存款金额，为空头支票。禁止签发空头支票"。

（三）支票的付款

支票付款人对支票付款时，要对支票进行审查，一是审查出票人在支票上的签章是否与其预留银行的签章相符，银行与出票人约定使用支付密码的，同时应当审查支付密码是否正确；二是付款人在付款时应当审查支票是否为空头支票，出票人在付款人处的存款应足以支付支票金额，付款人应在持票人提示付款的当日足额付款。

支票的出票、背书、付款行为和追索权的行使，除《票据法》对支票的专门规定外，适用汇票的规定。

我国《票据法》规定："支票的持票人应当自出票日起10日内提示付款。异地使用的支票，其提示付款期限由中国人民银行另行规定"。

8.5　证券法

一、证券法概述

（一）证券的概念与种类

1. 证券的概念和特征

证券的概念有广义和狭义之分。广义的证券是指以证明或者设定权利为目的而制成的凭证，一般包括财物证券（如货运单、提单等）、货币证券（如支票、汇票、本票等）、资本证券（如股票、公司债券、证券投资基金份额等）、证据证券（如借据、收据等）和资格证券（车票、电影票等）等。狭义的证券仅指资本证券。我国《证券法》规定的证券为股票、公司债券和国务院依法认定的其他证券。根据国务院有关规定，其他证券主要是指证券投资基金和证券衍生品种等。本章所指的证券仅指我国《中华人民共和国证券法》（以下简称《证券法》）认可的证券（以下简称证券法上的证券）。

证券法上的证券与其他证券相比，具有以下特征。

（1）是一种投资凭证。它是证明投资者投资和投资权利的载体，投资者依据它可以享有其代表的一切权利，如分红权、还本付息权、参与股东大会权等。

（2）是一种权益凭证。它是投资者获得相应收益的凭据，如股息分红、债息收入、基金分红、获得送股分红等，它又具有相应的投资风险，投资的证券不同，风险亦有区别。

（3）是一种可转让的权利凭证。证券持有人可以随时依法转让所持有的证券，实现其自身利益，证券法上的证券的流通性是其本质特征。

（4）是一种要式凭证。它必须依法设置，依照法律或行政法规规定的形式、内容、格式与程序制作、签发。随着电子信息技术的采用，证券的载体往往采用电子信息或簿记方式，但是，其要求的代码、密码等依然是其要式性的体现。

2. 证券的种类

为了更好地理解证券法上的证券，这里在证券广义概念的基础上，对几种主要的证券分类作些说明。证券依据不同的标准，可以作不同的分类。

（1）有价证券和无价证券。这是依据证券是否可以作为一种财产流通，是否具有一定价值和价格来划分的。有价证券是指代表一定财产权利，并可以依法转让的证券，如货币证券、资本证券等；无价证券是指不能作为财产使用，也不能流通，仅代表特定功能的书面凭证，如证据证券、资格证券等。

（2）设权证券和证权证券。这是依据证券形式与证券权利之间的关系来划分的。设权证券是指具有创设证券权利功能的证券，证券一经签发，证券权利即时产生，如货币证券；证权证券是指证明证券权利的证券，如资本证券。

（3）实物证券和簿记证券。这是依据证券的表现形式不同来划分的。实物证券是指按照一定的格式印制的具有实物形态的特定纸张载体的证券，传统意义的证券大多是实物证券；簿记证券是指由证券发行人按照法定格式制作的，记载证券权利人享有对应证券权利的书面名册，它是通过记账方式将证券持有人持有的证券品种和数额记载于账册内，具有无纸化特点。

（4）记名证券和不记名证券。这是依据证券是否记名来划分的。记名证券是指证券票面记载有权利人的姓名或名称的证券，记名证券可以通过背书或者其他方式进行转让，遗失或毁损时，可以挂失，并公示催告。不记名证券是指证券票面不记载权利人姓名或者名称的证券，其一般以交付方式转让，遗失或毁损时，不予挂失。

此外，根据证券是否在证券交易所挂牌交易，还可以将证券分为上市证券和非上市证券等。

（二）证券市场

1. 证券市场的概念和分类

证券市场是指证券发行与交易的场所，它由金融工具、交易场所以及市场参与主体等要素构成。证券市场依据不同的划分标准，可以有不同的分类。

（1）发行市场和流通市场。这是依据证券市场的功能来划分的。发行市场又称一级市场或初级市场，是指发行新证券的市场，证券发行人通过证券发行市场将已获准公开发行的证券第一次销售给投资者，以获取资金；证券流通市场又称二级市场或次级市场，是指对已发行的证券进行买卖、转让交易的市场。投资者在一级市场取得的证券可以在二级市场进行交易。

（2）场内交易市场和场外交易市场。这是依据证券市场的组织形式来划分的。场内交易市场又称集中交易市场，一般为证券交易所设立的交易场所，这是上市证券的主要交易场所；场外交易市场是指证券交易所以外的其他证券交易市场，如柜台交易市场等。

（3）股票市场、债券市场、基金市场和衍生证券市场。这是依据证券市场发行和交易的证券品种不同来划分的。股票市场又称股市，是指发行和买卖股票的市场；债券市场又称债市，是指发行和买卖债券的市场。根据债券的种类不同，又可以分为国债市场、企业债券市场、公司债券市场、金融债券市场等；基金市场是指发行和买卖基金证券的市场；衍生证券市场是指发行和交易各种衍生证券的市场，包括股指期货市场、权证市场以及其他衍生证券市场等。

此外，还可以将证券市场分为主板市场、中小板市场、创业板市场、二板市场等，我国股票发行和交易的主板市场在上海证券交易所，中小板市场和创业板市场在深圳证券交易所；证券市场也可以分为国内证券市场和国际证券市场等。

2. 证券市场的主体

证券市场的主体是指参与证券市场的各类法律主体，包括证券发行人、投资者、中介机构、交易场所以及自律性组织和监管机构等。

（1）证券发行人。这是指发行证券的单位，一般有公司、企业、金融机构和政府部门等。

（2）投资者。这是指证券的买卖者，也是证券融资方式的资金供给者。投资者分为个人投资者和机构投资者。机构投资者是指有资格进行证券投资的单位，一般包括公司、企业、金融机构、基金组织和政府机构等。

（3）证券中介机构。这是指为证券发行和交易提供服务的各种中介机构，一般包括证券登记结算机构、证券公司、财务顾问机构、资信评级机构、资产评估机构、会计师事务所、律师事务所等。

（4）交易场所。这是指为证券发行和交易提供场所和设施的服务机构，如上海证券交易所、深圳证券交易所等。

（5）证券自律性组织。自律性组织通常是指证券业行业协会，如证券业协会、交易所协会等。

（6）证券监管机构。这是指代表政府对证券市场进行监督管理的机构，在我国为中国证券监督管理委员会及其派出机构。

（三）证券法的概念和基本原则

1. 证券法的概念和适用范围

证券法是调整证券市场的参与者与证券监督管理者在证券的募集、发行、交易、监督管理过程中所发生的社会经济关系的法律规范的总称。证券法有广义和狭义之分，广义的证券法包括《证券法》和其他法律中有关证券管理的规定，以及有关证券管理的行政法规和规章、地方性法规和规章等。狭义的证券法是指1998年12月29日第九届全国人民代表大会常务委员会第六次会议通过，2005年10月27日第十届全国人民代表大会常务委员会第十八次会议修订的《中华人民共和国证券法》。此外，证券交易所等有关证券自律性组织依法制定的业务规则和行业活动准则等对我国证券市场的规范运作也起到了重要的调整作用。

在中华人民共和国境内，股票、公司债券和国务院依法认定的其他证券的发行和交易，适用《证券法》；《证券法》未规定的，适用《公司法》和其他法律、行政法规的规定。政府债券、证券投资基金份额的上市交易，适用《证券法》；其他法律、行政法规另有规定的，适用其规定。证券衍生品种发行、交易的管理办法，由国务院依照《证券法》的原则规定。

2. 证券法的基本原则

证券法的基本原则是指导证券市场交易的根本准则，它贯穿于法的制定与实施活动始终。简要归纳，我国证券法的基本原则主要包括以下几点。

（1）公开、公平、公正原则。公开原则是证券发行和交易制度的核心，它要求证券发行者必须依法将与证券有关的一切真实情况予以公开，以供投资者投资决策时参考。只有以公开为基础，才能实现公平和公正。公平原则是指在证券发行和交易活动中，发行人、投资人、证券商和证券专业服务机构的法律地位完全平等，其合法权益受到同等保护。公正原则是指证券监管机构和司法机关在履行职责时，应当依法行使职责，对一切主体给予公正的待遇。

（2）分业经营、分业管理的原则。《证券法》第6条规定："证券业和银行业、信托业、保险业实行分业经营、分业管理"，同时还规定："国家另有规定的除外"。这为混业经营留下了空间。

（3）国家集中统一监管与行业自律相结合的原则。《证券法》规定："国务院证券监督管理机构依法对全国证券市场实行集中统一监督管理。国务院证券监督管理机构根据需要可以设立派出机构，按照授权履行监督管理职责"。"在国家对证券发行、交易活动实行集中统一监督管理的前提下，依法设立证券业协会，实行自律性管理"。"国家审计机关对证券交易所、证券公司、证券登记结算机构、证券监督管理机构进行审计监督"。

二、证券的发行

（一）证券发行的一般规定

1. 证券发行的概念和种类

证券发行是指符合发行条件的企业或政府组织为筹集资金，以同一条件向特定或不特定的公众招募或出售证券的行为。证券发行分为公开发行和非公开发行两种。非公开发行又称私募，是指只针对特定投资者销售证券。

2. 公开发行证券的一般规定

《证券法》规定，公开发行证券，必须符合法律、行政法规规定的条件，并依法报经国务院证券监督管理机构或者国务院授权的部门核准；未经依法核准，任何单位和个人不得公开发行证券。

有下列情形之一的，为公开发行。

（1）向不特定对象发行证券。这是指向社会公众发行证券，发行对象的不特定性，是公开发行的特征之一。无论发行对象人数多少，只要是不特定的社会公众，都属于公开发行。

（2）向特定对象发行证券累计超过200人的。“特定对象”主要包括发行人的内部人员。如股东、公司员工及其亲属、朋友等，以及与发行人有联系的公司、机构和人员；另一类是机构投资者，如基金管理公司、保险公司等。

（3）法律、行政法规规定的其他发行行为。

《证券法》还对非公开发行证券作了规定：“非公开发行证券，不得采用广告、公开劝诱和变相公开方式”。

【知识卡片】

为规范上市公司证券发行行为，保护投资者的合法权益和社会公共利益，根据《证券法》、《公司法》，中国证监会制定了《上市公司证券发行管理办法》。《上市公司证券发行管理办法》于2006年4月26日由中国证券监督管理委员会第178次主席办公会议审议通过，自2006年5月8日起施行。2011年，《上市公司证券发行管理办法》拟定再次修订。

3. 保荐制度

发行人申请公开发行股票、可转换为股票的公司债券，依法采取承销方式的，或者公开发行法律、行政法规规定实行保荐制度的其他证券的，应当聘请具有保荐资格的机构担任保荐人。保荐人应当遵守业务规则和行业规范，诚实守信，勤勉尽责，对发行人的申请文件和信息披露资料进行审慎核查，督导发行人规范运作。

【知识卡片】

《证券法》规定，保荐人的资格及其管理办法由国务院证券监督管理机构规定。中国证券监督管理委员会令第18号于2003年 10月9日颁布了《证券发行上市保荐制度暂行办法》，该办法自2004年2月1日起施行。

（二）股票的发行

1. 股票发行的概念和种类

股票发行是指符合发行条件的股份有限公司，以筹集资金为目的，依法定程序，以同一条件向特定或不特定的公众招募或出售股票的行为。股票发行人必须是具有股票发行资格的股份有限公司，包括已成立的股份有限公司和经核准拟设立的股份有限公司。股票公开发行须由保荐人出具发行保荐书。股票发行一般有两种：

（1）为设立新公司而首次发行股票，即设立发行；

（2）为扩大已有的公司规模而发行新股，即增资发行。

我国《公司法》、《证券法》和相关的法规对首次公开发行股票、上市公司配股、增发、发行可转换债券、公开发行股票、非公开发行股票，以及首次公开发行股票并在创业板上市的条件分别作出规定。

【知识卡片】

根据《证券法》、《公司法》，于2006年5月17日中国证券监督管理委员会第180次主席办公会议审议通过公布了《首次公开发行股票并上市管理办法》，自2006年5月18日起施行。为了规范首次公开发行股票并在创业板上市的行为，促进自主创新企业及其他成长型创业企业的发展，保护投资者的合法权益，维护社会公共利益，根据《证券法》、《公司法》，中国证券监督管理委员会于 2009 年 1 月 21 日第 249 次主席办公会议审议通过并公布了《首次公开发行股票在创业板上市管理办法》，该办法自 2009 年 5 月 1 日起施行。

2. 股票发行的条件

（1）设立发行股票的条件。设立发行或称首次发行，是指发起人通过发行公司股票来筹措经营资本，成立股份有限公司的行为。设立发行除应具备《公司法》规定的条件外，还应符合国务院证券监督管理机构规定的其他条件。

（2）公开发行新股的条件。公开发行新股的条件包括：①具备健全且运行良好的组织机构；②具有持续盈利能力，财务状况良好；③最近 3 年财务会计文件无虚假记载，无其他重大违法行为；④经国务院批准的国务院证券监督管理机构规定的其他条件。

上市公司非公开发行新股，应当符合国务院批准的国务院证券监督管理机构规定的条件，并报国务院证券监督管理机构核准。

首次公开发行股票，应当通过向特定机构投资者（以下称询价对象）询价的方式确定股票发行价格。询价对象是指符合规定条件的证券投资基金管理公司、证券公司、信托投资公司、财务公司、保险机构投资者、合格境外机构投资者，以及经中国证监会认可的其他机构投资者。首次公开发行股票数量在 4 亿股以上的，可以向战略投资者配售股票。发行人应当与战略投资者事先签署配售协议，并报中国证监会备案。

（三）公司债券的发行

公司债券是指公司依照法定程序发行的、约定在一定期限还本付息的有价证券。公司发行公司债券应当符合《中华人民共和国证券法》规定的发行条件。公司债券，可以为记名债券，也可以为无记名债券。

公开发行债券，应当符合下列条件：

（1）股份有限公司的净资产不低于人民币 3000 万元，有限责任公司的净资产不低于人民币 6000 万元；

（2）累计债券余额不超过公司净资产的 40%；

（3）最近 3 年平均可分配利润足以支付公司债券 1 年的利息；

（4）筹集的资金投向符合国家产业政策；

（5）债券的利率不超过国务院限定的利率水平；

（6）国务院规定的其他条件。

【案例 8.7】

秦润实业有限公司是一家经营农副产品的集体所有制改制的公司。由于受到国际贸易中廉价农产品的冲击，为谋求发展，公司董事会向地方政府申请在本省发行公司债券筹资。

问：秦润实业有限公司可否发行公司债券?

【案例分析】

秦润实业有限公司如果符合法定的发行条件可以发行公司债券。《证券法》规定，发行公司债券不再只限于股份有限公司、国有独资公司和由有两个以上的国家授权投资的机构或国有投资主体投资设立的有限责任公司，公司发行公司债券应当符合《中华人民共和国证券法》规定的发行条件。普通的有限责任公司只要符合债券发行的条件也可以发行公司债券。

上市公司发行可转换为股票的公司债券，除应当符合前述条件外，还应当符合《证券法》关于公开发行股票的条件，并报国务院证券监督管理机构核准。公开发行公司债券筹集的资金，必须用于核准的用途，不得用于弥补亏损和非生产性支出。上市公司发行可转换为股票的公司债券，除应当符合上述规定的条件外，还应当符合《证券法》关于公开发行股票的条件，并报国务院证券监督管理机构核准。

有下列情形之一的，不得再次公开发行公司债券：

（1）前一次公开发行的公司债券尚未募足；

（2）对已公开发行的公司债券或者其他债务有违约或者延迟支付本息的事实，仍处于继续状态；

（3）违反证券法规定，改变公开发行公司债券所募资金的用途。

（四）证券发行的程序

1. 证券发行的申请和核准

（1）发行人申请首次公开发行股票的，在提交申请文件后，应当按照国务院证券监督管理机构的规定预先披露有关申请文件。

（2）国务院证券监督管理机构设发行审核委员会，依法审核股票发行申请。国务院证券监督管理机构依照法定条件负责核准股票发行申请。核准程序应当公开，依法接受监督。

（3）参与审核和核准股票发行申请的人员，不得与发行申请人有利害关系，不得直接或者间接接受发行申请人的馈赠，不得持有所核准的发行申请的股票，不得私下与发行申请人进行接触。国务院授权的部门对公司债券发行申请的核准，参照前两款的规定执行。

（4）国务院证券监督管理机构或者国务院授权的部门应当自受理证券发行申请文件之日起 3 个月内，依照法定条件和法定程序作出予以核准或者不予核准的决定，发行人根据要求补充、修改发行申请文件的时间不计算在内；不予核准的，应当说明理由。

（5）证券发行申请经核准，发行人应当依照法律、行政法规的规定，在证券公开发行前，公告公开发行募集文件，并将该文件置备于指定场所供公众查阅。发行证券的信息依法公开前，任何知情人不得公开或者泄露该信息。发行人不得在公告公开发行募集文件前发行证券。

（6）国务院证券监督管理机构或者国务院授权的部门对已作出的核准证券发行的决定，发现不符合法定条件或者法定程序，尚未发行证券的，应当予以撤销，停止发行。已经发行尚未上市的，撤销发行核准决定，发行人应当按照发行价并加算银行同期存款利息返还证券持有人；保荐人应当与发行人承担连带责任，但是能够证明自己没有过错的除外；发行人的控股股东、实际控制人有过错的，应当与发行人承担连带责任。

【案例 8.8】

A 公司欲公开发行股票，在申请发行过程中，发生以下事实：公司依照公司法的规定，报中国证监会审批。中国证监会非常重视，在证监会行政办公会议进行了讨论，最后，由证监会主席批准了 A 公司的股票发行；A 公司得知股票发行申请已获批准后，即在公告公开发行募集文件之前，将准备公开发行股票总额的 10%自行卖给当地投资人，其余部分委托某证券经纪公司代销，确定代销期限为 100 日；A 公司聘请的发行人顾问为 B 律师事务所，B 律师事务所指派赵律师和钱律师在 A 公司工作，但由于赵律师和钱律师没有证券法律业务资格，涉及 A 公司发行的法律文件均由 A 律师事务所具有律师资格证的马律师和李律师签字；A 公司确定了公司股票溢价发行的价格，通知了代销证券的证券公司，并报中国证监会备案。

请判断其违反《证券法》的地方。

【案例分析】

A 公司欲公开发行股票，在申请发行过程中，四个方面均有违反《证券法》的规定，修改如下：

（1）A 公司公开发行股票，必须按照公司法规定的条件，报中国证监会核准而非审批。中国证监会应由发行审核委员会，以投票方式对股票发行进行表决，提出审核意见，并且核准程序应公开；

（2）A 公司不得在公告公开发行募集文件之前发行股票，A 公司股票发行应依法由综合类证券公司承销，可采用代销方式，但承销期最长不得超过 90 日；

（3）律师事务不得由本所无证券法律业务资格的律师进行具体工作，而应以有资格律师的名义出具法律意见书；

（4）A 公司股票发行采取溢价发行的，其发行价格应由发行人 A 公司和承销的证券公司协商确定。

2. 证券承销

承销是指证券公司在规定的期限内将发行人发行的证券销售出去，承销商按照约定收取一定的佣金或者约定的报酬的行为。证券的发行与承销涉及三方当事人，一是发行人，二是承销商即证券公司，三是投资者，即购买证券的人或机构。

发行人向不特定对象公开发行的证券，法律、行政法规规定应当由证券公司承销的，发行人应当同证券公司签订承销协议。证券承销业务采取代销或者包销方式。

（1）证券代销。证券代销是指证券公司代发行人发售证券，在承销期结束时，将未售出的证券全部退还给发行人的承销方式。

（2）证券包销。证券包销是指证券公司将发行人的证券按照协议全部购入或者在承销期结束时将售后剩余证券全部自行购入的承销方式。包销又可分为全额包销和余额包销两种形式。

公开发行证券的发行人有权依法自主选择承销的证券公司。证券公司不得以不正当竞争手段招揽证券承销业务。证券公司承销证券，应当同发行人签订代销或者包销协议。证券公司承销证券，应当对公开发行募集文件的真实性、准确性、完整性进行核查；发现有虚假记载、误导性陈述或者重大遗漏的，不得进行销售活动；已经销售的，必须立即停止销售活动，并采取纠正措施。向不特定对象发行的证券票面总值超过人民币 5000 万元的，应当由承销团承销。承销团应当由主承销和参与承销的证券公司组成。

证券的代销、包销期限最长不得超过 90 日。证券公司在代销、包销期内，对所代销、包销的证券应当保证先行出售给认购人，证券公司不得为本公司预留所代销的证券和预先购入并留存所包销的证券。股票发行采取溢价发行的，其发行价格由发行人与承销的证券公司协商确定。股票发行采用代销方式，代销期限届满，向投资者出售的股票数量未达到拟公开发行股票数量 70%的，为发行失败。发行人应当按照发行价并加算银行同期存款利息返还股票认购人。公开发行股票，代销、包销期限届满，发行人应当在规定的期限内将股票发行情况报国务院证券监督管理机构备案。

【案例 8.9】

甲股份公司是一家上市公司，拟以增发股票的方式从市场融资。公司董事会在讨论股票发行价格时出现了不同的意见：现股市行情低迷，应以低于票面金额的价格发行，便于快速募集资金；现公司股票的市场价格为 8 元，可在高于票面金额低于 8 元之间定价，投资者易于接受；超过票面金额发行股票须经证监会批准，成本太高，应平价发行为宜；以高于票面金额发行股票可以增加公司的资本公积金，故应争取溢价发行。

问：哪些意见符合法律规定？

【案例分析】

公司股票的市场价格为 8 元，可在高于票面金额低于 8 元之间定价，投资者易于接受；以高于票面金额发行股票可以增加公司的资本公积金，应争取溢价发行，这两种意见符合法律规定。因为《公司法》规定：“股票发行价格可以按票面金额，也可以超过票面金额，但不得低于票面金额”。

三、证券的交易

（一）证券交易的一般规定

证券交易是指证券持有人依照交易规则，将证券转让给其他投资者的行为。证券交易除应遵循《证券法》规定的证券交易规则，还应同时遵守《公司法》及《合同法》的规则。

【知识卡片】

证券交易一般分为两种形式：一种形式是上市交易，是指证券在证券交易所集中交易挂牌买卖。凡经批准在证券交易所内登记买卖的证券称为上市证券；其证券能在证券交易所上市交易的公司，称为上市公司。另一种形式是上柜交易，是指公开发行但未达上市标准的证券在证券柜台交易买卖。众多的股份有限公司发行了股票，但不是所有的股票都可以自由上市或上柜交易的。股票要上市或上柜交易，必须按一定条件和标准进行审查，符合规定的才能上市或上柜自由买卖。非依法发行的证券，不得买卖。依法发行的证券，应当在依法设立的证券交易所上市交易或者在国务院批准的其他证券交易场所转让。法律对其转让期限有限制性规定的，在限定的期限内，不得买卖。

根据《证券法》的规定，在证券交易中，应遵守以下一般规则。

（1）证券交易当事人依法买卖的证券，必须是依法发行并交付的证券。非依法发行的证券，不得买卖。

（2）依法发行的股票、公司债券及其他证券，法律对其转让期限有限制性规定的，在限定的期限内不得买卖。

（3）依法公开发行的股票、公司债券及其他证券，应当在依法设立的证券交易所上市交易或者在国务院批准的其他证券交易场所转让。

（4）证券在证券交易所上市交易，应当采用公开的集中交易方式或者国务院证券监督管理机构批准的其他方式。

（5）证券交易当事人买卖的证券可以采用纸面形式或者国务院证券监督管理机构规定的其他形式。

（6）证券交易以现货和国务院规定的其他方式进行交易。

（7）证券交易所、证券公司、证券登记结算机构必须依法为客户开立的账户保密。

（二）证券上市

证券上市交易是指已经发行的公司股票或债券在证券交易所内挂牌，进行公开竞价交易。上市公司应当向证券交易所提出申请，由证券交易所依法审核同意，并由双方签订上市协议。证券交易所根据国务院授权部门的决定安排政府债券上市交易。

1. 股票上市

申请股票上市必须具备如下条件：

（1）股票经国务院证券监督管理机构核准已公开发行；

（2）公司股本总额不少于人民币 3000 万元；

（3）公开发行的股份达到公司股份总数的 25% 以上；公司股本总额超过人民币 4 亿元的，公开发行股份的比例为 10% 以上；

（4）公司最近 3 年无重大违法行为，财务会计报告无虚假记载。

上市申请经证券交易所审核同意，上市公司与证券交易所需签订上市协议。签订上市协议的公司应当在规定的期限内公告股票上市的有关文件，并将该文件置备于指定场所供公众查阅。

上市公司有下列情形之一的，由证券交易所决定暂停其股票上市交易：

（1）公司股本总额、股权分布等发生变化不再具备上市条件；

（2）公司不按照规定公开其财务状况，或者对财务会计报告作虚假记载，可能误导投资者；

（3）公司有重大违法行为；

（4）公司最近3年连续亏损；

（5）证券交易所上市规则规定的其他情形。

上市公司有下列情形之一的，由证券交易所决定终止其股票上市交易：

（1）公司股本总额、股权分布等发生变化不再具备上市条件，在证券交易所规定的期限内仍不能达到上市条件；

（2）公司不按照规定公开其财务状况，或者对财务会计报告作虚假记载，且拒绝纠正；

（3）公司最近3年连续亏损，在其后1个年度内未能恢复盈利；

（4）公司解散或者被宣告破产；

（5）证券交易所上市规则规定的其他情形。

2. 公司债券上市

公司申请其公司债券上市，必须具备以下条件：

（1）公司债券的期限为1年以上；

（2）公司债券实际发行额不少于人民币5000万元；

（3）公司申请债券上市时仍符合法定的公司债券发行条件。

申请可转换为股票的公司债券上市交易，还应报送保荐人出具的上市保荐书。

公司债券上市交易后，公司有下列情形之一的，由证券交易所决定暂停其公司债券上市交易：

（1）公司有重大违法行为；

（2）公司情况发生重大变化不符合公司债券上市条件；

（3）发行公司债券所募集的资金不按照核准的用途使用；

（4）未按照公司债券募集办法履行义务；

（5）公司最近2年连续亏损。

公司有上述第（1）项、第（4）项所列情形之一经查实后果严重的，或者有前条第（2）项、第（3）项、第（5）项所列情形之一，在限期内未能消除的，由证券交易所决定终止其公司债券上市交易。

公司解散或者被宣告破产的，由证券交易所终止其公司债券上市交易。对证券交易所作出的不予上市、暂停上市、终止上市决定不服的，可以向证券交易所设立的复核机构申请复核。

【案例8.10】

神州有限责任公司申请其首次发行的公司债券上市交易，该公司的净资产额为人民币2亿元，发行债券的期限为1年，实际发行额为人民币6000万元，该公司最近3年平均可分配利润足以支付公司债券10个月的利息。

问：以上内容哪些不符合公司债券上市的法定条件？

【案例分析】

不符合公司债券上市的法定条件是：公司最近3年平均可分配利润足以支付公司债券10个月的利息。因为法律规定，公司申请债券上市要求仍符合法定的公司债券发行条件。公开发行证券条件之一是最近3年平均可分配利润足以支付公司债券1年的利息。

（三）持续信息公开

持续信息公开也称信息披露，信息披露主要包括证券发行时初次信息披露和证券交易中的信息披露。

1. 信息披露的内容

（1）上市报告。经国务院证券监督管理机构核准依法公开发行股票，或者经国务院授权的部门核准依法公开发行公司债券，应当公告招股说明书、公司债券募集办法。依法公开发行新股或者公司债券的，还应当公告财务会计报告。

（2）中期报告。上市公司和公司债券上市交易的公司，应当在每一会计年度的上半年结束之日起 2 个月内，向国务院证券监督管理机构和证券交易所报送记载法定内容的中期报告，并予公告：①公司财务会计报告和经营情况；②涉及公司的重大诉讼事项；③已发行的股票、公司债券变动情况；④提交股东大会审议的重要事项；⑤国务院证券监督管理机构规定的其他事项。

（3）年度报告。上市公司和公司债券上市交易的公司，应当在每一会计年度结束之日起 4 个月内，向国务院证券监督管理机构和证券交易所报送记载以下内容的年度报告，并予公告：①公司概况；②公司财务会计报告和经营情况；③董事、监事、高级管理人员简介及其持股情况；④已发行的股票、公司债券情况，包括持有公司股份最多的前 10 名股东名单和持股数额；⑤公司的实际控制人；⑥国务院证券监督管理机构规定的其他事项。

（4）临时报告。《证券法》67 条第一款规定，发生可能对上市公司股票交易价格产生较大影响的重大事件，投资者尚未得知时，上市公司应当立即将有关该重大事件的情况向国务院证券监督管理机构和证券交易所报送临时报告，并予公告，说明事件的起因、目前的状态和可能产生的法律后果。

《证券法》67 条第二款规定，下列情况为前款所称重大事件：①公司的经营方针和经营范围的重大变化；②公司的重大投资行为和重大的购置财产的决定；③公司订立重要合同，可能对公司的资产、负债、权益和经营成果产生重要影响；④公司发生重大债务和未能清偿到期重大债务的违约情况；⑤公司发生重大亏损或者重大损失；⑥公司生产经营的外部条件发生的重大变化；⑦公司的董事、1/3 以上监事或者经理发生变动；⑧持有公司 5%以上股份的股东或者实际控制人，其持有股份或者控制公司的情况发生较大变化；⑨公司减资、合并、分立、解散及申请破产的决定；⑩涉及公司的重大诉讼，股东大会、董事会决议被依法撤销或者宣告无效；⑪公司涉嫌犯罪被司法机关立案调查，公司董事、监事、高级管理人员涉嫌犯罪被司法机关采取强制措施；⑫国务院证券监督管理机构规定的其他事项。

2. 上市公司信息披露事务管理

（1）上市公司董事、高级管理人员应当对公司定期报告签署书面确认意见。上市公司监事会应当对董事会编制的公司定期报告进行审核并提出书面审核意见。上市公司董事、监事、高级管理人员应当保证上市公司所披露的信息真实、准确、完整。

（2）发行人、上市公司公告的招股说明书、公司债券募集办法、财务会计报告、上市报告文件、年度报告、中期报告、临时报告以及其他信息披露资料，有虚假记载、误导性陈述或者重大遗漏，致使投资者在证券交易中遭受损失的，发行人、上市公司应当承担赔偿责任；发行人、上市公司的董事、监事、高级管理人员和其他直接责任人员以及保荐人、承销的证券公司，应当与发行人、上市公司承担连带赔偿责任，但是能够证明自己没有过错的除外；发行人、上市公司的控股股东、实际控制人有过错的，应当与发行人、上市公司承担连带赔偿责任。

（3）依法必须披露的信息，应当在国务院证券监督管理机构指定的媒体发布，同时将其置备于公司住所、证券交易所，供社会公众查阅。

（4）国务院证券监督管理机构对上市公司年度报告、中期报告、临时报告以及公告的情况进行监督，对上市公司分派或者配售新股的情况进行监督，对上市公司控股股东及其他信息披露义务人的行为进行监督。证券监督管理机构、证券交易所、保荐人、承销的证券公司及有关人员，对公司依照法律、行政法规规定必须作出的公告，在公告前不得泄露其内容。

（5）证券交易所决定暂停或者终止证券上市交易的，应当及时公告，并报国务院证券监督管理机构备案。

（四）限制的证券交易行为

（1）证券交易所、证券公司、证券登记结算机构从业人员、证券监督管理机构的工作人员和法律、行政法规禁止参与股票交易的其他人员，在任期或者法定期限内，不得直接或者以化名、借他人名义持有、买卖股票，也不得收受他人赠送的股票。任何人在成为前款所列人员时，其原已持有的股票，必须依法转让。

（2）为股票发行出具审计报告、资产评估报告或者法律意见书等文件的证券服务机构和人员，在该股票承销期内和期满后6个月内，不得买卖该种股票。除上述规定外，为上市公司出具审计报告、资产评估报告或者法律意见书等文件的证券服务机构和人员，自接受上市公司委托之日起至上述文件公开后5日内，不得买卖该种股票。

（3）上市公司董事、监事、高级管理人员、持有上市公司股份 5%以上的股东，将其持有的该公司的股票在买入后6个月内卖出，或者在卖出后6个月内又买入，由此所得收益归该公司所有，公司董事会应当收回其所得收益。但是，证券公司因包销购入售后剩余股票而持有 5%以上股份的，卖出该股票不受6个月的时间限制。

（五）禁止的证券交易行为

1. 内幕交易行为

内幕交易是指知悉证券交易内幕信息的知情人和非法获取内幕信息的人，利用内幕信息进行证券交易的活动。《证券法》禁止证券交易内幕信息的知情人和非法获取内幕信息的人利用内幕信息从事证券交易活动。

（1）内幕信息知情人员。证券交易内幕信息的知情人包括：①发行人的董事、监事、高级管理人员；②持有公司 25%以上股份的股东及其董事、监事、高级管理人员，公司的实际控制人及其董事、监事、高级管理人员；③发行人控股的公司及其董事、监事、高级管理人员；④由于所任公司职务可以获取公司有关内幕信息的人员；⑤证券监督管理机构工作人员以及由于法定职责对证券的发行、交易进行管理的其他人员；⑥保荐人、承销的证券公司、证券交易所、证券登记结算机构、证券服务机构的有关人员；⑦国务院证券监督管理机构规定的其他人。

（2）内幕信息。内幕信息是指证券交易活动中，涉及公司的经营、财务或者对该公司证券的市场价格有重大影响的尚未公开的信息。下列信息属内幕信息：①本法第67条第二款所列重大事件；②公司分配股利或者增资的计划；③公司股权结构的重大变化；④公司债务担保的重大变更；⑤公司营业用主要资产的抵押、出售或者报废一次超过该资产的30%；⑥公司的董事、监事、高级管理人员的行为可能依法承担重大损害赔偿责任；⑦上市公司收购的有关方案；⑧国务院证券监督管理机构认定的对证券交易价格有显著影响的其他重要信息。

证券交易内幕信息的知情人和非法获取内幕信息的人，在内幕信息公开前，不得买卖该公司的证券，或者泄露该信息，或者建议他人买卖该证券。持有或者通过协议、其他安排与他人共同持有公司 5%以上股份的自然人、法人、其他组织收购上市公司的股份，本法另有规定的，适用其规定。内幕交易行为给投资者造成损失的，行为人应当依法承担赔偿责任。

【案例8.11】

甲某系一计算机爱好者，某日，他偶尔进入乙公司的内部网站，知道该公司近期将进行重大的增资计划。甲某遂从事了下列行为：（1）甲某在知道乙公司的增资计划后，遂赶紧买下了乙公司的股票；（2）把该信息告知了他的一个朋友，他的朋友也跟着买进乙公司的股票；（3）甲某某日建议家人去买进该公司的股票；（4）甲某知道这个情况后，并未告诉任何人，也没有买卖乙公司的任何股票。

问：其中哪些行为不符合法律规定？

【案例分析】

甲某以下行为不符合法律规定：甲某在知道乙公司的增资计划后，遂赶紧买下了乙公司的股票；把该信息告知了他的一个朋友，他的朋友也跟着买进乙公司的股票；甲某某日建议家人去买进该公司的股票。

2. 操纵市场行为

操纵证券市场是指以获取利益或者减少损失为目的，利用掌握的资金等优势影响证券市场价格，制造证券市场假象，诱导或者致使投资者在不了解事实真相的情况下作出证券投资决定，扰乱证券市场秩序的行为。操纵市场的行为包括：

（1）单独或者通过合谋，集中资金优势、持股优势或者利用信息优势联合或者连续买卖，操纵证券交易价格或者证券交易量；

（2）与他人串通，以事先约定的时间、价格和方式相互进行证券交易，影响证券交易价格或者证券交易量；

（3）在自己实际控制的账户之间进行证券交易，影响证券交易价格或者证券交易量等；

（4）以其他手段操纵证券市场。

操纵证券市场行为给投资者造成损失的，行为人应当依法承担赔偿责任。

【案例 8.12】

长城股份有限公司连续 10 日在上海证券交易所每天临近收盘时，通过 20 个个人账户进行交易，用不转让股票所有权的方式虚买虚卖，以提高本公司的股票价格，致使该公司的股票价格连续 10 天上涨，最高涨幅达 120%。而后公司逐步抛出该股票，共获利 1200 万元。

问：该公司买卖股票的行为是否合法？为什么？

【案例分析】

该公司买卖股票的行为不合法，属于操纵证券市场的行为。操纵证券市场是指行为人以获取利益或减少损失为目的，利用其资金、持股、信息优势操纵市场，影响证券市场价格，制造证券市场假象，诱导或致使投资者在不了解事实真相的情况下做出证券投资决定，扰乱证券市场秩序的行为。该公司非法利用他人账户从事证券交易也是违反证券法规定的，从事证券交易实行实名制，应使用自己的真实的身份开立证券账户并进行交易。

3. 虚假陈述行为

虚假陈述行为是指信息披露义务人违反信息披露义务,在提交或公布的信息披露文件中作出违背事实真相的陈述或者记载。

《证券法》禁止国家工作人员、传播媒介从业人员和有关人员编造、传播虚假信息，扰乱证券市场。禁止证券交易所、证券公司、证券登记结算机构、证券服务机构及其从业人员，证券业协会、证券监督管理机构及其工作人员，在证券交易活动中作出虚假陈述或者信息误导。各种传播媒介传播证券市场信息必须真实、客观，禁止误导。

4. 欺诈客户行为

欺诈客户行为是指证券公司及其从业人员在证券交易及相关活动中，为了谋取不法利益，而违背客户的真实意思进行代理的行为，以及诱导客户进行不必要的证券交易的行为。在证券交易中，禁止证券公司及其从业人员从事下列损害客户利益的欺诈行为：

（1）违背客户的委托为其买卖证券；

（2）不在规定时间内向客户提供交易的书面确认文件；

（3）挪用客户所委托买卖的证券或者客户账户上的资金；

（4）未经客户的委托，擅自为客户买卖证券，或者假借客户的名义买卖证券；

（5）为牟取佣金收入，诱使客户进行不必要的证券买卖；

（6）利用传播媒介或者通过其他方式提供、传播虚假或者误导投资者的信息；

（7）其他违背客户真实意思表示，损害客户利益的行为。

欺诈客户行为给客户造成损失的，行为人应当依法承担赔偿责任。

【案例 8.13】

张某在 A 证券公司营业部开立账户，从事证券投资。某日，张某发出以 10 元价格卖出本账户 H 公司股票 1000 股的指令，但由于该营业部场内交易员小王操作不慎，将张某卖出指令敲成买入，以每股 10 元的价格为张某购入 H 公司股票 1000 股，当日该股票收盘价是 10.20 元。并且由于张某账面资金不足，小王向营业部经理汇报后，给张某透支了其他客户的保证金 3000 元。次日，该股即下跌，开盘价为 9.8 元，最高价位 10.18 元，收盘价为 9.75 元，交易员小王在 10.15 元卖出 1000 股，将透支的 3000 元归还。当日，张某发现这一事件，即提出索赔。

根据证券法律的规定，请回答下列问题:

（1）小王有哪些行为违反了《证券法》？

（2）小王应承担相应的法律责任吗?

（3）张某应向谁索赔?

【案例分析】

（1）小王违反了《证券法》的行为有：违背客户的委托；挪用客户资金；假借客户名义买卖证券，已构成损害客户的欺诈行为。（2）小王不应直接承担相应的法律责任，因其是营业部职员，而且其行为得到营业部经理的批准，应视为职务行为。（3）张某应向小王所在营业部所属的证券公司索赔。

5. 其他有关禁止交易的行为

（1）禁止法人非法利用他人账户从事证券交易；禁止法人出借自己或者他人的证券账户。

（2）依法拓宽资金入市渠道，禁止资金违规流入股市。

（3）禁止任何人挪用公款买卖证券。

（4）国有企业和国有资产控股的企业买卖上市交易的股票，必须遵守国家有关规定。

（5）证券交易所、证券公司、证券登记结算机构、证券服务机构及其从业人员对证券交易中发现的禁止的交易行为，应当及时向证券监督管理机构报告。

【案例 8.14】

某年 12 月 6 日，某报头版头条发布了“A 公司致函本报向社会公告收购 B 上市公司股票”的消息，并全文刊载了 A 公司的函件，函件称，至 12 月 5 日下午收市，A 公司持有 B 公司已发行股票的 5%，并表示按法定程序继续收购 B 公司股票。经查，A 公司为赚取利润，董事会决定投资股票市场。A 公司在以生产经营为目的的银行贷款中取出 1000 万元人民币，分别存放在证券公司开设的数个个人账户上，具体操作由公司职工赵某负责。赵某为了替公司赚更多钱，在并不具备收购 B 公司条件的情况下，致函某报，某报未经核实即登载于头版头条，之后 B 公司股票在证券市场交易价格剧烈波动，赵某又与钱某、孙某等联手，集中资金优势，约定时间和价格，不断拉高 B 公司股票价格，从中获利近千万元。其后，赵某将利润及本金全部上交公司。

请根据《证券法》的规定，指出本案中的违法事实。

【案例分析】

（1）赵某编造并传播虚假信息，严重影响证券交易；（2）某报传播证券交易信息没有做到真实客观，误导了投资者；（3）银行贷款违规流入股市；（4）法人以个人名义开立证券交易账户；（5）赵、钱、孙共谋操纵证券交易价格，因其数额巨大，可能构成操纵证券交易价格罪。

四、上市公司收购

（一）上市公司收购概述

1. 上市公司收购的概念

上市公司收购是指收购人通过在证券交易所的股份转让活动持有一个上市公司的股份达到一定比例或通过证券交易所股份转让活动以外的其他合法方式控制一个上市公司的股份达到一定程度，导致其获得或者可能获得对该公司的实际控制权的行为。

上市公司收购的投资者的目的在于获得对上市公司的实际控制权，不以达到对上市公司实际控制权而受让上市公司股票的行为，不能称之为收购。这里所指的实际控制是指：（1）投资者为上市公司持股 50%以上的控股股东；（2）投资者可以实际支配上市公司股份表决权超过 30%；（3）投资者通过实际支配上市公司股份表决权能够决定公司董事会半数以上成员选任；（4）投资者依其可实际支配的上市公司股份表决权足以对公司股东大会的决议产生重大影响；（5）中国证监会认定的其他情形。

收购人可以通过取得股份的方式成为一个上市公司的控股股东，可以通过投资关系、协议、其他安排的途径成为一个上市公司的实际控制人，也可以同时采取上述方式和途径取得上市公司控制权。

2. 上市公司收购人

上市公司收购人是指意图通过取得股份的方式成为一个上市公司的控股股东，或者通过投资关系、协议、其他安排的途径成为一个上市公司的实际控制人的投资者及其一致行动人。收购人包括投资者及与其一致行动的他人。所谓一致行动，是指投资者通过协议、其他安排，与其他投资者共同扩大其所能够支配的一个上市公司股份表决权数量的行为或者事实。在上市公司的收购及相关股份权益变动活动中有一致行动情形的投资者，互为一致行动人。

3. 上市公司收购中有关当事人的义务

（1）收购人的义务。收购人的主要义务有：①报告义务。实施要约收购的收购人必须事先向中国证监会报送上市公司收购报告书。在收购过程中要约收购完成后，收购人应当在 15 日内将收购情况报告中国证监会和证券交易所；②禁售义务。收购人在要约收购期内，不得卖出被收购公司的股票；③锁定义务。收购人持有的被收购的上市公司的股票，在收购行为完成后的 12 个月内不得转让。

（2）被收购公司的控股股东或者实际控制人的义务。被收购公司的控股股东或者实际控制人不得滥用股东权利，损害被收购公司或者其他股东的合法权益。被收购公司的控股股东、实际控制人及其关联方有损害被收购公司及其他股东合法权益的，上述控股股东、实际控制人在转让被收购公司控制权之前，应当主动消除损害；未能消除损害的，应当就其出让相关股份所得收入用于消除全部损害作出安排，对不足以消除损害的部分应当提供充分有效的履约担保或安排，并依照公司章程取得被收购公司股东大会的批准。

（3）被收购公司的董事、监事、高级管理人员的义务。被收购公司的董事、监事、高级管理人员对公司负有忠实义务和勤勉义务，应当公平对待收购本公司的所有收购人，被收购公司董事会针对收购所作出的决策及采取的措施，应当有利于维护公司及其股东的利益，不得滥用职权对收购设置不适当的障碍，不得利用公司资源向收购人提供任何形式的财务资助，不得损害公司及其股东的合法权益。

4. 上市公司收购的支付方式

上市公司收购可以采用现金、依法可以转让的证券以及法律、行政法规规定的其他支付方式进行。

（二）上市公司收购

依据《证券法》第 85 条规定，投资者可以采取要约收购、协议收购及其他合法方式收购上市公司。其他合法方式是指公开市场购买方式。

1. 要约收购

要约收购是指收购人通过证券交易所的证券交易，投资者持有或通过协议、其他安排与他人共同持有一个上市公司的股份达到该公司已发行股份的30%时，继续增持股份的，应当采取向被收购公司的股东发出收购要约的方式进行收购的收购。

要约收购是一种公开收购行为，即向被收购公司的全体股东发出公开要约，并披露有关信息，而竞价收购是不公开的。与此同时，要约收购的要约是收购人的单方意思表示，被收购公司的股东是否出售所持股票，由其自己决定，可以出售，也可不出售。这与协议收购不同。要约收购的相对人是被收购公司的全体股东，而不是部分股东，即使发出的是部分要约收购，也不能仅向部分股东发出要约。协议收购的相对人则是部分股东，除非协议收购的股份超过30%，不申请豁免或未获得中国证监会豁免且拟继续履行其收购协议，应当向全体股东发出要约收购外，不需要向被收购公司的全体股东发出要约。

投资者选择向被收购公司的所有股东发出收购其所持有的全部股份要约的，称之为全面要约；投资者选择向被收购公司所有股东发出收购其所持有的部分股份要约的，称之为部分要约。

2. 协议收购

协议收购是指收购人在证券交易所之外，通过与被收购公司的股东协商一致达成协议，受让其持有的上市公司的股份而进行的收购。协议收购的股份转让方是特定的股东，而以要约方式收购和以竞价方式收购的股份转让方是不特定股东。协议收购具有场外交易的性质，只是在采取协议收购方式时，收购人收购或者通过协议、其他安排与他人共同收购一个上市公司已发行的股份达到30%时，继续进行收购的，应当向该上市公司所有股东发出收购上市公司全部或者部分股份的要约，转化为要约收购，但是，经国务院证券监督管理机构免除发出要约的除外。针对要约收购而言，协议收购的成本较低、交易快捷、程序简单。

五、证券机构

（一）证券交易所

1. 证券交易所的设立和组织机构

证券交易所是为证券集中交易提供场所和设施，组织和监督证券交易实行自律管理的法人。

【知识卡片】

证券交易所有会员制证券交易所和公司制证券交易所两种形式。会员制证券交易所是以会员协会形式成立的不以营利为目的的法人组织，其会员主要为证券商，只有会员以及有特许权的经纪人，才有资格在交易所中交易。会员制证券交易所实行会员自治、自律、自我管理。目前，多数国家的证券交易所都实行会员制。公司制证券交易所是以营利为目的的公司法人。公司制证券交易所对在本所内的证券交易负有担保责任。公司制证券交易所的证券商及其股东不得担任证券交易所的董事、监事或经理。我国的证券交易所是会员制证券交易所，是不以营利为目的的法人。

（1）证券交易所的设立。证券交易所的设立和解散由国务院决定。申请设立证券交易所应提交申请书、章程和主要业务规则草案、拟加入会员名单、理事会候选人名单、场地、设备及资金情况说明和拟任用管理人员的情况说明等文件。

设立证券交易所必须制定章程，章程的制定和修改必须经国务院证券监督管理机构批准。证券交易所章程应载明的法定事项主要包括：证券交易所的名称和设立目的；主要办公及交易场所和设施所在地；职能范围；会员的资格和加入、退出程序；会员的权利义务和对会员的纪律处分；组织机构及其职权；高级管理人员的产生、任免及其职责；资本和财务事项；解散条件和程序及其他需要在章程中规定的事项。

证券交易所必须在其名称中标明证券交易所字样。其他任何单位或者个人不得使用证券交易所或者近似的名称。

（2）证券交易所的组织机构。证券交易所的组织机构主要有：①理事会。《证券法》规定，证券交易所设理事会。理事会是证券交易所的决策机构，目前每届任期3年。②总经理。证券交易所设总经理一人，由国务院证券监督管理机构任免。总经理为证券交易所的法定代表人，主持证券交易所的日常管理工作。③证券交易所可根据需要设立专门委员会，如证券发行审核委员会、监察委员会等。

【知识卡片】

《公司法》第147条规定的情形或者下列情形之一的，不得担任证券交易所的负责人：（1）因违法行为或者违纪行为被解除职务的证券交易所、证券登记结算机构的负责人或者证券公司的董事、监事、高级管理人员，自被解除职务之日起未逾5年；（2）因违法行为或者违纪行为被撤销资格的律师、注册会计师或者投资咨询机构、财务顾问机构、资信评级机构、资产评估机构、验证机构的专业人员，自被撤销资格之日起未逾5年。

因违法行为或者违纪行为被开除的证券交易所、证券登记结算机构、证券服务机构、证券公司的从业人员和被开除的国家机关工作人员，不得招聘为证券交易所的从业人员。

2. 证券交易所的职责和交易规则

（1）证券交易所的职责。根据《证券法》的规定，证券交易所的职责包括：①证券交易所依照证券法律、行政法规制定上市规则、交易规则、会员管理规则和其他有关规则，并报国务院证券监督管理机构批准；依据《证券法》的规定，办理证券的上市、暂停上市、恢复上市或者终止上市事务；②证券交易所应当为组织公平的集中交易提供保障，公布证券交易即时行情，并按交易日制作证券市场行情表，予以公布。未经证券交易所许可，任何单位和个人不得发布证券交易即时行情；③因突发性事件而影响证券交易的正常进行时，证券交易所可以采取技术性停牌的措施；因不可抗力的突发性事件或者为维护证券交易的正常秩序，证券交易所可以决定临时停市。证券交易所采取技术性停牌或者决定临时停市，必须及时报告国务院证券监督管理机构；④证券交易所对证券交易实行实时监控，并按照国务院证券监督管理机构的要求对异常的交易情况提出报告。证券交易所应当对上市公司及相关信息披露义务人披露信息进行监督，督促其依法及时、准确地披露信息。证券交易所根据需要，可以对出现重大异常交易情况的证券账户限制交易，并报国务院证券监督管理机构备案；⑤筹集、管理风险基金。证券交易所应当从其收取的交易费用和会员费、席位费中提取一定比例的金额设立风险基金。风险基金由证券交易所理事会管理。风险基金提取的具体比例和使用办法，由国务院证券监督管理机构会同国务院财政部门规定。证券交易所应当将收存的风险基金存入开户银行专门账户，不得擅自使用；⑥证券交易所可以自行支配的各项费用收入，应当首先用于保证其证券交易场所和设施的正常运行并逐步改善。实行会员制的证券交易所的财产积累归会员所有，其权益由会员共同享有，在其存续期间，不得将其财产积累分配给会员。

（2）证券交易所的交易规则。证券交易所的交易规则如下：①进入证券交易所参与集中交易的，必须是证券交易所的会员；②投资者应委托证券公司买卖证券。投资者应当与证券公司签订证券交易委托协议，并在证券公司开立证券交易账户，以书面、电话以及其他方式，委托该证券公司代其买卖证券，不能自已到证券交易所进行证券变易；③证券公司根据投资者的委托，按照证券交易规则提出交易申报，参与证券交易所场内的集中交易，并根据成交结果承担相应的清算交收责任；证券登记结算机构根据成交结果，按照清算交收规则，与证券公司进行证券和资金的清算交收，并为证券公司客户办理证券的登记过户手续；④按照依法制定的交易规则进行的交易，不得改变其交易结果。对交易中违规交易者应负的民事责任不得免除；在违规交易中所获利益，依照有关规定处理；⑤证券交易所的负责人和其他从业人员在执行与证券交易有关的职务时，与其本人或者其亲属有利害关系的，应当回避。

在证券交易所内从事证券交易的人员，违反证券交易所有关交易规则的，由证券交易所给予纪律处分；对情节严重的，撤销其资格，禁止其入场进行证券交易。

（二）证券公司

1. 证券公司的设立

证券公司是指依照《公司法》和《证券法》规定设立的经营证券业务的有限责任公司或者股份有限公司。证券公司依法享有自主经营的权利，其合法经营不受干涉。设立证券公司，必须经国务院证券监督管理机构审查批准。未经国务院证券监督管理机构批准，任何单位和个人不得经营证券业务。证券公司必须在其名称中标明证券有限责任公司或者证券股份有限公司字样。

（1）证券公司的设立条件。根据《证券法》的规定，设立证券公司，应当具备下列条件：①有符合法律、行政法规规定的公司章程；②主要股东具有持续盈利能力，信誉良好，最近 3 年无重大违法违规记录，净资产不低于人民币 2 亿元；③有符合《证券法》规定的注册资本；④董事、监事、高级管理人员具备任职资格，从业人员具有证券从业资格；⑤有完善的风险管理与内部控制制度；⑥有合格的经营场所和业务设施；⑦法律、行政法规规定的和经国务院批准的国务院证券监督管理机构规定的其他条件。

（2）证券公司的业务范围。根据《证券法》规定，经国务院证券监督管理机构批准，证券公司可以经营下列部分或者全部业务：①证券经纪；②证券投资咨询；③与证券交易、证券投资活动有关的财务顾问；④证券承销与保荐；⑤证券自营；⑥证券资产管理；⑦其他证券业务。

2. 证券公司的经营管理

证券公司应当根据《公司法》和《证券法》的规定建立和完善公司法人治理结构，建立、健全管理制度和内部控制制度，实行监事会制度、信息披露制度，自觉防范和化解经营风险。

（1）资产管理。国务院证券监督管理机构应当对证券公司的净资本，净资本与负债的比例，净资本与净资产的比例，净资本与自营、承销、资产管理等业务规模的比例，负债与净资产的比例以及流动资产与流动负债的比例等风险控制指标作出规定。证券公司不得为其股东或者股东的关联人提供融资或者担保。

（2）人员管理。证券公司的高级管理人员应符合法定的任职资格。证券公司的董事、监事、高级管理人员，应当正直诚实，品行良好，熟悉证券法律、行政法规，具有履行职责所需的经营管理能力，并在任职前取得国务院证券监督管理机构核准的任职资格。

（3）缴纳证券投资者保护基金、提取交易风险准备金。《证券法》规定，国家设立证券投资者保护基金。证券投资者保护基金由证券公司缴纳的资金及其他依法筹集的资金组成，其筹集、管理和使用的具体办法由国务院规定。证券公司从每年的税后利润中提取交易风险准备金，用于弥补证券交易的损失，其提取的具体比例由国务院证券监督管理机构规定。

（4）建立健全内部控制与业务隔离制度。证券公司应当建立健全内部控制制度，采取有效隔离措施，防范公司与客户之间、不同客户之间的利益冲突。证券公司必须将其证券经纪业务、证券承销业务、证券自营业务和证券资产管理业务分开办理，不得混合操作。

（5）健全业务管理制度。①证券公司的自营业务必须以自己的名义进行，不得假借他人名义或以个人名义进行，必须使用自有资金和依法筹集的资金。证券公司不得将自己账户借给他人使用。②证券公司客户的交易结算资金应当存放在商业银行，以每个客户的名义单独立户管理，具体办法和实施步骤由国务院规定。证券公司不得将客户的交易结算资金和证券归入其自有财产。禁止任何单位或者个人以任何形式挪用客户的交易结算资金和证券。证券公司破产或者清算时，客户的交易结算资金和证券不属于其破产财产或者清算财产。非因客户本身的债务或者法律规定的其他情形，不得查封、冻结、扣划或者强制执行客户的交易结算资金和证券。③证券公司办理经纪业务，应当置备统一制定的证券买卖委托书，供委托人使用。采取其他委托方式的，必须作出委托记录。客户的证券买卖委托，不论是否成交，其委托记录应当按照规定的期限，保存于证券公司。④证券公司接受证券买卖的委托，应当根据委托书载明的证券名称、买卖数量、出价方式、价格幅度等，按照交易规则代理买卖证券，如实进行交易记录；买卖成交后，应当按照规定制作买卖成交报告单交付客户。⑤证券交易中确认交易行为及其交易结果的对账单必须真实，并由交易经办人员以外的审核人员逐笔审核，保证账面证券余额与实际持有的证券相一致。⑥证券公司为客户买卖证券提供融资融券服务，应当按照国务院的规定并经国务院证券监督管理机构批准。⑦证券公司办理经纪业务，不得接受客户的全权委托而决定证券买卖、选择证券种类、决定买卖数量或者买卖价格。证券公司不得以任何方式对客户证券买卖的收益或者赔偿证券买卖的损失作出承诺。⑧证券公司及其从业人员不得未经过其依法设立的营业场所私下接受客户委托买卖证券。证券公司的从业人员在证券交易活动中，执行所属的证券公司的指令或者利用职务违反交易规则的，由所属的证券公司承担全部责任。⑨证券公司应当妥善保存客户开户资料、委托记录、交易记录和与内部管理，业务经营有关的各项资料，任何人不得隐匿、伪造、篡改或者毁损。上述资料的保存期限不得少于 20 年。

（6）证券公司监管制度。证券公司应当按照规定向国务院证券监督管理机构报送业务，财务等经营管理信息和资料。国务院证券监督管理机构有权要求证券公司及其股东、实际控制人在指定的期限内提供有关信息、资料。证券公司及其股东、实际控制人向国务院证券监督管理机构报送或者提供的信息、资料，必须真实、准确、完整。

证券公司的股东有虚假出资、抽逃出资行为的，国务院证券监督管理机构应当责令其限期改正，并可责令其转让所持证券公司的股权。在股东按照要求改正违法行为、转让所持证券公司的股权前，国务院证券监督管理机构可以限制其股东权利。

证券公司的董事、监事、高级管理人员未能勤勉尽责，致使证券公司存在重大违法违规行为或者重大风险的，国务院证券监督管理机构可以撤销其任职资格，并责令公司予以更换。

证券公司违法经营或者出现重大风险，严重危害证券市场秩序、损害投资者利益的，国务院证券监督管理机构可以对该证券公司采取责令停业整顿、指定其他机构托管、接管或者撤销等监管措施。

在证券公司被责令停业整顿、被依法指定托管、接管或者清算期间，或者出现重大风险时，经国务院证券监督管理机构批准，可以对该证券公司直接负责的董事、监事、高级管理人员和其他直接责任人员采取以下措施：①通知出境管理机关依法阻止其出境；②申请司法机关禁止其转移、转让或者以其他方式处分财产，或者在财产上设定其他权利。

（三）证券登记结算机构

1. 证券登记结算机构的概念和职能

证券登记结算机构是为证券交易提供集中登记、存管与结算服务，不以营利为目的的法人。集中登记包括对投资者证券账户的开立、挂失等证券账户管理登记；上市证券的发行登记；上市证券非流通股份的抵押、冻结以及法人股、国家股股权的转让过户登记和证券持有人名册登记等。存管包括上市证券的股份管理、证券存管与转存管、受发行人的委托派发证券权益等。结算服务指证券交易所上市证券交易的清算和交收，包括证券交易的清算过户，证券交易的资金交收和新股网上发行的资金清算等。

根据《证券法》的规定，证券登记结算机构履行下列职能：

（1）证券账户、结算账户的设立；

（2）证券的存管和过户；

（3）证券持有人名册登记；

（4）证券交易所上市证券交易的清算和交收；

（5）受发行人的委托派发证券权益；

（6）办理与上述业务有关的查询；

（7）国务院证券监督管理机构批准的其他业务。

2. 证券登记结算机构的设立与解散

设立证券登记结算机构必须经国务院证券监督管理机构批准，并应当具备下列条件：

（1）自有资金不少于人民币2亿元；

（2）具有证券登记、存管和结算服务所必需的场所和设施；

（3）主要管理人员和从业人员必须具有证券从业资格；

（4）国务院证券监督管理机构规定的其他条件。

证券登记结算机构的名称中应当标明证券登记结算字样。证券登记结算机构申请解散，应当经国务院证券监督管理机构批准。

3. 证券的登记与存管

证券登记是依法确定证券所有权归属的法律行为，包括确定当事人对证券所有权的产生、变更和消失。投资者委托证券公司进行证券交易，应当申请开立证券账户。证券登记结算机构应当按照规定以投资者本人的名义为投资者开立证券账户。投资者申请开立账户，必须持有证明中国公民身份或者中国法人资格的合法证件，国家另有规定的除外。证券持有人持有的证券，在上市交易时，应当全部存管在证券登记结算机构。证券登记结算机构不得挪用客户的证券。

4. 证券的结算

证券结算是指证券交易成交之后对买卖证券双方应收或应付的证券和价款进行计算核定，并转移证券和资金的行为。证券结算包括证券的结算和资金的结算两个方面，在证券交易成交后，卖出方卖出的证券应划转到买入方的账户上，同时将买入方买入证券而需要支付的资金划转到卖出方的账户上。对实物证券交易的结算，需要对证券进行清点、鉴别，并在买卖双方之间交付，对记名证券上所载持有人姓名还须进行更改。对无纸化证券的交易结算，由证券登记结算机构对电脑记载的有关数据资料作出更改。

【知识卡片】

证券结算有逐笔交收和净额交收两种方式。逐笔交收是每成交一笔证券交易，就进行一次应收应付证券和资金的交收。净额交收是由买卖双方约定交收期限，到期时，对买卖双方的证券交易进行清算，得出应收应付净额，然后进行交收。采用逐笔交收方式可防止风险积累，但过于繁琐，一般适用于以大宗交易为主、成交笔数较少的证券市场。采用净额交收方式可以简化手续，提高效率，一般适用于以小额交易为主、成交笔数多的证券市场。

证券登记结算机构为证券交易提供净额结算服务时，应当要求结算参与人按照货银对付的原则，足额交付证券和资金，并提供交收担保。在交收完成之前，任何人不得动用用于交收的证券、资金和担保物。结算参与人未按时履行交收义务的，证券登记结算机构有权按照业务规则处理上述财产。

证券登记结算机构按照业务规则收取的各类结算资金和证券，必须存放于专门的清算交收账户，只能按业务规则用于已成交的证券交易的清算交收，不得被强制执行。

5. 证券登记结算机构的管理

根据《证券法》以及有关规定，证券登记结算机构，应当做好下列管理工作。

（1）名册登记。证券登记结算机构应当向证券发行人提供证券持有人名册及其有关资料。证券登记结算机构应当根据证券登记结算的结果，确认证券持有人持有证券的事实，提供证券持有人登记资料。证券登记结算机构应当保证证券持有人名册和登记过户记录真实、准确、完整，不得隐匿、伪造、篡改或者毁损。

（2）保证业务的正常进行。证券登记结算机构应当采取下列措施保证业务的正常进行：①具有必备的服务设备和完善的数据安全保护措施；②建立完善的业务、财务和安全防范等管理制度；③建立完善的风险管理系统。

（3）保存原始凭证。证券登记结算机构应当妥善保存登记、存管和结算的原始凭证及有关文件和资料。其保存期限不得少于20年。

（4）设立结算风险基金。证券登记结算机构应当设立结算风险基金，用于垫付或者弥补因违约交收、技术故障、操作失误、不可抗力造成的证券登记结算机构的损失。证券结算风险基金从证券登记结算机构的业务收入和收益中提取，并可以由结算参与人按照证券交易业务量的一定比例缴纳。证券结算风险基金应当存入指定银行的专门账户，实行专项管理。证券登记结算机构用风险基金赔偿后，应当向有关责任人追偿。

（四）证券业协会

1. 证券业协会的概念

证券业协会是证券业的自律性组织，是社会团体法人。协会的宗旨是根据发展社会主义市场经济的要求，贯彻执行国家有关方针、政策和法规，发挥政府与证券经营机构之间的桥梁和纽带作用，促进证券业的开拓发展，加强证券业的自律管理，维护会员的合法权益，建立和完善具有中国特色的证券市场体系。

【知识卡片】

中国证券业协会于1991年8月28日成立，总部设在北京。中国证券业协会的会员分为团体会员和个人会员，团体会员为证券公司。《证券法》规定，证券公司应当加入证券业协会。个人会员只限于证券市场管理部门有关领导以及从事证券研究及业务工作的专家，由协会根据需要吸收。

证券业协会的权力机构是由全体会员组成的会员大会。证券业协会章程由会员大会制定，并报国务院证券监督管理机构备案。会员大会每两年举行一次，必要时经常务理事会决议可临时召开。证券业协会设会长、副会长。证券业协会设理事会，理事会成员依章程的规定由选举产生，每届任期2年，可连选连任。

2. 证券业协会的职责

证券业协会履行下列职责：

（1）协助证券监督管理机构教育和组织会员执行法律、行政法规；

（2）依法维护会员的合法权益，向证券监督管理机构反映会员的建议和要求；

（3）收集整理信息，为会员提供服务；

（4）制定会员应遵守的规则，组织会员单位从业人员的业务培训，开展会员间的业务交流；

（5）调解会员之间、会员与客户之间发生的纠纷；

（6）组织会员就证券业的发展、运作及有关内容进行研究；

（7）监督、检查会员行为，对违反法律、行政法规或者协会章程的，按规定给予纪律处分；

（8）国务院证券监督管理机构赋予的其他职责。

（五）证券监督管理机构

1. 证券监督管理机构的概念

《证券法》中所称国务院证券监督管理机构是指中国证券监督管理委员会。中国证券监督管理委员会是国务院直属事业单位，是全国证券期货市场的主管部门。

《证券法》规定：“国务院证券监督管理机构依法对证券市场实行监督管理，维护证券市场秩序，保障其合法运行”。国务院证券监督管理机构根据需要可以设立派出机构，按照授权履行监督管理职责。

2. 国务院证券监督管理机构的职责

国务院证券监督管理机构在对证券市场实施监督管理中履行下列职责：

（1）依法制定有关证券市场监督管理的规章、规则，并依法行使审批或者核准权；

（2）依法对证券的发行、上市、交易、登记、存管、结算，进行监督管理；

（3）依法对证券发行人、上市公司、证券交易所、证券公司、证券登记结算机构、证券投资基金管理公司、证券服务机构的证券业务活动，进行监督管理；

（4）依法制定从事证券业务人员的资格标准和行为准则，并监督实施；

（5）依法监督检查证券发行、上市和交易的信息公开情况；

（6）依法对证券业协会的活动进行指导和监督；

（7）依法对违反证券市场监督管理法律、行政法规的行为进行查处；

（8）法律、行政法规规定的其他职责。

3. 国务院证券监督管理机构的执法权

国务院证券监督管理机构可以和其他国家或者地区的证券监督管理机构建立监督管理合作机制，实施跨境监督管理。国务院证券监督管理机构依法履行职责，享有以下执法权。

（1）现场调查权。即有权对证券发行人、上市公司、证券公司、证券投资基金管理公司、证券服务机构、证券交易所、证券登记结算机构进行现场检查。

（2）调查取证权。即有权进入涉嫌违法行为发生场所调查取证。

（3）询问权。即有权询问当事人和与被调查事件有关的单位和个人，要求其对与被调查事件有关的事项作出说明。

（4）查阅、复制和封存权。即有权查阅、复制与被调查事件有关的财产权登记、通信记录等资料；有权查阅、复制当事人和与被调查事件有关的单位和个人的证券交易记录、登记过户记录、财务会计资料及其他相关文件和资料。对可能被转移、隐匿或者毁损的文件和资料，可以予以封存。

（5）账户查询权和冻结权。即有权查询当事人和与被调查事件有关的单位和个人的资金账户、证券账户和银行账户；对有证据证明已经或者可能转移或者隐匿违法资金、证券等涉案财产或者隐匿、伪造、毁损重要证据的，经国务院证券监督管理机构主要负责人批准，可以冻结或者查封。

（6）限制证券买卖。即在调查操纵证券市场、内幕交易等重大证券违法行为时，经国务院证券监督管理机构主要负责人批准，可以限制被调查事件当事人的证券买卖，但限制的期限不得超过 15 个交易日；案情复杂的，可以延长 15 个交易日。

国务院证券监督管理机构依法履行职责，进行监督检查或者调查，其监督检查、调查的人员不得少于两人，并应当出示合法证件和监督检查、调查通知书。监督检查、调查的人员少于两人或者未出示合法证件和监督检查、调查通知书的，被检查、调查的单位有权拒绝。

国务院证券监督管理机构依法履行职责，进行监督检查或者调查时，被检查、调查的单位和个人应当配合，如实提供有关文件和资料，不得拒绝、阻碍和隐瞒。国务院证券监督管理机构依法履行职责，发现证券违法行为涉嫌犯罪的，应当将案件移送司法机关处理。

4. 国务院证券监督管理机构及其工作人员的行为准则

国务院证券监督管理机构依法制定的规章、规则和监督管理工作制度应当公开，依据调查结果，对证券违法行为作出的处罚决定，应当公开。国务院证券监督管理机构发现证券违法行为涉嫌犯罪的，应当将案件移送司法机关处理。

【本章小结】

金融法是调整金融关系的法律总称。金融法通常包括银行法、证券法、保险法和信托法。本章主要介绍银行法、票据法和证券法。

中国人民银行是我国的中央银行，主要行使制定和执行货币政策的职能，它要接受最高国家权力机关的监督。《中国人民银行法》主要围绕中国人民银行的组织结构、业务两方面展开阐述。商业银行法就是调整商业银行设立、变更、终止及其相关金融业务活动中发生的经济关系的法律规范的总称。《商业银行法》主要围绕商业银行设立、组织结构、业务范围、贷款规则及接管与终止等方面展开阐述。

票据法是指规定票据的种类、形式、内容以及各当事人之间权利义务关系的法律规范的总称。《票据法》主要围绕票据行为、权利、汇票、本票及支票等方面展开阐述。

证券法是证券业的基本法规，它通过强制性的手段约束证券市场，调整证券的发行与交易，管理与证券相关的机构。《证券法》主要围绕着证券市场、证券发行、证券交易、上市公司收购和证券机构展开阐述。

【综合练习题】

一、单项选择题

1. 中国中央银行的直接领导机构是（　　）。

   A. 全国人民代表大会　　B. 国务院

   C. 中国人民银行　　D. 财政部

2. 下列行为不违反人民币管理规定的是（　　）。

   A. 王某在一次买卖中因疏忽收到了一张面值 50 元的假币

   B. 李某用几十张面值一角的人民币制作成一条工艺帆船

   C. 张某在清明时节，为纪念过世的亲人，在亲人墓前焚烧了一捆面值 10 元的人民币

   D. 郑某在挂历上印制面值 100 元的人民币图案并予以销售

3. 根据《票据法》的规定，下列选项中，属于票据权利消灭的情形有（　　）。

   A. 持票人对前手的再追索权，自清偿日或者被提起诉讼之日起 1 个月未行使

   B. 持票人对前手的追索权，在被拒绝承兑或者被拒绝付款之日起 3 个月未行使

   C. 持票人对支票出票人的权利，自出票日起 3 个月未行使

   D. 持票人对本票出票人的权利，自票据出票起 2 年未行使

4. 根据票据法律制度的规定，下列各项中，不属于支票绝对应记载事项的是（　　）。

   A. 确定的金额　　B. 付款人名称

   C. 出票日期　　D. 付款地

5. 人民币的印刷、发行部门是（　　）。

   A. 各商业银行　　B. 国务院

   C. 中国人民银行　　D. 银行监督管理委员会

6. 我国人民银行行长是如何选任的（　　）。

   A. 国务院总理任命

   B. 国务院总理提名，全国人大决定，中华人民共和国主席任免

   C. 全国人大选任

   D. 全国人大常委会选举，中华人民共和国主席任免

7. 我国专门的金融监督管理机构是（　　）。

   A. 中国人民银行　　B. 中国银行业监督管理委员会

   C. 全国人大金融监管部门　　D. 审计署

8. 根据《票据法》的规定，下列关于汇票的表述中，正确的是（　　）。

   A. 汇票金额中文大写与数码记载不一致的，以中文大写金额为准

   B. 汇票保证中，被保证人的名称属于绝对应记载事项

C. 见票即付的汇票，无须提示承兑

D. 汇票承兑后，承兑人如果未受有出票人的资金，则可对抗持票人

9. 出票人在汇票上记载“不得转让”字样，其后手再背书转让的，将产生的法律后果是(　　)。

A. 人民法院予以支持

B. 出票人对受让人不承担票据责任

C. 原背书人对后手的被背书人承担保证责任

D. 原背书人对后手的被背书人不承担付款责任

10. 商业银行的董事及高级管理人员的任职条件，下列错误的是（　　）。

A. 曾因经营管理不善导致企业破产的公司的董事长，对该企业破产负有个人责任的人不得担任

B. 因犯寻衅滋事罪而被法院判处缓刑的人

C. 王某曾担任某公司法定代表人，由于其个人原因，公司被吊销了营业执照，王某不得担任商业银行的董事或高级管理人员

D. 李某举债炒股亏本，现仍有 100 多万元的债务未偿还，李某不得担任商业银行的董事或高级管理人员

11. 证券根据是否可以作为一种财产流通可分为（　　）。

A. 有价证券和无价证券　　B. 设权证券和证权证券

C. 实物证券和簿记证券　　D. 记名证券和不记名证券

12. 证券上市交易是指已经发行的公司股票或债券在证券交易所内挂牌，进行公开竞价交易。上市公司应当向（　　）提出申请，由（　　）依法审核同意，并由双方签订上市协议。

A. 证券交易所　证券交易所　　B. 证券交易所　证监会

C. 证监会　证券交易所　　D. 证监会　证监会

13. 国务院证券监督管理机构或者国务院授权的部门应当自受理证券发行申请文件之日起(　　)内，依照法定条件和法定程序作出予以核准或者不予核准的决定。

A. 1 个月　　B. 3 个月　　C. 5 个月　　D. 6 个月

14. 向社会公开发行的证券票面总值超过多少的，应当由承销团承销（　　）。

A. 3000 万元　　B. 1500 万元　　C. 6000 万元　　D. 5000 万元

二、多项选择题

1. 我国的中央银行作为银行的银行，职能主要体现在哪几个方面？（　　）

A. 发行唯一合法的货币——人民币

B. 保管商业银行和其他金融机构缴存的法定存款准备金

C. 向商业银行和其他金融机构提供贷款

D. 主持全国金融机构间的票据结算

2. 商业银行的传统业务有（　　）。

A. 吸收公众存款　　B. 为企业发放贷款

C. 办理票据贴现　　D. 买卖政府债券

3. 根据《中华人民共和国票据法》的规定，下列选项中，属于票据权利消灭的情形有(　　)。

A. 持票人对本票出票人的权利，自票据出票日起 2 年未行使

B. 持票人对支票出票人的权利，自出票日起 6 个月未行使

C. 持票人对前手的追索权，自被拒绝承兑或者被拒绝付款之日起 6 个月未行使

D. 持票人对前手的再追索权，自清偿日或者被提起诉讼之日起 3 个月未行使

4. 票据丧失后，失票人可以采取的补救措施包括（　　）。

A. 向付款银行申请挂失止付　　B. 要求付款人立即付款

C. 向人民法院申请公示催告　　D. 向人民法院提起普通诉讼

5. 根据票据法律制度的规定，下列涉外票据的票据行为中，可适用行为的法律有（　　）。

A. 票据的背书　B. 票据的付款　C. 票据的承兑　D. 票据的保证

6. 根据《票据法》的规定，下列各项中，可以导致汇票无效的情形有（　　）。

A. 汇票上未记载付款日期　　B. 汇票上未记载出票日期

C. 汇票金额的中文大写和数码记载不一致　D. 汇票上未记载收款人名称

7. 证券法上的证券与其他证券相比，具有的特征是（　　）。

A. 是一种投资凭证　　B. 是一种权益凭证

C. 是一种可转让的权利凭证　　D. 是一种要式凭证

8. 证券市场的主体包括（　　）。

A. 证券发行人　B. 投资者　C. 中介机构　D. 交易场所

9. 公司公开发行新股必须符合的条件包括（　　）。

A. 具备健全且运行良好的组织机构

B. 具有持续盈利能力，财务状况良好

C. 最近 3 年财务会计文件无虚假记载，无其他重大违法行为

D. 经国务院批准的国务院证券监督管理机构规定的其他条件

10. 证券交易中操纵市场的行为包括（　　）。

A. 单独或者通过合谋，集中资金优势、持股优势或者利用信息优势联合或者连续买卖，操纵证券交易价格或者证券交易量

B. 与他人串通，以事先约定的时间、价格和方式相互进行证券交易，影响证券交易价格或者证券交易量

C. 在自己实际控制的账户之间进行证券交易，影响证券交易价格或者证券交易量等

D. 按照自己对市场的预期，放量交易

三、案例分析题

1. 2008 年，某市新成立一家城市合作商业银行 A，成立伊始即进行了两笔业务，一笔是购买政府债券 500 万元人民币，另一笔是向该市新客隆超市投资 100 万元人民币。根据上述情况，请回答下列问题。

（1）A 银行作为一家城市合作商业银行，新设立时其法定注册资本最低限额应该是多少元人民币？

（2）A 银行的两笔业务属于商业银行的何种业务？

（3）A 银行的两笔业务是否符合《商业银行法》的规定？如果不符合，根据《商业银行法》的规定，对 A 银行应怎样处理？

2. 甲银行为引进资金，于 2008 年 2 月 19 日开出六张总额为 5500 万元的银行承兑汇票。承兑申请人为某钢管厂，收款人分别为某航空公司和某进出口公司。上述汇票形式及实质要件均完备，但承兑申请人与收款人间虽订有合同，但并无真实交易关系。甲银行在签发汇票前与钢管厂约定，上列汇票，除不可抗拒原因并经签发行同意，均不得贴现或转让。航空公司取得三张银行承兑汇票后，于 2008 年 6 月 12 日将其中两张面额各为 1000 万元的银行承兑汇票背书转让给某工贸公司，工贸公司持汇票向乙银行申请贴现，双方订立了“贴现契约”。在贴现前，乙银行委托该省人民银行查询上述两张汇票情况，甲银行于 2008 年 7 月 25 日复电要求不予贴现，但乙银行仍予贴现并于同年 11 月 10 日将款划入工贸公司账户。进出口公司收到金额为 2500 万元的三张汇票后，要求甲银行予以确认。2009 年 3 月 7 日，进出口公司根据联营协议先后向某实业公司及其指定的单位支付款项、商品和清偿债务金额共计 1800 万元。上述汇票到期后，进出口公司和乙银行持票要求甲银行付款，被拒绝。后甲银行向某市中级人民法院起诉请求确认汇票无效并要求返还。

请回答下列问题。

（1）甲银行签发的银行承兑汇票是否有效？甲银行以其签发承兑汇票无合法商品交易基础且受骗为由主张汇票无效，其理由能否成立？

（2）甲银行与钢管厂约定甲银行签发的汇票不得转让和贴现，这属于票据基础关系中的哪一种？能否对持票人进出口公司和乙银行行使票据权利产生影响？

（3）乙银行与进出口公司是否为合法持票人？为什么？

3. 飞龙股份有限公司 2002 年首次公开发行股份 2000 万股并与当年上市交易，2003 年、2004 年、2005 年连续 3 年公司经营不景气，2005 年年度亏损 180 万元，但在其公告的年度报告中称公司盈利 3000 万元。2006 年上半年公司继续亏损，10 月公司董事会决定再次发行股份以弥补损失和解决公司资金紧张的问题。10 月 10 日经股东大会通过发行方案，12 日在报纸上刊登发行新股的公告，开始向社会发行股票。

谈谈你对该案的看法？

第 9 章

劳动法律制度

学习目标

【知识目标】

了解劳动法的基本原则和劳动安全卫生基准
理解劳动者的权利和义务
理解工资制度
掌握工作时间和休息休假
掌握解决劳动争议的方法及途径
掌握劳动合同的内容
掌握劳动合同的订立、履行和变更
掌握劳动合同的解除和终止
掌握劳务派遣和非全日制用工
掌握违反劳动合同法的法律责任

【能力目标】

能够订立劳动合同
能够运用法定程序解决劳动争议

案例导入

王某于 2006 年 10 月 9 日与某电脑公司签订劳动合同，被聘为技术员，聘期 2 年。双方当事人在劳动合同中约定了竞业禁止：合同解除或终止后，王某 3 年内不得在本地区从事与该公司相同性质的工作，如违约，王某须一次性赔偿电脑公司经济损失 10 万元。因电脑公司拖欠王某 2007 年 9 月、10 月 2 个月的工资，2007 年 11 月 15 日，王某向区劳动争议仲裁委员会申请仲裁，要求解除劳动合同；补发两个月工资，给付经济补偿金；确认劳动合同中的竞业禁止约定条款无效。

你认为该案件应当如何判决？

【案例分析】

仲裁委员会应支持劳动者的仲裁请求解除劳动合同，用人单位应支付拖欠的工资、延期支付工资的经济补偿金、解除劳动合同经济补偿金，同时，竞业禁止条款对劳动者不具有法律约束力。《劳动合同法》第 38 条规定，未及时足额支付劳动报酬的，劳动者可以解除劳动合同。第 46 条规定，未及时足额支付劳动报酬的，用人单位应当向劳动者支付经济补偿。

在该案例中，用人单位没有按照劳动合同的约定，向劳动者按时足额支付劳动报酬，因此，劳动者有权解除劳动合同，要求用人单位支付所欠付的劳动报酬，并支付延期支付工资的经济补偿金。

《劳动合同法》第23条规定，用人单位与劳动者可以在劳动合同中约定保守用人单位的商业秘密和与知识产权相关的保密事项。对负有保密义务的劳动者，用人单位可以在劳动合同或者保密协议中与劳动者约定竞业限制条款，并约定在解除或者终止劳动合同后，在竞业限制期限内按月给予劳动者经济补偿。劳动者违反竞业限制约定的，应当按照约定向用人单位支付违约金。《劳动合同法》同时规定，从事同类业务的竞业限制期限，不得超过2年。该案中约定的竞业限制期限超出了法律规定的2年，而且也没有约定给予劳动者经济补偿，所以竞业禁止条款对劳动者不具有法律约束力。

9.1 劳动法

一、劳动法概述

（一）劳动法定义

劳动法是调整劳动关系以及与劳动关系密切联系的社会关系的法律规范总称。其内容主要包括：劳动者的主要权利和义务；就业促进；劳动合同和集体合同；工作时间和休息时间；劳动报酬；劳动安全卫生；女职工与未成年工的特殊保护；职业培训；社会保险与福利；劳动争议；对执行劳动法的监督、检查制度以及违反劳动法的法律责任。劳动法是整个法律体系中一个重要的、独立的法律部门。《中华人民共和国劳动法》（以下简称《劳动法》）自1995年1月1日起施行。《劳动法》需和2008年1月1日实施的《中华人民共和国劳动合同法》（以下简称《劳动合同法》）配合使用。

劳动法的调整对象是劳动关系以及与劳动关系有密切联系的其他关系。

1. 劳动关系

劳动关系是指劳动力所有者（劳动者）与劳动力使用者（用人单位）之间，为实现劳动过程而发生的一方有偿提供劳动力，由另一方用于同其生产资料相结合的社会关系。

（1）企业、个体经济组织（即个体工商户）的劳动关系都归劳动法调整。

（2）国家机关、事业组织、社会团体的劳动关系中，仅限于劳动合同关系归劳动法调整。就其劳动者范围而言，包括国家机关、事业组织、社会团体的工勤人员、企业化事业组织的非工勤人员，以及其他通过劳动合同（含聘用合同）与国家机关、事业组织、社会团体确立劳动关系的劳动者。

（3）国家机关、事业组织、社会团体的非合同劳动关系，即公务员和依法参照执行公务员制度的劳动者的劳动关系，以及农村农业劳动者、现役军人、家庭保姆等的劳动关系，不归劳动法调整，而分别归相应的《公务员法》、《农业法》、《军事法》、《民法》调整。

【案例9.1】

张某多年来一直从事服装加工制作生意，2004年12月5日招收了李某在自己家中为自己制作大衣的钮扣，双方达成口头协议：李某按张某的关于钮扣制作规格、交付时间等要求加工制作钮扣，张某按李某完成钮扣的数量支付报酬。李某按协议的约定，按期交付加工制作的大衣钮扣，但张某一直未按协议支付报酬。此后，李某多次向张某索要欠款，张某都以暂时没有现钱为由拒绝支付。于是李某将张某诉至法庭。请回答下列问题：

（1）张某和李某之间是什么样的法律关系，这种关系是否受到劳动法的调整？

（2）张、李二人之间的争执是劳动争议吗？

【案例分析】

（1）张某和李某之间是劳务关系，不应受到劳动法的调整。我国《劳动法》第2条规定："在中华人民共和国境内的企业、个体经济组织（以下统称用人单位）和与之形成劳动关系的劳动者，适用本法"。在本案中，李某只承揽了制作服装配件任务，这种承揽关系是劳务关系而不是劳动关系。因而，张、李二人之间的法律关系不是劳动法所调整的劳动关系。（2）我国《劳动法》第77条规定："用人单位与劳动者发生劳动争议，当事人可以依法申请调解、仲裁、提起诉讼，也可以协商解决"。因此，劳动法上的劳动争议，指的是劳动者与用人单位之间因执行法律、法规和执行劳动合同、集体合同所发生的争议。本案中，张、李二人之间的争执不是劳动争议。

2. 与劳动关系密切联系的其他社会关系

劳动法所调整的其他社会关系，即在劳动关系运行过程中及其前后为实现劳动关系而发生的社会关系，主要包括：

（1）管理劳动力方面的关系；

（2）社会保险方面的关系；

（3）处理劳动争议所发生的某些关系；

（4）工会组织与单位行政之间的关系；

（5）有关国家机关对执行劳动法进行监督检查而发生的关系。

【知识卡片】

《劳动法》作为维护人权、体现人本关怀的一项基本法律，在西方甚至被称为第二宪法。英国于1802年颁布了世界上最早的劳动立法《学徒健康与道德法》，但是由于其时间历史的局限性，仅仅只是规定了少量的最低劳动标准，主要保护财产自由权和契约自由权，而且适用范围非常狭窄。直到1824年英国政府出台的《团结法》和1825年的《结合法》工会取得了合法地位，劳动者才有了自己的权利保护组织。19世纪中叶，为了缓解资本主义社会劳动者和资本家的矛盾，很多国家都在法律上确认了劳动权以保护劳动者的利益。19世纪末期，德国俾斯麦政府颁发了《医疗保险法》、《工伤事故保险法》等法律才标志着劳动权内容之一的社会保险权的产生。

（二）劳动法的基本原则

1. 劳动既是公民权利又是公民义务原则

我国宪法规定："中华人民共和国公民有劳动的权利和义务。"这一规定被确立为劳动法的一项基本原则；它表明，有劳动能力的公民从事劳动，既是行使法律赋予的权利，又是履行对国家和社会所承担的义务。

2. 保护劳动者合法权益原则

保护劳动者，历来是各国劳动法所奉行的主旨。在我国宪法中，对公民作为劳动者所应享有的基本权利作了许多原则性规定，其内容相当广泛，包括劳动权、劳动报酬权、劳动保护权、休息权、职业培训权、物质帮助权和企业民主管理权等。劳动法应当具体落实宪法的这些规定，使劳动者的合法权益得到全面、平等的保护。

3. 劳动力资源合理配置原则

劳动关系作为劳动力与生产资料相结合的社会关系，亦即劳动力资源配置的社会形式。就此意义而言，劳动法也是劳动力资源配置，当然要以实现劳动力资源配置合理化为己任。在社会主义市场经济中，应同时追求劳动力资源的高效率配置和公平配置。于是，宪法所规定的劳动者各尽所能，理应成为劳动力资源配置的总目标。所以，劳动法应当以此为目标，对劳动力资源的宏观配置和微观配置进行规范。

劳动力资源的宏观配置，即社会劳动力在全社会范围内各个用人单位之间的配置。劳动力资源的微观配置，即在用人单位内部对劳动者的劳动岗位、劳动时间和劳动任务的安排。

二、劳动者的权利和义务

(一) 劳动者的权利

劳动者的权利是指劳动者依照劳动法律行使的权利和享受的利益。

1. 劳动者有平等就业的权利

就业权是指具有劳动能力的公民，有获得职业的权利。劳动是人们生活的第一个基本条件，是创造物质财富和精神财富的源泉。

2. 劳动者有选择职业的权利

劳动者有选择职业的权利是指劳动者根据自己的意愿选择适合自己才能、爱好的职业。劳动者拥有自由选择职业的权利，有利于劳动者充分发挥自己的特长，促进社会生产力的发展。劳动者在劳动力市场上作为就业的主体，具有支配自身劳动力的权利，可根据自身的素质、能力、志趣和爱好，以及市场资讯，选择用人单位和工作岗位。选择职业的权利是劳动者劳动权利的体现，是社会进步的一个标志。

3. 劳动者有取得劳动报酬的权利

劳动制度的改革，劳动报酬成为劳动者与用人单位所签订的劳动合同的必备条款。劳动者付出劳动，依照合同及国家有关法律取得报酬，是劳动者的权利。而及时定额的向劳动者支付工资，则是用人单位的义务。用人单位违反这些应尽的义务，劳动者有权依法要求有关部门追究其责任。获取劳动报酬是劳动者持续的行使劳动权不可少的物质保证。

【案例 9.2】

谢河与宏达医药公司于 2008 年 8 月签订了为期 3 年的劳动合同，从事药品销售工作。2009 年 1 月，该公司对所有销售人员实行销售承包提成工资办法，销售人员每月必须向公司上缴销售利润 4000 元，作为承包基数，完成这个基数可以领取基本工资和按比例提取个人所得。如果没有完成承包基数，公司将不发包括基本工资在内所有的工资待遇。谢河从 2009 年 2 月至 2009 年 6 月均未完成承包基数，结果，未领到一分工资。谢河要求公司支付其工资，遭到公司拒绝。谢河向当地劳动争议仲裁委员会提出申诉。试分析:

（1）医药公司不计发谢河的工资是否合法？为什么？

（2）本案应如何处理?

【案例分析】

（1）医药公司不计发谢河的工资不合法。我国《宪法》第 42 条规定:“中华人民共和国公民有劳动的权利和义务”。劳动者都有权参加劳动并获得劳动报酬。《劳动法》及相关法律也规定，劳动者付出劳动的，有权获得相应的报酬，谢河虽然没有能够完成承包任务，但享有获得报酬的权利。医药公司应按一定的工资标准支付给谢河工资。（2）医药公司应补发谢河 2 月至 6 月欠发的工资，并纠正医药公司与职工的霸王合同条款。

4. 劳动者享有劳动安全卫生保护的权利

获得劳动安全卫生保护权是指劳动者有权要求用人单位为其提供符合国家规定的劳动安全卫生条件和必要的劳动防护用品，防止劳动过程中的事故，减少职业危害的权利。用人单位必须建立、健全劳动安全卫生制度，严格执行国家劳动安全卫生规程和标准，对从事有职业危害作业的劳动者应当定期进行健康检查。

5. 劳动者享有休息的权利

我国宪法规定，劳动者有休息的权利，国家发展劳动者休息和休养的设施，规定职工的工作时间和休假制度。

6. 劳动者享有社会保险和福利的权利

疾病和年老是每一个劳动者都不可避免的。社会保险是劳动力再生产的一种客观需要。我国《劳动法》规定劳动保险包括：养老保险、医疗保险、工伤保险、失业保险和生育保险等。但目前我国的社会保险还存在一些问题，社会保险基金制度不健全，国家负担过重，社会保险的实施范围不广泛，发展不平衡，社会化程度低，影响劳动力合理流动。

7. 劳动者享有接受职业技能培训的权利

我国宪法规定，公民有受教育的权利和义务。所谓受教育既包括受普通教育，也包括受职业教育。公民要实现自己的劳动权，必须拥有一定的职业技能，而要获得这些职业技能，越来越依赖于专门的职业培训。因此，劳动者若没有职业培训权利，那么劳动就业权利也就成为一句空话。

8. 劳动者享有提请劳动争议处理的权利

劳动争议是指劳动关系当事人，因执行劳动法律或履行集体合同和劳动合同的规定引起的争议。劳动关系当事人，作为劳动关系的主体，各自存在着不同的利益，双方不可避免的会产生分歧。用人单位与劳动者发生劳动争议，劳动者可以依法申请调解、仲裁、提起诉讼。

（二）劳动者的义务

劳动者的义务是指劳动者必须履行的责任，具体包括以下几点：

（1）劳动者应完成的劳动任务；

（2）提高职业技能；

（3）执行劳动安全卫生规程；

（4）遵守劳动纪律和职业道德。

三、工作时间和休息休假

（一）工作时间

工作时间是指劳动者为履行劳动义务，在法定限度内应当从事劳动或工作的时间，其表现形式有工作小时、工作日和工作周三种，其中工作日即在一昼夜内的工作时间，是工作时间的基本形式。目前我国实行的工时制度主要有标准工时制、不定时工作制和综合计算工时制三种类型。

1. 标准工时制

标准工时制是指法律规定的，关于在正常情况下，一般职工从事工作的时间的制度。

（1）国家实行劳动者每日工作 8 小时、每周工作 40 小时的标准工时制度。

（2）有些企业因工作性质和生产特点不能实行标准工时制度，应保证劳动者每天工作不超过 8 小时，每周工作不超过 40 小时，每周至少休息 1 天。

2. 不定时工作制

不定时工作制也称无定时工作制、不定时工作日，是指没有固定的工作时间限制的工作制度。主要适用于一些因工作性质或工作条件不受标准工作时间限制的工作岗位。

3. 综合计算工时制

综合计算工时制也称综合计算工作日，是指用人单位根据生产和工作的特点，分别以周、月、季、年等为周期，综合计算劳动者工作时间，但其平均日工作时间和平均周工作时间仍与法定标准工作时间基本相同的一种工时形式。

（二）休息休假

休息是指劳动者在任职期间，在国家规定的法定工作时间以外，无须履行劳动义务而自行支配的时间，包括工作日内的间歇时间、工作日之间的休息时间和公休假日（即周休息日，是职工工作满一个工作周以后的休息时间）。休假是指劳动者无须履行劳动义务且一般有工资保障的法定休息时间。

劳动者在法定节日有权休假，工作满1年以上的劳动者有权享受年休假。用人单位应当为休假的劳动者支付工资。2008年1月1日实施的《职工带薪年休假条例》第2条规定，机关、团体、企业、事业单位、民办非企业单位、有雇工的个体工商户等单位的职工连续工作1年以上的，享受带薪年休假（以下简称年休假）。单位应当保证职工享受年休假。职工在年休假期间享受与正常工作期间相同的工资收入。

【知识卡片】

《职工带薪年休假条例》第3条规定：职工累计工作已满1年不满10年的，年休假5天；已满10年不满20年的，年休假10天；已满20年的，年休假15天。国家法定休假日、休息日不计入年休假的假期。第4条规定，职工有下列情形之一的，不享受当年的年休假：（1）职工依法享受寒暑假，其休假天数多于年休假天数的；（2）职工请事假累计20天以上且单位按照规定不扣工资的；（3）累计工作满1年不满10年的职工，请病假累计2个月以上的；（4）累计工作满10年不满20年的职工，请病假累计3个月以上的；（5）累计工作满20年以上的职工，请病假累计4个月以上的。

（三）延长工作时间

延长工作时间是指工作时间超出法定正常界限在休息时间范围内延伸，亦即职工在正常工作时间以外应当休息的时间内进行工作。它表现为两种形式：

（1）加班。加班是指职工在法定节假日或周休日进行工作；

（2）加点。加点是指职工在标准工作日以外又延长时间进行工作，即提前上班或推迟下班。

我国立法对延长工作时间的限制性规定有：

（1）人员范围限制。禁止安排未成年工、怀孕7个月以上的女工和哺乳未满周岁婴儿的女工参加加班加点；

（2）程序和长度的限制。用人单位由于生产经营需要而安排延长工时的，应当事先与工会和劳动者协商；一般每日不得超过1小时；因特殊原因需要，在保障劳动者身体健康的条件下每日不得超过3小时，每周不得超过36小时；

（3）程序和长度限制的例外。延长工时不受上述程序和长度限制的特殊情形仅限于：①发生自然灾害、事故或者因其他原因，使人民的安全健康和国家资产遭到严重威胁，需要紧急处理的；②生产设备、交通运输线路、公共设施发生故障，影响生产和公众利益，必须及时抢修的；③必须利用法定节日或公休日的停产期间进行设备检修、保养的；④国家机关、事业单位为完成国家紧急任务或完成上级安排的其他紧急任务，以及商业、供销企业在旺季完成收购、运输、加工农副产品紧急任务的；⑤为完成国防紧急任务，或者完成上级在国家计划外安排的其他紧急生产任务的；⑥法律、行政法规规定的其他特殊情形。

有下列情形之一的，用人单位应当按照下列标准支付高于劳动者正常工作时间工资的工资报酬：（1）安排劳动者延长工作时间的，支付不低于工资的150%的工资报酬；（2）休息日安排劳动者工作又不能安排补休的，支付不低于工资的200%的工资报酬；（3）法定休假日安排劳动者工作的，支付不低于工资的300%的工资报酬。

实行计件工资的劳动者在完成计件定额任务后加班加点的，分别按照不低于其本人法定工时计件单价的150%、200%、300%支付加班加点工资。

四、工资

工资，其广义是指劳动关系中职工因履行劳动义务而获得的，由用人单位以法定方式支付的各种形式的物质补偿。其狭义仅指职工劳动报酬中的基本工资（或称标准工资），而不包括奖金、津贴等。

（一）最低工资标准

最低工资是指国家规定的，当职工在法定工作时间内提供了正常劳动的条件下，用人单位在最低限度内应当支付的足以维持职工及其平均供养人口基本生活需要的工资，即工资的法定最低限额。只要职工按法定工作时间履行劳动给付义务或者被合法免予劳动给付义务，用人单位向职工支付的工资就不得少于法定最低工资额。最低工资标准一般采取月最低工资标准和小时最低工资标准两种形式，月最低工资标准适用于全日制就业劳动者，小时最低工资标准适用于非全日制就业劳动者。

最低工资由法律所允许的若干种劳动报酬项目所组成。一般来说，只要是劳动者在法定工作时间内提供了正常的劳动的情况下所获得的各种劳动报酬项目，都应作为最低工资的组成部分。换言之，劳动报酬之外的收入、法定工作时间外的劳动报酬以及法定工作时间内超正常劳动部分的劳动报酬，都不应纳入最低工资的范围。因此，国家明确规定，加班加点工资和中班、夜班、高温、低温、井下、有毒有害等特殊工作环境（条件）下的津贴，以及劳动者的保险、福利待遇，不作为最低工资的组成部分。

最低工资标准，又称最低工资率，是指国家依法规定的单位劳动时间的最低工资数额。它由省、自治区、直辖市人民政府规定，报国务院备案。省级政府应当组织同级工会组织和用人单位方面代表参与最低工资标准的制定过程。

【知识卡片】

确定和调整最低工资标准所应综合参考的因素包括：（1）劳动者本人及平均赡养人口的最低生活费用；（2）社会平均工资水平；（3）劳动生产率；（4）就业状况；（5）地区之间经济发展水平的差异。

（二）工资支付保障

工资支付保障是指对职工获得全部应得工资及其所得工资支配权的保障。我国在《劳动法》、《工资支付暂行规定》和其他有关法规中就工资支付保障作了规定，主要有以下几个方面的内容。

1. 工资支付一般规则

用人单位支付工资的行为必须遵循下述规则。

（1）货币支付规则。工资应当以法定货币支付，不得以实物和有价证券替代货币支付。

（2）直接支付规则。用人单位应当将工资支付给职工本人，但是，职工本人因故不能领取工资时可由其亲属或委托他人带领，用人单位可委托银行代发工资。

（3）全额支付规则。法定和约定应当支付给职工的工资项目和工资额，必须全部支付，不得克扣。

（4）定期支付规则。工资必须在用人单位与职工约定的日期支付，如遇节假日或休息日，应提前在最近的工作日支付；工资至少每月支付一次。

（5）定地支付规则。用人单位除特别约定或依报酬性质、习惯等其他情形另行确定外，必须以营业场所为工资支付地。

（6）紧急支付规则。在职工因遇紧急情况而不能维持生活时，用人单位必须向该职工预支其可得工资的相当部分。

2. 特殊情况下工资支付

特殊情况下工资支付是指在非正常情况下，按照国家规定应当按计时工资标准或其一定比例支付工资。我国法定的应当支付工资的特殊情况主要有以下几个方面。

（1）职工在法定工作时间内依法参加社会活动期间，用人单位应视同其提供了正常劳动而支付工资。

（2）职工法定休息日和年休假、探亲假、婚假、丧假期间，用人单位应按规定标准支付工资。

（3）非职工原因造成的停工、停产在一个工资支付周期内的，用人单位应按照劳动合同规定的标准支付工资；超过一个工资支付周期的，若职工提供了正常劳动，则支付的劳动报酬不得低于当地最低工资标准；若职工未提供正常劳动，应按国家有关规定办理。

（4）职工在调动工作期间、脱产学习期间、被错误羁押期间、错判服刑期间，用人单位应当按国家规定或劳动合同规定的标准支付工资。

（5）职工被公派在国（境）外工作、学习期间，其国内工资按国家规定的标准支付。

（6）职工加班加点，应当依法定标准支付加班加点工资。

3. 禁止非法扣除工资

只有在法定允许扣除工资的情况下，才可以扣除工资；在法定禁止扣除工资的情况下，不得作允许扣除工资的约定；即使在法定允许扣除工资的情况下，每次扣除工资额也不得超出法定限度。

【知识卡片】

我国现行立法规定，用人单位可以从职工的工资中代扣的情况只限于：应由职工缴纳的个人所得税；应由职工负担的各项社会保险费用；法院判决、裁定中要求代扣的抚养费、扶养费、赡养费；法定可以从工资中扣除的其他费用。此外还规定，职工违纪违章给用人单位造成经济损失而应予以赔偿的，可从职工本人工资中扣除，但每月扣除的部分不得超过其单月工资的 20%，并且，扣除后的剩余工资部分不得低于当地月最低工资标准。

五、劳动安全卫生基准

劳动安全和劳动卫生，统称劳动保护，是指用人单位对劳动者在劳动过程中的安全和健康的保护。

（一）劳动保护的任务和方针

劳动保护的任务是同职业伤害相联系的。所谓职业伤害，是指职业危害因素对劳动者人身造成的有害后果，它既可能表现为急性伤害，即劳动者伤亡事故，也可能表现为慢性伤害，即劳动者患职业病或身体早衰。所谓职业危害因素，是指劳动过程中的物质因素（劳动对象、劳动工具、劳动环境等）固有的物理、化学或生物性能所含的危险性或危害性。它的存在，只表明劳动过程中存在发生职业伤害的客观基础，但并非一定都会造成职业伤害。潜在的职业危害因素转化为职业伤害，必须具备一定的诱发或激发条件。

劳动保护的任务在于，通过多种手段控制潜在职业危害因素向职业伤害转化的条件，使职业伤害不致发生。也就是说，在职业伤害发生之前积极采取组织管理措施和工程技术措施，尽可能的消除职业伤害所赖以发生的条件，从而有效的保护劳动者的安全和健康。

（二）劳动安全技术规程

劳动安全技术规程是指以防止和消除劳动过程中伤亡事故的技术规则为基本内容，旨在保护劳动者安全的法律规范。它具体规定安全技术措施和相应的安全组织管理措施。由于各行业的生产特点、工艺过程不同，需要解决的安全技术问题不同，规定的安全技术规程也有所不同。按产业性质分，有煤矿、冶金、化工、建筑、机器制造等安全技术规程；按机器设备性质分，有电器、锅炉和压力容器、压力管道、焊接、机床等安全技术规程。

【知识卡片】

我国各行各业需要共同遵循的劳动安全技术规程，主要有下述几个部分：（1）工厂安全技术规程；（2）建筑安装工程安全技术规程；（3）矿山安全技术规程。

（三）劳动卫生技术规程

劳动卫生技术规程是指以防止和消除职业病急性中毒以及慢性职业伤害的技术规则为基本内容，旨在保护劳动者健康的法规。它包括各种工业生产卫生、医疗预防、职工健康检查等技术措施和组织管理措施的规程。

【知识卡片】

我国各行各业的劳动卫生规程很多，除了在《工厂安全卫生规程》中规定了一般性的基本要求外，还针对某些劳动卫生问题制定了专门规定，如《关于防止厂矿企业中矽尘危害的决定》、《关于防止沥青中毒办法》、《工厂企业噪声标准》、《关于加强防毒工作的决定》、《尘肺病防治条例》、《放射性同位素与放射性装置放射防护条例》等。此外，还制定了一些关于劳动卫生的国家标准和行业标准。法律规定关于劳动卫生的基本要求，概括起来主要有以下几个方面：（1）防止有毒物质危害；（2）防止粉尘危害；（3）防止噪音和强光危害；（4）防止电磁辐射危害；（5）防暑降温、防冻取暖和防潮湿；（6）通风和照明；（7）卫生保健。

（四）女职工特殊劳动保护

女职工特殊劳动保护是指针对女职工的生理特点和抚育后代的需要，对女职工在劳动过程中的安全和健康依法加以特殊保护。其主要法律依据是《劳动法》第 7 章和《妇女权益保障法》、《女职工禁忌劳动范围的规定》。《女职工劳动保护特别规定》于 2012 年 4 月 18 日国务院第 200 次常务会议通过，并自公布之日起施行。这些法律法规主要包括以下几个方面的内容：

（1）禁止安排女职工从事有害妇女健康的劳动；

（2）对女职工经期、孕期、产期、哺乳期的保护；

（3）女职工劳动保护的其他措施，例如，女职工比较多的单位应当按国家有关规定，逐步建立女职工卫生室，孕妇休息室，哺乳室，托儿所，幼儿园等设施，并妥善解决女职工在生理卫生，哺乳，照料婴儿等方面的困难。

（五）未成年工特殊劳动保护

未成年工是指年满 16 周岁，未满 18 周岁的劳动者。未成年工特殊劳动保护是指针对未成年工处于生长发育期的特点，以及接受义务教育的需要，依法采取的特殊劳动保护措施。对未成年工特殊保护的立法有《未成年人保护法》、《劳动法》、《未成年工特殊保护规定》等。其主要内容包括：

（1）禁止安排未成年工从事有害未成年人健康成长的劳动；

（2）禁止安排未成年工延长工作时间和进行夜班作业；

（3）对未成年工定期健康检查；

（4）实行未成年工使用和特殊保护登记。

六、劳动争议的解决

（一）劳动争议及解决方法

劳动争议是指劳动关系当事人之间因劳动的权利与义务发生分歧而引起的争议，又称劳动纠纷。其中有的属于既定权利的争议，即因适用劳动法和劳动合同、集体合同的既定内容而发生的争议；有的属于要求新的权利而出现的争议，是因制定或变更劳动条件而发生的争议。《中华人民共和国劳动争议调解仲裁法》（以下简称《劳动争议调解仲裁法》）于 2007 年 12 月 29 日通过，2008 年 5 月 1 日起施行。

1. 劳动争议的范围

中华人民共和国境内的用人单位与劳动者发生的下列劳动争议，适用本法：

（1）因确认劳动关系发生的争议；

（2）因订立、履行、变更、解除和终止劳动合同发生的争议；

（3）因除名、辞退和辞职、离职发生的争议；

（4）因工作时间、休息休假、社会保险、福利、培训以及劳动保护发生的争议；

（5）因劳动报酬、工伤医疗费、经济补偿或者赔偿金等发生的争议；

（6）法律、法规规定的其他劳动争议。

不属于劳动争议的范围有：

（1）劳动者请求社会保险经办机构发放社会保险金的纠纷；

（2）劳动者与用人单位因住房制度改革产生的公有住房转让纠纷；

（3）劳动者对劳动能力鉴定委员会的伤残等级鉴定结论或者对职业病诊断鉴定委员会的职业病诊断鉴定结论的异议纠纷；

（4）家庭或者个人与家政服务人员之间的纠纷；

（5）个体工匠与帮工、学徒之间的纠纷；

（6）农村承包经营户与受雇人之间的纠纷。

2. 劳动争议的分类

（1）个别争议、集体争议和团体争议。个别争议，又称个人争议，是指单个职工与用人单位之间的劳动争议。其职工当事人仅限于1人或2人。争议处理活动必须由职工当事人本人参加；职工当事人为2人时，其中任何一人不得作为另一人的代表。争议的调解、仲裁和诉讼都适用于普通程序，不适用于特别程序。集体争议，又称多人争议，是指多个职工当事人基于共同理由与用人单位发生的劳动争议。发生劳动争议的劳动者一方在10人以上，并有共同请求的，可以推举代表参加调解、仲裁或者诉讼活动。团体争议，亦称集体合同争议，是指工会与用人单位或其团体之间因集体合同而发生的争议。

（2）国内劳动争议和涉外劳动争议。国内劳动争议是指具有中国国籍的劳动者与中国的用人单位之间的劳动争议；涉外劳动争议是指具有涉外因素的劳动争议，包括我国在国（境）外设立的机构与我国派往该机构工作的人员之间、外商投资企业的用人单位与劳动者之间所发生的劳动争议。

3. 劳动争议的解决方法

劳动争议的解决方法有协商、调解、仲裁和诉讼。

（1）协商。用人单位与劳动者发生劳动争议，劳动者可以与用人单位协商，也可以请工会或者第三方共同与用人单位协商，达成和解协议。

（2）调解。当事人不愿协商、协商不成或者达成和解协议后不履行的，可以向调解组织申请调解。

（3）仲裁。不愿调解、调解不成或者达成调解协议后不履行的，可以向劳动争议仲裁委员会申请仲裁。

（4）诉讼。对仲裁裁决不服的，可以依法向人民法院提起诉讼。

（二）劳动争议调解

1. 可受理劳动争议的调解组织

发生劳动争议，当事人可以到下列调解组织申请调解：

（1）企业劳动争议调解委员会；

（2）依法设立的基层人民调解组织；

（3）在乡镇、街道设立的具有劳动争议调解职能的组织。

企业劳动争议调解委员会由职工代表和企业代表组成。职工代表由工会成员担任或者由全体职工推举产生，企业代表由企业负责人指定。企业劳动争议调解委员会主任由工会成员或者双方推举的人员担任。劳动争议调解组织的调解员应当由公道正派、联系群众、热心调解工作，并具有一定法律知识、政策水平和文化水平的成年公民担任。

2. 劳动争议调解程序

（1）当事人申请劳动争议调解既可以书面申请，也可以口头申请。

（2）经调解达成协议的，应当制作调解协议书。调解协议书由双方当事人签名或者盖章，经调解员签名并加盖调解组织印章后生效，对双方当事人具有约束力，当事人应当履行。

（3）达成调解协议后，一方当事人在协议约定期限内不履行调解协议的，另一方当事人可以依法申请仲裁。

（4）因支付拖欠劳动报酬、工伤医疗费、经济补偿或者赔偿金事项达成调解协议，用人单位在协议约定期限内不履行的，劳动者可以持调解协议书依法向人民法院申请支付令。人民法院应当依法发出支付令。

（5）自劳动争议调解组织收到调解申请之日起 15 日内未达成调解协议的，当事人可以依法申请仲裁。

（三）劳动争议仲裁

劳动争议仲裁是指劳动争议仲裁委员会根据当事人的申请，依法对劳动争议在事实上作出判断、在权利义务上作出裁决的一种法律制度。

1. 劳动仲裁是劳动争议当事人向人民法院提起诉讼的必经程序

劳动争议当事人向人民法院提起诉讼，应当具备以下三个条件：

（1）劳动争议仲裁委员会对当事人之间的劳动争议进行了仲裁，并且依法作出了仲裁裁决；

（2）当事人对劳动争议仲裁委员会作出的仲裁裁决不服；

（3）当事人自收到仲裁裁决书之日起 15 日内向人民法院提起诉讼。

2. 劳动争议仲裁的机构和参加人

（1）劳动仲裁机构。劳动仲裁机构是劳动争议仲裁委员会。劳动争议仲裁委员会不按行政区划层层设立。劳动争议仲裁委员会由劳动行政部门代表、工会代表和企业方面代表组成。劳动争议仲裁委员会组成人员应当是单数。劳动争议仲裁委员会依法履行下列职责：①聘任、解聘专职或者兼职仲裁员；②受理劳动争议案件；③讨论重大或者疑难的劳动争议案件；④对仲裁活动进行监督。

【知识卡片】

劳动争议仲裁委员会下设办事机构，负责办理劳动争议仲裁委员会的日常工作。劳动争议仲裁委员会应当设仲裁员名册。仲裁员应当公道正派并符合下列条件之一：①曾任审判员的；②从事法律研究、教学工作并具有中级以上职称的；③具有法律知识、从事人力资源管理或者工会等专业工作满 5 年的；④律师执业满 3 年的。

（2）劳动仲裁参加人。发生劳动争议的劳动者和用人单位为劳动争议仲裁案件的双方当事人。劳务派遣单位或者用工单位与劳动者发生劳动争议的，劳务派遣单位和用工单位为共同当事人。与劳动争议案件的处理结果有利害关系的第三人，可以申请参加仲裁活动或者由劳动争议仲裁委员会通知其参加仲裁活动。

当事人可以委托代理人参加仲裁活动。委托他人参加仲裁活动，应当向劳动争议仲裁委员会提交有委托人签名或者盖章的委托书，委托书应当载明委托事项和权限。丧失或者部分丧失民事行为能力的劳动者，由其法定代理人代为参加仲裁活动；无法定代理人的，由劳动争议仲裁委员会为其指定代理人。劳动者死亡的，由其近亲属或者代理人参加仲裁活动。

劳动争议仲裁公开进行，但当事人协议不公开进行或者涉及国家秘密、商业秘密和个人隐私的除外。

【案例 9.3】

王某大学毕业后未找到正式工作，为了减轻家人负担，他在一家出版社找了一份文字校对的兼职工作。工作时间自由，也没有固定工作量要求，王某可在家工作，最后按量计酬。可第一份校对成果已经上交数月，出版社未给王某支付任何报酬。王某致电询问，出版社却拖延不予理睬。最后，王某决定通过法律手段维护自己的权利，于是向当地劳动争议仲裁委员会申请仲裁。

问：劳动争议仲裁委员会能否受理本案？

【案例分析】

劳动争议仲裁委员会不能受理王某的申诉。本案中，王某从事兼职校对工作，既未去出版社上班，也没有受到出版社的管理，故双方形成劳务关系而非劳动关系。由于他们之间的争议不属劳动争议，故王某不能通过劳动法的方式维护自身权益，劳动争议仲裁委员会不能受理王某的申诉，王某只能向人民法院提起民事诉讼。

3. 劳动争议仲裁的管辖

（1）劳动争议仲裁委员会负责管辖本区域内发生的劳动争议。劳动争议由劳动合同履行地或者用人单位所在地的劳动争议仲裁委员会管辖。

（2）双方当事人分别向劳动合同履行地和用人单位所在地的劳动争议仲裁委员会申请仲裁的，由劳动合同履行地的劳动争议仲裁委员会管辖。

4. 劳动争议仲裁的程序

（1）申请和受理。发生劳动争议后，劳动者可以与用人单位协商，也可以请工会或者第三方共同与用人单位协商，达成和解协议。当事人不愿意协商、协商不成或者和解协议后不履行的，可以到企业或基层调解组织申请调解，15 日内调解不成的，可以自知道或者应当知道权利被侵害之日起 1 年内向劳动争议仲裁委员会申请仲裁。

劳动争议仲裁委员会收到仲裁申请之日起 5 日内，认为符合受理条件的，应当受理，并通知申请人；认为不符合受理条件的，应当书面通知申请人不予受理，并说明理由。对劳动争议仲裁委员会不予受理或者逾期未作出决定的，申请人可以就该劳动争议事项向人民法院提起诉讼。劳动争议仲裁委员会受理仲裁申请后，应当在 5 日内将仲裁申请书副本送达被申请人。被申请人收到仲裁申请书副本后，应当在 10 日内向劳动争议仲裁委员会提交答辩书。劳动争议仲裁委员会收到答辩书后，应当在 5 日内将答辩书副本送达申请人。被申请人未提交答辩书的，不影响仲裁程序的进行。

（2）开庭和裁决。劳动争议仲裁委员会裁决劳动争议案件实行仲裁庭制。仲裁庭由 3 名仲裁员组成，设首席仲裁员。简单劳动争议案件可以由 1 名仲裁员独任仲裁。劳动争议仲裁委员会应当在受理仲裁申请之日起 5 日内将仲裁庭的组成情况书面通知当事人。仲裁庭应当在开庭 5 日前，将开庭日期、地点书面通知双方当事人。当事人有正当理由的，可以在开庭 3 日前请求延期开庭。是否延期，由劳动争议仲裁委员会决定。申请人收到书面通知，无正当理由拒不到庭或者未经仲裁庭同意中途退庭的，可以视为撤回仲裁申请。被申请人收到书面通知，无正当理由拒不到庭或者未经仲裁庭同意中途退庭的，可以缺席裁决。

当事人提供的证据经查证属实的，仲裁庭应当将其作为认定事实的根据。劳动者无法提供由用人单位掌握管理的与仲裁请求有关的证据，仲裁庭可以要求用人单位在指定期限内提供。用人单位在指定期限内不提供的，应当承担不利后果。

当事人申请劳动争议仲裁后，可以自行和解。达成和解协议的，可以撤回仲裁申请。

仲裁庭在作出裁决前，应当先行调解。调解达成协议的，仲裁庭应当制作调解书。调解书应当写明仲裁请求和当事人协议的结果。调解书由仲裁员签名，加盖劳动争议仲裁委员会印章，送达双方当事人。调解书经双方当事人签收后，发生法律效力。调解不成或者调解书送达前，一方当事人反悔的，仲裁庭应当及时作出裁决。

仲裁庭裁决劳动争议案件，应当自劳动争议仲裁委员会受理仲裁申请之日起 45 日内结束。案情复杂需要延期的，经劳动争议仲裁委员会主任批准，可以延期并书面通知当事人，但是延长期限不得超过 15 日。逾期未作出仲裁裁决的，当事人可以就该劳动争议事项向人民法院提起诉讼。仲裁庭裁决劳动争议案件时，其中一部分事实已经清楚，可以就该部分先行裁决。

裁决应当按照多数仲裁员的意见作出，少数仲裁员的不同意见应当记入笔录。仲裁庭不能形成多数意见时，裁决应当按照首席仲裁员的意见作出。裁决书应当载明仲裁请求、争议事实、裁决理由、裁决结果和裁决日期。裁决书由仲裁员签名，加盖劳动争议仲裁委员会印章。对裁决持不同意见的仲裁员，可以签名，也可以不签名。

《劳动争议调解仲裁法》第 47 条规定，下列劳动争议，除本法另有规定的外，仲裁裁决为终局裁决，裁决书自作出之日起发生法律效力：①追索劳动报酬、工伤医疗费、经济补偿或者赔偿金，不超过当地月最低工资标准 12 个月金额的争议；②因执行国家的劳动标准在工作时间、休息休假、社会保险等方面发生的争议。

【案例 9.4】

2007 年 5 月某木材厂招收了农民合同工 50 名并与之签订了 2 年的劳动合同。在合同履行期间，该木材厂声称生产任务重，要求 50 名工人连续加班，周末和节假日都不让休息，工人要求支付加班工资，木材厂却以按日工资制为由拒绝发节假日加班费。2008 年 7 月，木材厂提前与 50 名工人解除合同，并未支付经济补偿金。工人对此表示不满，推选陈某、张某作为代表，于 2008 年 8 月 12 日到当地劳动争议仲裁委员会申请仲裁，并递交了申诉书。该仲裁委员会在 2008 年 8 月 20 日作出决定，予以受理，同时指定仲裁员李某独任审理。经过调解，双方没有达成协议，该仲裁委员会于 2008 年 10 月 26 日作出裁决，裁定木材厂应支付拖欠的加班费及经济补偿金。

问：本案仲裁委员会的仲裁程序是否存在问题？请分别指出并说明法律依据。

【案例分析】

（1）该仲裁委员会在收到申诉书 8 日后才做出受理决定，违反了法律规定。

根据《劳动争议调解仲裁法》规定，该劳动争议仲裁委员会应当自收到集体劳动争议申诉书之日起 5 日内做出受理或者不予受理的决定。（2）本案中，仲裁委员会指定李某独任审理，没有组成仲裁庭，违反了《劳动争议调解仲裁法》。《劳动争议调解仲裁法》规定，劳动争议仲裁委员会裁决劳动争议案件实行仲裁庭制。仲裁庭由 3 名仲裁员组成，设首席仲裁员。简单劳动争议案件可以由一名仲裁员独任仲裁。此案属于集体劳动争议，应当由 3 名仲裁员组成仲裁庭，进行审理。（3）本案中，劳动争议仲裁委员会用了 67 日才结束案件的审理，不仅超过了法律规定的 45 日的期限，也超过了可以延期的最长期限，因此，是不符合法律规定的。《劳动争议调解仲裁法》规定，仲裁庭裁决劳动争议案件，应当自劳动争议仲裁委员会受理仲裁申请之日起 45 日内结束。案情复杂需要延期的，经劳动争议仲裁委员会主任批准，可以延期并书面通知当事人，但是延长期限不得超过 15 日。

（四）劳动争议诉讼

（1）劳动者对《劳动争议调解仲裁法》第 47 条规定的仲裁裁决不服的，可以自收到仲裁裁决书之日起 15 日内向人民法院提起诉讼。

（2）用人单位有证据证明《劳动争议调解仲裁法》第 47 条规定的仲裁裁决有下列情形之一的，可以自收到仲裁裁决书之日起 30 日内向劳动争议仲裁委员会所在地的中级人民法院申请撤销裁决：①适用法律、法规确有错误的；②劳动争议仲裁委员会无管辖权的；③违反法定程序的；④裁决所根据的证据是伪造的；⑤对方当事人隐瞒了足以影响公正裁决的证据的；⑥仲裁员在仲裁该案时有索贿受贿、徇私舞弊、枉法裁决行为的。

人民法院经组成合议庭审查核实裁决有上述规定情形之一的，应当裁定撤销。仲裁裁决被人民法院裁定撤销的，当事人可以自收到裁定书之日起 15 日内就该劳动争议事项向人民法院提起诉讼。

（3）当事人对《劳动争议调解仲裁法》第 47 条规定以外的其他劳动争议案件的仲裁裁决不服的，可以自收到仲裁裁决书之日起 15 日内向人民法院提起诉讼；期满不起诉的，裁决书发生法律效力。

（4）当事人对发生法律效力的调解书、裁决书，应当依照规定的期限履行。一方当事人逾期不履行的，另一方当事人可以依照民事诉讼法的有关规定向人民法院申请执行。受理申请的人民法院应当依法执行。

9.2　劳动合同法

一、劳动合同概述

劳动合同是劳动者与用人单位确立劳动关系、明确双方权利和义务的协议。劳动合同作为一种双方法律行为，具有特定的法律属性，主要表现在以下几个方面。

（1）诺成性。只需双方当事人意思表示一致劳动合同即可成立，法律不要求以劳动者提供劳动或用人单位支付劳动报酬作为劳动合同成立的前提。

（2）附合性。双方当事人就劳动合同内容意思表示一致的过程，在实践中通常表现为由劳动者对用人单位提出的劳动合同主要条款附合表示同意的过程。只要用人单位提出的合同条款不违法，这种附合性合意行为就为法律所允许。

（3）双务性。劳动者和用人单位都负有义务，并且各方所负义务既是与各自所享权利相对应的代价，又是实现对方相应权利的保证。

（4）从属性。按照劳动合同的约定，劳动者在身份上、组织上、经济上从属于用人单位，遵照用人单位的要求为用人单位劳动，完全纳入用人单位的经济组织和生产结构之内。

（5）有偿性。依据劳动合同，劳动者一方面向用人单位提供劳动，另一方面从用人单位取得劳动报酬等劳动力再生产费用，这是一种等量劳动相交换的关系。

（6）继续性。劳动合同所约定的权利和义务在劳动关系存续期间继续存在，要求由劳动者和用人单位在此期间内继续实现，其中，劳动者应当日复一日、周复一周、月复一月地履行其提供劳动的义务，用人单位履行其义务的行为则应与此相伴随。

2012 年 12 月 28 日第十一届全国人民代表大会常务委员会第三十次会议通过关于修改《中华人民共和国劳动合同法》的决定，修改后的《劳动合同法》于 2013 年 7 月 1 日施行。

二、劳动合同的订立

（一）劳动合同的种类

按照合同期限的不同，劳动合同分为有固定期限劳动合同、无固定期限劳动合同和以完成一定的工作为期限的劳动合同。

1. 有固定期限的劳动合同

有固定期限的劳动合同又称定期劳动合同，是劳动合同双方当事人明确约定合同有效的起始日期和终止日期的劳动合同。期限届满，合同即告终止。双方当事人可根据生产、工作的需要确定劳动合同的期限。

2. 无固定期限的劳动合同

无固定期限的劳动合同又称不定期劳动合同，是劳动合同双方当事人只约定合同的起始日期，不约定其终止日期的劳动合同。对于无固定期限的劳动合同只要不出现法律、法规或合同约定的可以变更、解除、终止劳动合同的情况，双方当事人就不得擅自变更、解除、终止劳动关系。按照平等自愿、协商一致的原则，用人单位和劳动者只要达成一致，无论是初次就业的，还是由固定工转制的，都可以签订无固定期限的劳动合同。用人单位与劳动者协商一致，可以订立无固定期限劳动合同。《劳动合同法》规定，有下列情形之一，劳动者提出或者同意续订、订立劳动合同的，除劳动者提出订立固定期限劳动合同外，应当订立无固定期限劳动合同：

（1）劳动者在该用人单位连续工作满 10 年的；

（2）用人单位初次实行劳动合同制度或者国有企业改制重新订立劳动合同时，劳动者在该用人单位连续工作满 10 年且距法定退休年龄不足 10 年的；

（3）连续订立 2 次固定期限劳动合同，且劳动者没有《劳动合同法》规定的用人单位可以单方面解除合同的情形，续订劳动合同的。

3. 以完成一定工作为期限的劳动合同

以完成一定工作为期限的劳动合同是指劳动合同双方当事人将完成某项工作或工程作为合同有效期限的劳动合同。合同中不明确约定合同的起止日期，以某项工作或工程完工之日为合同终止之时。它一般适用于建筑业、临时性、季节性的工作或由于其工作性质可以采取此种合同期限的工作岗位。

（二）劳动合同的形式

建立劳动关系，应当订立书面劳动合同。但是，非全日制用工双方当事人可以订立口头协议。用人单位自“用工之日起”即与劳动者建立劳动关系。用人单位与劳动者在用工前订立劳动合同的，劳动关系自用工之日起建立。

（1）已建立劳动关系，未同时订立书面劳动合同的，应当自用工之日起 1 个月内订立书面劳动合同。

（2）自用工之日起 1 个月内，经用人单位书面通知后，劳动者不与用人单位订立书面劳动合同的，用人单位应当书面通知劳动者终止劳动关系，无需向劳动者支付经济补偿，但是应当依法向劳动者支付其实际工作时间的劳动报酬。

（3）用人单位自用工之日起超过 1 个月不满 1 年未与劳动者订立书面劳动合同的，自用工之日起满 1 个月的次日至补订书面劳动合同的前 1 日应当向劳动者每月支付 2 倍的工资，并与劳动者补订书面劳动合同；劳动者不与用人单位订立书面劳动合同的，用人单位应当书面通知劳动者终止劳动关系，并支付经济补偿。

（4）用人单位自用工之日起满 1 年未与劳动者订立书面劳动合同的，自用工之日起满一个月的次日至满一年的前一日应当向劳动者每月支付 2 倍的工资补偿，并视为自用工之日起满 1 年的当日已经与劳动者订立无固定期限劳动合同，应当立即与劳动者补订书面劳动合同。

（三）劳动合同订立的原则

订立劳动合同，应当遵循合法、公平、平等自愿、协商一致、诚实信用的原则。依法订立的劳动合同具有约束力，用人单位与劳动者应当履行劳动合同约定的义务。

1. 合法原则

合法原则是指订立劳动合同的行为不得与法律、法规相抵触。合法是劳动合同有效并受国家法律保护的前提条件，合法的具体要求如下：

（1）劳动合同的主体合法。签订劳动合同的主体是用人单位和劳动者。主体合法，即当事人必须具备订立劳动合同的主体资格。用人单位的主体资格是指必须具备法人资格或经国家有关机关批准依法成立，必须有被批准的经营范围和履行劳动关系权利义务的能力，以及承担经济责任的能力；个体工商户必须具备民事主体的权利能力和行为能力。劳动者的主体资格，是指必须达到法定的最低就业年龄，具备劳动能力。

（2）劳动合同的内容合法。内容合法是指双方当事人在劳动合同中确定的具体的权利与义务的条款必须符合法律、法规和政策的规定。劳动合同的内容涉及工作内容、工资分配、社会保险、工作时间和休息休假以及劳动安全卫生等多方面的内容，劳动合同在约定这些内容时，不能违背法律和行政法规的规定。

（3）劳动合同订立的程序和形式必须合法。程序合法是指劳动合同的订立，必须按照法律、行政法规所规定的步骤和方式进行，一般要经过要约和承诺两个步骤，具体方式是先起草劳动合同书草案，然后由双方当事人平等协商，协商一致后签约。形式合法是指劳动合同必须以法律、法规规定的形式签订。《劳动合同法》第 10 条规定："建立劳动关系，应当订立书面劳动合同"。

2. 公平原则

公平原则要求在劳动合同订立过程及劳动合同内容的确定上应体现公平。公平原则强调了劳动合同当事人在订立劳动合同时，对劳动合同内容的约定，双方承担的权利义务中不能要求一方承担不公平的义务。如果双方订立的劳动合同内容显失公平，那么该劳动合同中显失公平的条款无效。

3. 平等自愿原则

平等是指订立劳动合同的双方当事人具有相同的法律地位。在订立劳动合同时，双方当事人是以劳动关系平等主体资格出现的，有着平等的要求利益的权利，不存在命令与服从的关系。自愿是指订立劳动合同必须出自双方当事人自己的真实意愿，是在充分表达各自意见的基础上，经过平等协商而达成的协议。这一原则保证了劳动合同是当事人根据自己的意愿独立作出决定的；劳动合同内容的确定，必须完全与双方当事人的真实意思相符合。采取暴力、强迫、威胁、欺诈等手段订立的劳动合同无效。

4. 协商一致原则

协商一致就是用人单位和劳动者要对合同的内容达成一致意见。合同是双方意思表示一致的结果，劳动合同也是一种合同，也需要劳动者和用人单位双方协商一致，达成合意，一方不能凌驾于另一方之上，不得把自己的意志强加给对方，也不能强迫命令、胁迫对方订立劳动合同。在订立劳动合同时，用人单位和劳动者都要仔细研究合同的每项内容，进行充分的沟通和协商，解决分歧，达成一致意见。只有体现双方真实意志的劳动合同，双方才能忠实地按照合同约定履行。

5. 诚实信用原则

就是在订立劳动合同时要诚实，讲信用。如在订立劳动合同时，双方都不得有欺诈行为。《劳动合同法》第 8 条规定，用人单位招用劳动者时，应当如实告知劳动者工作内容、工作条件、工作地点、职业危害、安全生产状况、劳动报酬，以及劳动者要求了解的其他情况；用人单位有权了解劳动者与劳动合同直接相关的基本情况，劳动者应当如实说明。双方都不得隐瞒真实情况。现实中，有的用人单位不告诉劳动者职业危害，或者提供的工作条件与约定的不一样等；也有劳动者提供假文凭的情况，这些行为都违反了诚实信用原则。此外，现实中还有的劳动者与用人单位订立了劳动合同，劳动者找到别的工作后，就悔约，不到用人单位工作，这也违反了诚实信用原则。诚实信用是合同法的一项基本原则，也是劳动合同法的一项基本原则，它也是一项社会道德原则。

劳动合同依法成立，从合同成立之日或者合同生效之日起就具有法律效力。

【案例 9.5】

王某到某公司应聘填写录用人员情况登记表时，隐瞒了自己曾先后 2 次受行政、刑事处分的事实，与公司签订了 3 年期限的劳动合同。事隔 3 日，该公司收到当地检察院对王某不起诉决定书。经公司进一步调查得知，王某曾因在原单位盗窃电缆受到严重警告处分，又盗窃原单位苦布被查获，因王某认罪态度较好，故不起诉。

请问该公司调查之后，以王某隐瞒受过处分，不符合本单位录用条件为由，在试用期内解除了与王某的劳动关系是否合理？

【案例分析】

根据《劳动合同法》的规定，订立劳动合同，应当遵循合法、公平、平等自愿、协商一致、诚实信用的原则。同时，用人单位有权了解劳动者与劳动合同直接相关的基本情况，劳动者应当如实说明。劳动者和用人单位在法律上处于平等的地位，且劳动合同订立的过程是完全出于当事人自己的意愿，而且是出于内心的真实意思表示。劳动合同订立的过程中，劳动者和用人单位必须诚实、善意地行使权利，不诈不欺，诚实守信。本案中，王某在填写录用人员情况登记表时，隐瞒了自己曾先后两次受行政、刑事处分的事实，是一种不诚实、不善意的行为，违背了诚实信用原则。虽然签订合同是双方自愿的，但这种自愿是建立在虚假材料的基础上的，本质上是违背了平等自愿的原则。所以用人单位可以与劳动者解除劳动合同，而且用人单位并不需要支付经济补偿金。

三、劳动合同的内容

（一）劳动合同的必备条款

《劳动合同法》规定，劳动合同应当具备以下条款：

（1）用人单位的名称、地址和法定代表人或者主要负责人；

（2）劳动者的姓名、住址和居民身份证或者其他有效身份证件号码；

（3）劳动合同期限；

（4）工作内容和工作地点；

（5）工作时间和休息休假；

（6）劳动报酬；

（7）社会保险；

（8）劳动保护、劳动条件和职业危害防护；

（9）法律、法规规定应当纳入劳动合同的其他事项。

劳动合同除前款规定的必备条款外，用人单位与劳动者可以约定试用期、培训、保守秘密、补充保险和福利待遇等其他事项。

（二）劳动合同的约定条款

1. 试用期条款

试用期是指用人单位对新招收的职工进行思想品德、劳动态度、实际工作能力、身体情况等进行进一步考察的时间期限。《劳动合同法》针对滥用试用期、试用期过长问题做出了有针对性的规定。

（1）劳动合同期限3个月以上不满1年的，试用期不得超过1个月；劳动合同期限1年以上不满3年的，试用期不得超过2个月；3年以上固定期限和无固定期限的劳动合同，试用期不得超过6个月。

（2）同一用人单位与同一劳动者只能约定一次试用期。

（3）以完成一定工作任务为期限的劳动合同或者劳动合同期限不满3个月的，不得约定试用期。

（4）试用期包含在劳动合同期限内。劳动合同仅约定试用期的，试用期不成立，该期限为劳动合同期限。

（5）劳动者在试用期的工资不得低于本单位相同岗位最低档工资或者劳动合同约定工资的80%，并不得低于用人单位所在地的最低工资标准。

（6）在试用期中，用人单位不得违法解除劳动合同。用人单位在试用期解除劳动合同的，应当向劳动者说明理由。《劳动合同法》规定，在试用期间被证明不符合录用条件的，用人单位才可以解除劳动合同。

【案例 9.6】

周某是学监理专业刚毕业的大学生，在人才市场应聘到一份适合自己专业的监理工程工作。该公司与其签订了 1 年期的劳动合同，约定的试用期是 3 个月，月薪 1800 元，试用期满后月薪与同岗位人员一样 2800 元。试用期满前一天，公司人事部通知其还要延长 1 个月的试用期再考察考察，周某无奈接受。延长试用期满前 2 天，公司人事部通知说周某在试用期不符合录用条件，不再录用。周某被解除劳动合同后才知道，原来是公司接了一个 4 个月就要交工的工程。

问：公司的做法是否合法？

【案例分析】

公司的做法不合法。（1）约定 3 个月的试用期不合法。《劳动合同法》规定，劳动合同期限 1 年以上不满 3 年的，试用期不得超过 2 个月。（2）又延长一个月的试用期的规定不合法。因为同一用人单位与同一劳动者只能约定一次试用期。（3）试用期的工资不合法。因为劳动者在试用期的工资不得低于本单位相同岗位最低档工资或者劳动合同约定工资的 80%，并不得低于用人单位所在地的最低工资标准。（4）公司在试用期解除劳动合同的理由不合法。因为只有在试用期间被证明不符合录用条件的，用人单位才可以解除劳动合同。

2. 保守商业秘密条款和竞业限制条款

在激烈的市场竞争中，任何一个企业生产经营方面的商业秘密都十分重要。如果没有事先的劳动合同条款的约定，劳动者有意或者无意地泄漏了这些商业秘密后，企业往往难以通过法律途径获得损失赔偿。《劳动合同法》规定，用人单位与劳动者可以在劳动合同中约定保守用人单位的商业秘密和与知识产权相关的保密事项。对负有保密义务的劳动者，用人单位可以在劳动合同或者保密协议中与劳动者约定竞业限制条款，并约定在解除或者终止劳动合同后，在竞业限制期限内按月给予劳动者经济补偿。劳动者违反竞业限制约定的，应当按照约定向用人单位支付违约金。

竞业限制的人员限于用人单位的高级管理人员、高级技术人员和其他负有保密义务的人员。竞业限制的范围、地域、期限由用人单位与劳动者约定，竞业限制的约定不得违反法律、法规的规定。

在解除或者终止劳动合同后，上述规定的人员到与本单位生产或者经营同类产品、从事同类业务的有竞争关系的其他用人单位，或者自己开业生产或者经营同类产品、从事同类业务的竞业限制期限，不得超过 2 年。

3. 培训条款

培训是按照职业或者工作岗位对劳动者提出的要求，以开发和提高劳动者的职业技能为目的的教育和训练过程。用人单位为劳动者提供专项培训费用，对其进行专业技术培训的，可以与该劳动者订立协议，约定服务期。劳动者违反服务期约定的，应当按照约定向用人单位支付违约金。违约金的数额不得超过用人单位提供的培训费用。用人单位要求劳动者支付的违约金不得超过服务期尚未履行部分所应分摊的培训费用。用人单位与劳动者约定服务期的，不影响按照正常的工资调整机制提高劳动者在服务期期间的劳动报酬。

四、劳动合同的无效

（一）劳动合同无效的含义和种类

劳动合同无效是指劳动合同虽然已经成立，但因违反了法律、行政法规的强制性规定而被确认为无效的劳动合同。一个劳动合同的有效成立，必须具备劳动法律所规定的有效要件，这就是主体要合格，意思表示要自愿真实，内容要合法、完整，形式符合法定要求，订立程序要完备这四个方面的要件，任缺其一，均可导致劳动合同不能有效成立。《劳动合同法》规定，下列劳动合同无效或者部分无效：

（1）以欺诈、胁迫的手段或者乘人之危，使对方在违背真实意愿的情况下订立或者变更劳动合同的；

（2）用人单位免除自己的法定责任、排除劳动者权利的；

（3）违反法律、行政法规强制性规定的。

对劳动合同的无效或者部分无效有争议的，由劳动争议仲裁机构或者人民法院确认。

【案例 9.7】

赵某是某公司的销售代理，2008 年该公司与其签订劳动合同。合同规定，赵某可以从产品销售利润中提取 60% 的提成，本人的病、伤、残、亡等企业均不负责。在一次外出公干中，由于交通事故，赵某负伤致残。赵某和该公司发生了争议并起诉到劳动行政部门，要求解决其伤残保险待遇问题。

请用劳动法律制度对该案进行分析。

【案例分析】

《劳动合同法》第 3 条规定的订立劳动合同要遵循的合法原则，是指劳动合同的订立不得违反法律、法规的规定。法律、法规既包括现行的法律、行政法规，也包括以后颁布实施的法律、行政法规；既包括劳动法律、法规，也包括民事、刑事、行政和经济方面的法律、法规。合法原则包括：劳动合同的主体必须合法；劳动合同的内容必须合法和劳动合同订立的程序和形式合法。《劳动合同法》第 26 条规定：用人单位免除自己的法定责任，排除劳动者权利的，属于劳动合同无效或者部分无效。赵某与公司订立的劳动合同中规定的公司不负担赵某任何伤残待遇费的条款属于用人单位免除自己的法定责任，内容明显违法。因此，这一条款是无效的。

（二）劳动合同无效的法律后果

（1）无效劳动合同，从订立时起就没有法律约束力。劳动合同部分无效，不影响其他部分效力的，其他部分仍然有效。

（2）劳动合同被确认无效，劳动者已付出劳动的，用人单位应当向劳动者支付劳动报酬。劳动报酬的支付，参照本单位相同或相似岗位劳动者的劳动报酬，按照同工同酬的原则确定。

（3）劳动合同被确认无效，给对方造成损害的，有过错的一方应当承担赔偿责任。

五、劳动合同的履行和变更

（一）劳动合同的履行

1. 用人单位与劳动者应当按照劳动合同的约定，全面履行各自的义务

（1）用人单位应当按照劳动合同约定和国家规定，向劳动者及时足额支付劳动报酬。用人单位拖欠或者未足额支付劳动报酬的，劳动者可以依法向当地人民法院申请支付令，人民法院应当依法发出支付令。

（2）用人单位应当严格执行劳动定额标准，不得强迫或者变相强迫劳动者加班。用人单位安排加班的，应当按照国家有关规定向劳动者支付加班费。

（3）劳动者拒绝用人单位管理人员违章指挥、强令冒险作业的，不视为违反劳动合同。劳动者对危害生命安全和身体健康的劳动条件，有权对用人单位提出批评、检举和控告。

（4）用人单位变更名称、法定代表人、主要负责人或者投资人等事项，不影响劳动合同的履行。

（5）用人单位发生合并或者分立等情况，原劳动合同继续有效，劳动合同由承继其权利和义

务的用人单位继续履行。

2. 用人单位应当依法建立和完善劳动规章制度，保障劳动者享有劳动权利、履行劳动义务

用人单位在制定、修改或者决定有关劳动报酬、工作时间、休息休假、劳动安全卫生、保险福利、职工培训、劳动纪律以及劳动定额管理等直接涉及劳动者切身利益的规章制度或者重大事项时，应当经职工代表大会或者全体职工讨论，提出方案和意见，与工会或者职工代表平等协商确定。

在规章制度和重大事项决定实施过程中，工会或者职工认为不适当的，有权向用人单位提出，通过协商予以修改完善。用人单位应当将直接涉及劳动者切身利益的规章制度和重大事项决定公示，或者告知劳动者。

（二）劳动合同的变更

劳动合同的变更是指在劳动合同开始履行但尚未完全履行之前，因订立劳动合同的主客观条件发生了变化，当事人依照法律规定的条件和程序，对原合同中的某些条款修改、补充的法律行为。

用人单位与劳动者协商一致，可以变更劳动合同约定的内容。变更劳动合同，应当采用书面形式。变更后的劳动合同文本由用人单位和劳动者各执一份。

六、劳动合同的解除和终止

（一）劳动合同的解除

劳动合同的解除是指当事人双方提前终止劳动合同的法律效力，解除双方的权利义务关系。劳动合同的解除分为协商解除、用人单位单方解除和劳动者单方解除 3 种方式。

1. 双方协商解除劳动合同

《劳动合同法》规定，用人单位与劳动者协商一致，可以解除劳动合同。协商解除劳动合同没有规定实体、程序上的限定条件，只要双方达成一致，内容、形式、程序不违反法律禁止性、强制性规定即可。如果是用人单位提出解除劳动合同的，用人单位就应向劳动者支付解除劳动合同的经济补偿金。

2. 用人单位单方解除劳动合同

即具备法律规定的条件时，用人单位享有单方解除权，无须双方协商达成一致意见。主要包括即时辞退、预告辞退和经济性裁员三种情形。

（1）即时辞退。

即时辞退是指用人单位无需向对方预告就可随时通知解除劳动合同。

《劳动合同法》第 39 条规定，劳动者有下列情形之一的，用人单位可以解除劳动合同：①在试用期间被证明不符合录用条件的；②严重违反用人单位的规章制度的；③严重失职，营私舞弊，给用人单位造成重大损害的；④劳动者同时与其他用人单位建立劳动关系，对完成本单位的工作任务造成严重影响，或者经用人单位提出，拒不改正的；⑤因本法以欺诈、胁迫的手段或者乘人之危，使对方在违背真实意思的情况下订立或者变更劳动合同的情形致使劳动合同无效的；⑥被依法追究刑事责任的。

（2）预告辞退。

预告辞退，即用人单位须提前 30 日向劳动者书面通知后才能解除劳动合同。根据我国《劳动合同法》第 40 规定，下列情形之一的，用人单位提前 30 日以书面形式通知劳动者本人或者额外支付劳动者 1 个月工资后，可以解除劳动合同：①劳动者患病或者非因工负伤，在规定的医疗期满后不能从事原工作，也不能从事由用人单位另行安排的工作的；②劳动者不能胜任工作，经过培训或者调整工作岗位，仍不能胜任工作的；③劳动合同订立时所依据的客观情况发生重大变化，致使劳动合同无法履行，经用人单位与劳动者协商，未能就变更劳动合同内容达成协议的。

【案例 9.8】

某企业招用了一批合同制工人，其中有刚满 15 周岁的童工。劳动合同中约定，工人入厂时，需交身份证以作抵押，合同期限 5 年，其中试用期为 1 年，在履行合同过程中，若发现不能胜任工作，企业可随时解除劳动合同。法定节日需照常工作，工资不变。每 3 个月发放一次工资。

试分析企业招工行为中哪些违反了劳动法律的有关规定。

【案例分析】

（1）该企业招用了童工，也不能交劳动者的身份证作抵押；（2）劳动合同违反了试用期的规定，试用期不得超过 6 个月；（3）随时解除劳动合同错误，应该先调整岗位如还不能胜任的才可以解除劳动合同；（4）法定节假日照常上班工资不变错误，应该按 300%补发工资；（5）3 个月发一次工资错误，因为法律规定，劳动者的工资每月应至少支付一次。

（3）裁员。

裁员，即用人单位一次性辞退部分劳动者，以此作为改善生产经营状况的一种手段。它是预告辞退的一种特殊形式。根据《劳动合同法》第 41 条规定，有下列情形之一，需要裁减人员 20 人以上或者裁减不足 20 人但占企业职工总数 10%以上的，用人单位提前 30 日向工会或者全体职工说明情况，听取工会或者职工的意见后，裁减人员方案经向劳动行政部门报告，可以裁减人员：①依照企业破产法规定进行重整的；②生产经营发生严重困难的；③企业转产、重大技术革新或者经营方式调整，经变更劳动合同后，仍需裁减人员的；④其他因劳动合同订立时所依据的客观经济情况发生重大变化，致使劳动合同无法履行的。

裁减人员时，应当优先留用下列人员：①与本单位订立较长期限的固定期限劳动合同的；②与本单位订立无固定期限劳动合同的；③家庭无其他就业人员，有需要扶养的老人或者未成年人的。用人单位依照上述规定裁减人员，在 6 个月内重新招用人员的，应当通知被裁减的人员，并在同等条件下优先招用被裁减的人员。

劳动者有下列情形之一的，用人单位不得依照本法第 40 条、第 41 条的规定解除劳动合同：①从事接触职业病危害作业的劳动者未进行离岗前职业健康检查，或者疑似职业病病人在诊断或者医学观察期间的；②在本单位患职业病或者因工负伤并被确认丧失或者部分丧失劳动能力的；③患病或者非因工负伤，在规定的医疗期内的；④女职工在孕期、产期、哺乳期的；⑤在本单位连续工作满 15 年，且距法定退休年龄不足 5 年的；⑥法律、行政法规规定的其他情形。

【案例 9.9】

史小姐供职于一家律师事务所，担任行政工作。2007 年底，史小姐发现自己怀孕了，刚开始史小姐不敢向事务所说明这个情况，后来随着肚子越来越大，再也无法隐瞒时，才向所主任说明了怀孕这个事实。主任得知后，较为恼火，第二天就让行政主管通知史小姐被辞退了。史小姐怎么也想不到是这个结果。

问：在这种情况下，史小姐能维护自己的权益吗？

【案例分析】

由于史小姐正在孕期，应当受到特别的保护。根据《劳动合同法》第 42 条第四项规定：女职工在孕期、产期、哺乳期的，用人单位不得依照本法第 40 条、第 41 条的规定解除劳动合同。《妇女权益保障法》第 27 条规定：任何单位不得因结婚、怀孕、产假、哺乳等情形，降低女职工的工资，辞退女职工，单方解除劳动（聘用）合同或者服务协议。因此，这家律师事务所以女职工怀孕为由进行辞退的做法，是一种严重的违法行为。所以，按照《劳动合同法》的规定，史小姐可以要求用人单位继续履行劳动合同。

3. 劳动者单方解除劳动合同

劳动者单方解除劳动合同即具备法律规定的条件时，劳动者享有单方解除权，无须双方协商达成一致意见，也无须征得用人单位的同意。具体又可以分为预告解除和即时解除两种情况。

（1）预告解除。即劳动者履行预告程序后单方解除劳动合同。劳动者提前 30 日以书面形式通知用人单位，可以解除劳动合同。劳动者在试用期内提前 3 日通知用人单位，可以解除劳动合同。

（2）即时解除。劳动者无需向用人单位预告就可随时通知解除劳动合同。用人单位有下列情形之一的，劳动者可以解除劳动合同：①未按照劳动合同约定提供劳动保护或者劳动条件的；②未及时足额支付劳动报酬的；③未依法为劳动者缴纳社会保险费的；④用人单位的规章制度违反法律、法规的规定，损害劳动者权益的；⑤因以欺诈、胁迫的手段或者乘人之危，使劳动者在违背真实意思的情况下订立的致使劳动合同无效的；⑥法律、行政法规规定劳动者可以解除劳动合同的其他情形。

用人单位以暴力、威胁或者非法限制人身自由的手段强迫劳动者劳动的，或者用人单位违章指挥、强令冒险作业危及劳动者人身安全的，劳动者可以立即解除劳动合同，不需事先告知用人单位。

（二）劳动合同的终止

1. 劳动合同终止的情形

劳动合同的终止是指劳动合同期满或当事人双方约定的劳动合同终止条件出现，劳动合同即行终止。有下列情形之一的，劳动合同终止：

（1）劳动合同期满的；

（2）劳动者开始依法享受基本养老保险待遇的；

（3）劳动者死亡，或者被人民法院宣告死亡或者宣告失踪的；

（4）用人单位被依法宣告破产的；

（5）用人单位被吊销营业执照、责令关闭、撤销或者用人单位决定提前解散的；

（6）法律、行政法规规定的其他情形。

劳动者达到法定退休年龄的，劳动合同终止。

2. 劳动合同终止的限制性规定

如果有下列情形，用人单位既不得解除劳动合同，也不得终止劳动合同，劳动合同应当延续至相应的情形消失时终止：

（1）从事接触职业病危害作业的劳动者未进行离岗前职业健康检查，或者疑似职业病病人在诊断或者医学观察期间的；

（2）在本单位患职业病或者因工负伤并被确认丧失或者部分丧失劳动能力的；

（3）患病或者非因工负伤，在规定的医疗期内的；

（4）女职工在孕期、产期、哺乳期的；

（5）在本单位连续工作满 15 年，且距法定退休年龄不足 5 年的；

（6）法律、行政法规规定的其他情形。

（三）劳动合同解除和终止的法律后果和责任

（1）劳动合同的解除和终止，只对未履行的部分发生效力，即双方不再继续履行劳动合同。

（2）用人单位单方解除劳动合同，应当事先将理由通知工会。用人单位违反法律、行政法规规定或者劳动合同约定的，工会有权要求用人单位纠正。用人单位应当研究工会的意见，并将处理结果书面通知工会。

（3）用人单位违反规定解除或者终止劳动合同，劳动者要求继续履行劳动合同的，用人单位应当继续履行；劳动者不要求继续履行劳动合同或者劳动合同已经不能继续履行的，用人单位应当依照劳动合同法规定的经济补偿标准的 2 倍向劳动者支付赔偿金，支付了赔偿金的，不再支付经济补偿。赔偿金的计算年限自用工之日起计算。

（4）劳动合同解除或终止的，用人单位应出具解除或者终止劳动合同的证明，证明应当写明劳动合同期限、解除或终止劳动合同的日期、工作岗位、在本单位的工作年限，并在15日内为劳动者办理档案和社会保险关系转移手续。

（5）用人单位对已经解除或者终止的劳动合同的文本，至少保存2年备查。

七、劳务派遣与非全日制用工

（一）劳务派遣

1. 劳务派遣概述

劳务派遣是指用人单位可以根据自身工作和发展需要，通过劳务派遣公司，派遣所需要的人员。劳动合同用工是我国的企业基本用工形式。劳务派遣用工是补充形式，只能在临时性、辅助性或者替代性的工作岗位上实施。临时性工作岗位是指存续时间不超过6个月的岗位；辅助性工作岗位是指为主营业务岗位提供服务的非主营业务岗位；替代性工作岗位是指用工单位的劳动者因脱产学习、休假等原因无法工作的一定期间内，可以由其他劳动者替代工作的岗位。

用工单位应当严格控制劳务派遣用工数量，不得超过其用工总量的一定比例，具体比例由国务院劳动行政部门规定。

劳务派遣存在着三方法律关系，具体包括以下几点。

（1）劳务派遣单位与被派遣劳动者之间是劳动关系，应当订立劳动合同。其中，劳务派遣单位是“用人单位”。

（2）劳务派遣单位与接受以劳务派遣形式用工的单位（以下称用工单位）订立劳务派遣协议。劳务派遣协议是劳务派遣单位与实际用工单位就劳务派遣事项签订的书面协议。因此，“用人单位”与“用工单位”之间是劳务关系，受到合同法的调整。

（3）“用工单位”和“劳动者”之间虽然没有劳动合同关系，但是劳动者要服从“用工单位”的管理。

2. 劳务派遣单位

经营劳务派遣业务应当具备下列条件：

（1）注册资本不得少于人民币200万元；

（2）有与开展业务相适应的固定的经营场所和设施；

（3）有符合法律、行政法规规定的劳务派遣管理制度；

（4）法律、行政法规规定的其他条件。

经营劳务派遣业务，应当向劳动行政部门依法申请行政许可。经许可的，依法办理相应的公司登记；未经许可的，任何单位和个人不得经营劳务派遣业务。

劳务派遣单位应当与被派遣劳动者订立2年以上的固定期限劳动合同，按月支付劳动报酬；被派遣劳动者在无工作期间，劳务派遣单位应当按照所在地人民政府规定的最低工资标准，向其按月支付报酬。劳务派遣单位应当将劳务派遣协议的内容告知被派遣劳动者。劳务派遣单位不得克扣用工单位按照劳务派遣协议支付给被派遣劳动者的劳动报酬。劳务派遣单位和用工单位不得向被派遣劳动者收取费用。

3. 用工单位

用工单位应当履行下列义务：

（1）执行国家劳动标准，提供相应的劳动条件和劳动保护；

（2）告知被派遣劳动者的工作要求和劳动报酬；

（3）支付加班费、绩效奖金，提供与工作岗位相关的福利待遇；

（4）对在岗被派遣劳动者进行工作岗位所必需的培训；

（5）连续用工的，实行正常的工资调整机制。

用工单位不得将被派遣劳动者再派遣到其他用人单位。被派遣劳动者享有与用工单位的劳动者同工同酬的权利。用工单位应当按照同工同酬原则，对被派遣劳动者与本单位同类岗位的劳动者实行相同的劳动报酬分配办法。用工单位无同类岗位劳动者的，参照用工单位所在地相同或者相近岗位劳动者的劳动报酬确定。劳务派遣单位与被派遣劳动者订立的劳动合同和与用工单位订立的劳务派遣协议，载明或者约定的向被派遣劳动者支付的劳动报酬应当符合上述规定。

（二）非全日制用工

非全日制用工是指以小时计酬为主，劳动者在同一用人单位一般平均每日工作时间不超过 4 小时，每周工作时间累计不超过 24 小时的用工形式。

（1）非全日制用工双方当事人可以订立口头协议。从事非全日制用工的劳动者可以与一个或者一个以上用人单位订立劳动合同；但是，后订立的劳动合同不得影响先订立的劳动合同的履行。

（2）非全日制用工双方当事人不得约定试用期。

（3）非全日制用工双方当事人任何一方都可以随时通知对方终止用工。终止用工，用工单位不向劳动者支付经济补偿。

（4）非全日制用工小时计酬标准不得低于用人单位所在地人民政府规定的最低小时工资标准。

（5）非全日制用工劳动报酬结算支付周期最长不得超过 15 日。

八、法律责任

（一）用人单位违反《劳动合同法》的法律责任

用人单位的规章制度违法，或者订立、履行、解除和终止劳动合同违法，应承担法律责任。

1. 用人单位“订立劳动合同”违法的法律责任

（1）用人单位提供的劳动合同文本未载明劳动合同必备条款或者用人单位未将劳动合同文本交付劳动者的，由劳动行政部门责令改正；给劳动者造成损害的，应当承担赔偿责任。

（2）用人单位自用工之日起超过 1 个月不满 1 年未与劳动者订立书面劳动合同的，应当向劳动者每月支付 2 倍的工资。

（3）用人单位违反规定不与劳动者订立无固定期限的劳动合同的，自应当订立无固定期限劳动合同之日起向劳动者每月支付 2 倍的工资。

（4）用人单位违反法律规定与劳动者约定试用期的，由劳动行政部门责令改正；违法约定的试用期已经履行的，由用人单位以劳动者试用期满月工资为标准，按已经履行的超过法定试用期的期间向劳动者支付赔偿金。

（5）用人单位违反法律规定，扣押劳动者居民身份证等证件的，由劳动行政部门责令限期退还劳动者本人，并依照有关法律规定给予处罚。

（6）用人单位违反规定，以担保或者其他名义向劳动者收取财物的，由劳动行政部门责令限期退还劳动者本人，并以每人 500 元以上 2000 元以下的标准处以罚款；给劳动者造成损害的，应当承担赔偿责任。

2. 用人单位“履行劳动合同”违法的法律责任

用人单位有下列情形之一的，由劳动行政部门责令限期支付劳动报酬、加班费或者经济补偿金；劳动报酬低于当地最低工资标准的，应当支付其差额部分；逾期不支付的，责令用人单位按应支付金额 50%以上 100%以下的标准向劳动者加付赔偿金：

（1）未按照劳动合同的约定或者国家规定及时足额支付劳动者劳动报酬的；

（2）低于当地最低工资标准支付劳动者工资的；

（3）安排加班不支付加班费的；

（4）解除或者终止劳动合同，未按照法律规定向劳动者支付经济补偿的。

3. 用人单位“违法解除和终止劳动合同”的法律责任

（1）用人单位违反《劳动合同法》的规定解除或者终止劳动合同的，应当依照《劳动合同法》规定的经济补偿标准的2倍向劳动者支付赔偿金。

（2）用人单位违反《劳动合同法》的规定未向劳动者出具解除或者终止劳动合同的书面证明，由劳动行政部门责令改正；给劳动者造成损害的，应当承担赔偿责任。

（3）劳动者依法解除或者终止劳动合同，用人单位扣押劳动者档案或者其他物品的，由劳动行政部门责令限期退还劳动者本人，并以每人500元以上2000以下的标准处以罚款；给劳动者造成损害的，应当承担赔偿责任。

4. 其他法律责任

（1）用人单位招用与其他用人单位尚未解除或者终止劳动合同的劳动者，给其他用人单位造成损失的，应当承担连带赔偿责任。

（2）个人承包经营者违反《劳动合同法》规定招用劳动者，给劳动者造成损害的，承包的组织与个人承包经营者承担连带赔偿责任。

（二）劳动者违反《劳动合同法》的法律责任

劳动者违反《劳动合同法》规定解除劳动合同，或者违反劳动合同中约定的保密义务或者竞业限制，给用人单位造成损失的，应当承担赔偿责任。

【本章小结】

劳动法是调整劳动关系以及与劳动关系密切联系的社会关系的法律规范总称。劳动法律规范工会、雇主及雇员的关系，并保障各方面的权利及义务。《劳动法》主要阐述了劳动者权利和义务，劳动者工作时间和休息休假、工资制度、劳动安全卫生基准及劳动争议。

劳动合同是劳动者与用人单位确立劳动关系、明确双方权利和义务的协议。劳动合同作为一种双方法律行为，具有特定的法律属性。《劳动合同法》主要阐述了劳动合同的种类、形式、内容、订立、履行、变更、解除、终止及法律责任。

【综合练习题】

一、单项选择题

1. 关于劳动合同试用期的说法正确的有（　　）。

A. 试用期条款属于法定条款　　B. 最长试用期不得超过6个月

C. 试用期的工资单位可以自主决定　　D. 试用期内单位可以随意解除合同

2. 用人单位自用工之日起满（　　）不与劳动者订立书面劳动合同的，视为用人单位与劳动者已订立无固定期限劳动合同。

A. 1个月　　B. 6个月　　C. 1年　　D. 2年

3.《劳动合同法》规定，临时性工作岗位是指存续时间不超过（　　）的岗位。

A. 3个月　　B. 6个月　　C. 1年　　D. 2年

4. 我国《劳动合同法》规定，劳动者在同一用人单位连续工作满（　　）以上、劳动者提出或者同意续订、订立劳动合同的，除劳动者提出订立固定期限劳动合同外，应当订立无固定期限劳动合同。

A. 5年　　B. 10年　　C. 15年　　D. 20年

5. 我国《劳动法》禁止用人单位招用未满（　　）的未成年人。

A. 14周岁　　B. 15周岁　　C. 16周岁　　D. 18周岁

6.《劳动合同法》规定，劳动合同期限不满（　　）个月的，不得约定试用期。

A. 1　　B. 3　　C. 6　　D. 9

7. 非全日制用工，是指以小时计酬为主，劳动者在同一用人单位一般平均每日工作时间不超过（　　）小时，每周工作时间累计不超过（　　）小时的用工形式。

A. 4；36　　B. 4；24　　C. 5；25　　D. 8；24

8. 用人单位与劳动者约定的竞业限制条款的期限最长不能超过（　　）。

A. 1年　　B. 2年　　C. 3年　　D. 5年

9. 我国《劳动法》规定，安排劳动者延长劳动时间的，用人单位应支付不低于劳动者正常工作时间工资的（　　）的工资报酬。

A. 100%　　B. 150%　　C. 200%　　D. 300%

10. 用人单位拒不支付劳动者延长工作时间的工资报酬的，除了责令支付劳动者工资报酬、经济补偿外，还可责令支付（　　）。

A. 赔偿金　　B. 违约金　　C. 滞纳金　　D. 罚金

二、多项选择题

1.《劳动合同法》规定，用人单位与劳动者可以约定的条款有哪些？（　　）

A. 试用期　　B. 保守秘密

C. 培训　　D. 补充保险和福利待遇

2.《劳动合同法》规定，有下列哪些情形的，劳动合同终止？（　　）

A. 劳动合同期满的

B. 劳动者开始依法享受基本养老保险待遇的

C. 劳动者死亡，或者被人民法院宣告死亡或者宣告失踪的

D. 用人单位被依法宣告破产的

3. 经营劳务派遣业务应当具备下列哪些条件？（　　）

A. 注册资本不得少于人民币200万元

B. 有与开展业务相适应的固定的经营场所和设施

C. 有符合法律、行政法规规定的劳务派遣管理制度

D. 注册资本不得少于人民币50万元

4. 劳动合同应当具备下列哪些条款？（　　）

A. 劳动合同期限　　B. 工作内容和工作地点

C. 工作时间和休息休假　　D. 劳动报酬

5. 根据《劳动合同法》第26条的规定，对劳动合同的无效部分有争议的，应当由（　　）确认。

A. 劳动争议调解委员会　　B. 劳动争议仲裁机构

C. 人民法院　　D. 公安部门

三、案例分析题

1. 2007年2月4日，张某通过劳动中介公司在一家公司找到工作，并与该公司口头商定：张某的试用期为1个月，月工资为1600元钱。试用期满后，张某多次向该公司提出签订书面劳动合同，该公司一直拖延不签订劳动合同。2008年3月，因为交通不便，本人年龄已大，张某向公司提出辞职，并要求公司结清当月的工资，公司提出张某与公司没有签订劳动合同，拒绝结清当月工资。双方发生纠纷。

请结合上述材料，撰文详细论述：

（1）在本案中，用人单位不与劳动者签订书面劳动合同是否合法，为什么？

（2）在本案中，劳动者未与用人单位签订劳动合同，发生争议是否可以申请劳动仲裁？为什么？

2. 南昌一家大型电信网络公司聘用了3位大学生到自己的技术研发部工作。不久，这3位大学生先后辞职，并开设了自己的公司，从事类似项目开发、经营。这家公司得到消息后，以盗用公司商业秘密，违反竞业限制等为由，将3名大学生告上法庭。

试用《劳动合同法》分析以上案例。

第10章

经济纠纷的解决制度

学习目标

【知识目标】

了解仲裁协会和仲裁的程序

掌握仲裁协议

掌握民事诉讼的管辖

掌握民事诉讼的几个重要程序

【能力目标】

能够运用仲裁程序解决经济纠纷

能够运用民事诉讼程序解决经济纠纷

案例导入

2010年3月，甲市某学校与乙市某家具公司签订了一份买卖课桌椅的合同。双方当事人在合同中订有仲裁条款："因履行合同发生的争议，由仲裁机构仲裁"。2010年5月，学校收到家具公司的课桌椅，认为不符合合同的质量要求，双方为此发生争议。学校向其所在地的仲裁委员会递交了仲裁申请书，但家具公司拒绝答辩。同年6月，双方经过协商，重新签订了一份仲裁协议，并商定将此合同争议提交该家具公司所在地的乙市仲裁委员会仲裁。事后学校未申请仲裁，直接向合同履行地甲市所在地的人民法院提起诉讼，起诉时未声明有仲裁协议，法院受理此案，并向家具公司送达了起诉状副本，家具公司向法院提交了答辩状。法院经审理判决被告家具公司败诉，被告不服，理由是双方事先有仲裁协议，法院判决无效。请回答下列问题。

（1）买卖合同中的仲裁条款是否有效？请说明理由。

（2）争议发生后，双方签订的协议是否有效，为什么？

（3）原告学校向法院提起诉讼正确与否，为什么？

（4）人民法院审理本案是否正确，为什么？

【案例分析】

（1）仲裁条款不合法。因为该仲裁条款未指明具体的仲裁委员会，致使无法履行而无效。

（2）双方经补充后达成的仲裁协议有效。双方当事人发生纠纷后达成仲裁协议，且明确了仲裁机构，这样的仲裁协议是有效的。

（3）起诉不正确。因为双方的仲裁协议有效，就排除了法院的管辖权。

（4）人民法院审理该案合法。因为原告起诉时未声明有仲裁协议，被告提交答辩状，而未提出管辖权异议，视为人民法院有管辖权。

10.1　经济仲裁

一、仲裁与仲裁法

（一）仲裁

仲裁是指发生争议的双方当事人，根据其在争议发生前或争议发生后所达成的协议，自愿将该争议提交中立的第三者进行裁判的争议解决制度和方式。目前仲裁已成为各国普遍接受或采用的一种解决争议的方式。

经济仲裁是指当事人之间在经济纠纷发生之前或之后达成协议，将其经济纠纷提交专门的仲裁机构作出具有约束力的裁决，从而解决经济争议的一种方法。

（二）仲裁法

1. 仲裁法的概念和适用范围

仲裁法是国家制定或认可的，规范仲裁法律关系主体的行为和调整仲裁法律关系的法律规范的总称。平等主体的公民、法人和其他组织之间发生的合同纠纷和其他财产权益纠纷可以仲裁。

《仲裁法》规定，下列纠纷不能仲裁：

（1）婚姻、收养、监护、扶养、继承纠纷；

（2）依法应当由行政机关处理的行政争议。

此外，劳动争议和农业集体经济组织内部的农业承包合同纠纷不能按《仲裁法》的规定进行仲裁。

2. 仲裁法的基本原则

（1）自愿原则。自愿是贯彻仲裁程序始终的一项基本原则。根据这一原则，当事人采用仲裁方式解决纠纷，应当由双方自愿达成仲裁协议；没有仲裁协议，一方申请仲裁的，仲裁机构不予受理。

（2）公平合理仲裁原则。仲裁机构作出仲裁裁决须以客观事实为依据，以民事实体法和程序法作为处理案件的标准。在适用法律时，法律有明文规定的，按照法律的规定；无明文规定的，则按照法律的基本精神和公平合理原则处理。

（3）独立仲裁原则。仲裁组织依法独立进行仲裁，不受行政机关、社会团体和个人的干涉。不过，人民法院可以依法对仲裁进行必要的监督。

3. 仲裁法的基本制度

（1）协议仲裁制度。仲裁协议是当事人仲裁意愿的体现。当事人申请仲裁、仲裁委员会受理仲裁案件以及仲裁庭对仲裁案件的审理和裁决都必须依据当事人之间订立的有效的仲裁协议，没有仲裁协议就没有仲裁制度。

（2）或裁或审制度。仲裁与诉讼是两种不同的争议解决方式。因此，当事人之间发生的争议只能在仲裁或者诉讼中选择其一加以采用，有效的仲裁协议即可排除法院的管辖权。只有在没有仲裁协议或者仲裁协议无效的情况下，法院才可以行使管辖权。

（3）一裁终局制度。我国仲裁法明确规定，仲裁实行一裁终局制度。即仲裁庭作出的仲裁裁决即为终局裁决，裁决作出后，当事人就同一纠纷再申请仲裁或者向人民法院起诉，仲裁委员会或者人民法院不予受理。当事人应当自动履行裁决，一方当事人不履行的，另一方当事人可以向法院申请执行。

二、仲裁委员会和仲裁协会

（一）仲裁委员会

1. 仲裁委员会的设立

仲裁委员会可以在直辖市和省、自治区人民政府所在地的市设立，也可以根据需要在其他设区的市设立，不按行政区划层层设立。仲裁委员会由可以设立仲裁委员会的市的人民政府组织有关部门和商会统一组建。设立仲裁委员会，应当经省、自治区、直辖市的司法行政部门登记。

2. 仲裁委员会应当具备的条件

仲裁委员会应当具备下列条件。

（1）有自己的名称、住所和章程。

（2）有必要的财产。

（3）有委员会的组成人员。仲裁委员会由主任 1 人、副主任 2 至 4 人和委员 7 至 11 人组成。仲裁委员会的主任、副主任和委员由法律、经济贸易专家和有实际工作经验的人员担任。仲裁委员会的组成人员中，法律、经济贸易专家不得少于 2/3。

（4）有聘任的仲裁员。仲裁委员会应当从具备仲裁员资格的人员中聘任仲裁员，并按照不同的专业设仲裁员名册。仲裁委员会不设专职仲裁员。

3. 仲裁员应当具备的条件

仲裁员应当具备下列条件：

（1）从事仲裁工作满 8 年的；

（2）从事律师工作满 8 年的；

（3）曾任审判员满 8 年的；

（4）从事法律研究、教学工作并具有高级职称的；

（5）具有法律知识、从事经济贸易等专业工作并具有高级职称或者具有同等专业水平的。

（二）仲裁协会

1. 仲裁协会的设立

中国仲裁协会是社会团体法人。设立仲裁协会，应向民政部申请登记。

2. 仲裁协会的组成

中国仲裁协会实行会员制，各仲裁委员会是中国仲裁协会的法定会员。中国仲裁协会以团体会员为主，也可以接纳个人会员。

3. 仲裁协会的职责

中国仲裁协会是仲裁委员会的自律性组织，指导、协调仲裁委员会的工作。中国仲裁协会根据《仲裁法》和《民事诉讼法》的有关规定制定仲裁规则以及其他仲裁规范性文件。同时，中国仲裁协会对仲裁委员会及其组成人员、仲裁员的违纪行为进行监督。

三、仲裁协议

（一）仲裁协议的概念和类型

1. 仲裁协议的概念

仲裁协议是指双方当事人对他们之间业已发生或者将来可能发生的争议交付仲裁解决的一种书面协议。仲裁协议是仲裁的前提，没有仲裁协议，就不存在有效的仲裁。

2. 仲裁协议的类型

仲裁协议包括合同中订立的仲裁条款和以其他书面方式在纠纷发生前或者纠纷发生后达成的请求仲裁的协议。

（1）仲裁条款。仲裁条款是当事人双方在签订合同时，在合同中订立的约定将可能发生的合同争议提交仲裁解决的条款，仲裁条款是仲裁实践中最常见的仲裁协议的形式。

（2）仲裁协议书。仲裁协议书是争议当事人订立的将其争议提交仲裁解决的一种专门协议。这是一种传统的仲裁协议，现在在实践中当事人已较少采用这种形式的仲裁协议，因为大多数国际合同中已规定有仲裁条款。另外，在争议发生后，当事人往往因立场的不同和利益的冲突很难再达成一致的意见。

（二）仲裁协议的内容

1. 请求仲裁的意思表示

请求仲裁的意思表示是仲裁协议的首要内容，因为当事人以仲裁方式解决纠纷的意愿正是通过仲裁协议中请求仲裁的意思表示体现出来的。对仲裁协议中意思表示的具体要求是明确、肯定。因此，当事人应在仲裁协议中明确地肯定将争议提交仲裁解决的意思表示。

2. 仲裁事项

仲裁事项即当事人提交仲裁的具体争议事项。在仲裁实践中，当事人只有把订立于仲裁协议中的争议事项提交仲裁，仲裁机构才能受理。同时，仲裁事项也是仲裁庭审理和裁决纠纷的范围。即仲裁庭只能在仲裁协议确定的仲裁事项的范围内进行仲裁，超出这一范围进行仲裁，所作出的仲裁裁决，经一方当事人申请，法院可以不予执行或者撤销。

3. 选定的仲裁委员会

仲裁委员会是受理仲裁案件的机构。由于仲裁没有法定管辖的规定，因此，仲裁委员会是由当事人自主选定的。如果当事人在仲裁协议中不选定仲裁委员会，仲裁就无法进行。

仲裁的意思表示、仲裁事项和选定的仲裁委员会这三项内容必须同时具备，仲裁协议在内容上才能符合仲裁法的规定而成为有效的仲裁协议。

（三）仲裁协议的法律效力

仲裁协议的法律效力即仲裁协议所具有的法律约束力。一项有效的仲裁协议的法律效力包括对双方当事人的约束力、对法院的约束力和对仲裁机构的约束力。

1. 对双方当事人的效力

仲裁协议一经有效成立，即对双方当事人产生法律效力，使双方当事人受到他们所签订的仲裁协议的约束。发生纠纷后，当事人只能通过向仲裁协议中所确定的仲裁机构申请仲裁的方式解决该纠纷，而丧失了就该纠纷向法院提起诉讼的权利。如果一方当事人违背仲裁协议，就仲裁协议规定范围内的争议事项向法院起诉，另一方当事人有权依据仲裁协议要求法院停止诉讼程序，法院应当驳回当事人的起诉。

2. 对法院的效力

有效的仲裁协议排除了法院的司法管辖权，这是仲裁协议法律效力的重要体现，也是各国仲裁普遍适用的准则。我国《仲裁法》第 5 条明确规定；“当事人达成仲裁协议，一方向人民法院起诉的，人民法院不予受理，但仲裁协议无效的除外”。

3. 对仲裁机构的效力

仲裁协议是仲裁委员会受理仲裁案件的基础，是仲裁庭审理和裁决案件的依据。当事人采用仲裁方式解决纠纷，应当双方自愿，达成仲裁协议。没有仲裁协议，一方申请仲裁的，仲裁委员会不予受理。同时，仲裁机构的管辖权又受到仲裁协议的严格限制，即仲裁庭只能对当事人在仲裁协议中约定的争议事项进行仲裁，而对仲裁协议约定范围以外的其他争议无权仲裁。

仲裁协议对仲裁事项或者仲裁委员会没有约定或者约定不明确的，当事人可以补充协议；达不成补充协议的，仲裁协议无效。仲裁协议独立存在，合同的变更、解除、终止或者无效，不影响仲裁协议的效力。仲裁庭有权确认合同的效力。当事人对仲裁协议的效力有异议的，可以请求仲裁委员会作出决定或者请求人民法院作出裁定。一方请求仲裁委员会作出决定，另一方请求法院作出裁定的，由人民法院裁定。当事人对仲裁协议的效力有异议，应当在仲裁庭首次开庭前提出。

（四）仲裁协议的无效

有下列情形之一的，仲裁协议无效：

（1）约定的仲裁事项越出法律规定的仲裁范围的；

（2）无民事行为能力人或者限制民事行为能力人订立仲裁协议的；

（3）一方采取胁迫手段，迫使对方订立的仲裁协议的；

（4）仲裁协议对仲裁事项或者仲裁委员会没有约定或者约定不明确的，当事人可以补充协议，达不成补充协议的，仲裁协议无效。

四、仲裁程序

（一）仲裁的申请和受理

1. 仲裁的申请

当事人申请仲裁应当符合下列条件：

（1）有仲裁协议；

（2）有具体的仲裁请求和事实、理由；

（3）属于仲裁委员会的受理范围。

当事人申请仲裁，应当向仲裁委员会递交仲裁协议、仲裁申请书及副本。

2. 仲裁的受理

仲裁委员会收到仲裁申请书之日起 5 日内，认为符合受理条件的，应当受理，并通知当事人；认为不符合受理条件的，应当书面通知当事人不予受理，并说明理由。

当事人达成仲裁协议，一方向人民法院起诉未声明有仲裁协议，人民法院受理后，另一方在首次开庭前提交仲裁协议的，人民法院应当驳回起诉，但仲裁协议无效的除外；另一方在首次开庭前未对人民法院受理该案提出异议的，视为放弃仲裁协议，人民法院应当继续审理。

【案例 10.1】

2008 年 10 月，食品厂与某超市签订一份买卖合同。合同约定食品厂每月向超市供应一批食品，双方对食品的质量都有明确的约定，合同有效期 3 年。签订合同后一年内，食品厂按时、保质、保量地向超市供应食品。但是后来食品厂为了降低成本，食品质量下降，导致供应给超市的食品经常遭到消费者的投诉，为此给超市造成一定的经济损失。超市多次与食品厂交涉，但均未就损害赔偿一事达成协议。后经过双方协商，达成将该争议提交某仲裁委员会仲裁的协议。超市没有向仲裁委员会申请仲裁，而是向超市住所地法院提起诉讼，且在起诉中未声明有仲裁协议。法院受理案件后，食品厂应诉答辩，在法院首次开庭前未向法院提交有效仲裁协议。

问：双方当事人有仲裁协议，法院能否审理该案件？

【案例分析】

法院能审理该案件。《仲裁法》规定，当事人达成仲裁协议，一方向人民法院起诉的，人民法院不予受理，但仲裁协议无效的除外。当事人达成仲裁协议，一方向人民法院起诉未声明有仲裁协议的，人民法院受理后，另一方在首次开庭前提交仲裁协议的，人民法院应当驳回起诉，但仲裁协议无效的除外。食品厂在首次开庭前未对人民法院受理该案提出异议的，视为放弃仲裁协议，人民法院应继续审理。

（二）仲裁庭的组成

1. 仲裁庭的组成方式

仲裁庭可以由 3 名仲裁员或者 1 名仲裁员组成。由 3 名仲裁员组成的，设首席仲裁员。

当事人约定由 3 名仲裁员组成仲裁庭的，应当各自选定或者各自委托仲裁委员会主任指定 1 名仲裁员，第 3 名仲裁员由当事人共同选定或者共同委托仲裁委员会主任指定。第 3 名仲裁员是首席仲裁员。当事人约定由 1 名仲裁员成立仲裁庭的，应当由当事人共同选定或者共同委托仲裁委员会主任指定仲裁员。当事人没有在仲裁规则规定的限期内约定仲裁庭的组成的方式或者选定仲裁员的，由仲裁委员会主任指定。

仲裁庭组成后，仲裁委员会应当将仲裁庭的组成情况书面通知当事人。

2. 仲裁员的回避

仲裁员有下列情形之一的，必须回避，当事人也有权提出回避申请：

（1）是本案当事人或者当事人、代理人的近亲属；

（2）与本案有利害关系；

（3）与本案当事人、代理人有其他关系，可能影响公正仲裁的；

（4）私自会见当事人、代理人，或者接受当事人、代理人的请客送礼的。

（三）开庭和裁决

1. 开庭

仲裁应当开庭进行。当事人协议不开庭的，仲裁庭可以根据仲裁申请书、答辩书以及其他材料作出裁决。仲裁不公开进行，当事人协议公开的，可以公开进行，但涉及国家秘密的除外。仲裁委员会应当在仲裁规则规定的期限内将开庭日期通知双方当事人。当事人有正当理由的，可以在仲裁规则规定的期限内请求延期开庭。是否延期，由仲裁庭决定。

申请人经书面通知，无正当理由不到庭或者未经仲裁庭许可中途退庭的，可以视为撤回仲裁申请。被申请人经书面通知，无正当理由不到庭或者未经仲裁庭许可中途退庭的，可以缺席裁决。当事人应当对自己的主张提供证据。仲裁庭认为有必要收集的证据，可以自行收集。

2. 仲裁和解

当事人申请仲裁后，可以自行和解。达成和解协议的，可以请求仲裁庭根据和解协议作出裁决书，也可以撤回仲裁申请。当事人达成和解协议，撤回仲裁申请后反悔的，可以根据仲裁协议申请仲裁。

3. 仲裁调解

仲裁庭在作出裁决前，可以先行调解。当事人自愿调解的，仲裁庭应当调解。调解不成的，应当及时作出裁决。调解达成协议的，仲裁庭应当制作调解书或者根据协议的结果制作裁决书。调解书与裁决书具有同等法律效力。调解书应当写明仲裁请求和当事人协议的结果。调解书由仲裁员签名，加盖仲裁委员会印章，送达双方当事人。调解书经双方当事人签收后，即发生法律效力。在调解书签收前当事人反悔的，仲裁庭应当及时作出裁决。

4. 仲裁裁决

裁决应当按照多数仲裁员的意见作出，少数仲裁员的不同意见可以记入笔录。仲裁庭不能形成多数意见时，裁决应当按照首席仲裁员的意见作出。

五、申请撤销仲裁裁决和裁决的执行

仲裁实行一裁终局制，仲裁裁决一经作出，即发生法律效力。但是如果仲裁裁决确有错误，不给予纠正，显然不利于保护当事人的利益。因此《仲裁法》中设置申请撤销仲裁裁决这种程序监督机制，以保证仲裁裁决的合法性和正确性。

（一）申请撤销裁决的条件和期限

当事人提出证据证明裁决有下列情形之一的，可以向仲裁委员会所在地的中级人民法院申请撤销裁决：

（1）没有仲裁协议的；

（2）裁决的事项不属于仲裁协议的范围或者仲裁委员会无权仲裁的；

（3）仲裁庭的组成或者仲裁的程序违反法定程序的；

（4）裁决所根据的证据是伪造的；

（5）对方当事人隐瞒了足以影响公正裁决的证据的；

（6）仲裁员在仲裁该案时有索贿受贿，徇私舞弊，枉法裁决行为的。

人民法院经组成合议庭审查核实裁决有上述规定情形之一的，应当裁定撤销。人民法院认定该裁决违背社会公共利益的，应当裁定撤销。当事人申请撤销裁决的，应当自收到裁决书之日起6个月内提出。

（二）人民法院对撤销裁决的申请的处理

人民法院应当在受理撤销裁决申请之日起2个月内作出撤销裁决或者驳回申请的裁定。人民法院受理撤销裁决的申请后，认为可以由仲裁庭重新仲裁的，通知仲裁庭在一定期限内重新仲裁，并裁定中止撤销程序。仲裁庭拒绝重新仲裁的，人民法院应当裁定恢复撤销程序。

（三）执行

当事人应当履行裁决。一方当事人不履行的，另一方当事人可以依照《民事诉讼法》的有关规定向人民法院申请执行。《民事诉讼法》第237条规定，对依法设立的仲裁机构的裁决，一方当事人不履行的，对方当事人可以向有管辖权的人民法院申请执行。受申请的人民法院应当执行。

被申请人提出证据证明仲裁裁决有下列情形之一的，经人民法院组成合议庭审查核实，裁定不予执行：

（1）当事人在合同中没有订有仲裁条款或者事后没有达成书面仲裁协议的；

（2）裁决的事项不属于仲裁协议的范围或者仲裁机构无权仲裁的；

（3）仲裁庭的组成或者仲裁的程序违反法定程序的；

（4）裁决所根据的证据是伪造的；

（5）对方当事人向仲裁机构隐瞒了足以影响公正裁决的证据的；

（6）仲裁员在仲裁该案时有贪污受贿，徇私舞弊，枉法裁决行为的。

人民法院认定执行该裁决违背社会公共利益的，裁定不予执行。

裁定书应当送达双方当事人和仲裁机构。

仲裁裁决被人民法院裁定不予执行的，当事人可以根据双方达成的书面仲裁协议重新申请仲裁，也可以向人民法院起诉。

一方当事人申请执行裁决，另一方当事人申请撤销裁决的，人民法院应当裁定中止执行。人民法院裁定撤销裁决的，应当裁定终结执行。撤销裁决的申请被裁定驳回的，人民法院应当裁定恢复执行。

10.2 经济诉讼

一、民事诉讼与民事诉讼法

经济争议属于民事争议，它适用民事诉讼的程序。

（一）民事诉讼

民事诉讼是指法院在当事人和其他诉讼参与人的参加下，审理民事案件和解决民事纠纷的活动，以及由这些活动产生的各种诉讼关系的总和。民事诉讼是以司法方式解决平等主体之间的纠纷，是由法院代表国家行使审判权解决民事争议，它不同于仲裁委员会以仲裁方式解决纠纷。

（二）民事诉讼法

民事诉讼法是国家制定的规范法院和诉讼参与人的各种诉讼活动以及由此产生的各种诉讼关系的法律规范的总称。民事诉讼法有广义和狭义之分。狭义的民事诉讼法，仅指民事诉讼法典。我国现行的民事诉讼法典是1991年4月9日颁布实施的《中华人民共和国民事诉讼法》，2007年10月对民事诉讼法作了第一次修正。2012年8月对民事诉讼法作了第二次修正。广义的民事诉讼法，泛指有关民事诉讼程序制度的全部法律规范，它既包括民事诉讼法典，又包括民事诉讼的特别程序法，以及其他法律、法规和司法解释等规范性文件中关于民事诉讼程序制度的内容。

二、民事诉讼管辖

民事诉讼中的管辖是指各级法院之间和同级法院之间受理第一审案件的分工和权限。

（一）级别管辖

级别管辖是指不同级别的法院之间在受理第一审民事案件上的分工。

根据《民事诉讼法》的规定，我国四级人民法院在受理第一审民事案件上的分工如下。

（1）基层人民法院管辖除法律另有规定的一切民事案件。

（2）中级人民法院管辖下列第一审民事案件：①重大涉外案件。重大涉外案件，指争议标的额大，或者案情复杂，或者居住在国外的当事人人数众多的涉外案件；②在本辖区有重大影响的案件；③最高人民法院确定由中级人民法院管辖的案件。

（3）高级人民法院管辖在本辖区有重大影响的第一审民事案件。

（4）最高人民法院管辖下列第一审民事案件：①在全国有重大影响的案件；②认为应当由本院管辖的案件。

（二）地域管辖

地域管辖是同级法院之间受理第一审民事案件的分工和权限。

1. 一般地域管辖

一般地域管辖是按照法院辖区与当事人之间的关系确定的地域管辖。

（1）一般地域管辖的原则。一般地域管辖的原则是“原告就被告”。被告是公民的，案件由被告住所地法院管辖；被告住所地与经常居住地不一致的，由经常居住地法院管辖。被告是法人或其他组织的，案件由被告住所地法院管辖。

（2）一般地域管辖的例外规定。根据《民事诉讼法》第 22 条的规定，下列案件由原告住所地法院管辖；原告住所地与经常居住地不一致的，由原告经常居住地法院管辖：①对不在中华人民共和国领域内居住的人提起的有关身份关系的诉讼；②对下落不明或者宣告失踪的人提起的有关身份关系的诉讼；③对被采取强制性措施教育的人提起的诉讼；④对被监禁的人提起的诉讼。

2. 特殊地域管辖

特殊地域管辖是指以被告住所地、诉讼标地所在地、法律事实所在地为标准确定的管辖。在特殊地域管辖中至少有两个以上的法院都有管辖权，当事人可以选择其中的一个法院起诉。

（1）因合同纠纷提起的诉讼，由被告住所地或者合同履行地人民法院管辖。

（2）因保险合同纠纷提起的诉讼，由被告住所地或者保险标的物所在地人民法院管辖。

（3）因票据纠纷提起的诉讼，由票据支付地或者被告住所地人民法院管辖。

（4）因公司设立、确认股东资格、分配利润、解散等纠纷提起的诉讼，由公司住所地人民法院管辖。

（5）因铁路、公路、水上、航空运输和联合运输合同纠纷提起的诉讼，由运输始发地、目的地或者被告住所地人民法院管辖。

（6）因侵权行为提起的诉讼，由侵权行为地或者被告住所地人民法院管辖。

（7）因铁路、公路、水上和航空事故请求损害赔偿提起的诉讼，由事故发生地或者车辆、船舶最先到达地、航空器最先降落地或者被告住所地人民法院管辖。

（8）因船舶碰撞或者其他海事损害事故请求损害赔偿提起的诉讼，由碰撞发生地、碰撞船舶最先到达地、加害船舶被扣留地或者被告住所地人民法院管辖。

（9）因海难救助费用提起的诉讼，由救助地或者被救助船舶最先到达地人民法院管辖。

（10）因共同海损提起的诉讼，由船舶最先到达地、共同海损理算地或者航程终止地的人民法院管辖。

【案例 10.2】

甲市某钢厂与乙市某建筑公司签订了一批钢材买卖合同，合同约定钢厂应于 2011 年 11 月底前交付钢材，建筑公司于 2011 年 12 月 15 日前付款。钢厂依合同于 2011 年 11 月 15 日派车到乙市建筑公司履行了交付钢材的义务，但到了 12 月 15 日建筑公司迟迟不履行付款义务。钢厂电话催要，建筑公司希望能宽限 10 天，钢厂最后答应了对方的请求。但 10 天后建筑公司依然不能履行付款义务，钢厂将建筑公司起诉到自己住所地甲市某区法院，建筑公司就法院管辖提出了异议，认为甲市某区法院没有管辖权。

问：甲市某区法院是否有管辖权？

【案例分析】

甲市某区法院没有管辖权。因为法律规定，因合同纠纷提起的诉讼，由被告住所地或者合同履行地人民法院管辖。合同履行地在乙市建筑公司，被告住所地也是乙市，所以只有被告住所地或者合同履行地的法院可以管辖。

3. 协议地域管辖

合同或者其他财产权益纠纷的当事人可以书面协议选择被告住所地、合同履行地、合同签订地、原告住所地、标的物所在地等人民法院管辖，但不得违反《民事诉讼法》对级别管辖和专属管辖的规定。

根据《民事诉讼法》的规定，协议管辖应当符合以下条件。

（1）协议管辖只适用于第一审合同或者其他财产权益纠纷。

（2）协议管辖必须采用书面形式。

（3）双方当事人只能在被告住所地、合同履行地、合同签订地、原告住所地、标的物所在地等人民法院中进行选择。

（4）协议管辖不能违反级别管辖和专属管辖的规定。

（5）当事人的选择应当确定、单一。

4. 专属管辖

专属管辖是指法律明确规定某些特殊类型的案件只能由特定法院管辖，无论当事人还是人民法院都无权加以变更的诉讼管辖。下列案件的管辖为专属管辖。

（1）因不动产纠纷提起的诉讼，由不动产所在地人民法院管辖。

（2）因港口作业中发生的诉讼，由港口所在地海事法院管辖。

（3）因继承遗产纠纷提起的诉讼，由被继承人死亡时的住所地或者主要遗产所在地人民法院管辖。

5. 共同管辖

两个以上人民法院都有管辖权的诉讼，原告可以向其中一个人民法院起诉；原告向两个以上有管辖权的人民法院起诉的，由最先立案的人民法院管辖。

三、民事诉讼的审判

民事诉讼审判程序可以分为第一审普通程序、简易程序、第二审程序、特别程序、审判监督程序、督促程序、公示催告程序和企业法人破产还债程序和执行程序等。本节仅介绍第一审普通程序、第二审程序、审判监督程序和执行程序。

（一）第一审普通程序

1. 起诉与受理

起诉是指公民、法人或其他组织在其民事权益受到侵害或与他人发生争议时，向人民法院提起诉讼，请求人民法院通过审判予以司法保护的行为。

起诉必须符合下列条件：

（1）原告是与本案有直接利害关系的公民、法人和其他组织；

（2）有明确的被告；

（3）有具体的诉讼请求和事实、理由；

（4）属于人民法院受理民事诉讼的范围和受诉人民法院管辖。

起诉应当向人民法院递交起诉状，并按照被告人数提出副本。书写起诉状确有困难的，可以口头起诉，由人民法院记入笔录，并告知对方当事人。

受理是指人民法院通过对当事人的起诉进行审查，对符合法律规定条件的，决定立案受理的行为。人民法院应当保障当事人依照法律规定享有的起诉权利。对符合法律规定条件的起诉，必须受理。符合起诉条件的，应当在7日内立案，并通知当事人；不符合起诉条件的，应当在7日内作出裁定书，不予受理；原告对裁定不服的，可以提起上诉。

2. 审理前的准备

（1）送达起诉状副本和提出答辩状。人民法院应当在立案之日起5日内将起诉状副本发送被告，被告应当在收到之日起15日内提出答辩状。答辩状应当记明被告的姓名、性别、年龄、民族、职业、工作单位、住所、联系方式；法人或者其他组织的名称、住所和法定代表人或者主要负责人的姓名、职务、联系方式。人民法院应当在收到答辩状之日起5日内将答辩状副本发送原告。被告不提出答辩状的，不影响人民法院审理。

（2）告知当事人诉讼权利及合议庭组成人员。人民法院对决定受理的案件，应当在受理案件通知书和应诉通知书中向当事人告知有关的诉讼权利义务，或者口头告知。合议庭组成人员确定后，应当在3日内告知当事人。

（3）审查诉讼材料，调查收集必要的证据。审判人员必须认真审核诉讼材料，调查收集必要的证据。人民法院派出人员进行调查时，应当向被调查人出示证件。调查笔录经被调查人校阅后，由被调查人、调查人签名或者盖章。

人民法院在必要时可以委托外地人民法院调查。委托调查，必须提出明确的项目和要求。受委托人民法院可以主动补充调查。受委托人民法院收到委托书后，应当在30日内完成调查。因故不能完成的，应当在上述期限内函告委托人民法院。

（4）当事人的追加。必须共同进行诉讼的当事人没有参加诉讼的，人民法院应当通知其参加诉讼。

3. 开庭审理

（1）开庭审理前的准备。为了保证开庭审理的顺利进行，人民法院在开庭前应当进行必要的准备工作，具体如下。①人民法院确定开庭日期后，应当在开庭3日前通知当事人和其他的诉讼参与人。通知当事人用传票，通知其他的诉讼参与人应当用通知书。②对于公开审理的案件，人民法院应当在开庭审理前3日发布公告，公告当事人的姓名、案由以及开庭的时间、地点。人民法院审理民事案件，除涉及国家秘密、个人隐私或者法律另有规定的以外，应当公开进行。离婚案件，涉及商业秘密的案件，当事人申请不公开审理的，可以不公开审理。

（2）开庭审理。①准备开庭。开庭审理前，书记员应当查明当事人和其他诉讼参与人是否到庭，宣布法庭纪律。开庭审理时，由审判长核对当事人，宣布案由，宣布审判人员、书记员名单，告知当事人有关的诉讼权利义务，询问当事人是否提出回避申请。②法庭调查。即在法庭上通过展示与案件有关的所有证据，对案件事实进行全面的调查，从而为进入开庭审理的下一个阶段做好准备。法庭调查是庭审的重要阶段，主要任务是通过核实各种诉讼证据，来查明案件事实。③法庭辩论。法庭辩论是指在合议庭主持下，各方当事人就本案事实和证据及被诉具体行政行为的法律依据，阐明自己的观点，论述自己的意见，反驳对方的主张，进行言词辩论的诉讼活动。法庭辩论的顺序是：原告及其诉讼代理人发言；被告及其诉讼代理人答辩；第三人及其诉讼代理人发言或答辩；互相辩论。在法庭辩论中，审判人员始终处于指挥者和组织者的地位，应引导当事人围绕争议焦点进行辩论；同时，审判人员应为各方当事人及其诉讼代理人提供平等的辩论机会，保障并便利他们充分行使辩论权。④评议和宣判。法庭辩论结束后，合议庭休庭，由全体成员对案件进行评议。评议不对外公开，采取少数服从多数原则。评议应当制成笔录，对不同意见也必须如实记入笔录，评议笔录由合议庭全体成员及书记员签名。

评议完毕，由审判长宣布继续开庭，宣告判决结果。人民法院对公开审理或者不公开审理的案件，一律公开宣告判决。

宣告判决有两种方式，一种是当庭宣判，一种是定期宣判。当庭宣判的，应当在10日内发送判决书；定期宣判的，宣判后立即发给判决书。宣告判决时，必须告知当事人上诉权利、上诉期限和上诉的法院。

【知识卡片】

法院的判决与裁定的区别主要有4个方面。①判决解决的是案件的实体问题，是对当事人的实体争议和请求作出的结论；裁定是解决诉讼中的程序事项。②裁定发生于诉讼的各个阶段，一个案件可能有多个裁定；判决在案件审理终结时作出，一般情况下一个案件只有一个判决。③裁定可以采取书面形式，也可以采用口头形式；但判决只能采用书面形式。④除“不予受理、对管辖权的异议、驳回起诉的裁定”可以上诉外，其他裁定一律不能上诉；一审判决可以上诉。

（二）第二审程序

第二审程序是指上一级人民法院根据当事人的上诉，对下级人民法院作出的未发生法律效力的第一审裁判进行审理和裁判的程序。第二审程序又称上诉审程序，法院适用二审程序对案件进行审理并作出裁判后，诉讼即告终结。

1. 上诉的提起与受理

（1）上诉的提起。当事人提起上诉应符合下列条件。①上诉人和被上诉人须为一审程序中具有实体权利的当事人，包括一审程序中的原告、被告、共同诉讼人、诉讼代表人、有独立请求权的第三人和一审法院判决其承担责任的无独立请求权的第三人。②提起上诉的对象必须是依法允许上诉的判决和裁定。可以上诉的判决包括地方各级法院适用普通程序和简易程序审理后作出的一审判决；二审法院发回原审法院重审的案件所作的判决；一审法院对案件再审所作的判决。可以上诉的裁定包括不予受理的裁定、驳回起诉的裁定和对管辖权有异议的裁定三种。③必须在法定期间内提起上诉。当事人不服判决的上诉期间为15日，不服裁定的上诉期间为10日。④上诉必须提交上诉状，这与当事人可以口头起诉不同。当事人提起上诉的，原则上应向原审法院提交上诉状，也可以直接向第二审法院提交上诉状。

（2）上诉的受理。原审人民法院收到上诉状，应当在5日内将上诉状副本送达对方当事人，对方当事人在收到之日起15日内提出答辩状。人民法院应当在收到答辩状之日起5日内将副本送达上诉人。对方当事人不提出答辩状的，不影响人民法院审理。原审人民法院收到上诉状、答辩状，应当在5日内连同全部案卷和证据，报送第二审人民法院。

（3）上诉的撤回。当事人申请撤回上诉的，应在二审法院受理上诉后至作出裁判前提出申请。人民法院对该申请应进行审查，无论是否准许撤回上诉，均应作出裁定。撤回上诉的法律后果是二审程序即告终结，一审法院的裁判立即发生法律效力。

2. 上诉案件的审理

（1）上诉案件的审理范围。二审法院审理上诉案件时，应当围绕上诉请求的有关事实和适用法律进行审查。根据最高人民法院有关司法解释，第二审案件的审理应当围绕当事人上诉请求的范围进行，当事人没有提出请求的，不予审查。但判决违反法律禁止性规定、侵害社会公共利益或者他人利益的除外。被上诉人在答辩中要求变更或者补充第一审判决内容的，第二审人民法院可以不予审查。

（2）上诉案件的审理方式。第二审人民法院对上诉案件，应当组成合议庭，开庭审理。经过阅卷、调查和询问当事人，对没有提出新的事实、证据或者理由，合议庭认为不需要开庭审理的，可以不开庭审理。

（3）第二审法院审理上诉案件的地点。第二审人民法院审理上诉案件，可以在本院进行，也可以到案件发生地或者原审人民法院所在地进行。

（4）二审人民法院审理上诉案件，可以进行调解。调解书送达后，原判决即视为撤销。

3. 上诉案件的裁判

（1）对第一审判决提起上诉的案件的裁判。第二审人民法院对上诉案件，经过审理，按照下列情形，分别处理：①原判决、裁定认定事实清楚，适用法律正确的，以判决、裁定方式驳回上诉，维持原判决、裁定；②原判决、裁定认定事实错误或者适用法律错误的，以判决、裁定方式依法改判、撤销或者变更；③原判决认定基本事实不清的，裁定撤销原判决，发回原审人民法院重审，或者查清事实后改判；④原判决遗漏当事人或者违法缺席判决等严重违反法定程序的，裁定撤销原判决，发回原审人民法院重审。原审人民法院对发回重审的案件作出判决后，当事人提起上诉的，第二审人民法院不得再次发回重审。

（2）对第一审裁定提起上诉的案件的裁定。二审法院对不服一审法院裁定的上诉案件的处理，一律使用裁定。对原裁定认定事实清楚，适用法律正确的，应裁定驳回上诉，维持原裁定；原裁定认定事实不清，适用法律有错误的，应撤销原裁定，依法作出正确的裁定。

（3）我国实行两审终审制。二审法院的判决、裁定是终审的判决、裁定，一经生效，当事人不得再行上诉。

4. 上诉案件的审理期限

人民法院审理对判决的上诉案件，应当在第二审立案之日起 3 个月内审结。有特殊情况需要延长的，由本院院长批准。人民法院审理对裁定的上诉案件，应当在第二审立案之日起 30 日内作出终审裁定。

（三）审判监督程序

审判监督程序即再审程序，是指对已经发生法律效力的判决、裁定、调解书，人民法院认为确有错误，对案件再行审理的程序。审判监督程序只是纠正生效裁判错误的法定程序，它不是案件审理的必经程序，也不是诉讼的独立审级。

再审程序的提起有三种途径，一是当事人申请再审；二是法院依职权提起再审；三是检察院提起抗诉。

1. 当事人申请再审

（1）有权申请再审的主体，只能是案件当事人。案件的当事人包括原告、被告或者上诉人、被上诉人，有独立请求权第三人及判决其承担实体义务的无独立请求权第三人，当事人的法定代表人依法亦有权代当事人申请再审。

（2）申请再审的对象须为已生效的判决、裁定。可以申请再审的裁定包括不予受理和驳回起诉的裁定。

（3）申请再审应当具备法定的事由。《民事诉讼法》第 200 条规定，当事人申请再审符合下列情形之一的，人民法院应当再审：有新的证据，足以推翻原判决、裁定的；原判决、裁定认定的基本事实缺乏证据证明的；原判决、裁定认定事实的主要证据是伪造的；原判决、裁定认定事实的主要证据未经质证的；对审理案件需要的主要证据，当事人因客观原因不能自行收集，书面申请人民法院调查收集，人民法院未调查收集的；原判决、裁定适用法律确有错误的；审判组织的组成不合法或者依法应当回避的审判人员没有回避的；无诉讼行为能力人未经法定代理人代为诉讼或者应当参加诉讼的当事人，因不能归责于本人或者其诉讼代理人的事由，未参加诉讼的；违反法律规定，剥夺当事人辩论权利的；未经传票传唤，缺席判决的；原判决、裁定遗漏或者超出诉讼请求的；据以作出原判决、裁定的法律文书被撤销或者变更的；审判人员审理该案件时有贪污受贿，徇私舞弊，枉法裁判行为的。

当事人对已经发生法律效力的调解书，提出证据证明调解违反自愿原则或者调解协议的内容违反法律的，可以申请再审。经人民法院审查属实的，应当再审。

当事人对已经发生法律效力的解除婚姻关系的判决、调解书，不得申请再审。

（4）当事人申请再审的，应当提交再审申请书等材料。人民法院应当自收到再审申请书之日起 5 日内将再审申请书副本发送对方当事人。对方当事人应当自收到再审申请书副本之日起 15 日内提交书面意见；不提交书面意见的，不影响人民法院审查。人民法院可以要求申请人和对方当事人补充有关材料，询问有关事项。

（5）人民法院应当自收到再审申请书之日起 3 个月内审查，符合《民事诉讼法》规定的，裁定再审；不符合《民事诉讼法》规定的，裁定驳回申请。有特殊情况需要延长的，由本院院长批准。

当事人申请再审，应当在判决、裁定发生法律效力后 6 个月内提出。

2. 法院依职权提起再审

（1）提起再审的主体须为有审判监督权的机构和人员，包括各级法院院长及审判委员会、上级法院及最高人民法院。

（2）各级人民法院院长对本院已经发生法律效力的判决、裁定、调解书，发现确有错误，认为需要再审的，应当提交审判委员会讨论决定。最高人民法院对地方各级人民法院已经发生法律效力的判决、裁定、调解书，上级人民法院对下级人民法院已经发生法律效力的判决、裁定、调解书，发现确有错误的，有权提审或者指令下级人民法院再审。

（3）人民法院按照审判监督程序再审的案件，发生法律效力的判决、裁定是由第一审法院作出的，按照第一审程序审理，所作的判决、裁定，当事人可以上诉；发生法律效力的判决、裁定是由第二审法院作出的，按照第二审程序审理，所作的判决、裁定，是发生法律效力的判决、裁定；上级人民法院按照审判监督程序提审的，按照第二审程序审理，所作的判决、裁定是发生法律效力的判决、裁定。

人民法院审理再审案件，应当另行组成合议庭。

3. 检察院提起抗诉

（1）最高人民检察院对各级人民法院已经发生法律效力的判决、裁定，上级人民检察院对下级人民法院已经发生法律效力的判决、裁定，发现有《民事诉讼法》第 200 条规定情形之一的，或者发现调解书损害国家利益、社会公共利益的，应当提出抗诉。

（2）地方各级人民检察院对同级人民法院已经发生法律效力的判决、裁定，发现有本法第 200 条规定情形之一的，或者发现调解书损害国家利益、社会公共利益的，可以向同级人民法院提出检察建议，并报上级人民检察院备案；也可以提请上级人民检察院向同级人民法院提出抗诉。

（3）各级人民检察院对审判监督程序以外的其他审判程序中审判人员的违法行为，有权向同级人民法院提出检察建议。

（4）人民检察院提出抗诉的案件，接受抗诉的人民法院应当自收到抗诉书之日起 30 日内作出再审的裁定；有《民事诉讼法》第 200 条第一项至第五项规定情形之一的，可以交下一级人民法院再审，但经该下一级人民法院再审的除外。

（四）执行程序

执行是指人民法院的执行组织依照法定的程序，对发生法律效力的法律文书确定的给付内容，以国家的强制力为后盾，依法采取强制措施，迫使义务人履行义务的行为。执行程序是保证具有执行效力的法律文书得以实现的程序。

1. 执行程序的一般规定

（1）执行机构。人民法院在组织上实行审执分离制。执行工作由执行庭的执行员进行。人民法院采取强制执行措施，应严格依法进行。

（2）执行根据。指当事人据以申请执行和人民法院据以执行的具有给付内容的发生法律效力的法律文书。

（3）执行管辖。发生法律效力的民事判决、裁定，以及刑事判决、裁定中的财产部分，由第一审人民法院或者与第一审人民法院同级的被执行的财产所在地人民法院执行。法律规定由人民法院执行的其他法律文书，由被执行人住所地或者被执行的财产所在地人民法院执行。

（4）执行异议。执行过程中，案外人对执行标的提出书面异议的，人民法院应当自收到书面异议之日起 15 日内审查，理由成立的，裁定中止对该标的的执行；理由不成立的，裁定驳回。案外人、当事人对裁定不服，认为原判决、裁定错误的，依照审判监督程序办理；与原判决、裁定无关的，可以自裁定送达之日起 15 日内向人民法院提起诉讼。

（5）委托执行。被执行人或者被执行的财产在外地的，可以委托当地人民法院代为执行。受委托人民法院收到委托函件后，必须在 15 日内开始执行，不得拒绝。执行完毕后，应当将执行结果及时函复委托人民法院；在 30 日内还未执行完毕，也应当将执行情况函告委托人民法院。受委托人民法院自收到委托函件之日起 15 日内不执行的，委托人民法院可以请求受委托人民法院的上级人民法院指令受委托人民法院执行。

2. 执行的申请和移送

发生法律效力的民事判决、裁定，当事人必须履行。一方拒绝履行的，对方当事人可以向人民法院申请执行，也可以由审判员移送执行员执行。调解书和其他应当由人民法院执行的法律文书，当事人必须履行。一方拒绝履行的，对方当事人可以向人民法院申请执行。对公证机关依法赋予强制执行效力的债权文书，一方当事人不履行的，对方当事人可以向有管辖权的人民法院申请执行，受申请的人民法院应当执行。公证债权文书确有错误的，人民法院裁定不予执行，并将裁定书送达双方当事人和公证机关。申请执行的期间为 2 年。申请执行时效的中止、中断，适用法律有关诉讼时效中止、中断的规定。执行员接到申请执行书或者移交执行书，应当向被执行人发出执行通知，并可以立即采取强制执行措施。

3. 执行的措施

《民事诉讼法》规定的执行措施包括以下几种：查询、冻结、划拨被执行人的储蓄存款；扣留、提取被执行人的收入，包括工资、奖金、稿费等；查封、扣押、冻结、拍卖、变卖被执行人的财产；对被执行人的财产进行搜查；强制被执行人交付执行文书中所指定的财物或者票证；强制被执行人迁出房屋或者退出土地；通知有关单位办理有关财产权证照转移手续；强制被执行人完成法律文书中指定的行为；对迟延履行义务的被执行人，强制其支付迟延履行金或加倍支付迟延履行利息。

4. 执行中止和终结

（1）中止执行

有下列情形之一的，人民法院应当裁定中止执行：①申请人表示可以延期执行的；②案外人对执行标的提出确有理由的异议的；③作为一方当事人的公民死亡，需要等待继承人继承权利或者承担义务的；④作为一方当事人的法人或者其他组织终止，尚未确定权利义务承受人的；⑤人民法院认为应当中止执行的其他情形。中止的情形消失后，恢复执行。

（2）终结执行

有下列情形之一的，人民法院裁定终结执行：①申请人撤销申请的；②据以执行的法律文书被撤销的；③作为被执行人的公民死亡，无遗产可供执行，又无义务承担人的；④追索赡养费、扶养费、抚育费案件的权利人死亡的；⑤作为被执行人的公民因生活困难无力偿还借款，无收入来源，又丧失劳动能力的；⑥人民法院认为应当终结执行的其他情形。

中止和终结执行的裁定，送达当事人后立即生效。

【本章小结】

经济纠纷的解决方式主要有仲裁和诉讼。

仲裁是指发生争议的双方当事人，根据其在争议发生前或争议发生后所达成的协议，自愿将该争议提交中立的第三者进行裁判的争议解决制度和方式。仲裁协议是仲裁的前提，没有仲裁协议，就不存在有效的仲裁。仲裁是按一定程序进行的。《仲裁法》主要介绍了仲裁机构、仲裁协议、仲裁程序以及申请撤销裁决和裁决的执行。

民事诉讼是指法院在当事人和其他诉讼参与人的参加下，审理民事案件和解决民事纠纷的活动，以及由这些活动产生的各种诉讼关系的总和。民事诉讼中的管辖是指各级法院之间和同级法院之间受理第一审案件的分工和权限，主要有级别管辖、地域管辖等管辖制度。民事诉讼程序复杂，《民事诉讼法》仅介绍了第一审普通程序、第二审程序、审判监督程序和执行程序。

【综合练习题】

一、单项选择题

1. 仲载实行（　　）制度。

A. 一裁终局　　B. 二裁终局

C. 一裁一审　　D. 二裁二审

2. 根据《仲裁法》的规定，下列关于仲裁程序的表述中，错误的是（　　）。

A. 仲裁以不公开审理为原则

B. 裁决书自作出之日起发生法律效力

C. 仲裁一律开庭进行

D. 仲裁庭可以由 3 名仲裁员或者 1 名仲裁员组成

3. 根据《中华人民共和国仲裁法》的规定，当事人对仲裁协议有异议的，应当在（　　）提出。

A. 仲裁庭首次开庭之前　　B. 向仲裁委员会提交答辩书时

C. 仲裁庭开庭审理期间　　D. 在仲裁裁决作出之前

4. 根据《仲裁法》的规定，仲裁裁决应当按多数仲裁员的意见作出，仲裁庭不能形成多数意见时，裁决应当按照（　　）的意见作出。

A. 首席仲裁员　　B. 仲裁委员会主任

C. 仲裁委员会的专家委员会　　D. 仲裁委员会集体讨论

5. 当事人不服地方人民法院第一审判决的，有权在法定期限内向上一级人民法院提起上诉，该法定期限是指（　　）。

A. 判决书作出之日起 10 日内　　B. 判决书作出之日起 15 日内

C. 判决书送达之日起 10 日内　　D. 判决书送达之日起 15 日内

二、多项选择题

1. 下列纠纷中，不能通过仲裁途径解决的是（　　）。

A. 离婚纠纷　　B. 继承遗产的纠纷

C. 买卖合同的纠纷　　D. 产品质量纠纷

2. 下列选项中，不是申请撤销仲裁裁决需要具有的法定理由的是（　　）。

A. 没有仲裁协议　　B. 仲裁事项不属于仲裁协议的范围

C. 认定事实的主要证据不足的　　D. 适用法律确有错误的

3. 下列各项中，符合《仲裁法》规定的有（　　）。

A. 仲裁实行自愿原则

B. 当事人不服仲裁裁决可以向人民法院起诉

C. 仲裁不实行级别管辖和地域管辖

D. 仲裁一律公开进行

4. 根据《民事诉讼法》的规定，下列哪些案件由原告住所地法院管辖？（　　）

A. 原告住所地与经常居住地不一致的

B. 对被劳动教养的人提起的诉讼

C. 对被监禁的人提起的诉讼

D. 因不动产纠纷提起的纠纷

5. 下列选项中，属于当事人提起诉讼必须符合的条件的是（　　）。

A. 原告是与本案有直接利害关系的公民、法人或者其他组织

B. 有明确的被告

C. 有具体的诉讼请求和事实、理由

D. 属于人民法院受理民事诉讼的范围和受诉人民法院管辖

三、案例分析题

某县基层人民法院判决了郝某诉郭某的离婚案。4 月 3 日向双方当事人送达了判决书。4 月 18 日，郭某向某市中级人民法院递交了上诉状，提出上诉。某市中级人民法院将上诉状退给郭某，告知其上诉状应当向某县基层人民法院提出。某县基层人民法院于 4 月 20 日收到上诉状以后，4 月 27 日向郝某送达了上诉状副本，并要求郝某于 10 日内提交答辨状，郝某在 5 月 4 日提交答辩状时声称郭某的上诉行为已过上诉期，其上诉不应当受理。某基层人民法院认为郝某的答辩有理，郭某的上诉过期属实，于是裁定驳回郭某的上诉。

问：两级法院的做法哪些不符合我国《民事诉讼法》的规定？并简述理由。

参考文献

[1] 李正华. 经济法概论. 北京：中国人民大学出版社，2008.
[2] 简祖平. 经济法实务. 北京：中国农业大学出版社、首都经济贸易大学出版社，2009.
[3] 陈新玲. 经济法概论. 北京：科学出版社，2007.
[4] 李昌麒. 经济法学. 北京：法律出版社，2008.
[5] 徐孟洲. 经济法原理与案例教程. 北京：中国人民大学出版社，2008.
[6] 王卫国、李东方. 经济法. 北京：中国政法大学出版社，2008.
[7] 李东方. 市场管理法教程. 北京：中国政法大学出版社，2003.
[8] 潘静成、刘文华. 经济法.（第二版）北京：中国人民大学出版社，2006.
[9] 张守文. 经济法学. 北京：北京大学出版社，2006.
[10] 刘次邦. 经济法. 西安：陕西人民出版社，2005.
[11] 张东生. 经济法. 北京：北京理工大学出版社，2009.
[12] 周晓存. 经济法概论. 北京：机械工业出版社，2008.
[13] 何沿. 劳动法. 西安：陕西人民教育出版社，2008.
[14] 唐波. 新编金融法学. 北京：北京大学出版社，2007.
[15] 李东方. 证券法学. 北京：中国政法大学出版社，2007.
[16] 李燕. 证券法学. 武汉：武汉大学出版社，2009.
[17] 邢海宝. 证券法学原理与案例教程. 北京：中国人民大学出版社，2006.
[18] 曲振涛. 经济法. 北京：高等教育出版社，2005.
[19] 姜发根. 新编经济法教程. 北京：北京交通大学出版社，2008.
[20] 刘文华. 经济法律通论. 北京：高等教育出版社，2006.
[21] 中国注册会计师协会. 经济法. 北京：中国财政经济出版社，2012.
[22] 胡德华. 经济法基础与实务. 北京：人民邮电出版社，2011.
[23] 杨紫煊. 经济法学. 北京：北京大学出版社，2007.
[24] 杨红心. 经济法. 北京：北京邮电大学出版社，2012.
[25] 徐杰. 经济法概论. 北京：首都经贸大学出版社出版，2002.
[26] 漆多俊. 经济法学. 北京：高等教育出版社，2004.
[27] 李昌麒. 经济法学. 北京：中国政法大学出版社，2002.
[28] 教学辅导中心. 经济法配套测试. 北京：中国法制出版社，2011.
[29] 刘文华、孟雁北. 经济法练习题集. 北京：中国人民大学出版社，2006.
[30] 王欣新、王斐民. 破产法学. 北京：中国人民大学出版社，2005.
[31] 安建、吴高盛. 企业破产法实用教程. 北京：中国法制出版社，2006.
[32] 梁敏、何辛. 新编经济实用教程. 大连：大连理工大学出版社，2009.
[33] 孔喜梅. 经济法. 成都：西南财经大学出版社，2011.